A long time ago in a galaxy far, far away....

0.1

PAUL DUNCAN

LES ARCHIVES
ÉPISODES I–III
1999–2005

TASCHEN

Sommaire

Épisode I

Star Wars : La Menace fantôme (1999)
Par Paul Duncan et
Colin Odell & Michelle Le Blanc
10

Épisode II

Star Wars : L'Attaque des clones (2002)
Par Paul Duncan et
Colin Odell & Michelle Le Blanc
192

Épisode III

Star Wars : La Revanche des Sith (2005)
Par Paul Duncan et
Colin Odell & Michelle Le Blanc
346

Avant-propos
Par George Lucas
6

Annexes
Remerciements
Crédits
Mentions légales
510

Avant-propos
Par George Lucas

Les films sont une illusion. Le cinéma est l'art de l'image en mouvement, or l'image en mouvement n'est pas plus fidèle à la réalité qu'une peinture rupestre, que les hiéroglyphes ou que la chapelle Sixtine. Ce que l'artiste débusque, c'est la réalité que cache le réel. L'art exprime les aspirations de la société qui le voit naître.

Parmi tous les talents des humains, il en est deux particulièrement importants: leur capacité à s'exprimer et à communiquer. Les stratégies et l'intelligence qu'ils déploient pour y parvenir ont toujours fait partie des accomplissements majeurs de l'humanité. Les enfants gravent la roche comme l'ont fait les hommes des cavernes, et même si le geste est rudimentaire – gratter un objet dur contre une pierre –, il est dans la nature humaine d'innover, de chercher un meilleur moyen de faire les choses.

La technologie ne me passionne pas plus que ça. Je suis un conteur, mais pour raconter mes histoires, il a fallu que j'élabore la technologie nécessaire. Lorsqu'ils ont voulu représenter un bison agonisant, les premiers hommes, eux, ont inventé la peinture rouge.

Pour *La Guerre des étoiles*, j'étais très limité par la faisabilité des choses, en termes d'envergure de l'histoire. Je ne pouvais pas montrer de scènes de rue en plan large; je ne pouvais pas faire déambuler des créatures extraterrestres qui ne soient pas anthropomorphes, je ne pouvais pas en faire des personnages. Tout le long de la fabrication des films *Star Wars*, je me suis débattu avec des questions comme: «Comment créer Jabba le Hutt? Comment créer Yoda, qui ne mesure qu'une cinquantaine de centimètres, et l'intégrer à une scène de façon vraisemblable?» Je voyais clairement ces personnages, mais je ne savais pas comment leur donner vie à l'écran. Il a fallu les efforts et le talent combinés de nombreux professionnels pour manipuler les marionnettes, les automates, le latex et les systèmes de commande à distance qui nous ont permis de concevoir ces créatures. Une fois conçues, encore fallait-il réussir à les déplacer un tant soit peu.

Avec la technologie numérique dont nous disposons aujourd'hui, j'ai enfin la possibilité de faire bouger ces personnages librement dans un décor et d'obtenir une meilleure performance dramatique. C'est le défi que j'ai voulu relever. Même chose avec les décors. Dans le passé, je ne pouvais pas me permettre d'imaginer des plateaux trop grandioses. Aujourd'hui, je peux dilater l'environnement dans lequel je situe mes histoires, ce qui compte, bien sûr, beaucoup dans le genre fantastique.

0.1 La Menace fantôme (1999) *Affiche teaser sortie le 10 novembre 1998, conçue par Ellen Lee. La longue ombre de Dark Vador plane sur le film.*
0.2 La Revanche des Sith (2005) *Croquis de Ryan Church pour le combat final entre Anakin Skywalker et Obi-Wan Kenobi sur la planète de lave Mustafar.*
0.3 La Revanche des Sith (2005) *George Lucas pose avec une bonne partie des personnages et objets générés par ordinateur qui peuplent la prélogie.*

J'ai dû refréner mon imagination quand j'ai écrit *La Guerre des étoiles* parce que je ne voulais écrire que ce que je savais réalisable. Même à l'époque, j'ai quand même écrit certaines choses que je n'étais pas vraiment sûr de pouvoir créer à l'écran, ce qui représentait un gros risque. J'ai pris ce genre de risques pour tous ces films, et j'en ai aussi pris pour l'épisode I, *La Menace fantôme*. À chaque fois, je ne suis pas sûr d'y arriver, mais l'idée de pouvoir explorer mon imagination et de la transposer dans la réalité est excitante : elle me motive, elle m'encourage à tout tenter pour porter mes visions à l'écran.

L'art est technologie

Au XXe siècle, le cinéma n'était que du celluloïd. Celui du XXIe siècle sera numérique. Les salles seront mieux configurées, plus confortables et proposeront de meilleurs divertissements. En termes de qualité du son et de l'image, l'expérience n'en sera que plus immersive – en particulier quand les cinémas passeront au tout numérique. Les spectateurs vivront des moments de cinéma plus forts, plus clairs et plus réalistes.

La technologie numérique va provoquer une baisse des coûts de production. Davantage de gens auront les moyens de mettre en scène des histoires fantastiques ou épiques. Longtemps, les genres littéraires comme la science-fiction et la *fantasy* n'ont pas pu être transposés à l'écran de façon pertinente, puisque le cinéma exigeait que les choses soient montrées au lieu d'être suggérées par les mots, comme elles le sont dans les livres. Le fossé entre ces deux arts va se combler.

On continuera à tourner des films muets en noir et blanc, même à l'ère numérique, parce qu'il existe un million de manières de raconter une histoire. La palette du créateur n'a fait que s'élargir. Il est arrivé la même chose pour les peintres pendant la Renaissance ; la plupart étaient des technologues, tant il était capital de créer de nouvelles couleurs et de nouvelles façons de travailler le plâtre et le métal. Les artistes se sont toujours frottés aux limites de la technologie.

Lorsque le cinéaste français Georges Méliès a montré des hommes sur la Lune dans son film de 1902 *Le Voyage dans la Lune*, c'était la première fois que quelqu'un tentait de rendre réel l'irréel par le truchement de la photographie en mouvement. Ce tour de magie a lancé une nouvelle discipline artistique. *King Kong*, en 1933, a marqué le début de l'animation image par image. L'art de manipuler des marionnettes en mouvement s'est ensuite perfectionné dans les années 1960 et 1970 avec Ray Harryhausen et *Jason et les Argonautes* ou la trilogie *Sinbad*. En 1968, *2001, l'Odyssée de l'espace* de Stanley Kubrick incarnait ce qui se faisait de mieux en matière d'effets spéciaux. En 1977, *La Guerre des étoiles* a propulsé les effets visuels dans une autre dimension en employant pour la première fois des ordinateurs. Pour le cinéma numérique, le moment charnière a été la création par ILM des dinosaures réalistes de *Jurassic Park*, mais cette évolution majeure nous a été inspirée par les exploits du passé, de *King Kong* aux marionnettes de Harryhausen. Dans le domaine de l'animation, l'équipe de John Lasseter sur *Toy Story* est parvenue à un jeu d'acteurs extraordinaire dans un film entièrement réalisé en images de synthèse. Je pense que le prochain jalon sera l'épisode I, parce que des personnages numériques photoréalistes y interagissent avec les acteurs.

Une question de limites

Cette nouvelle technologie ne pourra pas tout accomplir. Tant que nos esprits ont la capacité d'imaginer de nouveaux possibles, nous rencontrerons des difficultés pour les atteindre. Aujourd'hui, le potentiel de la technologie

0.4 La Menace fantôme (1999) George Lucas tourne en décors naturels en Tunisie. Malgré les dernières avancées technologiques, la production reste tributaire des aléas climatiques – une tempête ravagea les décors et accessoires, comme c'était déjà arrivé pendant le tournage de *La Guerre des étoiles*, en 1976.

Le cinéma est un moyen de communication. Fondamentalement, le cinéma numérique fonctionne de la même manière : un être humain communique des idées à un certain nombre d'autres êtres humains, le plus souvent à travers des représentations d'êtres humains. Que votre outil soit numérique ou photographique, cela revient au même. Les gens disent : « Bon sang, le cinéma numérique, ce n'est pas comme le vrai cinéma. C'est du faux. Ce n'est pas réel. » Eh bien ça, au moins, c'est une chose dont vous pouvez être sûr : le cinéma, c'est pour de faux !

Rien de ce que vous voyez à l'écran n'est réel. Ça ne l'a jamais été et ça ne le sera jamais. Certains réalisateurs manipulent les images pour qu'elles se plient à leur volonté. Le cinéma est un art éminemment technique : vous faites défiler une bande de celluloïd entre des picots en l'exposant à la lumière et une réaction photochimique s'enclenche, qui peut être manipulée d'un million de façons. Dans les films, les personnages ne sont que des acteurs qui jouent un rôle et les décors sont construits de toutes pièces. Tout est factice, tout est éphémère. Rien n'est vrai dans un film.

Il n'y a pas de différence entre un arrière-plan numérique et une toile de fond « réelle ». Vous utilisez juste des chiffres au lieu de contreplaqué. L'histoire, c'est ce que vous essayez de transmettre : elle doit porter un regard unique sur le comportement humain – notre façon de vivre et, surtout, notre intellect et nos émotions. Ces éléments sont immuables, que vous utilisiez une scène, la musique, les mots ou des pigments sur la roche.

numérique semble illimité, mais nous n'en sommes qu'aux prémices de son évolution, parce que nous commençons tout juste à l'utiliser. Au fil du temps, nos esprits s'ouvriront et nous serons capables d'imaginer des choses qui butent contre ces nouvelles limites.

Les ordinateurs sont manipulés par des humains. Penser qu'ils pourraient réaliser des films par eux-mêmes ou que des personnages numériques pourraient ne pas être créés par des gens relève de la science-fiction. Le cinéma numérique constituant une façon beaucoup plus complexe de faire des films, les réalisateurs devront avoir à la fois de solides connaissances techniques et beaucoup d'inspiration. Il faudra toujours des acteurs pour faire les voix et jouer, et qu'il s'agisse de comédiens en chair et en os ou d'un personnage créé par un animateur – ou d'un mélange des deux –, il s'agit toujours d'humains qui communiquent avec des humains.

La Menace fantôme

Épisode I : La Menace fantôme (1999)

Synopsis
Échoués sur Tatooine après avoir secouru la jeune reine Amidala de l'invasion imminente de Naboo, l'apprenti jedi Obi-Wan Kenobi et son maître Qui-Gon Jinn découvrent Anakin Skywalker, un esclave de 9 ans particulièrement réceptif à la Force. Anakin remporte une course trépidante et gagne sa liberté. Il quitte sa mère pour devenir un Jedi. Les héros retournent à Naboo où Anakin et la reine font face à l'envahisseur, tandis que les deux Jedi affrontent un terrible ennemi nommé Dark Maul. Ils comprennent alors que l'invasion n'est que la première étape d'une sinistre conspiration fomentée par les Sith, résurgente force des ténèbres.

DATE DE SORTIE 16 MAI 1999 (É.-U.)
DURÉE 136 minutes

Distribution
QUI-GON JINN LIAM NEESON
OBI-WAN KENOBI EWAN MCGREGOR
REINE AMIDALA / PADMÉ NATALIE PORTMAN
ANAKIN SKYWALKER JAKE LLOYD
SÉNATEUR PALPATINE IAN MCDIARMID
SHMI SKYWALKER PERNILLA AUGUST
SIO BIBBLE OLIVER FORD DAVIES
CAPITAINE PANAKA HUGH QUARSHIE
JAR JAR BINKS AHMED BEST
C-3PO (VOIX) ANTHONY DANIELS

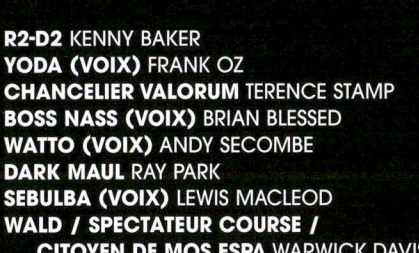

1.1

R2-D2 KENNY BAKER
YODA (VOIX) FRANK OZ
CHANCELIER VALORUM TERENCE STAMP
BOSS NASS (VOIX) BRIAN BLESSED
WATTO (VOIX) ANDY SECOMBE
DARK MAUL RAY PARK
SEBULBA (VOIX) LEWIS MACLEOD
**WALD / SPECTATEUR COURSE /
    CITOYEN DE MOS ESPA** WARWICK DAVIS

Équipe
RÉALISATEUR GEORGE LUCAS
PRODUCTEUR McCALLUM
SCÉNARIO GEORGE LUCAS
PRODUCTEUR EXÉCUTIF GEORGE LUCAS
SUPERVISEUR ARTISTIQUE GAVIN BOCQUET

DIRECTEUR DE LA PHOTOGRAPHIE
    DAVID TATTERSALL
MONTEURS PAUL MARTIN SMITH, BEN BURTT
CRÉATION DES COSTUMES TRISHA BIGGAR
DIRECTEUR DE LA CRÉATION DOUG CHIANG
SUPERVISEURS DES EFFETS VISUELS
    JOHN KNOLL, DENNIS MUREN, SCOTT SQUIRES
DIRECTEUR DE L'ANIMATION ROB COLEMAN
CONCEPTEUR DE SON BEN BURTT
MUSIQUE JOHN WILLIAMS

1.1 *Affiche de Drew Struzan pour*
La Menace fantôme *diffusée le 11 mars 1999.*

Un cercle symbiotique

Par Paul Duncan et Colin Odell & Michelle Le Blanc

George Lucas Après avoir fini *La Guerre des étoiles*, *L'Empire contre-attaque* et *Le Retour du Jedi* en 1983, il n'était pas envisageable que je fasse la prélogie – ni financièrement ni physiquement. Je me remettais d'un divorce, qui avait eu des conséquences plutôt lourdes sur mes capacités financières, et je ne disposais pas de la technologie nécessaire. Yoda ne se déplaçait pas sur plus de 2 mètres et je ne pouvais pas montrer ses jambes, donc je ne pouvais ni le montrer dans un plan large ni le faire courir, sauter ou marcher au loin. Yoda ne pouvait pas se battre. Nous aurions pu essayer de l'animer image par image, mais je n'aurais pas vraiment réussi à lui faire faire ce que j'avais en tête. Alors, je me suis dit : « Tant pis, je vais consacrer mon temps à développer la technologie et à produire des films. »

Et puis j'étais tellement fatigué, lessivé, que j'avais besoin de m'engager dans d'autres projets pendant un moment pour refaire le plein d'énergie et de créativité. J'ai décidé que je ferais les nouveaux films quand ma vie serait en capacité de le supporter.

Ces années-là m'ont enseigné bien des leçons ! Notamment, que la seule véritable voie vers le bonheur passe par l'attention qu'on porte aux autres. Si vous ne vous souciez que de vous-même et de vos intérêts, de vos trucs,

1.2

vous aurez beau accumuler les possessions, vous serez malheureux toute votre vie.

Pendant quinze ans, je me suis occupé de ma famille. L'idée de me lancer dans les cinq ou six ans de travail intense que suppose la prélogie fait réfléchir, et je n'ai pas vraiment eu la tête à ça de sitôt. Si j'y reviens maintenant, c'est parce que je ne rajeunis pas. Nous avons fait progresser la technologie au point qu'il est possible de donner vie à des personnages et des environnements à l'écran et de raconter des histoires comme jamais auparavant, comme j'ai toujours voulu le faire sans oser le tenter, et le tout pour un budget raisonnable. Je crois pouvoir aller plus loin et raconter des histoires de nature imaginaire et de portée fantastique.

La tragédie de Dark Vador

George Lucas Pour écrire La Guerre des étoiles, L'Empire contre-attaque et Le Retour du Jedi, je devais savoir d'où venaient l'Empire et Dark Vador afin de façonner une histoire cohérente pour Luke Skywalker.

En 1981, au cours d'une réunion de cinq jours consacrée à l'histoire du Retour du Jedi, Lucas fournit moult détails sur les circonstances dans lesquelles Anakin Skywalker, le père de Luke, est devenu Dark Vador.

George Lucas / Réunion histoire / 13-17 juillet 1981

Anakin Skywalker commence à fréquenter l'Empereur, dont tout le monde ignore encore la vilenie parce qu'il est un politicien élu. C'est un Richard Nixon. Il corrompt le Sénat et finit par prendre le contrôle et révéler sa vraie nature autoritaire, mais au début il joue au gentil. Le père de Luke se laisse subvertir par l'Empereur. Son comportement change à la maison ; son épouse sent que quelque chose cloche et se confie à Ben, le mentor d'Anakin.

1.2 *Le maquettiste d'ILM Grant Imahara inspecte les réacteurs de la maquette à l'échelle du vaisseau amiral de la Fédération du Commerce, qui a été équipé de lumières.*
1.3 *Image du plan finalisé du navire de guerre de la Fédération du Commerce à l'arrivée du croiseur de la République. La sphère suspendue au centre du vaisseau préfigure l'Étoile de la Mort. Doug Chiang : « Puisque nous concevions des vaisseaux antérieurs dans la chronologie, j'avais envie de glisser des indices visuels annonciateurs de l'évolution du design, qui se retrouvent plus tard et créent un lien avec la trilogie originale. »*

1.4 Cette illustration de Doug Chiang, achevée le 6 novembre 1996 (3,5 jours de travail), montre en détail l'entrée du hangar du vaisseau amiral de la Fédération du Commerce lorsque le croiseur de la République s'approche.

« Quand j'écrivais La Guerre des étoiles, je me bouclais dans mon bureau, je m'asseyais et je n'en sortais pas tant que je n'avais pas fini, pendant des mois s'il le fallait. Cela exige une endurance particulière, parce que le processus d'écriture n'est pas facile ; il demande beaucoup de concentration, un état qui, je pense, confine à l'essence de la méditation. Vous pénétrez dans un univers, vous y restez un moment, puis vous faites le tour pour voir ce qui s'y passe. »

George Lucas

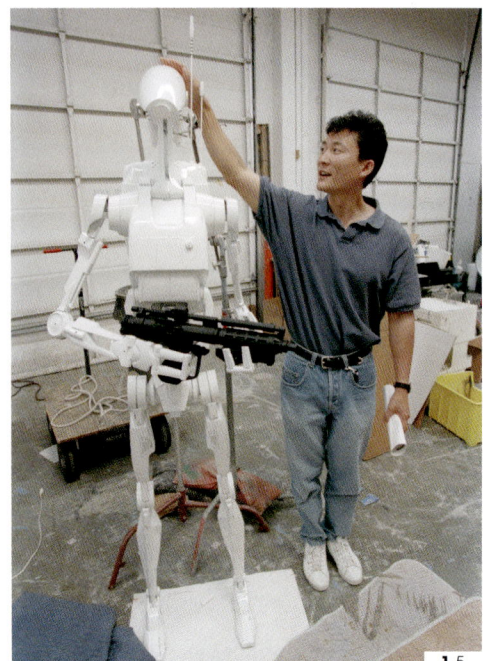

1.5 Doug Chiang contrôle la maquette grandeur nature du droïde de combat. Chiang : « Je voulais qu'ils soient grands parce que je les voulais menaçants. Ils étaient blancs comme les stormtroopers, mais sur le tournage George a dit : "Rendons-les bronzés." » Des maquettes comme celle-ci ont été utilisées en plateau par les acteurs pour les directions de regard.
1.6 Le premier dessin réalisé pour le film par Chiang, daté du 15 janvier 1995, représente un droïde de baron. Les droïdes appartenaient aux barons du commerce, ces barons escrocs plus tard rebaptisés « neimoidiens ».

Au cours de ses missions intergalactiques, Anakin fait ses trucs de Jedi et beaucoup de Jedi sont tués – sa caste lui tourne le dos et il coupe les ponts. Le Président se mue en Empereur, et la mère de Luke soupçonne que quelque chose est arrivé à son mari. Elle est enceinte. L'état émotionnel d'Anakin empire, au point que Ben doit le combattre et le jette dans un volcan, et il en ressortira Vador.

Lorsqu'il tombe dans la fournaise, le temps que les troupes impériales le repêchent, il ne reste presque plus rien de son corps. Puis quand Ben découvre que Vador a été sauvé et se trouve entre les mains de l'Empereur, il s'inquiète. Il explique à sa femme qu'Anakin est devenu le méchant et qu'il est responsable du massacre des Jedi.

Mme Skywalker a accouché de jumeaux, deux petits bébés qui ont dans les six mois. La Force coule puissamment dans la lignée Skywalker, alors Ben dit : « Je crois qu'il faut protéger les enfants, parce qu'ils seront peut-être capables de nous aider à réparer le mal que ton mari a créé dans l'univers. » Ben emporte un des bébés et le confie à un couple sur Tatooine ; il trouve un refuge dans les collines et le regarde grandir, de loin. Il ne peut pas élever Luke lui-même parce qu'il est recherché. Leia et la mère de Luke se réfugient à Aldorande sous la protection du roi, un ami

1.7   1.8

de Ben. Elle meurt peu après et Leia est élevée par ses parents adoptifs. Elle sait que sa vraie mère est morte.

Je pense qu'on peut rendre Ben responsable pour Vador. « J'aurais dû plus l'entraîner. J'aurais dû l'envoyer à Yoda, mais j'ai cru que j'y arriverais seul. J'ai été orgueilleux de penser que je saurais enseigner aussi bien que Yoda. J'aimerais pouvoir arrêter la peste que j'ai déclenchée. » Son fardeau, c'est qu'il se sent responsable de tout ce qu'a fait Vador.

Paul Duncan Vous aviez des idées précises dès le départ.

George Lucas Je n'avais pas trouvé le moyen organique d'intégrer ce contexte historique dans les premiers films. Et puis si j'avais commencé à parler du passé, des Whills, des midi-chloriens et de tous ces trucs dans *La Guerre des étoiles*, les gens auraient fait « Oh mon Dieu ! » et auraient reculé.

Ce n'est qu'à la sortie du *Jedi* que j'ai compris que j'étais passé à côté de la tragique histoire de Dark Vador. Les bases sont posées dans *La Guerre des étoiles* : « Qui est ce type ? Est-ce que c'est un monstre ? Un robot ? » Les

1.7 *Ce concept d'Iain McCaig (1ᵉʳ décembre 1995) pourrait se prêter à différents personnages, qu'ils soient sénateurs ou barons.*
1.8 *Premier croquis de Chiang pour un baron du commerce (23 février 1995). Doug Chiang : « J'avais envie de glisser l'idée sous-jacente que les Neimoidiens avaient conçu les droïdes de combat à leur image, alors je leur ai dessiné une longue tête très étirée. C'était comme la version organique des droïdes. Comme George avait peur de noyer ILM s'il leur commandait plus de personnages numériques, il a demandé à Nick Dudman de les retravailler pour qu'ils soient joués par des acteurs masqués. »*

1.9 Obi-Wan Kenobi se voit offrir un rafraîchissement par un droïde de protocole en attendant son audience avec Nute Gunray. Illustration de Doug Chiang (16 avril 1996, 3 jours). Doug Chiang : « *À l'origine, Obi-Wan était un maître parti seul en mission, qui prenait ensuite Anakin comme padawan. Un jour, George a expliqué que les Jedi opèrent par deux, comme les Sith, et Obi-Wan est devenu le padawan accompagnant son maître.* **»**

gens ne l'identifiaient pas. Mais ensuite, son histoire s'effilochait. Il était l'élu de la prophétie, pourtant nous avions négligé cette ironie fondamentale : c'était le fils qui ramenait de l'humanité au père. Ce n'était pas clair.

J'avais le sentiment que l'histoire d'Anakin Skywalker avait suffisamment de pathos et d'éléments d'intrigue pour enrichir la prélogie : comment il est devenu Jedi, comment il a appris à utiliser la Force, le côté obscur de

1.9

la Force, le côté lumineux de la Force… et les midi-chloriens ; voilà d'où vient Obi-Wan, voilà quelle est leur relation, et voilà comment Anakin est devenu Dark Vador !

Quand j'ai annoncé à la Fox que le prochain film raconterait la genèse de Dark Vador, ils se sont excités. Je leur ai dit : « Dans le premier film, il a 10 ans. » Fox, et aussi des gens de Lucasfilm, ont dit : « Tu vas foutre en l'air la franchise ; tu vas tout détruire ! Tu ne peux pas faire ça, c'est horrible ! » *Tout le monde* était énervé, et je me suis dit : « C'est pour ça que je possède les films, et la société, parce que dans le cas contraire ce film ne se ferait jamais. » Si j'étais allé voir un studio avec cette histoire, il n'aurait jamais existé.

Je sais que tout le monde veut voir Dark Vador dans sa cape noire, son sabre laser au poing, mais tout l'intérêt est là : comment ce gosse adorable, armé de bonnes intentions

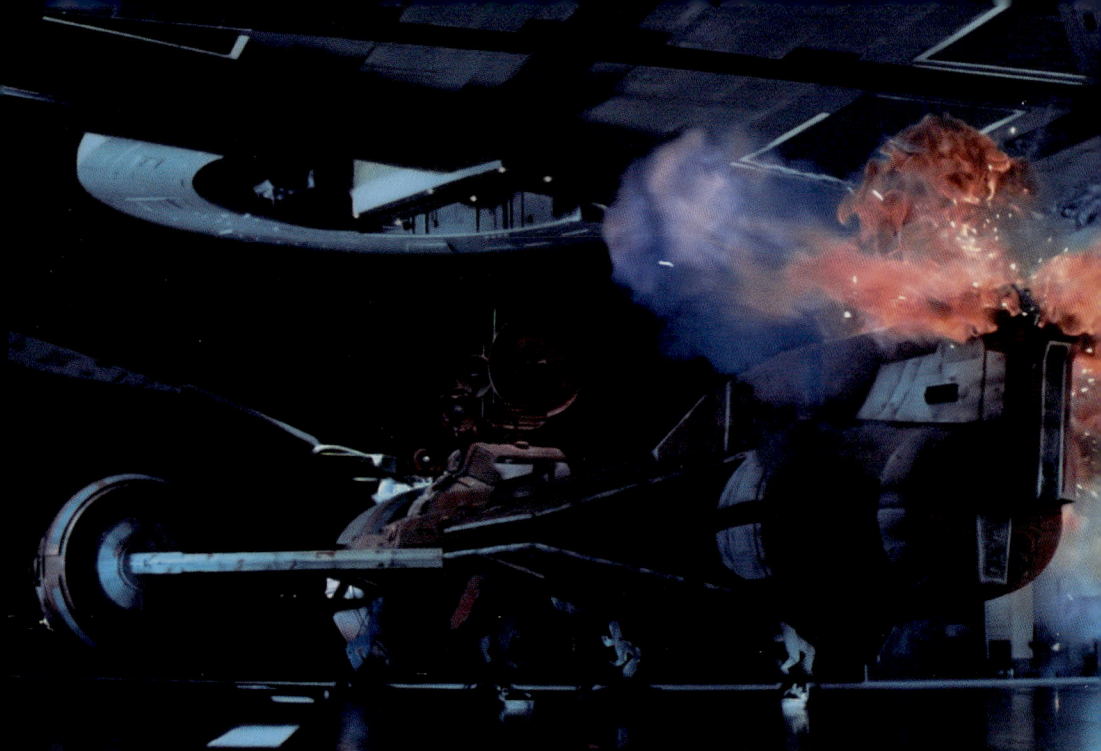

comme nous tous, tourne-t-il mal et devient-il Dark Vador ? La seconde partie de l'histoire, c'est : comment une démocratie se transforme-t-elle en dictature ?

J'ai expliqué aux gens de Lucasfilm qu'ils allaient devoir accepter que je fasse un film que personne n'avait envie de voir, car j'avais envie de raconter cette histoire. Cela m'intéressait plus de la raconter que de veiller à l'avenir de la franchise en contant toujours le même récit.

Paul Duncan Donc vous avez fait le film pour vous.

George Lucas Je fais tous mes films pour moi. Les gens disent : « À partir du moment où il sort, il appartient au public. » Non, il est à moi. Je vous le loue, à coup de 10 dollars la séance. Et il m'appartient toujours.

1er novembre 1994

George Lucas Aujourd'hui, je commence à écrire la nouvelle trilogie *Star Wars*. C'est une belle journée ensoleillée, dans une Californie accablée par un début de sécheresse. Ce matin, j'ai conduit mes enfants à l'école. Ma fille aînée a été malade toute la nuit, jusqu'à 5 h 30. Je n'ai pas dormi du tout, donc ce premier jour s'annonce intéressant – il va surtout falloir que j'essaie de garder les yeux ouverts. Ce sera mon plus gros défi. Je suis ravi de faire ça.

J'ai toujours eu l'intention de faire ces films et de les finir, juste pour satisfaire mon côté maniaque – je tiens à finir tout ce que j'entreprends.

Je travaille trois jours par semaine sur *Star Wars* et il me reste deux jours pour terminer le montage de trois téléfilms des *Aventures du jeune Indiana Jones*, piloter les scénarios pour *Red Tails* et le nouvel *Indiana Jones*, avancer sur un film éducatif que j'ai élaboré pour montrer à quoi l'éducation va ressembler dans

« *Peu après avoir fini la maquette, ils la détruisent dans le hangar. Elle explose. Les deux ou trois premières fois, on a du mal à voir partir son travail en fumée, mais au bout d'un moment, on se rend compte qu'on ne construit plus des choses que pour les faire exploser.* »

John Goodson / Maquettiste

1.10 *Image du plan finalisé montrant la spectaculaire explosion et la destruction du croiseur de la République.*
1.11 *Steve Gawley, John Knoll, George Lucas et Doug Chiang examinent la maquette du croiseur de la République.*

NUTE
They must be dead by now. Blast what's left of them.

The hologram fades off, as a BATTLE DROID, OWO-1, cautiously opens the door. A deadly green cloud billows from the room. BATTLE DROIDS cock their weapons as a figure stumbles out of the smoke. It is TC-3, carrying the tray of drinks.

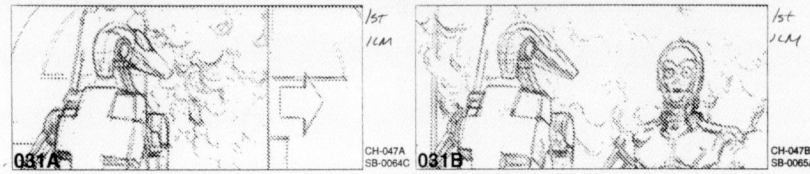

TC-3
Oh, excuse me, so sorry.

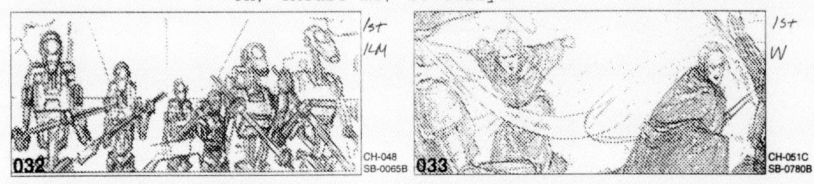

The PROTOCOL DROID passes the the armed camp just as two flashing laser swords fly out of the deadly fog, cutting down several BATTLE DROIDS before they can fire.

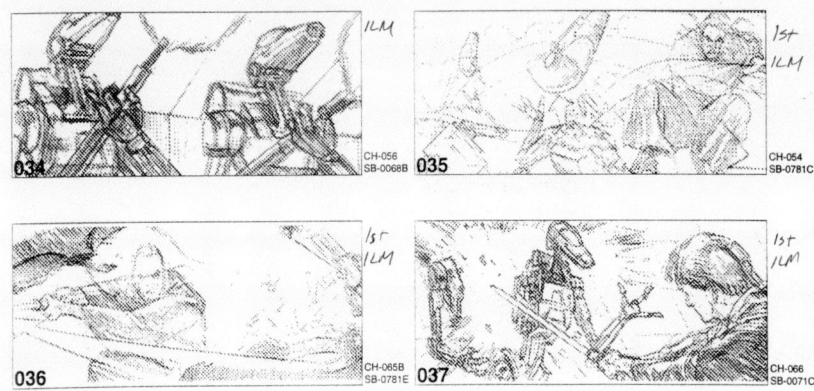

1.12 *Dans une de ses versions, le découpage intégrait ces story-boards de Benton Jew. Les deux Jedi émergent du vestibule, prêts à en découdre. Gunray n'a pas réussi à les empoisonner au gaz.*

1.13

1.13 *Qui-Gon Jinn (Liam Neeson) et Obi-Wan Kenobi (Ewan McGregor) dégainent leurs sabres laser pour se défendre des droïdes dans le couloir d'accès du vaisseau de la Fédération du Commerce. Iain McCaig : « À un moment, les Jedi ne devaient être que des genres de casques bleus en costume strict. L'âge d'Obi-Wan changeait toutes les deux minutes – il a été envisagé un peu plus vieux, la petite cinquantaine. Pendant longtemps, nous avons eu un personnage de samouraï, avec un catogan et de longues pattes, mais il a évolué et s'est scindé en Obi-Wan et Qui-Gon. Nous nous sommes retrouvés avec un mentor plus âgé et nous en avons appris davantage sur la nature des Jedi. Plus qu'une force de maintien de la paix, ils constituaient une sorte d'ordre, de temple, avec une initiation. Quand nous avons compris ça, nous avons rectifié le tir. Au bout du compte, pour établir un lien fort entre l'Obi-Wan que nous connaissions et celui de la prélogie, nous sommes revenus aux croquis de costumes d'origine et nous nous sommes dit : "Ils vont tous porter cette magnifique tunique brun clair." »*

l'avenir, et régler des affaires plus administratives. J'ai trois entreprises : Lucasfilm, LucasArts et Lucas Digital (qui réunit Industrial Light & Magic et Skywalker Sound). Lucasfilm finance ces films, donc je suis aussi responsable d'une partie du processus dont beaucoup de réalisateurs ne s'occupent pas, mais cela me donne la liberté de créer tout ce que je veux sans qu'un studio ait un droit de regard dessus, ce que j'apprécie énormément.

À part ça, il ne se passe pas grand-chose dans ma vie. *(Rires)*

J'écris au crayon dans un vieux classeur miteux à trois anneaux. Tout ce que j'ai fait depuis le début, je l'ai consigné dans ce classeur. J'ai commencé à l'université. J'en ai plusieurs, maintenant, mais j'utilise celui dans lequel j'ai écrit *THX 1138*. Et *American Graffiti*, et *Star Wars*.

Les premières notes et les grandes lignes de la nouvelle trilogie font une quinzaine de

1.15

1.14

1.14 *Les droïdes de combat ne représentent pas une réelle menace pour les Jedi. Doug Chiang : « J'ai commencé à chercher comment les rendre plus menaçants. À ce moment-là, George a dit : "OK, imaginons un droïde mécanique vraiment bizarre qui casse l'anthropomorphisme !" » Illustration de Doug Chiang (29 mars 1996, 4 jours) montrant Obi-Wan Kenobi.*

1.15 *Image du plan finalisé montrant Qui-Gon brandissant son sabre laser pour faire fondre les portes métalliques et atteindre Gunray, tandis qu'Obi-Wan tente de le couvrir. Le processus de tournage impliquait de filmer la scène avec les acteurs, puis le décor seul, afin de composer un environnement cohérent pour les effets visuels à venir.*

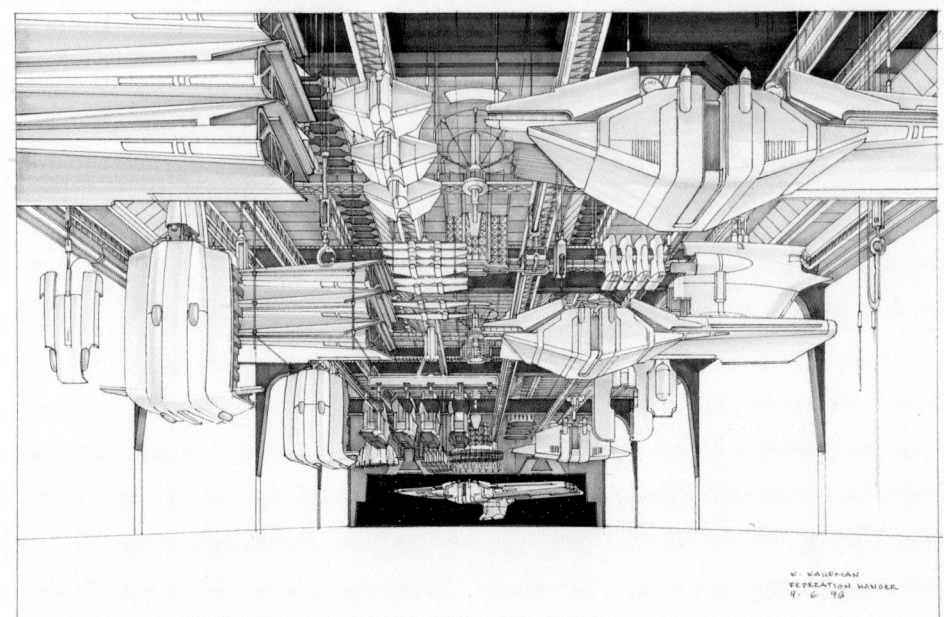

1.16

1.17

pages. Il faut que je les formalise en scènes et en scénario. J'ai quelques éléments de décor et quelques séquences prêtes, mais il reste beaucoup à faire pour étoffer les personnages et les scènes. L'intrigue est de nature dramatique parce qu'il est beaucoup question de trahison, mais les subtilités et la trame complexe de l'histoire ne sont pas encore mises à plat.

Les jours où j'écris, je m'installe dans mon bureau à la maison et je lis pendant trois ou quatre heures. J'étudie la mythologie, les contes populaires, la religion, mais aussi des événements charnières de l'histoire, je lis des essais d'anthropologie sociologique sur le fonctionnement de nos sociétés, nos systèmes de croyances et la mise en pratique de toutes ces choses.

La mythologie est en fait un récapitulatif psychologique de l'histoire, qui se saisit d'un événement historique et le convertit en un objet plus adapté à la psychologie d'un public. Il m'arrive de regarder un film, de consulter des ouvrages de référence, des livres illustrés, d'architecture, d'explorer différents endroits. Je m'amuse. Cela me donne l'occasion de réfléchir, ce que je ne pouvais pas faire avant parce que j'étais toujours obligé de prendre des décisions ou d'apporter des réponses instantanées à tout.

> *« La philosophie créative qui traverse les épisodes I à VI est d'une cohérence et d'une solidité sans faille. Elle les ancre dans la réalité. Il aurait été facile de remettre des X-wings, des chasseurs TIE et l'Étoile de la Mort dans la prélogie, les fans auraient adoré ça, mais cela n'aurait pas fait progresser notre pratique artistique. »*
>
> Doug Chiang / Directeur de la création

En fin de journée, je résume ce que j'ai glané le matin et je l'écris dans un carnet. Je passe aussi du temps, pas plus d'une heure, à travailler sur le traitement de scènes. Il y aura une cinquantaine de scènes par film, donc il faut que j'en imagine dans les 150. Si je sors quelques scènes chaque jour, je vais commencer à ressentir le souffle des films, l'élan qui les anime.

Il est plus difficile de mettre les scènes sur le papier, de décider lesquelles vont s'associer, de dessiner cet enchaînement qui fait le récit. Je repasse l'histoire dans ma tête en permanence et j'envisage les différentes possibilités. Comment ce serait si je faisais comme ça ? Et si je commençais là ? Une sorte de mécanique se met en place, puis intervient l'aspect divertissement – Est-ce que c'est drôle ? Est-ce que ça avance ? Est-ce que c'est excitant ? Ce genre d'interrogations. Je passe constamment les scènes au crible de ces options jusqu'à ce qu'une petite voix me dise : « Oh, ça c'est une jolie scène ! Ça sonne juste. » Là, je la range dans mon petit classeur et je continue ma construction.

En fin de processus, autour de Noël, je reprendrai le traitement pour remplir tous les blancs et le terminer. Ensuite, en janvier, commencera la partie ardue : la rédaction.

1.16 Croquis pour le hangar de la Fédération par Kurt Kaufman (6 avril 1996) avec des idées sur la façon de ranger les navettes. La configuration des zones de garage à l'intérieur du vaisseau mère et la façon dont les navettes se détachent pour partir au combat ont été mûrement réfléchies.
1.17 Ce croquis de Jay Shuster daté du 19 décembre 1996 pour le hangar du vaisseau de la Fédération montre des transporteurs multitroupes (MTT) chargeant les navettes de débarquement de la Fédération du Commerce.

L'écriture est une expérience très méditative. Il faut extraire beaucoup de choses de votre tête, créer un monde et ensuite commencer à vous y déplacer. Psychologiquement, c'est une expérience intéressante. Parfois, vous voulez partir dans une direction, mais ce n'est pas possible ; vous vous retrouvez ailleurs et ce n'est pas quelque chose que vous contrôlez totalement.

La seule façon d'écrire est de faire sortir l'écriture de soi. La matière première, c'est ce qui compte pour vous, que vous l'ayez vécu ou pas. C'est difficile d'écrire dans l'abstrait, sans avoir de lien émotionnel avec sa matière. Alors, quand j'écris une scène, c'est une scène qui m'émeut, qui m'intéresse ou qui me touche personnellement.

15 janvier 1995

George Lucas Tout commence par des gribouillis dans mon petit classeur, mais se termine avec quelque 2 000 personnes qui travaillent ensemble dans une ambiance créative intense, à forte charge émotionnelle, pour le sortir. Cela va des nounous aux producteurs au publicitaire, en passant par mes assistants, ILM, Skywalker Sound, l'équipe caméra, l'équipe son, les équipes de construction. On ne peut pas y arriver si tout le monde n'avance pas dans la même direction. Quand tout est encore dans mon classeur, ce n'est qu'un rêve. Je reste assis là et je me dis : « Ce serait génial si… » Mais confronter ce rêve au principe de réalité demande d'énormes efforts.

Lucas crée JAK Films Inc. (le nom est un clin d'œil à ses enfants Jett, Amanda et Katie)

1.18 *Illustration de Doug Chiang pour « Theed City » (19 août 1997, 2,8 jours).*
1.19 *Doug Chiang et Charlie Bailey inspectent les maquettes de Theed. Doug Chiang : « Quand George a eu approuvé le concept du palais, qui avait trouvé son style architectural, tout le reste s'y est ancré. À partir du palais, perché au sommet de sa falaise, nous avons bâti toute la ville en mousse de polystyrène. J'ai travaillé avec ILM pour créer des bâtiments génériques reconfigurables dans cette grille. Sur notre plateau en extérieur, nous avions plusieurs dizaines de bâtiments décorés différemment sur chaque face afin de pouvoir créer plusieurs rues en les faisant pivoter. C'était merveilleux parce que, en manipulant ces pièces de puzzle en relief, avec trois douzaines de bâtiments seulement nous avons réussi à élaborer tous les arrière-plans pour Theed. » Les maquettes sont filmées dehors pour bénéficier de la lumière naturelle.*

pour superviser la préproduction et le développement de la nouvelle trilogie, et JAK Productions Ltd. pour produire les films.

George Lucas J'ai commencé à collaborer avec le département artistique sur *La Guerre des étoiles* à l'époque de Ralph McQuarrie. J'avais fini la première version du scénario, mais il m'a fallu environ un an pour la seconde. Cette année-là, j'ai décrit le personnage de Dark Vador à Ralph : « Il est tout en noir et porte un masque sombre et une sorte de casque de samouraï. » Quand je travaille sur le script, c'est très évanescent, et lui me le rendait réel. Si je lui disais que j'imaginais un vaisseau tout blanc à l'intérieur, il savait ajouter le détail qui me le rendait visible. De cette façon, quand je reviens à ma seconde mouture, j'ai une vision beaucoup plus claire et je peux être plus précis dans mes descriptions. Je me rapproche de la réalisation.

Quand vous écrivez un scénario, vous ne savez pas comment sera configurée la pièce. Vous ne savez pas où se trouvera la porte par rapport au bureau. Mais quand vous disposez d'un dessin, vous pouvez dire : « Je sais que la porte sera à cinq pas du bureau. » Vous commencez à mettre en scène et vous vous dites : « Est-ce qu'il parle en s'éloignant de la porte ? Non, c'est trop loin, ça ne fonctionnera pas. Je couperai sur lui au bureau avant de le faire parler. » C'est le genre de choses que vous découvrez sur un plateau, ce qui vous oblige à modifier le script pour vous adapter à une réalité que vous subissez. Le département artistique m'aide à résoudre des problèmes logistiques loin en amont, ce qui simplifie la vie de tout le monde.

Doug Chiang / Directeur de la création À l'automne 1994, George Lucas a annoncé qu'il composait un département artistique chargé du premier épisode de la prélogie. Pour beaucoup de designers et d'artistes de la «génération *Star Wars*», dont je fais partie, c'était la chance d'une vie.

Je suis autodidacte – j'ai fait une école de cinéma, pas d'art –, alors quand j'ai commencé

1.19

1.20

1.20 Portrait de la reine Amidala, jouée par Natalie Portman.
1.21 Création d'Iain McCaig pour le costume de la reine, datée du 14 mars 1997. McCaig : « J'ai adoré Natalie Portman dans *Léon* (1994). Je trouve qu'elle est une actrice extraordinaire. Ensuite, j'ai visionné ses essais où elle est un peu plus âgée que dans ce film ; une magnifique jeune femme, tout simplement. Alors je me suis dit que je militerais pour elle, à ma manière, en utilisant son visage pour mes croquis de la reine et que George serait peut-être influencé. »
1.22 Dans la salle du trône du palais de Naboo, un hologramme du sénateur Palpatine (Ian McDiarmid) annonce avoir reçu confirmation par le chancelier que ses ambassadeurs sont arrivés pour négocier avec la Fédération du Commerce.

à travailler chez ILM, en 1989, j'ai passé près d'un an, la nuit, à parfaire mes compétences artistiques. J'ai développé mon propre style : fusionner formes organiques et technologie. C'était le mélange que George recherchait, parce que, dans *Star Wars,* 80 % est réel, mais George rend le projet unique en ajoutant 20 % d'inventions. Sans le savoir, je suis tombé au bon moment. Je suis devenu le directeur de la création du nouveau projet.

Je connaissais bien les dessins fournis par Joe Johnston et Ralph McQuarrie pour la trilogie d'origine et je me suis entraîné tout au long de ma carrière pour dessiner ça. En janvier 1995, avant de commencer le travail au ranch Skywalker, j'ai rencontré George. Je pensais que c'était une simple prise de contact, mais il m'a annoncé : « Mets toutes ces idées de côté. On recommence à zéro. » J'étais sous le choc. J'avais la sensation d'avoir révisé le mauvais chapitre, mais avec le recul, je comprends que cela m'a donné la clairvoyance nécessaire pour saisir la philosophie du design qui sous-tend l'univers *Star Wars* et la vision de George.

Il m'a décrit tout ce qu'il voulait : une nouvelle poursuite spectaculaire, qui est devenue la scène de la course de modules ; une nouvelle planète à la culture et à l'apparence élégantes – Udopau, qui est devenue Naboo. J'avais des pages de notes, mais je ne savais pas comment tout allait s'articuler.

J'ai commencé le 15 janvier, un dimanche. Mentalement, j'étais paralysé par la quantité de travail à abattre et la pression que je sentais pour être à la hauteur de Johnston et McQuarrie. J'ai surmonté cela en me fixant des objectifs : trois à quatre dessins par jour, 25 à la fin de la semaine, pour George.

Paul Duncan Le premier jour, vous avez dessiné les droïdes appartenant aux barons de commerce/barons escrocs, les Neimoïdiens.

Doug Chiang Le brief de George se résumait à : « Crée un stormtrooper robotisé. » Les stormtroopers étaient noirs et blancs et ressemblaient à des squelettes, alors je me suis dit : « Et si je transposais la musculature humaine en formes mécaniques ? » Histoire de voir où cela me mènerait, j'ai dessiné une version robotisée de l'anatomie humaine. Je me suis aussi inspiré des formes stylisées des statues africaines.

1.21

Paul Duncan Vous aviez réalisé cinq croquis le 15 janvier.

Doug Chiang C'étaient des études et je les trouve ratées. J'essayais de me purger de toutes les mauvaises idées pour trouver la voie que George voulait me voir prendre.

Paul Duncan Pourtant, si vous regardez le dessin numéro 002, la cage thoracique ressemble beaucoup au résultat final. Et sur le 005, la

1.22

1.24

1.23

tête allongée est très similaire à la tête finale et les yeux sont exactement les mêmes. Vous trouvez les éléments au fur et à mesure.
Doug Chiang Oui.
Paul Duncan Vous travaillez sur plusieurs créations en même temps, mais vous continuez vos croquis des droïdes les 25, 26 et 31 janvier, et dans le croquis 198 du 24 avril, vous êtes proches de la forme définitive.
Doug Chiang C'est très collaboratif. George a un sens aigu des formes, et c'est étonnant de voir à quelle vitesse il saisit une idée et sait si elle véhicule l'humeur qu'il souhaite et

1.23 *Illustration de Doug Chiang pour l'atterrissage des MTT dans les marécages de Naboo (17 avril 1995, 6 jours). Chiang : « George voulait un transporteur de troupes. Il le décrivait comme une locomotive en lévitation, capable de passer à travers n'importe quoi. La première image qui m'est venue à l'esprit, c'est celle d'une charge d'éléphants. Cela tombait très bien puisque l'ensemble de l'armée droïde est doté d'une personnalité animale. »*
1.24 *Image du plan finalisé des navettes de débarquement de la Fédération du Commerce au-dessus de Naboo, dans un plan supervisé par John Knoll.*

1.25

fonctionne avec l'histoire qu'il veut raconter. Dans ses remarques sur nos créations, il piochait les choses qu'il aimait – les yeux, la tête ou la cage thoracique –, ensuite, c'était mon boulot de les combiner en un design structurellement valide.

Paul Duncan Est-ce que vous saviez le contexte et les décors dans lesquels l'histoire se déroulerait ?

Doug Chiang Pas encore. Ce n'est qu'un an et demi après que George a commencé à m'expliquer comment s'assemblaient les pièces du puzzle. Je concevais au sens strict quand il nous fallait trouver des éléments qui ne venaient pas d'idées préexistantes. C'était très valorisant pour moi parce que je n'étais pas là que pour illustrer ses idées, j'apportais aussi ma contribution à l'édifice.

Le département artistique s'est constitué en janvier 1995, dans le grenier au-dessus du bureau de George, au ranch Skywalker. Au départ, il n'y avait que Terryl Whitlatch et moi.

1.25 *Sean Casey, Mark Siegel et David Owen en pleine construction du modèle réduit de l'AAT. Sa maquette, plus petite, est sur la table. Les maquettes étaient élaborées à partir des croquis. Lucas suggérait divers changements, et le croquis était finalisé jusqu'à devenir le schéma de référence pour la construction du modèle réduit. Il arrivait que la maquette ou le modèle réduit soient numérisés pour devenir une maquette 3D.*

1.26 *Croquis de Chiang pour les chars d'assaut droïdes (12 juillet 1995). Chiang s'était fixé comme objectif d'en imaginer cinq chaque jour. Il commençait par des esquisses de forme assez grossières, puis en choisissait certaines qu'il développait et complétait. Il a plus tard accéléré le processus en escamotant cette première étape.*

Terryl Whitlatch / Concept artist Je suis une spécialiste de la paléo-reconstitution et de l'illustration animalière – ILM avait besoin de quelqu'un qui savait bien dessiner les animaux.
Doug Chiang Nous passions les croquis en revue tous les vendredis.
Terryl Whitlatch George discutait des personnages, des véhicules, de l'architecture – de ce qui le préoccupait le plus. Tout de suite après, Doug organisait une réunion pour reprendre tout ce qui s'était dit et nous renvoyait à nos tables à dessin, l'imagination en surchauffe, consignes en main, pour créer ce qui entrait dans notre champ d'expertise. Les styles étaient parfois mélangés, mais en général, nous avions nos zones d'action dédiées – story-board, environnement, costumes, etc. –, et j'étais chargée de tout ce qui concernait les animaux et autres créatures. Nous passions la semaine à élaborer nos créations, principalement avec des outils traditionnels (crayons, feutres et acryliques), et ensuite, nous présentions le résultat à George.

« *Le secret, quand vous faites ces films, comme dans le sport, c'est de rester détendu, de se faire plaisir ; de nouvelles idées vous viennent et vous essayez de raconter une histoire du mieux que vous pouvez.* »
George Lucas

George Lucas La plupart des réalisateurs n'ont pas de processus de préproduction qui s'étirent sur deux ans et demi. Nous faisions voler les idées, nous les partagions, et nous nous sommes beaucoup amusés.
Paul Duncan Vous étiez disposé à accepter des idées extérieures et des remarques ?
George Lucas Tant que je pouvais dire non. Je leur ai dit : « Écoutez, je vais refuser une grosse partie de ce que vous me donnerez. Acceptez simplement cet état de fait et ne vous torturez pas pour ça. Il n'y a rien de personnel. J'essaie de garder en tête le film

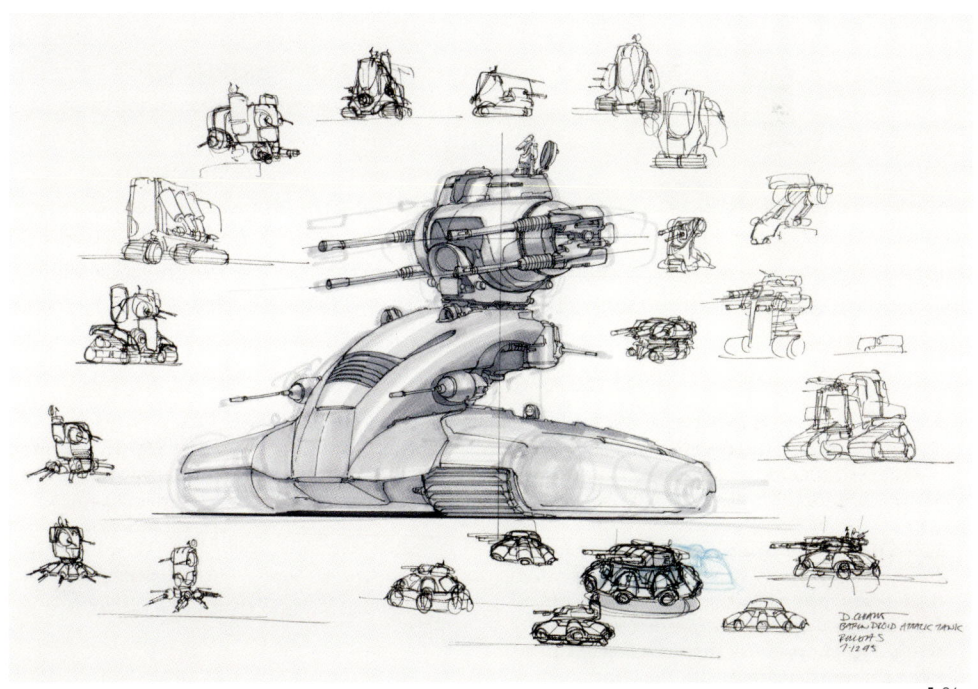

1.26

global. Il y a des choses que je sais et que vous ignorez. Je vais prendre des décisions qui sembleront arbitraires, mais quand ce sera terminé tout prendra sens. » Nous avons opéré comme ça, et ils s'en sont très bien sortis.

Je peux prendre une décision en 15 secondes. Les gens doivent très vite comprendre ce qui se passe. Dans un film normal, si le public voit une jeep de 1945, il situe l'intrigue pendant la Seconde Guerre mondiale et il sait tout un tas de choses sur cette période. Là, personne n'a jamais vu ce que nous montrons, le public n'a pas les outils pour en comprendre les ressorts culturels, donc s'ils ont du mal à comprendre ce qu'Untel tient dans la main, à quoi cet objet sert, ou ce que tel autre porte, les spectateurs réfléchissent à ces questions au lieu de penser à ce que raconte la scène. Quand vous avez des milliers d'éléments à concevoir pour un film, vous ne

**1.27 Concept de Doug Chiang pour la fuite d'Obi-Wan et Jar Jar face à l'armée droïde vue par (15 mars 1996, 3,75 jours).
1.28 Image du plan finalisé de Qui-Gon tentant d'échapper à l'avancée des MTT avec diverses créatures de Naboo.**

1.27

1.28

> « *Jar Jar est une créature d'ailleurs, manquant d'assurance, il est touchant et mignon. Plein d'humour, mais parfois en souffrance, car c'est un personnage exilé de sa patrie, qui essaie de s'en sortir dans les circonstances difficiles dans lesquelles il se trouve.* »
>
> Terryl Whitlatch / Concept artist

pouvez rien laisser dans l'ombre, parce qu'au bout du compte le public s'y perdrait.

Doug Chiang Au cours d'une de mes premières réunions avec George, il m'a décrit les vaisseaux spatiaux. La semaine suivante, je suis arrivé avec des images typiques de l'univers *Star Wars*. George m'a dit : « Non. Repoussons les limites un peu plus loin ! Si on tentait une influence Art nouveau ? Essayons le chrome ! » C'était excitant, mais nous n'étions pas vraiment sûrs de ce que cela donnerait. Nous avons commencé à dessiner et nous nous sommes inspirés de l'histoire du design industriel aux États-Unis. Nous avons assimilé l'épisode I au début des années 1900 et aux années 1920, où le design industriel et l'art ont commencé à s'entremêler. Tout était magnifiquement conçu et semblait plus artisanal.

À mesure que nous progressions dans la préparation des épisodes II et III, nous avons lentement glissé vers une inspiration années 1970, quand l'esthétique de la chaîne de montage a pris le dessus et que tout avait l'air plus usiné, et qui correspond à celle d'*Un nouvel espoir*. C'est une stratégie artistique qui fonctionne parce qu'elle s'inscrit dans notre histoire.

Terryl Whitlatch George a mentionné un personnage drôle, maladroit et dégingandé, charmant mais pleutre, qu'il appelait alors « Corky ». C'est l'époque où le jeune fils de George appelait tous les véhicules des « jar jar ». George trouvait cela mignon, et du coup il a baptisé le personnage « Jar Jar ».

Tout ce que nous avions, c'était une personnalité ; je savais qu'il avait de grands yeux très expressifs. Par chance, j'avais apporté un petit crayonné que j'avais fait chez ILM pour mon plaisir. George l'a vu et il a dit : « On dirait les yeux de Jar Jar ! » Et nous sommes partis de là.

Jar Jar est un personnage amphibie ; il peut vivre à la fois sous l'eau et sur la terre. Comme tout amphibien, il a la peau perméable et lisse. Il peut absorber les molécules d'oxygène présentes dans l'eau. Je me suis beaucoup inspirée des hadrosaures (des dinosaures aux airs d'ornithorynque qui étaient semi-amphibiens, aussi à l'aise sous l'eau que sur la terre ferme) et des émeus. Mélangez un émeu, un

1.29

1.29 *Première illustration de Doug Chiang pour un « Goonga » amphibie (30 mars 1995).*

1.30 *Croquis de Whitlatch pour « Jar Jar Binx » influencé par la morphologie des grenouilles et des dragons. comparé à Padmé, Jar Jar est encore très grand (14 septembre 1995).*

1.31

1.32

dinosaure à bec plat, Danny Kaye et Charlie Chaplin, et vous obtiendrez un Gungan.

Paul Duncan Vous avez tous travaillé sur ce personnage en 1995 et 1996. Pourquoi tant d'essais et de croquis ?

Doug Chiang Parce qu'il allait être le premier personnage en images de synthèse. Je revois distinctement George en train de nous dire : « Ne vous inquiétez pas de la façon dont nous réaliserons ça. Contentez-vous de produire les meilleurs dessins possible, et ILM s'occupera du reste. »

Terryl Whitlatch Quand une idée de base était officiellement approuvée, je réalisais les planches d'anatomie du squelette, de la musculature et de la peau de toutes les créatures non terrestres, afin qu'elles puissent être modélisées, texturées, articulées et animées pour ILM. Cela représente 9 à 15 planches pour chaque créature, et il y en a eu au moins 50 sur ce film.

Elles devaient toutes sembler vraies, de leur couleur extérieure à leur structure interne. Parfois, j'ai même dû concevoir la configuration des dents et leurs relations avec la langue, et à un certain moment même animer en personne la créature en 2D pour m'assurer qu'elle pouvait faire certaines choses, ou pour servir de référence d'animation pour ILM. Une bonne partie du travail de préproduction consistait à garantir que la production et ILM (là où tout devient vite très cher) avaient exactement ce qu'il leur fallait.

Doug Chiang Une fois Jar Jar dessiné sur papier en 2D et approuvé par George, j'ai demandé à Tony McVey, un sculpteur de créatures, de traduire les dessins en maquettes volumiques. Nous avons réalisé une série de figurines, George en a choisi plusieurs dont nous avons fabriqué des versions plus grandes. ILM les a numérisées et elles sont entrées dans le monde du numérique. Le personnage est affiné grâce à l'apport du chef animation, car les possibilités de jeu en dépendent.

1.33

Mon rôle allait du moment où George formulait ses idées avec le département artistique à la production – là, je concevais les décors avec Gavin Bocquet, le designer de la production –, jusqu'à la postproduction, en supervisant, en étroite collaboration avec ILM, la construction des maquettes en dur et en numérique. Le film et les éléments évoluaient tout du long. Pour Georges, il était important que quelqu'un veille à la continuité de l'ensemble.

1.31 *Un modèle en terre de Jar Jar est sculpté et numérisé ; le personnage est intégré dans la dimension numérique.*
1.32 *Ahmed Best est engagé pour le rôle de Jar Jar. Lucas apprécie ses compétences d'acteur et sa présence physique ; il sait créer un personnage par la gestuelle. Ahmed Best : « Je portais un costume pour la capture de mouvements constellé de réflecteurs de lumière. Ils épousaient mes moindres gestes et des caméras infrarouges les suivaient et entraient les données dans un ordinateur. C'est ainsi qu'ils ont retranscrit mes mouvements en numérique. »*
1.33 *Une fois fixée l'apparence de Jar Jar, cette image de synthèse est produite le 14 janvier 1999, pour vérifier la modélisation. La flèche pointe une corne qui s'est détachée de l'oreille, indiquant qu'une retouche est nécessaire.*

1.34

1.34 Dans la présentation qu'en donnent les story-boards d'Iain McCaig, Jar Jar ramasse une palourde, laquelle émerge de sa coquille pour l'attraper, mais lui sort sa longue langue et la dévore. Cette idée est écartée au profit finalement de Qui-Gon tombant littéralement sur Jar Jar quand il fuit l'invasion de l'armée droïde. La voracité de Jar Jar fait cependant partie des motifs comiques récurrents du film.

Été 1995

George Lucas J'ai grandi dans l'amour des voitures, de la vitesse et le monde du sport automobile. J'ai toujours voulu montrer une course dans un de mes films. Une fois, j'ai participé à une compétition périlleuse avec un ami à Riverside. Je suis parti de ce souvenir pour créer ce que j'espère être la séquence de course ultime.

Ben Burtt / Monteur Au début de l'été 1995, George m'a décrit oralement la course de modules avant de le faire, un peu plus tard, par écrit.

George Lucas Ce sera comme la course de chars dans *Ben-Hur*. Les modules sont équipés de deux moteurs qui rappellent les deux chevaux, le pilote se tient dans un cockpit ouvert, comme dans un char, et c'est aussi un combat à mort. Anakin dévale la piste. Il percute un type. Le type s'écrase et ensuite Anakin doit traverser la boule de feu et passer au suivant. Il arrive en tête au premier tour, passe derrière au deuxième, à nouveau en tête au troisième, derrière au quatrième, et il finit par gagner. Voilà l'histoire.

Ben Burtt J'ai commencé à développer cette idée en images : j'ai rassemblé des morceaux de films, de reportages, des passages enregistrés sur VHS à la télé, puis j'ai tout transféré sur Avid. J'ai constitué une bibliothèque de courses de divers véhicules, d'hélicoptères et d'avions. J'ai commencé à filmer les scènes dans le cockpit – j'avais construit un petit bolide en carton chez moi avec mon projecteur devant, j'ai passé un disque laser IMAX montrant un vol à travers le Grand Canyon avec mon fils Benny pilotant sur ce fond. J'ai filmé une combinaison de ça et d'un de ses amis avec un masque d'extraterrestre. Si j'avais dû mettre une maquette sur un bâton et la faire voler devant la caméra, je l'aurais fait aussi. J'ai monté tout ça avec des images de courses automobiles.

George Lucas J'ai procédé de cette façon pour tous mes films. Dans *La Guerre des étoiles*,

1.35

1.36

j'ai utilisé des *stock-shots* de guerre pour faire des story-boards en mouvement pour la séquence de l'attaque de l'Étoile de la Mort. Nous avons fait des animatiques, animées et dessinées à la main, pour *L'Empire contre-attaque*, et des « vidéomatiques », en filmant en vidéo des maquettes sur fond bleu, pour *Le Retour du Jedi*.

C'est pourquoi ILM sait exactement ce qu'il faut faire, combien d'images cela représente

1.35-36 Image de prise de vues et la même finalisée du moment où Jar Jar remercie les Jedi de lui avoir sauvé la vie. Ewan McGregor : « Une chose qui est difficile, c'est de ne pas regarder Ahmed dans les yeux. Ils lui ont fixé cet écran noir sur son casque, il n'empêche, qu'instinctivement, nous cherchons à regarder ses yeux plutôt que ceux de Jar Jar au-dessus. »

1.37

1.37 *Dessin de Doug Chiang daté du 25 mai 1995 pour la cité gungan, alors appelée « Otoh Botoh ».*
1.38 *Image du plan finalisé de l'arrivée à Otoh City.* Brian Flora / Matte painter : « J'ai trouvé dans un livre des photos de Paris la nuit, où des lumières vertes venaient souligner les architectures. J'ai utilisé cette base chromatique pour la source de lumière qui éclaire ces bulles par en dessous. »

1.38

« *George voulait que la cité de Gungan soit dans le genre Art nouveau. J'ai incorporé des figures de ce style au paysage urbain, et l'esthétique des Gungans a découlé de ce mélange où les formes donnent la sensation d'avoir été mûries, façonnées.* »
Doug Chiang

et comment la séquence va s'insérer dans le cours du film. C'est très difficile de le montrer sur un bout de papier. On a vraiment besoin de voir les mouvements, les qualités cinétiques du plan.
Ben Burtt J'ai travaillé sur ce premier montage, qui faisait 22 minutes, pendant des mois. C'était une course où tout pouvait arriver : des collisions, des sorties de piste, des embrasements, des explosions, un pilote qui profite d'un dépassement pour glisser une pièce métallique dans les roues de son adversaire et l'envoyer dans le décor… J'ai ajouté une bande-son temporaire, des bruits d'avions à réaction et d'autres, et nous sommes partis de là. C'était brut de décoffrage, mais George adore travailler de cette façon. Cela lui donne de quoi réagir.

Même si le montage sautait d'une voiture à une maquette puis à un avion, nous n'étions pas perturbés au visionnage parce que tout s'enchaînait plutôt bien : la composition, la géographie, les vitesses de déplacement ou le placement du regard du spectateur dans l'image. Par exemple, si votre œil est dirigé vers le quart supérieur du cadre au plan A et qu'il capte naturellement ce qui se passe ensuite dans ce même endroit au plan B, alors la coupe est fluide et réussie. C'est la magie du montage et c'est ce qu'apprécie beaucoup George.
George Lucas Il n'y a peut-être que 5 ou 10 minutes de film sans personnages de synthèse, effets numériques ou séquences d'action, alors nous avons décidé de faire des animatiques du tout.
Ben Burtt Cela voulait dire que je m'attaque au film séquence par séquence : les duels au sabre, les scènes sous l'eau, la bataille de la fin. L'idée était de concevoir un story-board dynamique, vivant, pour qu'une fois sur le plateau George puisse montrer à ILM ce qu'ils doivent créer : « Je veux tel angle, telle vitesse, de ce point de vue. » C'était très efficace.

Cette façon de procéder comptait beaucoup pour George parce que chaque seconde allait lui coûter une somme énorme ; du coup, il avait plutôt intérêt, en tant que

réalisateur, à savoir exactement où il allait. Si je peux arriver un jour et amputer une séquence d'une dizaine de plans sans que le rythme en souffre et sachant que chacun de ces plans aurait coûté 100 000 dollars, cela paie certainement plus que mon salaire sur ce film, du point de vue d'un producteur.

Septembre 1995

David Dozoretz / Superviseur de la prévisualisation des effets J'ai été le premier artiste informatique engagé sur le film, en septembre 1995, et ma première mission a été la course. Nous avons construit des modèles en 3D de tous les modules présents sur la piste pour qu'ils frôlent vraiment la caméra à pleine vitesse. Nous avons filmé les marionnettes des pilotes – réalisées en mousse par Robert Barnes – sur un écran vert de fortune dans le bâtiment technique du ranch. À l'aide du système Electricimage Animation et Adobe After Effects, nous avons assemblé tout ça avec les story-boards dessinés par Iain McCaig et remplacé les *stock-shots* dans le montage de Ben Burtt. C'était aussi à nous de veiller à la continuité de l'ensemble. S'il y avait 13 coureurs au départ et que cinq étaient tués, il fallait suivre la progression de chaque module à toutes les étapes.

Les animatiques sont des outils de narration visuelle incroyables parce qu'un gars tout seul sur son ordinateur peut tester des millions de choses. Les ordinateurs sont de plus en plus rapides, mais nous travaillons en très basse définition parce que si George dit « Déplacez cette chose-là ! », nous mettons un point d'honneur à lui montrer la version corrigée dans les 20 minutes. Notre record est d'avoir réalisé 75 plans en une journée, ce qui représente une masse de travail énorme pour quatre personnes, mais nous adorions ça.

George Lucas Quand Ben et moi avons fini, il ajoute les effets sonores, la musique et tout là-dessus, ainsi ça devient un bout de film terminé. Je n'ai plus qu'à tout refaire avec des caméras, des bolides et des effets visuels de meilleure qualité. Mais la séquence en elle-même, en termes de partie du film, est faite. Elle est juste faite en très basse qualité !

23 mars 1996

George Lucas Je travaille depuis près de 18 mois maintenant et je viens de finir la première version du premier script. Si j'ai mis autant de temps, c'est en partie parce qu'il se

1.39 *Best regarde Neeson et McGregor avachis sur les marches de la place, concentrés sur les consignes de Lucas. Ils travaillent dans un environnement majoritairement constitué de fonds bleus, dont certains éléments visuels n'ont pas encore été conçus.*
1.40 *Story-board de Kurt Kaufman pour le plan OGB.027.010.A (OGB = Otoh Gunga Boardroom, salle du conseil gungan. Il s'agit du plan 10 de la scène 27). Le plan a été tourné en premier, puis le story-board a été réalisé pour l'intégrer. Après validation, une maquette de la bulle a été construite, filmée et insérée dans la scène en postproduction.*
1.41 *Image du plan finalisé de la scène où les Jedi demandent son aide à Boss Nass (Brian Blessed).*

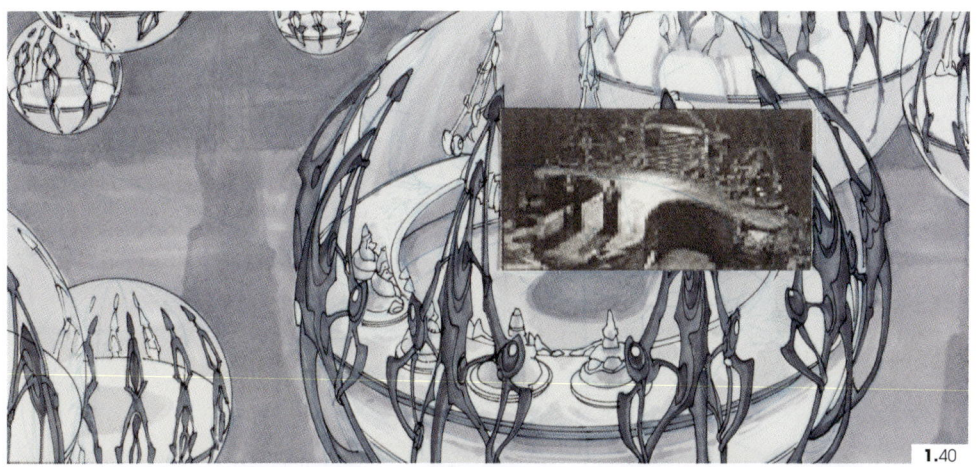

> « Il y en a toujours un
> pour manger l'autre. »
>
> Qui-Gon Jinn

passe beaucoup de choses dans ma vie et que c'est perturbant quand vous écrivez. Je vais au bureau une fois par semaine, mais je dois dire qu'il y a au moins une autre journée de la semaine mangée par des urgences et des décisions administratives importantes qui doivent être traitées.

Le plus difficile, c'est de démarrer le script. Cela n'a rien à voir avec l'écriture ; il s'agit de comprendre le caractère des personnages. Une fois que c'est fait, vous n'écrivez pas le film, il s'écrit tout seul. Un personnage réagit à sa manière, si bien que vous n'avez pas beaucoup de choix si vous voulez qu'il reste cohérent. Cela prend longtemps. Cela m'a pris un an. *(Rires)*

L'histoire présente Obi-Wan comme un jeune Jedi d'environ 25 ans. Il est ambitieux et prend sous sa houlette ce gamin qu'on découvre à 8 ou 9 ans. Le gosse est enthousiaste, généreux et plein d'humanité. Même s'il n'a pas été élevé en Jedi, il en possède de nombreuses qualités. Bien qu'il soit un peu âgé pour entamer sa formation, Obi-Wan sent que la Force est si puissante en lui qu'il doit le former. Donc, au départ, Anakin est très idéaliste, très naïf, pur de toute noirceur.

Pourquoi les Jedi prennent-ils les enfants en charge très jeunes ? Je dois savoir répondre à cette question, même si elle ne se pose pas dans le scénario. Il doit y avoir une logique derrière ce qui se passe. C'est le talon d'Achille d'Anakin, qui au final entrera en jeu quand il sera adulte. Il était trop âgé pour être séparé de sa mère. En conséquence, il est plus tard tombé amoureux et n'a pas supporté l'idée de perdre sa femme quand il a

1.42 *Au cours de leur traversée, Qui-Gon, Obi-Wan et Jar Jar sont attaqués par un opee tueur des mers, qui se fait dévorer par un monstre aquatique sando géant et libère le sous-marin. Cette illustration de Terryl Whitlatch (19 octobre 1995) montre l'échelle relative du bongo et des monstres aquatiques.*
1.43 *George Lucas attribue un tampon « Fabulouso » à cette charge de l'opee tueur des mers peinte par Doug Chiang (24 janvier 1996, 4 jours).*

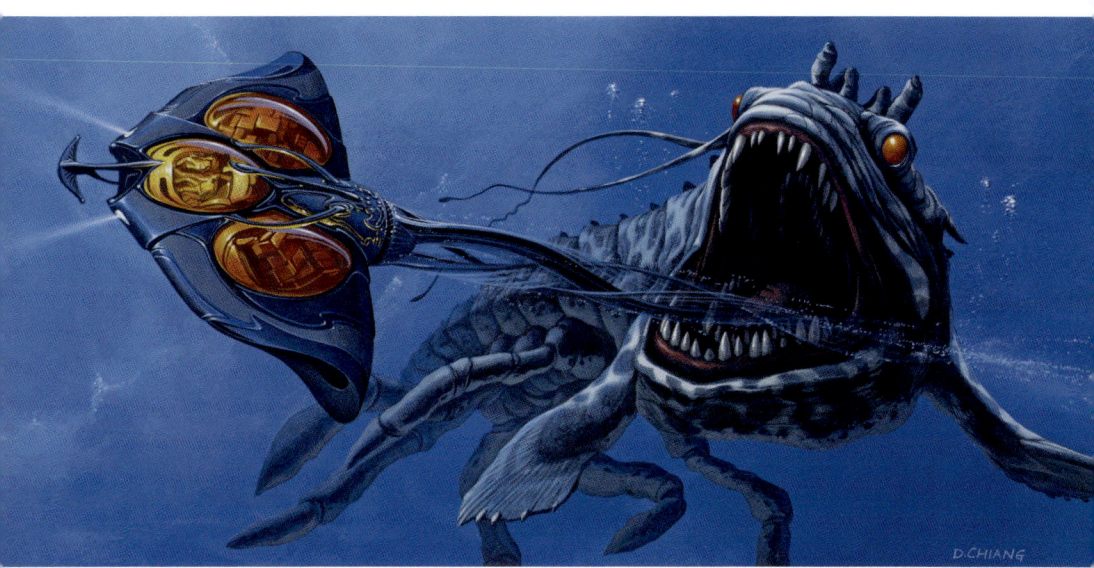

compris qu'elle allait mourir en couches. Du coup, quand le diable se présente et lui dit « Je peux la ramener », il y croit, même si c'est un mensonge.

Obi-Wan commence comme ce fort personnage de Jedi, mais quand vous regardez les six films, vous voyez que ce que Ben fait avec Luke est très proche de la même erreur qu'il a faite avec Anakin. Il y a donc ce courant sous-jacent qui veut qu'il refasse la même erreur, que Luke se transforme en Sith au lieu de racheter Dark Vador. C'est la grande tension dans tout ça – Obi-Wan peut-il réparer le mal qu'il a fait ?

1.44-45 *Ed Natividad a storyboardé l'invasion de Theed comme un récit de guerre avec des visions effrayantes de la mort et des enfants blottis dans une embrasure de fenêtre.*
1.46 *Une reine Amidala soucieuse assiste à l'invasion depuis le palais. Une observation plus attentive révèle sur le mur derrière elle le câblage utilisé pour éclairer le bas de sa robe ; câbles qui ont ensuite été effacés numériquement.*

Au bout du compte, cette prélogie parle de la relation entre Anakin et Padmé. Elle est bien plus qu'une épouse. Ils ont des rapports complexes, légèrement dysfonctionnels, dont l'issue rappelle la manière dont Ben a résolu l'histoire d'Anakin : quand une personne meurt, autre chose naît. Ainsi, à la mort de la mère d'Anakin, qui joue un rôle clé dans tout ça, quelque chose naît en Anakin qui deviendra Dark Vador. Quand Anakin entame ce processus qui va le transformer en Vador, Padmé le lâche.

Paul Duncan Et la façon dont Ben meurt dans *La Guerre des étoiles* confirme la foi et la confiance que Luke place dans la Force.

George Lucas Le nœud du problème chez Anakin, c'est que les Jedi sont élevés dès la naissance et apprennent très tôt à lâcher prise. Ils sont surtout entraînés à comprendre la nature transitoire de la vie, que les choses sont en perpétuel changement et qu'on ne peut se raccrocher à rien. On peut aimer les choses, mais pas s'y attacher. Il faut laisser le flux de la vie et le flux de la Force parcourir votre existence, vous traverser. De cette façon, vous serez charitable, affectueux et attentionné, et

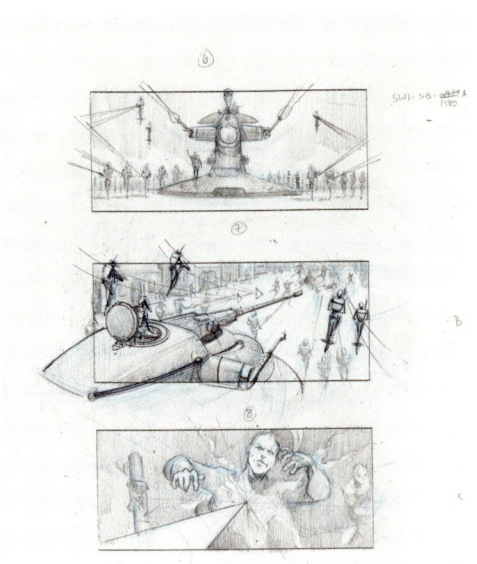

1.44

1.45

1.47

1.47 *McGregor et Neeson se préparent à abandonner le bongo. La scène est filmée sur fond bleu pour permettre d'ajouter un décor en images de synthèse en post-production.*
1.48 *Les story-boards d'Iain McCaig figurent le sous-marin sur le point de tomber de la cascade. Qui-Gon lance un câble qui s'accroche à une rambarde du quai, ce qui donne le temps aux Jedi et à Jar Jar de s'échapper.*
1.49 *Story-board de Kurt Kaufman (13 mars 1998) pour l'arrivée du bongo à Theed. À noter : les prises de vues réelles avaient été filmées en amont. Dans le scénario, le sous-marin émerge dans un estuaire, mais le courant le pousse vers une cascade.*

non pas possessif, avide, attaché aux choses, désireux de les garder en l'état.

Le lâcher-prise est un thème central du film.

17 avril 1996

Doug Chiang George voulait que des barons du commerce contrôlent les droïdes. J'ai proposé un portrait.

Paul Duncan C'est votre illustration du 7 mars 1995.

Doug Chiang C'est ça. Il l'a aimée, mais ensuite l'idée des barons a évolué et nous l'avons laissée de côté. J'avais un « mur de la honte » où j'accrochais chaque semaine mes dessins refusés, pour rester sain d'esprit, parce que les premières semaines George rejetait tout. Ce qui est génial, c'est que George garde tout en tête. Plus tard, après les réunions, il entrait, il désignait des choses et disait : « Remettons celui-là à l'ordre du jour ! J'ai une idée pour lui. » Tout était toujours remis en jeu.

La première fois que George nous expose une nouvelle idée en réunion, il est en général assez vague. La semaine suivante, il nous fournit une autre bribe d'information. La troisième semaine, si nous sommes encore à côté, il nous dit « Faites ça, ça et ça ! » et il nous sort une référence qu'il a sous le coude depuis le début. Il veut nous pousser à explorer toutes les options possibles. Cela fait partie du processus.

Un an plus tard, en mars 1996, il m'a dit : « Tu te souviens de ce portrait ? Reprenons-le, j'ai un nouveau personnage pour toi. » Il m'a alors décrit son idée de copier-coller la tête du portrait sur un corps courtaud de canard, auquel il a ensuite ajouté des ailes de chauve-souris et des pattes palmées. Terryl Whitlatch, Iain McCaig et moi avons reçu la même chose et nous l'avons interprétée selon notre prisme personnel. Iain et Terryl ont réalisé des beaux croquis de créatures étranges qui collaient à la consigne.

Paul Duncan Terryl a dessiné une perruche géante à l'air tendre et Iain une silhouette spectrale vaporeuse.

Doug Chiang George répétait : « Non, non, non. Faites ces trois choses ! » C'était déconcertant, parce que nous n'arrivions pas à y voir clair.

Au bout du compte, j'ai fait exactement ce qu'il m'avait demandé et j'ai assemblé les morceaux. Je me revois en train de dessiner et de me dire : « Ça ne va pas marcher. » Et une fois le dessin terminé, j'ai fait : « Ouah ! Ça marche ! »

1.48

1.49

« Les décors faisaient un étage et nous avons ajouté tout le reste de l'architecture. Nous avons aussi fait des maquettes de Theed en raison de sa complexité architecturale et parce que nous voulions des fleurs. Elles ont été construites à une échelle de 1/30 et filmées dehors pour avoir l'éclairage des prises de vues réelles. Nous avons filmé à 64 images par seconde pour limiter l'effet du vent sur les arbres à échelle réduite et employé un motion control pour nous caler sur les mouvements de caméra d'origine. »

Scott Squires / Superviseur des effets visuels

1.50

Paul Duncan C'est le dessin 627, daté du 17 avril 1996 ?

Doug Chiang Ouais. Il s'agit de Watto. Il y avait cette fantaisie qui fait la patte humoristique de *Star Wars*. C'est tout George. Il avait une vision claire depuis le début. S'il avait eu le temps, je suis sûr qu'il l'aurait dessiné lui-même.

Paul Duncan Watto rappelle ces personnages malveillants des films Disney comme *Pinocchio*.

*1.50 **Obi-Wan et Qui-Gon détruisent les droïdes, puis se présentent à la reine et lui annoncent que les négociations sur lesquelles elle comptait ont échoué.***
*1.51 **Ewan McGregor rebondit sur un mini-trampoline pour occire les droïdes de combat, représentés en guise de repères par des membres de l'équipe en combinaison blanche et masque de droïde. Ray Park, accroupi à côté de la caméra, observe l'action.***

C'est un exploiteur, le propriétaire d'Anakin et de Shmi, mais il ne les bat pas. Il laisse Anakin faire certaines choses. Les émotions mises en scène ne sont pas manichéennes.

Doug Chiang Exactement. Ce personnage a plusieurs strates, une certaine profondeur. Cela transparaît quand il perd son pari contre Qui-Gon. C'est le genre de choses auxquelles George pense quand il nous parle de la conception. Quand nous dessinons, George fait son casting. Alors nous essayons de saisir le type de personnage très précis qu'il recherche. Il veut de la personnalité. Il veut des détails qui vont consolider ce qu'il écrit.

Après ça, j'ai été très reconnaissant envers George. En tant que jeune créateur, vous vous dites : « Je me suis entraîné toute ma carrière. Je sais ce qu'il faut. Je vais lui vendre mon idée. » Mais vous savez quoi ? George opère à un autre niveau que nous.

23 avril 1996

George Lucas Pendant l'écriture, je suis très concentré sur l'histoire. Quand vous réalisez des story-boards, vous vous souciez davantage de la cinétique cinématographique, de la façon dont les éléments bougent ensemble.

George Lucas organise tous les mardis une réunion de trois heures consacrée au story-board, avec le production designer *(superviseur artistique) Gavin Bocquet, David Dozoretz et le département artistique dirigé par Doug Chiang. Le 23 avril 1996, Lucas liste les séquences dont il a besoin :*

Notes de réunion story-board GWL / 23 avril 1996

1. Ouverture
2. Passerelle et salle de conférences
3. Combat à l'extérieur de la salle de conférences
4. Combat sur la passerelle
5. Atterrissage du vaisseau et poursuite
6. Séquence sous l'eau – nage jusqu'à Otoh Gunga
7. Plate-forme d'apontage d'Otoh Gunga
8. Bataille spatiale – franchissement du blocus (en hyper-espace, sortie sur Tatooine)
9. Course de modules
10. Combat Jedi/Sith (énorme) sur Tatooine (comme dans un film de Jackie Chan)
11. Départ de Tatooine (en hyperespace)
12. Arrivée à Coruscant (entrée du vaisseau, plans de la ville comme pour la Cité des Nuages)
13. Et juste après… les autres regagnent Naboo (autres détails plus tard)

1.54

Lucas décrit ensuite les plans de la séquence subaquatique où Obi-Wan et Jar Jar gagnent Otoh Gunga à la nage et stipule que, « tous sont en mouvement – la caméra flotte avec eux ». *Il énonce très précisément les plans larges, subjectifs, rapprochés et les contre-champs qu'il souhaite pour l'entrée d'Obi-Wan et Jar Jar dans la cité sous l'eau, leur trajet en sous-marin, l'entrée en scène de l'opee tueur des mers, ensuite dévoré par le monstre aquatique sando, puis leur traversée de la planète, leur poursuite par un poisson colo à pinces, à son tour dévoré par un autre monstre sando, et enfin leur arrivée dans l'estuaire de Theed. Iain McCaig dessine les story-boards correspondants.*

1.53

À chaque réunion, Lucas commente le travail effectué et ajoute de nouvelles séquences. Le 20 août, il expose de nouvelles idées de batailles, dont il confie la conception à Ed Natividad, et fait quelques remarques sur le combat Jedi/Sith de Tatooine.

Iain McCaig / Concept artist J'avais préparé une séquence avec le Seigneur Sith déboulant sur son bolide. Obi Wan se retournait au moment où il bondissait de sa moto, détachait sa cape, tirait son sabre laser et l'attaquait avant même que sa cape touche le sol. J'ai dessiné un story-board en essayant de donner une impression de grande vitesse. J'ai utilisé toutes les astuces de ma palette et, quand je l'ai épinglé au mur, George m'a demandé : « Qu'est-ce que tu essaies de faire ? » « Que ça ait l'air vraiment rapide, George. » « Rapide. Tu veux voir du rapide ? » Et là, il a pris trois planches et les a réorganisées. Il n'en a enlevé aucune, et c'était dix fois plus rapide. Je croyais avoir verrouillé la scène et j'ai appris qu'on peut toujours faire mieux, même dans un domaine qu'on pense bien connaître.

George Lucas La partie travail n'est pas difficile. C'est la quantité et le flot continu des tâches qui sont pénibles. C'est une chose de dessiner un story-board de 100 plans, c'en est une autre quand il y en a 2 000 ou 3 000. Nous gardons le rythme depuis plusieurs mois maintenant, et cela va continuer un an.

1.52 *Préparation de la maquette de Theed pour le tournage. Elle sera filmée dehors pour profiter de la lumière naturelle.*
1.53 *À contrecœur, la reine décide de quitter Naboo pour demander l'aide du Sénat, à Coruscant. Cette image du plan finalisé du vaisseau royal quittant le hangar de Theed montre l'intégration de la maquette de la ville et du vaisseau en images de synthèse dans le décor.*
1.54 *George Lucas montre comme attaquer un droïde de combat avec un sabre laser.*

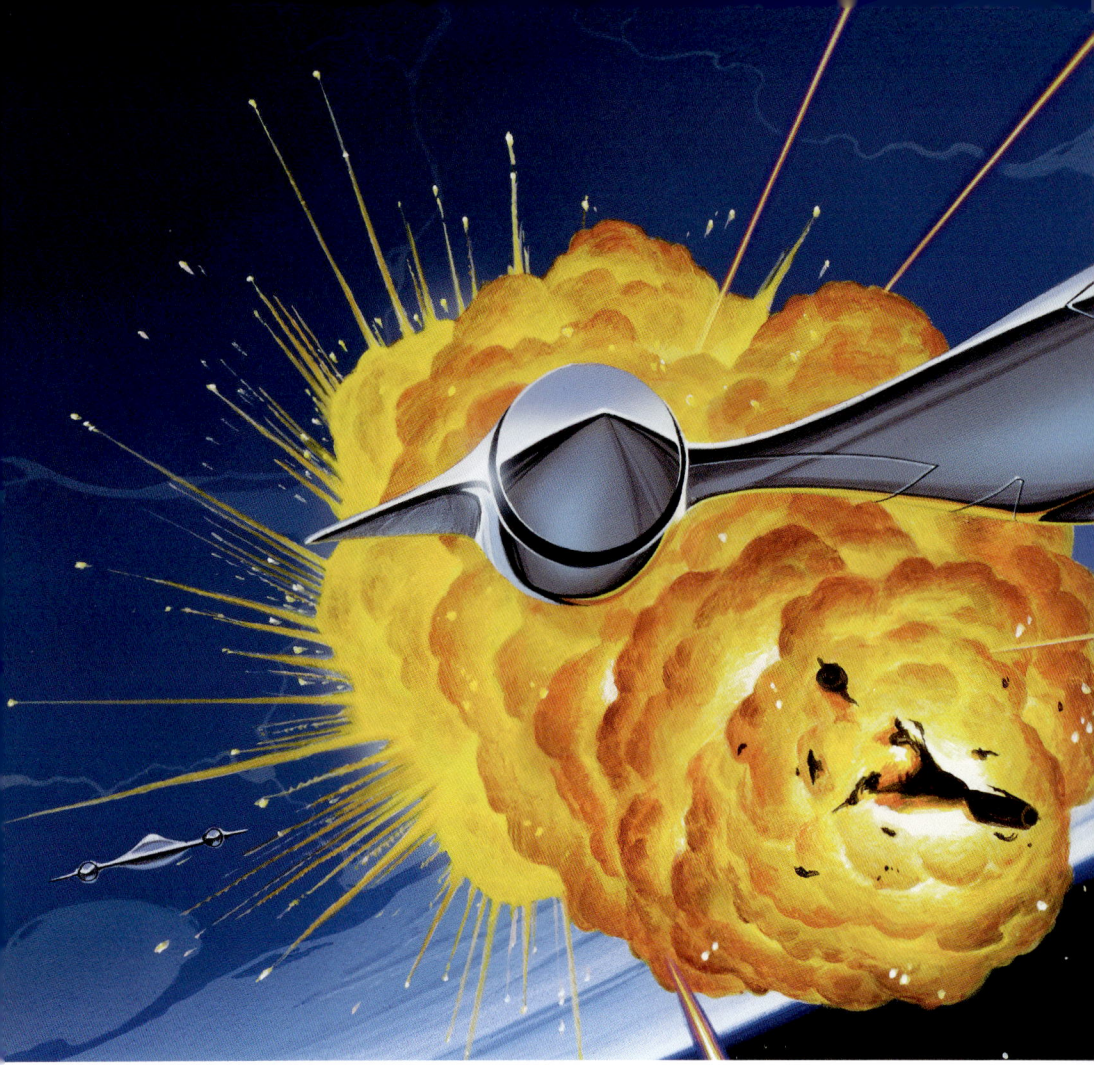

22 juin 1996

George Lucas J'ai terminé la première ébauche du scénario et sa version révisée, et maintenant j'attaque la première version propre. Il me reste beaucoup de chemin à parcourir.

Dans la toute première ébauche, Obi-Wan était quasiment seul le premier tiers du film. Les 10 premières pages ne lui fournissaient aucun personnage avec lequel interagir. Ensuite, Jar Jar Binks apparaît, mais il apporte une respiration comique. La reine opère dans une autre sphère que le Jedi. Je dois développer la relation entre elle et Anakin, parce que c'est là que réside la véritable histoire, mais je n'ai pas pu faire évoluer le personnage d'Obi-Wan assez vite. Quand j'ai parcouru l'ébauche, je me suis rendu compte que j'avais un second Jedi qui entrait en scène au milieu du scénario ; c'était un personnage intéressant, et plus j'y pensais, plus j'imaginais ce que je pourrais faire avec les deux Jedi réunis, parce qu'isolés ils étaient limités.

Paul Duncan Donc vous avez ajouté le mentor d'Obi-Wan, le maître jedi Qui-Gon Jinn, qui replace Obi-Wan dans la position de

padawan. Le film commence sur leur intervention conjointe pour régler un conflit entre la Fédération du Commerce et Naboo.

George Lucas Le film s'ouvre sur les corporations véreuses qui agissent dans l'ombre. Les Jedi tentent de résoudre le mystère. Une corporation est un requin sans conscience. Tout ce qui l'intéresse, c'est de manger. Elle n'a aucun sens des responsabilités. Tout est de la faute des actionnaires, ou du P.-D.G. ou du conseil d'administration. C'est toujours la faute de quelqu'un d'autre, mais la règle d'or demeure « faire de l'argent, à n'importe quel prix », alors tout le monde suit. Leur objectif n'est pas d'être gentils avec les gens.

Nos personnages principaux – Qui-Gon, Obi-Wan, Padmé et Anakin – font tous de leur mieux, mais ils sont totalement submergés par un pouvoir bien plus grand qu'eux. Le conseil des Jedi et les bureaucrates du Sénat sont des forces d'inertie qui jouent contre

1.55 *Peinture de Chiang montrant le vaisseau de la reine et d'autres en train de forcer le barrage de la Fédération du Commerce (7 août 1996, 2 jours).*

eux ; ils ignorent que c'est Palpatine qui tire les ficelles.

Le deuxième film raconte la constitution d'une armée secrète et son entrée en guerre, qui transforme de fait le grand chancelier en Empereur. Le Sénat abandonne la République. La République existe encore, mais elle est dirigée par un Empereur. Pas d'inquiétude, dès que la situation sera arrangée, il rendra les rênes au peuple ! *(Rires)*

Les deux thèmes majeurs sont : « Comment devient-on une mauvaise personne ? » et « Comment en vient-on à abandonner la démocratie pour choisir un tyran ? » Car c'est ce qui se passe : ils abandonnent – il n'y a pas de coup d'État, pas de rébellion, rien.

1.56 *Le vaisseau de la reine a été endommagé par le barrage – son générateur de bouclier est en panne et il n'y a plus de courant. Un courageux petit droïde bleu passe par un sas pour gagner l'extérieur et remettre le courant du vaisseau en détresse.*
1.57 *R2-D2 fait sa première apparition dans le vaisseau de la reine. Les croquis de Doug Chiang posent les bases du si populaire petit droïde astro-mécano conçu comme un couteau suisse se dépliant (20 novembre 1996).*

Paul Duncan Ils lui donnent les pleins pouvoirs.
George Lucas Oui, par un vote, et c'est ce qui arrive dans la vraie vie.
Paul Duncan Les trois films sonnent en fait la fin de la partie pour l'Empereur.
George Lucas Tout était prévu depuis très, très longtemps. Il regarde juste les dominos tomber.

Septembre 1996

George Lucas J'ai essayé de faire construire un studio ici, près du ranch, pour pouvoir y tourner, mais ça ne s'est pas fait. Ils ont gagné, j'ai perdu, c'est le jeu. Du coup, je vais en Angleterre.

Rick McCallum / Producteur Nous avions besoin d'une surface six fois plus grande que les studios d'Elstree, alors nous sommes allés à Leavesden, un ancien aérodrome dans la banlieue de Londres, et nous y avons passé deux ans et demi.

David Tattersall / Chef opérateur L'avantage pour Rick et George c'est qu'ils pouvaient louer tout le complexe. Ils n'avaient pas à partager quoi que ce soit avec d'autres productions comme cela se passe habituellement. Grâce à cela, une bonne partie des décors ont pu être construits une fois pour toutes.

Notre superviseur artistique, Gavin Bocquet, avait à sa disposition environ 15 espaces, ce qui nous a permis d'avoir 25 plateaux terminés en même temps sur lesquels tourner.
Rick McCallum Nous avons complètement brisé la frontière entre production et postproduction. C'est-à-dire que George peut réaliser le film, nous gardons nos décors prêts, nous avons une sécurité totale, nous pouvons monter pendant huit ou dix semaines, réécrire, puis tourner à nouveau. Nous avons pu tout monter sans dépasser le budget ni les délais contractuels des équipes techniques et des comédiens.

La préproduction commence en septembre 1996.
Rick McCallum Environ 500 personnes travaillent à plein temps, mais surtout sur la construction. Quand ce sera terminé, nous redescendrons à une équipe de tournage de quelque 80 personnes, mais la construction de décors va se poursuivre tout du long.
Rob Coleman / Directeur de l'animation Au lieu de construire ces énormes décors comme l'aurait fait Cecil B. DeMille pour le Colisée à Rome, vous construisez un petit bout de Colisée avec beaucoup d'écrans bleus autour, et vous mettez vos acteurs devant. Vous économisez de l'argent que vous pouvez investir dans des fonds en numérique ou en maquette, puis assembler tout ensemble.
Rick McCallum J'avais prévu de construire sur une hauteur de 1,80 mètre, juste assez pour que les acteurs puissent être filmés sur le décor. Puis Liam Neeson, qui mesure plus de 1,90 mètre, a été engagé pour le rôle de Qui-Gon. Nous avons dû tout rehausser de quelques centimètres. Il a bousillé mon budget.

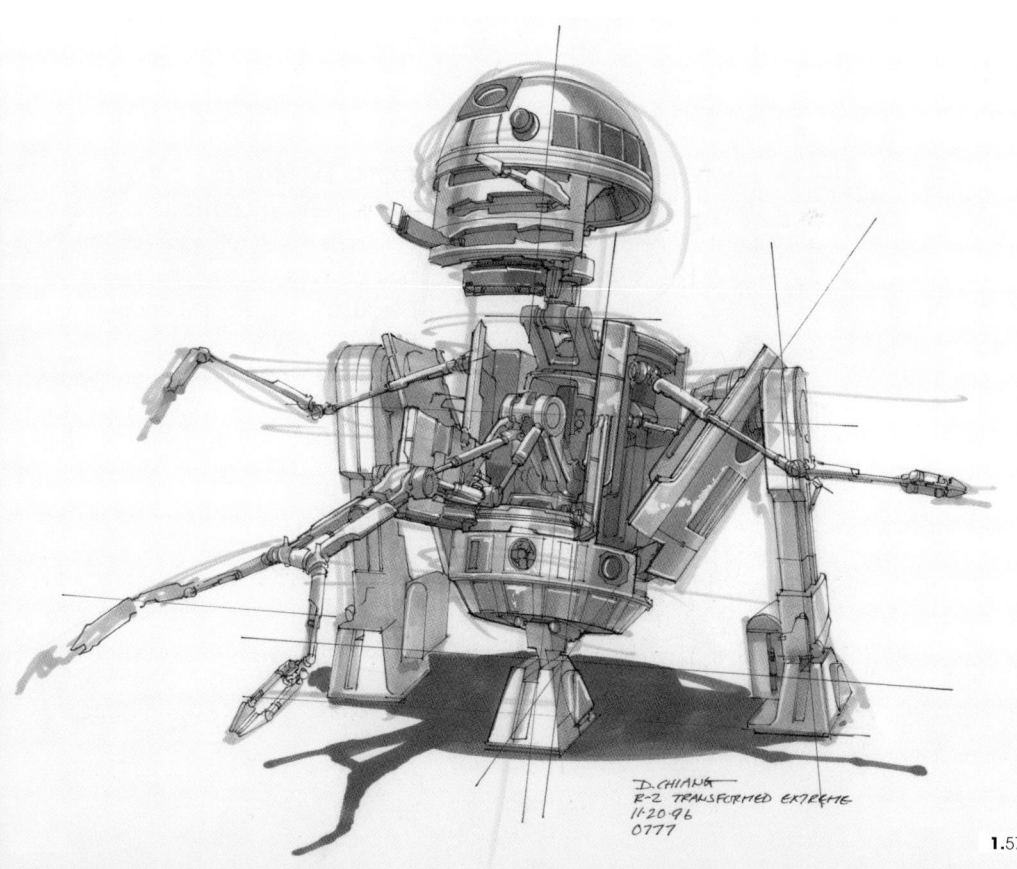

1.57

7 septembre 1996

George Lucas Les idées ne s'insèrent pas toutes si facilement dans une histoire. La plupart du temps, les personnages doivent exprimer ce que vous voulez dire, et pour ce faire, ils doivent généralement avoir des opinions divergentes sur l'idée afin de pouvoir la discuter. Qui-Gon et Obi-Wan sont en désaccord sur la pertinence de suivre un « guide », pour reprendre un terme mythologique. L'un croit au guide, l'autre non. Vous vous promenez dans la rue et vous croisez un mendiant ; l'un des personnages embarque le mendiant dans le périple, mais l'autre intervient : « Pourquoi fais-tu ça ? Il va nous ralentir. Ce n'est pas ce que dicte la sagesse. » Le premier réplique :

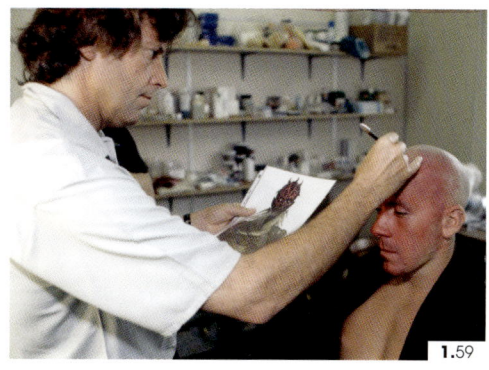
1.59

« Oui, mais le mendiant nous est utile. » C'est un thème mythologique classique, mais en même temps c'est un conflit.

Les personnages doivent mûrir, si bien que, au bout du compte, celui qui s'opposait à cette décision se voit contraint d'en assumer la responsabilité. Dans notre cas, nous avons Qui-Gon, le mentor qui prend Anakin sous son aile, et le padawan Obi-Wan, qui pense que c'est une mauvaise idée, si bien qu'une dynamique s'installe entre les deux Jedi. À la fin du film, Obi-Wan reprend le devoir que s'était fixé son maître et poursuit la formation d'Anakin ; une mission qu'il ne peut réellement mener à bien parce qu'elle le dépasse.

C'est parce qu'il a été incapable de former correctement cet enfant qu'Anakin se muera en Dark Vador, et cette incapacité, ce

1.58 *On reconnaît bien Dark Maul sur ce croquis de Seigneur Sith (2 avril 1996), bien que McCaig lui ait dessiné des plumes (fixées autour de sa tête avec du fil métallique), qui ont ensuite été remplacées par des cornes, donnant au sombre seigneur une apparence plus démoniaque encore.*
1.59 *Transformation de Ray Park, l'expert des arts martiaux, en Seigneur Sith. Son maquillage prenait une heure et demie.*
1.60 *Première apparition de Dark Maul (Ray Park). Dark Sidious (Ian McDiarmid) présente Nute Gunray (Silas Carson) à son nouvel apprenti, lui indiquant que ce sera lui qui devra localiser le vaisseau disparu de la reine.*

1.60

1.61

manquement, est le moteur du reste de l'histoire. Non seulement il tournera le dos à son mentor, mais il jouera un rôle actif dans l'effondrement de la République. C'est pourquoi Obi-Wan se sent ensuite contraint d'essayer de corriger la situation avec Luke.

Si les gens se sentent si liés à Star Wars, c'est en partie parce que ses ressorts psychologiques sont très anciens. Qu'il s'agisse de chevaliers en armure, de guerriers grecs ou de bandits armés d'Occident, vous racontez toujours la même histoire, où vous mêlez les grandes questions cosmiques et spirituelles avec les questions temporelles de qui vous êtes et quelles sont vos limites. Je suis stupéfait que les gens ne racontent pas ces histoires. Ils ont oublié pourquoi vous racontez une histoire. Ils semblent juste le dire sans aucune raison.

26 octobre 1996

George Lucas Il y a déjà eu des personnages numériques au cinéma, dans Jurassic Park, Jumanji et Casper, mais en intégrer qui parlent dans une scène et les laisser longtemps à l'écran est un énorme défi. Jar Jar est le personnage le plus important, mais il y aura une douzaine d'autres créatures en images de synthèse dans le film. Il faut fabriquer beaucoup de choses, alors nous devons trouver un moyen novateur de réduire les coûts pour en faire autant que prévu. La technologie de capture de mouvements actuelle n'est pas adaptée parce que vous devez faire la

1.61 *Un R2-D2 (Kenny Baker) tout commotionné est présenté à la reine, qui le remercie d'avoir sauvé son vaisseau.*
1.62 *La reine confie à sa suivante Padmé (Natalie Portman) la mission de nettoyer R2-D2. La reine croit à la démocratie et que chacun doit contribuer à la société.*
1.63 *Ce croquis de la suivante Padmé par Iain McCaig (17 mai 1996) s'inspire d'une coiffure des Amérindiens Hopis, culture d'où venaient aussi les macarons de la princesse Leia dans* La Guerre des étoiles.

1.62

1.64

capture de chaque acteur séparément, sur un plateau spécial, puis les mettre en images plus tard. Il nous faut un personnage avec lequel tout le monde peut interagir, alors nous essayons de trouver comment nous y prendre. Nous voulons filmer un acteur en plateau, récolter les informations de mouvement, puis entrer celles-ci dans un logiciel qui produira automatiquement une version animée du personnage, avant que l'acteur ne soit peint numériquement. Pour finir, nous ajoutons les détails et nous ajustons l'ensemble.

Nous sommes arrivés à la conclusion que Jar Jar a un visage trop complexe pour qu'un humain puisse imiter ses mimiques, alors nous ferons jouer son rôle par l'acteur, nous enregistrerons le mouvement de ses lèvres pour la synchronisation des mots et l'animateur se chargera du reste.

Cette semaine, nous avons fait un essai avec le mime Michel Courtemanche pour voir un peu comment Jar Jar pourrait marcher, quelle personnalité il pourrait avoir, quels éléments marqueraient sa différence. Je veux qu'il ait une dégaine et une gestuelle très particulières, alors nous avons exploré diverses options.

La plupart des mouvements sont en fait venus de moi. Je disais : « Balance tes bras autour de toi, tout mous, va par ici, va par-là, remue la tête, tord ton cou et bouge les hanches,

1.64 *Tournage en Tunisie. Qui-Gon et R2-D2 doivent se rendre dans la ville de Mos Espa afin de trouver les pièces nécessaires pour réparer le vaisseau endommagé lors de leur fuite de Naboo. La reine a insisté pour que le capitaine Panaka (Hugh Quarshie) et Padmé les accompagnent, malgré les réserves de Qui-Gon. On distingue à l'arrière-plan la passerelle du vaisseau royal soutenue par un échafaudage ; le reste du vaisseau sera ajouté en postproduction.*
1.65 *La maquette du vaisseau royal dans le paysage désertique de Tatooine a été filmé sur le toit d'ILM à San Rafael, en Californie.*
1.66 *Illustration de Doug Chiang pour le vaisseau de la reine venant d'atterrir sur l'aride planète Tatooine, avec Jar Jar au premier plan (23 mai 1996, 2,4 jours).*

essaie de ficeler tout ça ensemble!» Puis j'ajoutais «Plus détendu encore», pour essayer d'arriver au juste équilibre.

C'est en travaillant avec Michel sur le langage que je l'ai entendu pour la première fois, et j'ai donc pu l'écouter objectivement. Il y a une touche d'accent indien, donc je dois continuer à jouer avec les mots jusqu'à ce que je parvienne à un dialogue étranger cohérent et homogène qui ne dérive d'aucune culture reconnaissable. Il faut qu'on le comprenne parce que je ne veux pas avoir à le sous-titrer.

16 novembre 1996

George Lucas Je suis sur le point de terminer la deuxième version, qui est officiellement

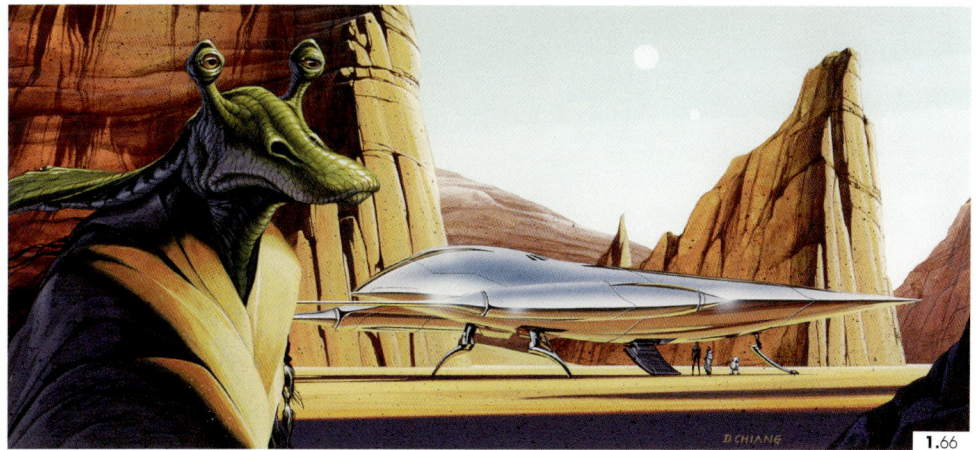

1.65

1.66

1.67 George Lucas (à droite) et le superviseur artistique (production designer) Gavin Bocquet (deuxième à droite) inspectent le modèle réduit de Mos Espa pour déterminer quelle portion sera construite en Tunisie. Bocquet : « George insistait sur le fait que la lumière, le décor et tout l'environnement tunisien étaient à l'image de Tatooine et il refusait d'aller où que ce soit ailleurs. »

1.68 Lucas (au centre) met en place un plan sur le décor de Mos Espa à Tozeur, en Tunisie, quelques jours après qu'une tempête a ravagé le plateau. Les membres de l'équipe ont travaillé sans relâche pour réparer les dégâts à temps.

la première et en réalité la 25ᵉ. J'en suis à la page 100. Je suis bloqué par le trop-plein de scénario et j'essaie de trouver un moyen d'accélérer le récit pour aller plus vite d'un point A à un point B. Pour faire simple : je n'ai plus de place.

Je n'ai pas de scènes superflues. En théorie, je pourrais retirer une séquence d'action où Obi-Wan et Jar Jar tombent sur un monstre des mers, mais c'est une très bonne scène, et j'ai besoin de quelque chose pour entrecouper l'approche de l'armée de la Fédération.

La course de modules permet de présenter le personnage d'Anakin, ses exploits de pilote et les capacités extrasensorielles octroyées par la Force. Donc beaucoup de choses se jouent pendant la course, qui n'est pas qu'une séquence d'action. Elle dure désormais dans les 20 minutes et j'essaie de la réduire de 10 à 12 minutes.

Le plus gros problème structurel se pose au troisième acte. Dans *La Guerre des étoiles*, ils fuient l'Étoile de la Mort, gagnent la base rebelle où ils ont deux scènes avant la bataille finale. Dans ce film, ils vont de Tatooine à Coruscant, de Coruscant à Naboo, mettent au point toutes sortes de stratégies et se préparent au combat. Ensuite la bataille a lieu et le film est fini. J'ai 15 à 20 scènes, alors qu'il n'y en a que deux dans *La Guerre des étoiles* et, si chacune dure 2 minutes, j'en ai déjà 30 dans la vue. Il faut que je ramène cela à 5 ou 6 minutes. Je simplifie et j'essaie d'épurer et d'accélérer l'histoire pour arriver au bout.

1.68

1.69

C'est le premier scénario vraiment officiel que tout le monde va recevoir, ce qui signifie que ce sera plus compliqué de modifier des choses par la suite. Le film devient réel. J'ai les personnages idéaux en tête, mais quand j'aurais enfin trouvé mes acteurs, ce seront de vraies personnes, avec leur propre caractère, et ils ne correspondront pas forcément à l'image exacte que je m'en faisais. Ils seront autre chose, mais je dois accepter le fait que c'est ce que devient le personnage. Le film commence à aller dans des directions que je n'avais pas envisagées.

Robin Gurland / Directrice de casting Il s'agit toujours de trouver la bonne personne pour le rôle. Si c'est un acteur connu du public, tant mieux. Sinon, c'est aussi bien. Nous ne leur avons jamais montré le scénario, ce qui a surpris la plupart d'entre eux. Ils se présentaient et discutaient avec George, Rick et moi, de tout et de rien – politique, religion, théâtre... En fait, nous parlions de tout sauf de *Star Wars*. George cherchait à découvrir qui était chaque personne et comment il ou elle collait à la vision qu'il avait d'un personnage précis.

George Lucas Nous avons choisi notre tout premier rôle. Nous sommes en train de négocier le contrat, alors j'espère que tout se goupillera bien. Nous avons choisi Natalie Portman pour jouer Padmé, et c'est une grande nouvelle. Elle est parfaite pour le rôle. C'est difficile, dans ce genre de cas, de trouver une jeune fille avec assez de présence et de force pour endosser ce qui est, par essence, un rôle adulte. Elle doit incarner une reine qui se maintient à distance, tant physiquement que par l'épais maquillage et les costumes qu'elle arbore. Et puis elle doit aussi jouer Padmé, qui

1.70

1.71

est beaucoup plus avenante, plus humaine. Plusieurs possibilités s'offrent à nous pour les autres grands rôles. Le plus difficile à trouver étant, bien sûr, le jeune Anakin.

15 janvier 1997

Le 15 janvier, une liste de story-boards est établie pour toutes les séquences, soit un total de 2 018 plans; certaines sont encore en cours d'élaboration. Lucas organise une réunion consacrée aux story-boards et aux décors au ranch Skywalker avec l'équipe de production et celle d'ILM.

John Knoll / Superviseur des effets visuels Tous les story-boards étaient collés sur des plaques de polystyrène et George nous a passé en revue les planches une par une.

George Lucas J'ai décomposé chaque planche pour montrer quelles parties seraient réelles et lesquelles ne le seraient pas. Pour la plupart des films, vous construisez un décor et vous tournez dedans. Nous ne pouvons pas opérer comme ça. Il faut que nous sachions qui sont les personnages réels et lesquels seront créés sur ordinateur, quels décors seront construits physiquement et lesquels le seront numériquement, même chose pour les accessoires. Cela dépend beaucoup de

1.69 *Lucas demande à Chiang de poser la tête du baron refusé sur un corps de canard et d'y ajouter de petites ailes de chauve-souris pour créer Watto (17 avril 1996).*
1.70 *Image du plan finalisé de la rencontre entre Jar Jar, Padmé, Qui-Gon et Watto (Andy Secombe), lequel aura peut-être les pièces nécessaires à la réparation de l'hyperdrive.*
1.71 *Best, Portman et Neeson dans l'échoppe de Watto. Andy Secombe, qui joue Watto, porte un chapeau donnant la direction de regard appropriée aux acteurs de façon qu'ils visualisent le marchand en train de voleter.*

1.72

l'interaction que ces éléments auront avec les acteurs, du coût de construction engendré par l'une et l'autre méthodes. Si une voiture est construite pour de vrai, autant l'utiliser le plus possible. Vous ne voulez pas avoir à la construire deux fois, une fois en vrai et une fois en images de synthèse.

John Knoll Devant chaque planche, j'avais sensiblement la même réaction : « Ça va être vraiment dur. » Avant que vous ayez le temps de vous appesantir, il passait à la suivante. « Il y a 2 000 personnages dans ce plan ! » C'était une expérience plutôt éprouvante.

Rick McCallum Il est devenu évident que ce projet ne ressemblerait à aucun autre film à effets spéciaux déjà réalisé. Pour mettre les choses en perspective : un gros film peut comporter 250 plans truqués, et un film monstrueux comme *Titanic* en a entre 450 et 500. George envisageait de faire entre 1 700 et 2 000 plans. Ce qui m'inquiétait le plus n'était pas « Est-ce qu'ILM peut le faire ? » mais « Existe-t-il une boîte qui le puisse ? »

1.72 *Padmé et R2 rencontrent Anakin (Jake Lloyd) pour la première fois. « Est-ce que t'es un ange ? » demande Anakin à Padmé.*
1.73 *Dessin d'Anakin Skywalker par Iain McCaig (27 octobre 1995).*
1.74 *Jake Lloyd a 8 ans lors du tournage du film en 1997. Lucas : « Nous avons rencontré littéralement des milliers de gamins. Pendant deux ans, nous avons fait le tour du monde et tourné des tonnes de bouts d'essai. Jake Lloyd était nature. Il m'a évoqué un Luke Skywalker enfant, et c'était une bonne chose puisqu'il devait incarner la même présence que Luke dans le premier film. Jake est un enfant très attachant, très drôle et très vivant. C'est une petite personne charmante et pleine d'esprit, et cela se ressent dans la manière dont il interprète son rôle. »*

6 juin 1997

George Lucas J'avais besoin de quelqu'un pour occuper le centre du film, comme Alec Guiness dans *La Guerre des étoiles*; un personnage doté d'une belle âme, de sagesse et de force physique.

Liam Neeson J'ai rencontré George et Rick à Londres et nous avons parlé enfants. George est un père de famille et j'ai deux garçons, alors c'est de cela que nous avons discuté. Rick m'a appelé et m'a dit : « Le personnage a la soixantaine à l'origine. Tu accepterais qu'il en ait 55 ? » J'ai répondu : « Bien sûr ! Je suis acteur. » Pour autant, je ne me suis pas dit que j'allais jouer un vieillard, cela aurait été stupide, ce type mène un certain nombre de combats au sabre laser.

George Lucas J'ai choisi Liam parce que je ne cherchais pas un physique de cinéma, je voulais quelqu'un qui évoque un Jedi très puissant.

Rick McCallum Pour Obi-Wan, nous avons regardé une série de films avec Alec Guiness jeune et nous avons comparé avec les acteurs du moment. Nous avions beaucoup aimé la performance d'Ewan McGregor dans *Trainspotting* et *Emma, l'entremetteuse* la même année. Dès que nous l'avons rencontré, nous avons su.

George Lucas La première chose qu'il a dite en arrivant c'est : « Il faut que vous me donniez ce rôle parce que mon oncle, Denis Lawson, a joué Wedge. » J'étais impressionné par le charisme d'Ewan à l'écran. Il a le bon âge, il ressemble un peu à Alec, et il dégage une certaine malice.

Robin Gurland George a créé Anakin en sachant que nous aurions le plus grand mal à trouver le bon enfant acteur. Il a mis dans cet enfant toutes les qualités imaginables, de l'habileté mécanique au sérieux. En général, les rôles d'enfants ne sont pas si complexes.

1.73

1.74

Terryl Whitlatch
9-29-95
Nemesis Pod Racer
w/o clothes
should I add an arm tattoo?

smaller scale

1.75

J'ai rencontré environ 3 000 Anakin potentiels.

George Lucas Nous avons cherché cet enfant dans le monde entier. Nous avons commencé par des petits garçons de 5, 6 ou 7 ans. Nous avons régulièrement discuté avec eux, sur une période de six mois à un an au cours des trois années de préparation, afin de les regarder grandir, progresser, faire des tests, tourner des bouts d'essai, pour n'en garder qu'une demi-douzaine, dont Jake Lloyd. Je leur ai fait passer les essais et je les ai fait travailler. Jake avait la personnalité que je cherchais, associée à un réel talent, dont il m'a fait la démonstration pendant la phase d'essai. Jake a l'humour, l'enthousiasme et le talent d'acteur qu'il faut pour relever le défi.

Jake Lloyd Robin a appelé mon agent et a demandé : « Est-ce que Jake et ses parents aimeraient passer l'été à Londres ? » Quand on m'a prévenu, j'ai hurlé : « Ouaaaah ! » C'était supercool. Je me suis mis à brailler tellement j'étais content. Maintenant, tout le monde va savoir qui est derrière le masque de Dark Vador !

Jake Lloyd signe son contrat le 6 juin 1997. Le 18, les acteurs principaux font une lecture de la quatrième version du scénario, datée du 13 juin 1997 et intitulée Le Commencement.

1.75 **Croquis de Terryl Whitlatch pour Sebulba, l'ennemi juré d'Anakin à la course (29 septembre 1995). Whitlatch : « George savait qu'il voulait un personnage maigrelet, assez petit (pour entrer dans un module de course), qui marche sur les mains et conduit avec les pieds, arrogant, fourbe, colérique, tricheur et méchant comme une teigne. Alors j'ai donné à Sebulba une tête de chameau amer et mal luné, avec des genres de cornes, et une gestuelle évoquant l'araignée. Il n'a fallu qu'une journée pour avoir la validation de George, et c'est allé aussi vite avec la plupart des autres pilotes qui sont des personnages plutôt mineurs. George regardait, il aimait, et nous poussions tous un soupir de soulagement ! »**
1.76 **Anakin s'interpose entre Sebulba (Lewis Macleod) et Jar Jar ; à cause de Jar Jar, un gorg a atterri sur la tête de Sebulba. Anakin et Sebulba sont rivaux sur le circuit. Whitlatch : « Pour moi, Sebulba, c'est "Sa Méchanceté". Peu lui importe comment il gagne tant qu'il gagne. »**

Le scénario est à nouveau révisé le 23 juin 1997.

26 juin 1997

Gavin Bocquet / Superviseur artistique

Normalement, vous passez une semaine ou deux quelque part et vous avez le temps de souffler un peu, mais là, dès le premier jour,

1.76

1.78

nous n'avons pas arrêté une minute. Tous les deux jours, nous passions à un environnement complètement nouveau avec de nouveaux personnages, de nouvelles actions et un nouveau style.

La production commence le 16 juin 1997 aux studios de Leavesden. Acteurs et équipes techniques sont convoqués à 8 heures du matin et le tournage du premier plan de la scène 77 commence à 8 h 32; le clap indique « Yoda » comme réalisateur.

Scène 77 - EXT. CORUSCANT - BALCON SURPLOMBANT LA VILLE - NUIT

DARK SIDIOUS *et* DARK MAUL *contemplent la vaste cité en contrebas.*

Dark Sidious (Ian McDiarmid) charge son apprenti Dark Maul (Ray Park) de se rendre sur Tatooine, de tuer les Jedi et de ramener la reine à Naboo pour la forcer à signer le traité de paix avec la Fédération du Commerce. McDiarmid jouait l'Empereur en 1982, à 37 ans, dans Le Retour du Jedi.

Ian McDiarmid C'était une opportunité unique. Dans ce film, finalement, je me ressemble beaucoup, même si je suis aidé par une perruque qui me donne dix ans de plus. Palpatine me ressemble. C'est fascinant. Il m'est souvent arrivé de jouer des personnages plus âgés que moi au cours de ma carrière d'acteur, mais il est rare de pouvoir remonter le temps, jusqu'à une époque où votre personnage a quinze ans de moins et où il est donc plus jeune que vous l'êtes désormais, et bien plus jeune encore que ce même personnage que vous avez incarné dans le passé.

David Tattersall Le premier plan de la journée était toujours un plan général. Ensuite, il s'agissait de s'approcher pour les plans à deux, les plans rapprochés et ceux en amorce avec l'épaule d'un personnage. Nous passions ensuite aux contrechamps et recommencions le même manège. C'est une méthode classique pour balayer tout le cadre, et beaucoup de réalisateurs se prennent les pieds dans le tapis au montage parce qu'ils n'ont pas procédé comme ça pendant le tournage.

En général, on utilise deux caméras pour couvrir chaque mise en place – une en plan large et l'autre en plan plus serré, mais sous le même angle. La première caméra se cale sur le story-board, tandis que la seconde capte autre chose – rien de révolutionnaire. La première équipe commençait avec George, puis la seconde menée avec le cadreur Giles

Nuttgens suivait derrière pour filmer ce dont elle avait besoin. Giles a tourné plusieurs épisodes du *Jeune Indiana Jones*, si bien qu'il avait l'habitude de notre méthode.

Ce qui est génial quand on commence par un plan général large, c'est que personne sur le plateau ne doute de ce que raconte la scène. C'est important quand il y a tant d'effets spéciaux. Si un réalisateur commence par les gros plans ou par quelque chose au milieu de la scène, il peut facilement y avoir confusion.

Il y a huit mises en place pour la scène et 20 prises, chacune sur un fond bleu où la silhouette nocturne de Coruscant sera plus tard ajoutée par ILM.

David Tattersall Une équipe supervision travaillait avec nous sur le tournage et collectait des données spatiales et topographiques, tandis que le système Arri Camera Data Capture (DCS) enregistrait tout ce qui concernait la caméra elle-même (mise au point, ouverture du diaphragme, contrôle du zoom, tête à manivelles, traveling, etc.) et le sauvegardait sur un ordinateur portable.

En associant ces deux séries de données, ILM obtenait une vision plutôt claire de ce que nous faisions sur chaque plan ; ils pouvaient repasser n'importe quel mouvement de caméra

1.77 **Cette scène de rue dessinée par Whitlatch montre la vie quotidienne dans le quartier des esclaves où vivent Shmi et Anakin (8 février 1996).**
1.78 **Gavin Bocquet et Rick McCallum sont partis en repérage au cours de l'été 1994. Bien que n'ayant pas de scénario, ils savaient qu'une partie de l'histoire se déroulerait sur Tatooine. Ils ont découvert le Ksar Ouled Soltane, un grenier à grain fortifié, situé dans le gouvernorat tunisien de Tataouine, et Terryl Whitlatch s'est référée à leurs photos.**
1.79 **Anakin propose à ses nouveaux amis de s'abriter chez lui pendant la tempête. Il est présenté comme un garçon généreux, qui passe son temps à aider les autres et à réparer diverses choses.**

1.79

1.80

dans leur environnement virtuel, ce qui évitait le si laborieux processus de *match-moving* habituel.

Le DCS demandait à l'assistant caméra de faire environ 30 secondes de travail supplémentaire sur chaque prise, mais dans l'ensemble, cela avait très peu d'impact sur notre travail.

L'équipe passe à la scène 127, où Anakin Skywalker (Jake Lloyd) et Jar Jar Binks (Ahmed Best) se retrouvent dans l'antichambre des appartements de Palpatine et écoutent aux portes sans comprendre ce qui se joue. La courte scène requiert sept mises en place et 46 prises. Cependant, comme Jar Jar participe à la scène, l'équipe fait plusieurs prises de référence avec et sans lui dans le plan, ainsi que pour l'éclairage.

John Knoll Nous pouvons prendre une prise « propre » – une prise avec tous les acteurs sauf Jar Jar – et ajouter sa version numérique dans le plan dans un second temps. C'est une option. Mais quand nous avons démarré le tournage sur le plateau, nous avons compris à la façon dont l'ombre d'Ahmed Best se projetait dans le décor et dont lui interagissait avec la lumière que nous avions intérêt à garder autant que possible son jeu ; et c'est l'approche que nous avons choisie.

Nous procédions aussi à deux exercices d'éclairage pour chaque mise en place impliquant un personnage en images de synthèse. Quand vous mettez un personnage numérique dans un plan, vous avez besoin de savoir le type d'éclairage qui était présent sur le plateau au moment où le personnage se tenait là. Pour cela, nous avions une sphère. L'un des côtés était gris mat – le même gris à 18 % que celui utilisé pour la balance des blancs – et l'autre chromé. Pour chaque mise en place, nous filmions la sphère côté mat puis côté brillant.

Le côté chromé permet de voir où se trouvent toutes les lumières sur le plateau – la lumière principale et les secondaires – et la proportion de chacune. Le côté gris permet de voir la proportion de lumière principale et de lumières secondaires, et leur couleur respective. Quand nous travaillions sur l'image, le moyen le plus rapide pour positionner l'éclairage était de placer une sphère grise de synthèse à côté de la sphère filmée, et de déplacer les lumières de synthèse jusqu'à ce que les deux sphères soient identiques. Ensuite, nous ajoutions notre personnage numérique dans l'image en sachant que l'éclairage était presque au point et à partir de là nous peaufinions.

Pour toutes les scènes avec Jar Jar, Watto et Sebulba, nous avions des mannequins peints que nous avons filmés en train de tourner dans la lumière afin d'avoir une référence couleur. Pour Jar Jar, nous avions un buste peint, tête et épaules, à l'échelle un, en silicone ; pour Watto, nous avions une statuette du corps entier à l'échelle un demi ; et

Project: *Federation*
Bin: +Sub-Clips - Sc. 71 & 72

Bin - page 1 of 2
Fri, Jan 30, 1998 8:07 AM

	Name
	JAK/GWL Notes, 01/20/98: (68B/1 "B") Mos Espa Street - Revised shot: Push-in on group, they exit R. Creature or droid in fg to cover Anakin's dialogue flub. Add tail to shot to extend Artoo. People running from
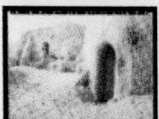	JAK/GWL Notes, 01/20/98: (XVV75B-3) Mos Espa Sandstorm - Guy runs into doorway, 2nd. guy on L. in bg. 2nd. guy is patched in.
	JAK/GWL Notes, 01/20/98: (XVV75A-1) 2 more characters run from sandstorm. Guy crossing L-R is same guy in doorway of previous shot patched in (MSS 071 011)
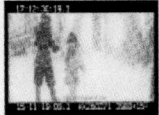	JAK/GWL Notes, 01/20/98:
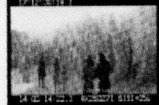	JAK/GWL Notes, 01/20/98: (71/3) WS Qui-Gon, Padme, Anakin in doorway. Add more bg people.
	JAK/GWL Notes, 01/20/98: (72H/2) WS Anakin, Jar Jar, Qui-Gon into hovel. Use ref cut - Jar Jar head replacement.
	JAK/GWL Notes, 01/20/98:
	JAK/GWL Notes, 01/20/98: (72/20pu "B") MWS Group meets Shmi. Add Jar Jar.

1.81

1.80 L'équipe a du mal à filmer R2-D2 dans la masure d'Anakin. L'espace est exigu, doté de portes étroites et d'un sol inégal, et le droïde dysfonctionne plusieurs fois pendant les prises. La solution est de commander des R2-D2 de rechange à ILM et au département des effets spéciaux. Malgré les problèmes qu'il pose, le petit droïde conquiert au moins un membre de la distribution.

1.81 Liste des plans du 30 janvier 1998 comportant les notes de Lucas sur la scène de la tempête de sable avec les modifications qu'il juge nécessaires pour améliorer la séquence. À noter aussi : pour certains plans, le corps d'Ahmed Best est conservé et seule sa tête est remplacée par celle de Jar Jar, alors que dans d'autres Jar Jar devra être entièrement rajouté.

1.82

pour Sebulba, aussi un buste à demi-échelle. Faire tourner la maquette de Watto nous a permis de voir à quel point étaient lumineux le bleu de son corps et le jaune de son ventre, de voir l'importance et l'ombre des ailes, etc.

Toujours le premier jour de tournage, l'équipe s'attelle à la scène 128, où Palpatine tente de convaincre la reine Amidala de soutenir un vote de défiance contre le sénateur Valorum. Après huit mises en place et 29 prises tournées, il est décidé que la scène sera terminée le lendemain. La première mise en place exige en général davantage de prises, le temps qu'acteurs et techniciens trouvent leurs marques et que la scène s'installe. Cette première journée s'achève à 20 heures après 12 heures de travail. À Leavesden, les journées durent souvent plus de 12 heures et sont rarement plus courtes.

1er juillet 1997

Terence Stamp est venu d'Australie pour jouer le chancelier Valorum dans deux scènes. La première est la 132, dans le vaisseau du chancelier au Congrès galactique, où Valorum est attaqué dans un vote de défiance demandé par la reine Amidala. Elle est filmée le 1er juillet.
Terence Stamp Quand ils m'ont annoncé que j'allais jouer le président de l'Univers, j'ai été

« George roulait un droïde de protocole fabriqué par Anakin. Fabriqué maison et inachevé, il devait évoquer "un homme fait de fils", pour citer George. J'ai beaucoup, beaucoup dessiné, pour déterminer à quel point C-3PO serait nu, pour ainsi dire. »
Doug Chiang

tenté, mais quand je suis arrivé sur le plateau, pas de Natalie. « On a donné à Natalie sa journée », m'ont-ils dit. « Vous voyez ce bout de papier sur le poteau ? C'est Natalie. Dites vos répliques au papier. »

Portman avait tourné sa partie du dialogue la veille. Stamp demande à Lucas des précisions sur son personnage.

Terence Stamp Lucas a semblé assez abasourdi par ma question. Il a pris quelques secondes pour réfléchir et il a répondu : « C'est un honnête homme, mais il est pris au piège, un peu comme le président Clinton. » C'était suffisant ! Plus besoin d'indication.

Le 2 juillet, les autres acteurs principaux jouent leur première scène, la 126, sur la plate-forme d'appontage du Sénat : la reine, sa suite, les Jedi et Anakin retrouvent le sénateur Palpatine et le chancelier Valorum.

Liam Neeson Notre toute première scène consistait à descendre de la plate-forme à la rencontre de Valorum. Ewan et moi étions aux anges. Nous n'arrêtions pas de rire et de crier : « Ouaiiis ! On est dans *Star Wars* ! »

Cette scène, comme beaucoup d'autres dans le film, suppose de jouer devant un écran bleu, avec des personnages encore inexistants.

1.82 *Anthony Daniels (deuxième à gauche) lit ses répliques hors champ pendant le tournage.*
1.83 *Dessin très proche de la version définitive de C-3PO par Doug Chiang (30 octobre 1995).*
1.84 *Illustration de 1995 signée Doug Chiang montrant C-3PO en cours de construction par Anakin. L'idée est d'établir différents niveaux d'achèvement pour le droïde de protocole.*

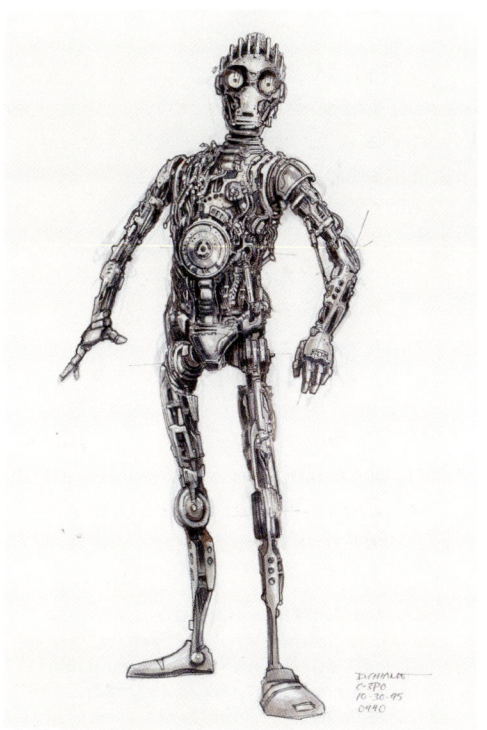

1.83   1.84

```
Prod. Office: Leavesden Studios          JAK PRODUCTIONS LTD        Date:    Thursday 26 July 1997
Hill Farm Avenue, Leavesden, Herts       STAR WARS - EPISODE 1      Call Sheet No:              1
Tel:           Fax:                          THE BEGINNING
2nd AD Bernie Bellew:                                                UNIT CALL ON SET:    8.00am
                                                                     B/fast in canteen from 7.00am
Director:  George Lucas
Producer:  Rick McCallum
                         NO SMOKING, FOOD OR DRINK ON THIS SET
```

LOCATION	SET - DESCRIPTION	SCENE	D/N	PGs	CAST
MS2 STAGE	Ext Coruscant-Balcony overlooking City				
Leavesden Studio	Sidious tells Maul to dispense with Queen & Jedi	77	N	4/8	12. 13
	Int Palpatine's Quarters - Anteroom				
	Jar Jar comments on the oddness	127	D	3/8	2. 3. 6. 9. 10. 11. 47
	Int Palpatine's Quarters - Living Area				
	Amidala confers with Palpatine	128	D	1 1/8	2. 3. 6. 9. 10. 11. 47

	ARTISTE	CHARACTER	DR	P.UP	M.UP/W	L.UP	ON SET
2	Jake Lloyd	Anakin	4	08.20	09.00		10.00
3	Natalie Portman	Queen Amidala	6	07.20	08.00		10.00
6	Hugh Quarshie	Captain Panaka	1	07.50	08.30		10.00
9	Christina Di Silva	Rabe	T 1	07.20	08.00		10.00
10	Liz Wilson	Eirtae	T 2	08.00	08.20		10.00
11	Ian McDiarmid	Palpatine	2	-	-		10.00
12	Ian McDiarmid	Darth Sidious	2	06.10	06.45		08.00
13	Ray Park	Darth Maul	3	-	06.30		08.00
47	Ahmed Best	Jar Jar	3	08.00	08.45		10.00
STAND INS							
	Steve Ricard	Utility					08.00
	Joan Field	Queen					09.00
	Ray Griffiths	Anakin					09.00
	Paul Kite	Utility					08.00
CHAPERONES							
	Lisa Lloyd	For Jake Lloyd					09.00
CROWD (Total: 1)							
	John Fensom	Protocol droid	T 3		09.00		10.00

```
                                     REQUIREMENTS
PROPS:              As per Ty Teiger and Peter Walpole
VISUAL EFFECTS:     Jar Jar to be tested on film for ILM when time allows
SPECIAL EFFECTS:    Wind fx on balcony
CREATURE EFFECTS:   Dressing area on set for Protocol droid
MAKE-UP/HAIR:       Optician Gemma Scott-Knox-Gore on set with lenses for Maul at 7.30
FITTINGS:           Kamay (Valorum's Asst.) at studio for fitting 15.00
ARTIST TRAVEL:      Arrivals: Terence Stamp (Valorum) arr. LHR 5.50am
CATERING:           Breakfast available in canteen from 7.00am. AM & PM breaks on set for 100 people
UNIT NOTE:          Please park milk floats sensibly to ensure entrances/exits to the stages are kept clear,
                    and keep doorways and stairwells clear of equipment - Thank you.
```

		ADVANCE SCHEDULE			
Date/Loc	Set	Scene	D/N	Pgs	Cast
Fri 27 June (MS2 stage)	Int Palpatine's Quarters	135	N	2	3.6.9.10.11.47
	Int Hologram/Naboo Palace Throne Rm	18pt	D	1/8	11
Sat 28 June	REST DAY				
Sun 29 June	REST DAY				
Mon 30 June (B stage)	Int Alderan Box - Galactic Senate	132pt	D	2/8	3.6.9.10.11.27.62.63
	Int Queen's Box - Galactic Senate	132pt	D	2	3.6.9.10.11.27.62.63

Chris Newman   -   Assistant Director

1.85 **Feuilles de service pour le premier jour de tournage. À noter : la date est incorrecte, le tournage a en fait commencé le 26 juin 1997. La première scène filmée est la scène 77, où Dark Maul (Ray Park) assure à Dark Sidious (Ian McDiarmid) qu'il retrouvera les Jedi et la reine sur Tatooine. George Lucas :** « Voilà comment je travaille : d'abord je tourne un plan large. J'installe la caméra dans un coin en hauteur. Je ne passe pas mon temps à consulter le story-board et à expliquer ce qui va se passer. Si j'oublie de dire "action" ou "coupez", quelqu'un le fait à ma place. Je gère les "action", "coupez", "plus vite" et "plus intense". Sinon je reste assis là, pitoyable et silencieux. »

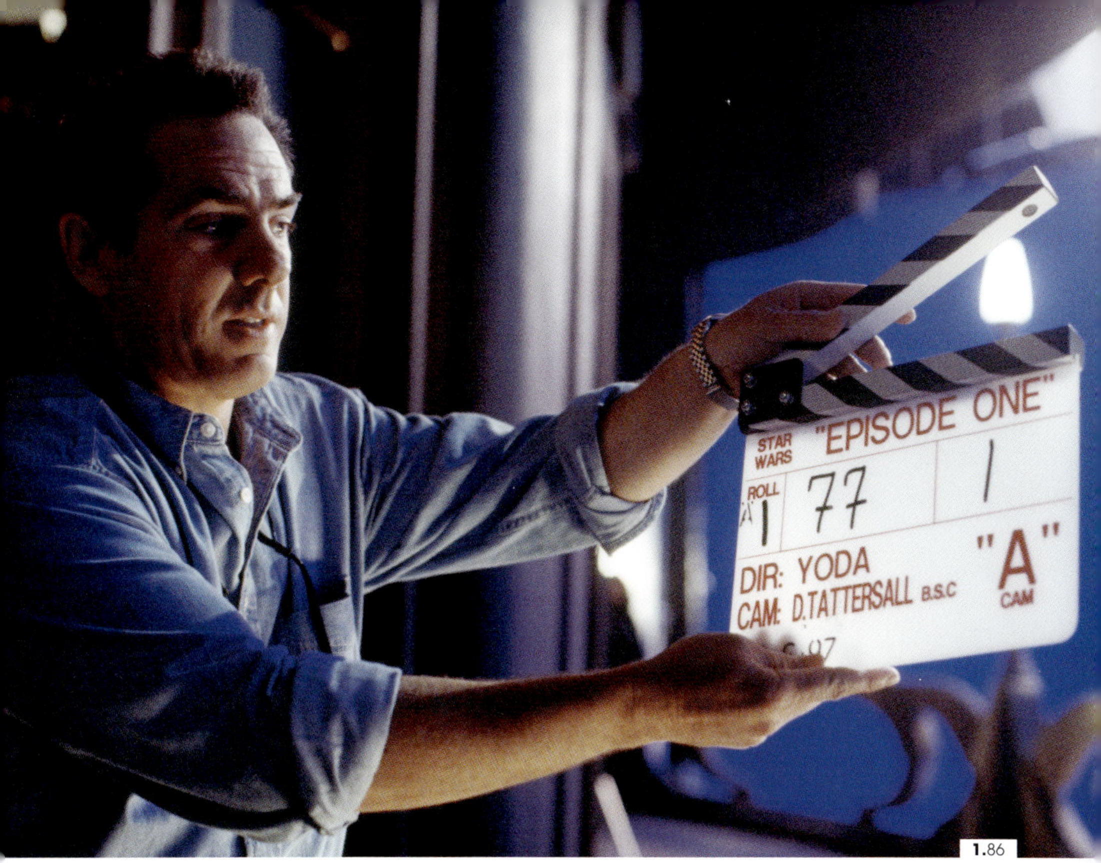

1.86

1.86 ***Rick McCallum actionne le clap pour la toute première prise du tournage. À noter : le nom inscrit pour le réalisateur est « Yoda ».***

1.87 ***Image du plan finalisé des Seigneurs Sith, Dark Sidious et Dark Maul, élaborant leur ignoble projet.***

1.87

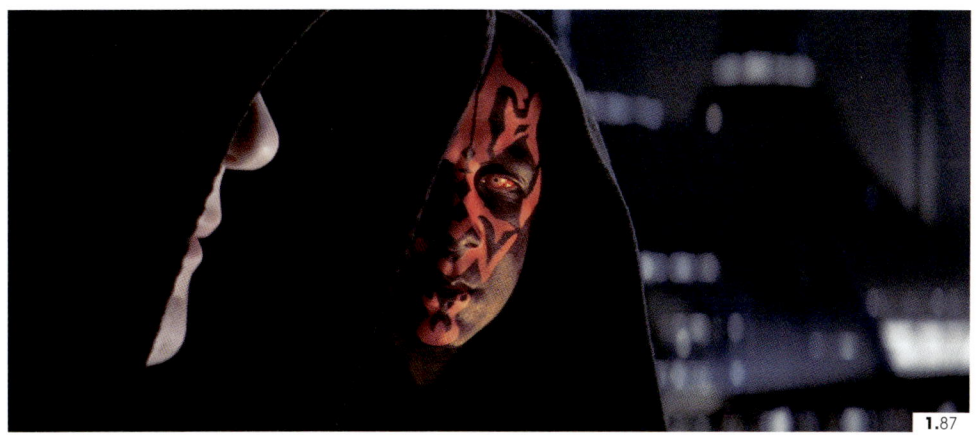

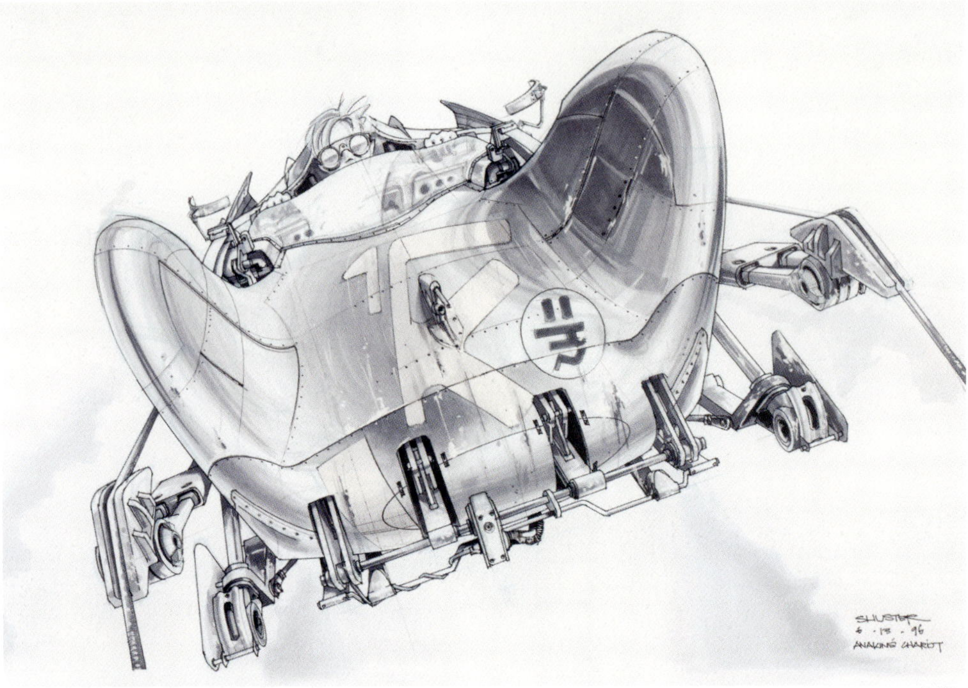

1.88 *Dessin de Jay Shuster pour un module de course (19 juin 1996).* Shuster : « Ce qui était vraiment spécial avec la Birdcage de Maserati, c'était ses ailes très prononcées. George voulait qu'Anakin soit assis vraiment bas à l'intérieur. »

1.89 *Anakin est sûr de pouvoir remporter la course de modules. Ses amis Amee (Katie Lucas), Melee (Megan Udall), Wald (Warwick Davis), Seek (Oliver Walpole) et Kitster (Dhruv Chanchani), un peu moins.*
1.90 *Anakin parvient à terminer son module.* « Ça marche ! Ça marche ! »

George Lucas Star Wars, c'est du faux-semblant, comme un vieux film à l'ancienne, et c'est une des raisons pour lesquelles je voulais le faire. Je n'avais jamais fait de film comme ça auparavant – avec autant de fond bleu. Nous faisions asseoir les acteurs et nous leur expliquions : « C'est comme une pièce de théâtre. Il n'y aura pas de décors, juste vous sur les planches en train de jouer Hamlet ou En attendant Godot. Vous en êtes capables. » Nous leur montrions des images des futurs décors ou les animatiques pour qu'ils se fassent une idée.
Liam Neeson Nous regardions la scène sur ces petits moniteurs avec des silhouettes informatiques. C'était : « Ah, ouais, je vais là, puis là. » C'était génial de voir la scène avant de la tourner.
Natalie Portman Le jeu d'acteur était très technique, à plusieurs points de vue. Il fallait coller aux marques, garder la direction de regard…
Liam Neeson C'était une nouvelle technique à acquérir, je dois l'admettre. Je voulais apporter du réalisme à la scène et donner l'impression au public que cet univers était mon quotidien, que je passais mon temps à m'entretenir avec ces créatures de toutes formes et origines. Je voulais conserver un jeu très simple, direct et sincère.

15 juillet 1997

Du 10 au 15 juillet 1997, les scènes dans la maison d'Anakin Skywalker, où il vit avec sa mère Shmi, sont tournées sur le plateau D. Le dernier jour, le « droïde de protocole » C-3PO apparaît pour la première fois à l'écran. Conçu par Doug Chiang, il est, dans le film, en cours de construction par Anakin.

John Knoll Quand nous avons vu les croquis, il nous a semblé évident qu'il serait impossible de glisser un gars dans un tel costume. Nous pensions qu'il faudrait soit le créer sur ordinateur, soit imaginer un genre de marionnette.

1.93

George et moi connaissions le bunraku, une technique japonaise où le marionnettiste est vêtu de noir, placé sur fond noir, la marionnette attachée sur le devant de son corps et éclairée de sorte qu'il soit difficilement visible. Je me suis dit que nous pourrions faire pareil avec C-3PO.

Mike Lynch, du département maquette, a construit une maquette sommaire à laquelle il s'est harnaché. Nous avons tourné un essai en vidéo et nous l'avons montré à George. C'était un peu branlant et nous aurions du mal à effacer totalement le manipulateur, mais George voulait vraiment que C-3PO soit en plateau, pour l'éclairage et les interactions, alors je me suis dit « Allez, faisons-le ! »

Pendant la scène, Anthony Daniels se tenait hors champ à côté de la caméra et disait son texte, tandis que Mike Lynch manipulait la marionnette. C-3PO est squelettique et on peut voir à travers son corps en

tellement d'endroits que je craignais qu'il soit impossible d'effacer tous les câbles et le marionnettiste ; donc nous avons fait porter à Mike des costumes de différentes couleurs pour chaque scène. La chambre d'Anakin est sombre, alors nous avons mis Mike en noir pour qu'il contraste avec C-3PO. Dans le désert, il portait un costume beige pour se fondre dans l'environnement.

21 juillet 1997

David Tattersall La production était découpée en trois phases distinctes. La première consistait à travailler sur les 25 premiers décors au studio (notamment, le Sénat galactique, la plate-forme d'appontage du Sénat, la maison d'Anakin sur Tatooine, la boutique de Watto et sa loge dans les arènes d'Anchorhead). Dans la deuxième, tout le monde est parti en Italie puis en Tunisie pour

1.91 *Image du plan finalisé d'Anakin allant se coucher tandis que Qui-Gon s'apprête à envoyer l'échantillon de sang à Obi-Wan pour analyse.*
1.92 *Qui-Gon prélève un peu de sang à Anakin. Toute la scène est tournée les 12 et 13 août 1998, sur pellicule et en numérique.* Lucas : « Les midi-chloriens sont un équivalent des mitochondries dont les cellules ont besoin pour se scinder. Ils ont sans doute un rapport – qui sera explicité un jour – avec le commencement de la vie et la façon dont une première cellule s'est divisée en deux grâce à cette autre minuscule créature sans laquelle la vie n'existerait pas. C'est une manière de rappeler que des milliers de petites créatures vivent en nous et que sans elles nous mourrions tous. Il n'y aurait pas de vie. Elles nous sont nécessaires et nous leur sommes nécessaires. C'est une métaphore de la société, qui me permet d'affirmer que nous devons vivre ensemble en bonne intelligence. »
1.93 *Dessin de Kurt Kaufman (26 août 1998) pour le décor d'arrière-plan à venir en image composite dans le plan où Qui-Gon est assis sur le balcon avec Anakin.*

1.94 *Œuvre de Doug Chiang pour l'Infiltrateur sith de Dark Maul (16 janvier 1999, 3,5 jours). Chiang : « Au départ, je voulais que le vaisseau de Dark Maul emprunte des éléments à la navette impériale et aux chasseurs TIE de la première trilogie, en termes de proportion et de texture. Alors j'ai pris des détails à l'une et aux autres, et je les ai combinés. »*

des repérages (le palais de la reine sur Naboo et les extérieurs dans le désert de Tatooine). Pendant ce temps, tous les décors de Leavesden mis en boîte, nous sommes revenus tourner la phase 3 dans les 25 décors suivants (parmi eux, la salle de Conseil jedi, le hangar des chasseurs à Theed et le générateur du palais).

Cette organisation présentait l'avantage de nous donner le temps de monter et préparer l'éclairage avant de tourner les phases une et trois, ce qui nous permettait de passer tranquillement d'un décor à l'autre.

1.94

Le 21 juillet, l'équipe déménage au palais royal de Caserte (Italie) pour tourner les scènes de la salle du trône du palais de Naboo.

George Lucas Nous développons la technologie nécessaire pour créer des décors, mais il y en a certains que vous préférez ne pas confier à un ordinateur. Le palais est une pièce architecturale incroyable, et tenter de le recréer numériquement représenterait un travail énorme ; alors il est plus simple de profiter des lieux qui existent déjà.

Gavin Bocquet Nous cherchions un élément de décor très précis : d'immenses baies vitrées placées derrière le trône de la reine. Nous avons trouvé un très grand vestibule avec une impressionnante baie à une extrémité, alors nous avons décoré l'endroit, modifié certaines choses, ajouté quelques colonnes, et c'est devenu la salle du trône.

À partir du 22 juillet, les deux équipes de tournage passent quatre jours à terminer toutes les scènes nécessaires.

29 juillet 1997

Rick McCallum Il nous a fallu trois mois et demi pour construire les 18 moteurs de modules de course que nous avons envoyés en Tunisie. C'était comme déplacer un petit peloton dans le désert.

Les modules de course, réalisés avec des pièces d'avions militaires mises au rebut, arrivent à Tozeur, en Tunisie, le 17 juillet, tandis que l'équipe principale est à Naples le 26 juillet. Les premières scènes tournées à Chott el-Gharsa sont celles du marché de Mos Espa, les 28 et 29 juillet.

Natalie Portman Il faisait très chaud ! Nous commencions à tourner au lever du soleil, donc on venait nous chercher avant 4 heures et le tournage commençait avant 6 heures. À 13 heures, il faisait déjà 54 degrés, alors nous avons fait frire un œuf sur R2-D2.

David Tattersall Les températures étaient assez effrayantes d'un point de vue photographique, surtout les jours où elles dépassaient les 55 degrés. Ce qui m'inquiétait le plus, c'était que la pellicule fonde à l'intérieur de la caméra. Nous avions testé, pendant la préparation, les caméras dans le boîtier climatisé d'Arri Media en les laissant tourner toute la journée, mais seulement à 49 degrés.

Sur le plateau, nous avions une procédure qui indiquait que la pellicule était conservée dans un camion climatisé et qu'ensuite elle était amenée à température par transfert des

> *« Les gradins étaient remplis de Coton-Tige colorés pour composer une texture de foule crédible pour les plans très flous ou dans le lointain, mais la plupart des plans de l'arène étaient remplis de figurants bien réels filmés en vidéo numérique. »*
>
> John Knoll / Superviseur des effets visuels

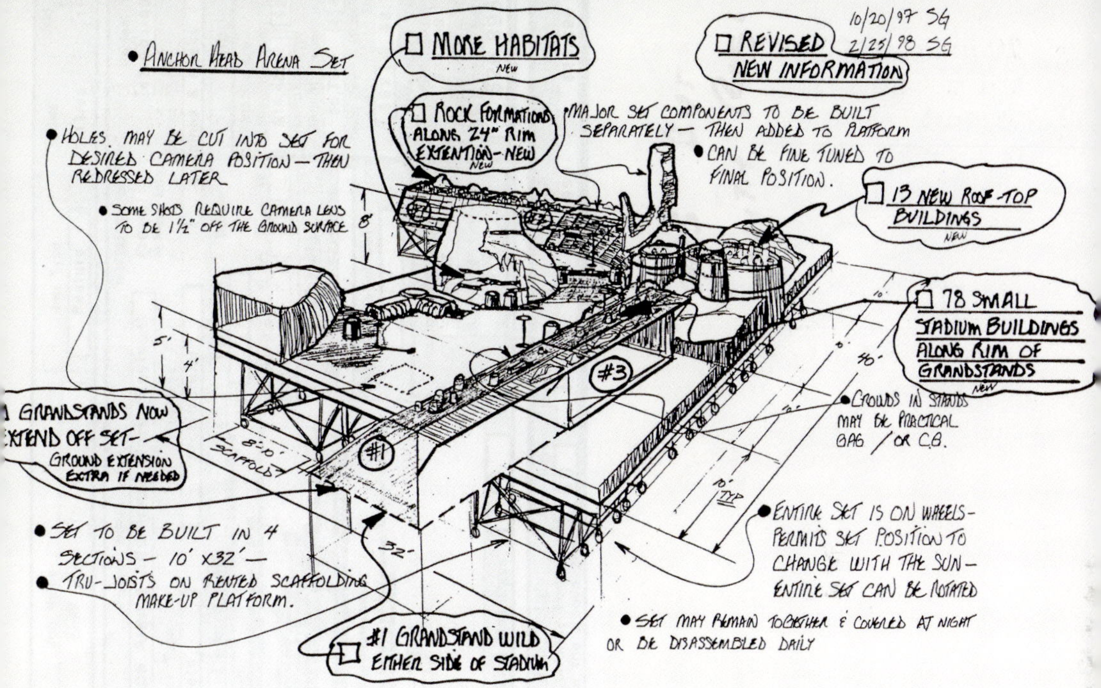

1.97

1.96

1.95 Comme il est plus facile de créer physiquement une maquette que d'élaborer avec moult détails une version en images de synthèse, l'arène d'Anchorhead (ensuite rebaptisée la « Grande Arène de Mos Espa ») a donc été construite en modèle réduit. La maquette d'environ 12 mètres sur 10 mètres est montée sur roues, ce qui permet de la filmer avec diverses orientations des ombres.
1.96 L'équipe tourne 90 plans de l'arène, dont 70 sont statiques. Cependant, certains, comme sur cette image de plan finalisé, requièrent un survol effectué avec une caméra motion control.
1.97 Les caractéristiques de la maquette évoluent au fil du temps. Ce schéma détaillé de l'arène d'Anchorhead élaboré par Steve Gawley le 20 octobre 1997 a été repris le 25 février 1998.

1.98

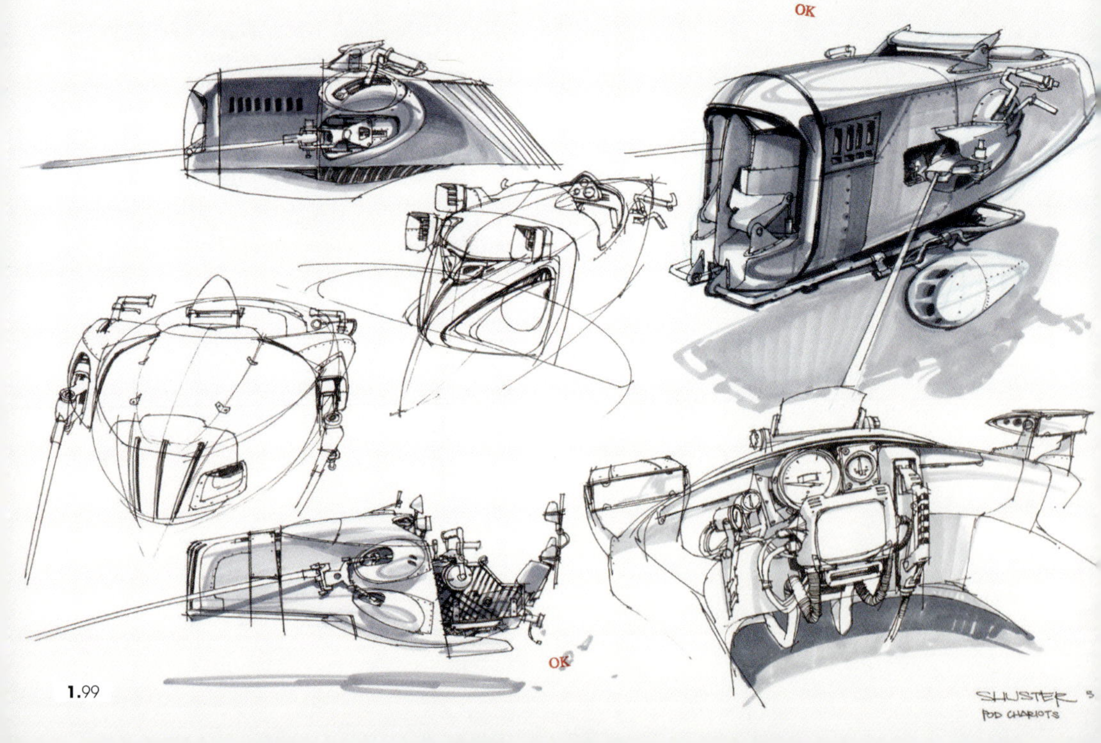

1.99

boîtes dans différents véhicules à différentes températures. Nous espérions éviter ainsi les problèmes de condensation, de gondolement ou autre. Une fois exposée, la pellicule était rapidement ramenée à une température raisonnable.

Liam Neeson Il fallait faire attention à soi et boire beaucoup de Gatorade, une boisson énergétique et réhydratante. Mais George n'a jamais changé de tenue. De l'Angleterre à la Tunisie, il portait toujours le même jean, la même chemise à carreaux et la même casquette de base-ball. Je me disais, je ne vais pas commencer à me plaindre alors que lui est en jeans.

George Lucas La chaleur était épuisante. J'essayais de garder un œil sur l'état de tout le monde, surtout de Jake. Il ne me disait jamais s'il avait un problème, alors je m'en assurais auprès de sa mère, et il y a eu plusieurs fois où il a vraiment fallu qu'il fasse une pause. Aussi pénible que ce soit, la Tunisie ressemble à Tatooine, alors ce doit être *Star Wars* !

Nick Dudman / Superviseur des effets créatures George dépense un fric fou, et personne, j'en suis sûr, n'est plus conscient que lui de ce que cela représente. Il est résolument pragmatique. Si vous lui dites que les gars ne pourront pas tenir plus de 4 minutes dans le Sahara, à moins de consacrer une fortune à des combinaisons rafraîchissantes équipées d'un circuit de glycol gelé, il répond : « OK, faites les combis ! »

Ahmed Best Le 29 juillet, je dînais avec Ewan et George quand nous avons vu un éclair

1.98 *Croquis de Jay Shuster pour un module de course (6 septembre 1996), qui deviendra le bolide de Mars Guo. George Lucas : « J'adore* Ben-Hur *– la course de chars est une des meilleures scènes d'action jamais tournées –, alors je me suis dit : "Peut-être pouvons-nous créer une version spatiale de Ben-Hur en remplaçant les chars par des modules." »*
1.99 *Diverses idées de Shuster pour les modules-chars (mars 1996).*
1.100 *Le croquis que signe John Bell en octobre 1995 est sombre et inquiétant.*

1.100

1.101

zébrer le ciel. Je me suis tourné vers Ewan et, comme nous étions dans le désert, j'ai dit : « Ce serait dingue qu'il pleuve, non ? » Eh bien, ce fut un déluge, des pluies torrentielles. George était en panique.

Notes ajoutées au rapport de tournage n° 24 / 30 juillet 1997

Vers 20 heures, le 29 juillet au soir, une importante tempête s'est abattue sur le désert, dans la zone de Tozeur. Elle s'est traduite par du tonnerre, des éclairs, de la pluie et des vents de sable entre 110 et 160 km/h, qui ont frappé la ville de Tozeur – à une quarantaine de kilomètres des lieux de tournage de Chott el-Gharsa. À l'issue d'une réunion de production convoquée le soir même, nous avons décidé d'envoyer une équipe en éclaireuse à 2 h 30, le 30 au matin, afin de voir s'il était possible d'accéder au site par les pistes et évaluer les dégâts éventuels sur place. À 3 heures, le groupe a confirmé que c'était possible malgré une partie des routes sous l'eau.

DÉCOR RUE MOS ESPA : Deux bâtiments complètement détruits. Le sable et l'eau ont fait sauter la peinture et le plâtre sur la quasi-totalité des autres. Tous les accessoires détruits, renversés ou abîmés. Le module de Luke déplacé de 50 mètres. Décor de rue impossible à filmer tant que des réparations importantes n'ont pas été faites.

1.101 *Whitlatch a fait un croquis pour un pilote (19 juillet 1996) qui deviendra Boles Roor.*
1.102 *Costume imaginé par Iain McCaig pour Ben Quadinaros (21 mai 1997).*
1.103 *Ce pilote peint par Whitlatch (10 septembre 1996) décroche un « Fabulouso » de George Lucas et deviendra Ebe Endocott.*

1.102   **1.**103

ARRIÈRE-COUR DE WATTO : Une pièce métallique de 2 tonnes envoyée à 50 mètres. Impossible d'y tourner.

PLATE-FORME PANORAMIQUE ARÈNE : Tout le décor soulevé et envoyé à 100 mètres. Dégâts sur les panneaux de commande et d'autres éléments. Tournage impossible.

RÉSEAU ARÈNE, MOTEURS ET COCKPITS DE MODULES : Importants dégâts sur les cockpits et les moteurs des modules de course.

Les réacteurs d'Anakin fracassés en deux. Tous les autres moteurs sont endommagés à un degré ou à un autre par la destruction presque complète de diverses pièces arrachées ou détruites par le vent. Dont un moteur de 2 tonnes soulevé et projeté à 75 mètres.

Dommages internes sur les châssis des moteurs, roues et supports d'échafaudages tordus ou cassés. Tous les cockpits ont subi des dommages allant de dégâts causés par l'eau et le sable à la destruction presque totale. Tournage impossible sans un très gros travail de réparation et de remise en état. À noter que ces engins ont été construits et équipés au Royaume-Uni par les équipes accessoires et construction sur une période de cinq mois. Structures extrêmement complexes.

INSTALLATIONS ET BASE DE L'ÉQUIPE : Trois grands chapiteaux utilisés pour Créatures, Costumes, Maquillage/Coiffure et Vestiaire des figurants, écrasés et en lambeaux.

COSTUMES : Tous les costumes sous le grand chapiteau trempés et couverts de sable. Impossible de convoquer les figurants sans un gros travail de séchage et de nettoyage des costumes au préalable. Dommages à long terme pas encore évalués. Costumes des rôles

1.104

principaux dans le car garde-robe intacts et utilisables pour le tournage du 30 juillet.

Actions entreprises :

1. Tournage tunisien reprogrammé pour filmer tout de suite la rampe de lancement sur Naboo et consacrer les jours suivants aux réparations, là où c'est possible. Dommages causés aux accessoires et décors peut-être pas entièrement réparés dans les délais impartis ; si tel est le cas, envisager peut-être des prises de vues supplémentaires au R.-U. ou du travail en images de synthèse.

2. Main-d'œuvre, artisans et matériaux supplémentaires apportés du R.-U., de Tunis et de Médenine pour permettre la réparation immédiate de tous les décors endommagés.

3. Main-d'œuvre britannique accessoires et construction sur le point de rentrer au R.-U. retenue en Tunisie pour participer aux réparations.

4. Nouveaux équipements comme tentes et matériel de restauration, frigos, etc., loués en Tunisie.

5. Gouverneur de la province de Tozeur a été contacté et visite le site. Assistance et tentes militaires fournies par les autorités tunisiennes.

1.104 *Shmi (Pernilla August) demande à Anakin de faire attention à lui. Cette scène est tournée en Tunisie avec des réacteurs et des cockpits à taille réelle.*
1.105 *Les modules sont sur la ligne de départ et les porteurs de drapeaux s'approchent de la piste. Anakin est annoncé comme nouveau venu. À l'origine, la scène durait bien plus longtemps, mais la présentation des pilotes a été abrégée afin que le film soit d'une durée totale acceptable.*
1.106 *Le 30 juillet 1997, George Lucas et Rick McCallum prennent la mesure des dégâts occasionnés sur le module de course d'Anakin par une violente tempête en Tunisie, la nuit précédente.*

1.105

1.106

1.107

George Lucas J'avais vécu la même expérience sur le premier *Star Wars* – c'était comme si la tempête s'était tapie pendant vingt ans, attendant notre retour.

Rick McCallum Heureusement, il nous restait un décor exploitable, la rampe de lancement de Naboo, et nous avons repoussé la course en toute fin de planning.

Le 30 juillet, l'équipe tourne les scènes 60 (Qui-Gon et compagnie quittent le vaisseau pour Mos Espa), 66 (Obi-Wan en communication avec Qui-Gon), 103 (vue subjective du droïde sonde sur Obi-Wan chargeant le vaisseau tandis que Qui-Gon retourne à Mos Espa). Le lendemain est consacré au tournage de la première scène de combat entre Qui-Gon et Dark Maul, au même endroit.

Liam Neeson Le coordinateur de cascades Nick Gillard a élaboré une série de parades et d'attaques. Ray Park et moi avons répété la scène jusqu'à ce que nous soyons capables de l'enchaîner les yeux fermés. Si nos sabres se prenaient dans nos capes, George retournait la scène. Elle était couverte par trois caméras, et il ne nous a fallu que deux ou trois prises par mise en place.

Ils font 33 mises en place pour la scène. Au même moment, Pernilla August et Andy Secombe (Watto) arrivent à Tozeur, plus tôt que prévu, afin de tourner leurs scènes pendant les travaux de réparation.

Rick McCallum Nous avions à peine fini de peindre un décor que les acteurs arrivaient pour y tourner. Sur deux ou trois scènes avec Natalie, ses chaussures sont restées collées à la peinture.

La scène de la ligne de départ dans l'arène est tournée les 5 et 6 août.

Rick McCallum Je me suis porté volontaire pour filmer un plan large depuis une grue. Parmi les choses merveilleuses que je voyais

1.108

1.107 *Plan final de la loge royale, avec Jabba et son entourage : Diva Funquita (Amanda Lucas), Bib Fortuna (Matthew Wood) et Diva Shaliqua (Bianca Warren).*
1.108 *Ce story-board d'Iain McCaig montre Jabba donnant le coup d'envoi de la course – en crachant une tête de petit amphibien sur un gong.*
1.109 *Lucas inspecte la maquette de Jabba dans sa loge.*

de là-haut, il y avait non seulement nos modules réparés, mais aussi, au-delà de la dune, notre camp complètement reconstruit ; voir tout cela fonctionner, voir la seconde équipe en train de tourner à 700 mètres de là et la première se préparer pour la grande scène de bravoure était une joie.

Rapport de tournage n° 31 / 7 août 1997
L'équipe principale a respecté la feuille de service comme prévu. L'équipe va maintenant se rendre à Médenine et Tataouine, dans le sud de la Tunisie, pour le reste du tournage tunisien.

Les scènes dans le quartier des esclaves sont tournées pendant deux jours à partir du 9 août au ksar Ouled Soltane, un grenier à blé fortifié dans le gouvernorat de Tataouine. L'équipe filme les scènes 71 (Anakin ramène Qui-Gon et les autres chez lui pendant une tempête de sable), 88 (un droïde sonde patrouille dans la zone) et 104 (Qui-Gon s'interpose entre Anakin et Greedo qui l'accuse d'avoir triché durant la course).

Dans cette dernière scène, Wald (Warwick Davis) remarque : « Continue comme ça, Greedo, et tu vas mal finir. »

George Lucas Ce que raconte la scène avec Greedo, ce n'est pas tant qu'il faut contrôler sa colère, mais plutôt qu'il faut la placer au bon endroit. Je pense que c'est un commentaire sur l'emploi judicieux du pouvoir de chacun.

La scène sera au final coupée pour la sortie en salles, mais elle figure dans l'édition vidéo.

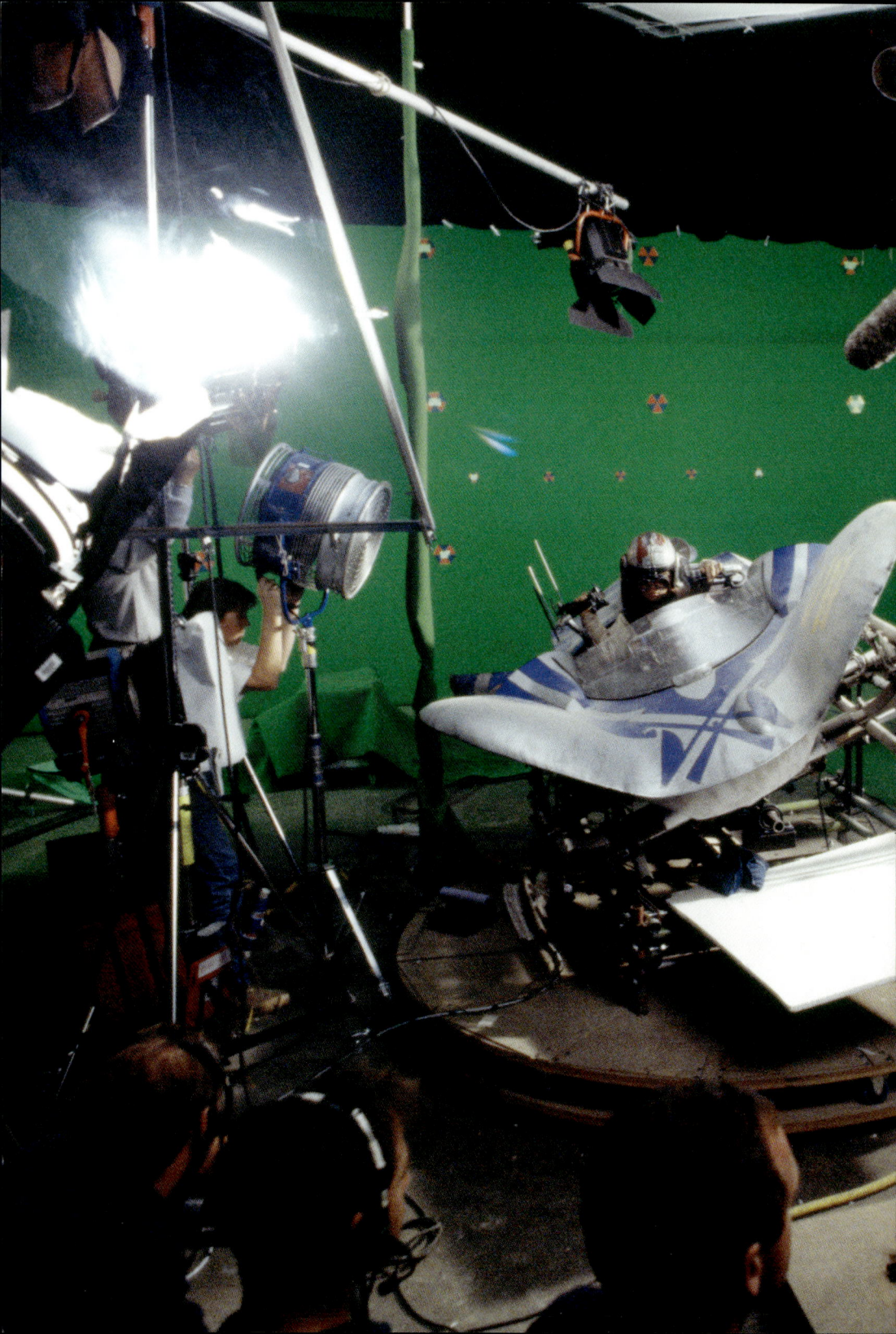

1.112

1.111

« Au départ, l'animatique n'était qu'un concept : "Mettons un bolide en action et voyons ce que ça donne dans un plan." Ensuite, c'est devenu : "On a les story-boards pour la course de modules ; faisons une animatique et montons toute la séquence." À un moment, nous avions une version de 22 minutes de la course – c'était trop, alors George l'a raccourcie. »

David Dozoretz / Superviseur de la prévisualisation des effets

1.110 *Jake Lloyd dans le cockpit posé sur un support articulé que l'équipe bouge pour simuler les trépidations de la course.*
1.111 *Cette illustration de la course (9 janvier 1996, 5,25 jours) vaut à Chiang un « Fabulouso » de Lucas.*
1.112 *Dessin de Doug Chiang montrant l'un des points d'observation les plus dangereux pour les spectateurs de la course (6 mars 1996).*

1.114

Rick McCallum J'ai été très déçu que la scène ne soit pas gardée. Je trouvais qu'elle laissait entrevoir le côté sombre d'Anakin.
George Lucas Cela montre bien qu'Anakin a du tempérament, qu'il a tendance à se battre. À cette étape du film, je ne jugeais pas essentiel de définir son caractère d'une façon ou de l'autre.

La scène 108, où Anakin fait ses adieux à sa mère, est terminée aussi. Il promet de revenir la libérer. Le tournage tunisien s'achève le lendemain, et la production rentre au Royaume-Uni le 12 août.

Rick McCallum Malgré la tempête, nous n'avons pas perdu une minute et nous avons quitté la Tunisie le jour prévu.

29 août 1997

Le tournage reprend à Leavesden le 13 août avec 13 scènes dans le cockpit du vaisseau de la reine. Le 29 août, Samuel L. Jackson

1.113 Lucas dirige Michonne Bourriague, qui joue Aurra Sing.
1.114 Image du plan finalisé d'Aurra Sing regardant la course depuis un balcon qui surplombe le canyon du Mendiant.

rejoint la distribution pour jouer le maître jedi Mace Windu, et Frank Oz reprend le rôle de Yoda pour les funérailles de Qui-Gon.

Frank Oz Les gens me disent toujours : « Oh, c'est vous la voix de Yoda ! » Mais la voix ne fait que 10 % de l'interprétation. Je l'enregistre des mois plus tard dans une cabine en une demi-journée. J'ai demandé à George pourquoi il ne réalisait pas le personnage en images de synthèse cette fois-ci, et il m'a répondu que de cette manière il était plus organique.

Comme nombre de protagonistes déjà connus, Yoda est bien plus jeune que dans la trilogie précédente, mais doit rester reconnaissable.

Paul Engelen / Chef maquilleur Je voulais que Yoda soit en silicone parce que, la dernière fois que nous l'avons vu, c'était un très, très vieux réfugié caché. Il avait quelque chose d'antique, d'usé. Ce Yoda-là devait avoir les mêmes traits, mais animés d'une vitalité plus flagrante. Il fallait leur donner plus de force, et j'avais le sentiment qu'avec le silicone nous obtiendrions un aspect plus lumineux, plus sain. Je trouvais que cela fonctionnait bien, mais le problème avec les marionnettes en silicone, c'est le poids. Elles pèsent une tonne. Si vous mettez cela au bout du bras de quelqu'un, il a un problème. En fait,

Frank Oz a été très gentil parce qu'il a admis que les mouvements et la texture de la peau étaient bien mieux réussis qu'en mousse.

Les scènes du Conseil jedi sont tournées les deux jours suivants, les 1er et 2 septembre. Qui-Gon veut prendre Anakin comme padawan et le garçon réussit les tests, mais le Conseil refuse parce qu'il est trop âgé.

George Lucas Qui-Gon est un libre penseur, un esprit indépendant. Même s'il est Jedi, il ne se contente pas de suivre le mouvement. Il n'est pas neutre. On pourrait dire qu'il est, par essence, un fauteur de troubles, parce qu'il veut faire les choses à sa manière – dans ce cas, il est moi. *(Rires)*

Paul Duncan Quelle est la raison d'être des Jedi ? Est-ce qu'ils sont une sorte de police ?

George Lucas Non. Ils ne sont pas comme des flics qui attrapent des meurtriers. Ce sont des moines guerriers qui maintiennent l'univers en paix sans recourir à la violence. La Fédération du Commerce est en conflit avec Naboo, alors les Jedi interviennent en ambassadeurs pour négocier avec les deux parties et les convaincre de résoudre leur différend et d'éviter la guerre.

S'ils sont contraints d'utiliser la violence, ils le font, mais ce sont avant tout des diplomates de haut niveau. Ils ont le pouvoir de mobiliser toutes les forces de la République, qui représente 100 000 systèmes, donc si vous ne vous comportez pas bien, ils peuvent vous traduire devant le Sénat et vous couper les jambes politiquement.

Ils sont les gardiens de la paix.

Quand la situation évolue, pendant la guerre des clones, ils sont recrutés par l'armée et deviennent généraux, mais ils n'agissent pas en militaires. Ils ne tuent pas les gens. Ils ne combattent pas. Ils sont censés être des ambassadeurs. Beaucoup de Jedi pensent

1.115-116 Une vraie maquette de la gorge de Jag Crag est construite et filmée à l'aide d'une caméra motion-control. Le bras sur lequel est fixée la caméra permet de faire travellings et panoramiques lors d'un plan pour avoir différents angles dans le décor. Le chef opérateur des effets spéciaux Pat Sweeney et l'éclairagiste Mike Olague sont en train de filmer.

1.117 Le parcours est conçu pour la vitesse et le danger. La gorge de Jag Crag qui figure sur cette image du plan finalisé est si étroite qu'un module ne peut la traverser que de profil.

que l'Ordre s'est vendu, qu'ils n'auraient jamais dû se joindre à l'armée, mais…
Paul Duncan Vous êtes d'accord ?
George Lucas C'est une décision difficile. C'est un de ces dilemmes comme il y en a plein dans mes films. Il faut y réfléchir. Est-ce qu'ils vont rester fidèles à leurs principes moraux et tous être tués, ce qui semble peu pertinent, ou aider à sauver la République ? Leurs intentions sont louables, mais ils ont été manipulés, ce qui a provoqué leur chute.

Jackson et Oz ont tous deux été scénarisés pour dire la plus célèbre réplique de Star Wars : *« Que la Force soit avec toi. »*
Samuel L. Jackson Je souriais comme un bienheureux chaque fois qu'il fallait que je la dise. Je me suis même mis à rugir de rire… J'ai dû effacer ce sourire de mon visage, parce que George Lucas commençait à s'agacer sérieusement.

9 septembre 1997

Doug Chiang Un jour, alors qu'on travaillait sur le story-board, George a dit : « Dark Maul dégaine un sabre laser double. » J'ai fait : « Ah ouais ? Cool ! »

George Lucas Je cherchais un genre de combat au sabre qui rappelle ce qui avait été fait dans les films précédents mais qui soit aussi plus dynamique. Jusqu'à présent, nous n'avions pas vu de vrai Jedi en action. Nous avions vu un vieillard, un jeune homme et un personnage mi-droïde, mi-homme, mais pas encore de Jedi dans la fleur de l'âge.

Nick Gillard / Coordinateur de cascades Nous n'avons pas droit à l'erreur, pour aucun combat. Vous ne verrez rien parce que tout va très vite, mais si vous ralentissez et regardez

1.118 *Cette œuvre de Doug Chiang représente un spectaculaire crash de module.*

1.119

1.120

1.121

1.122

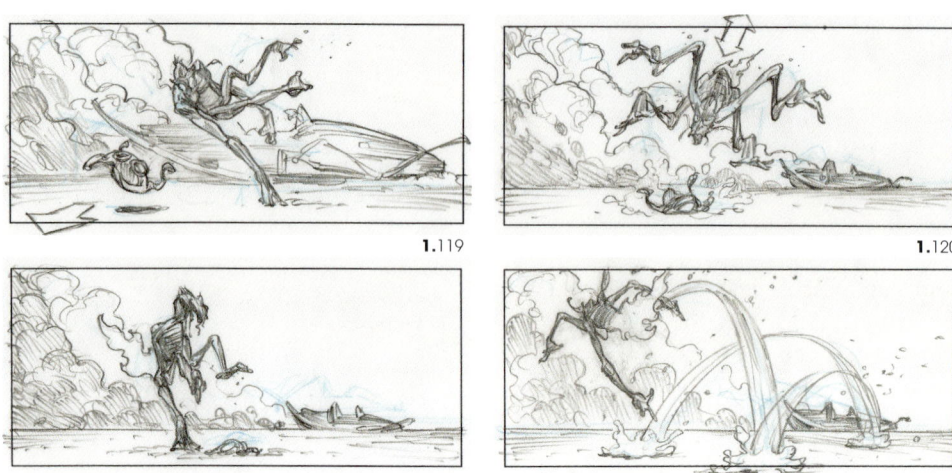

1.119 – 122 ***Story-boards d'Iain McCaig pour une scène non retenue où l'ennemi juré d'Anakin, Sebulba, court dans tous les sens, le pantalon en feu.***

« Sois courageux et ne te retourne pas… ne te retourne pas ! »

Shmi Skywalker

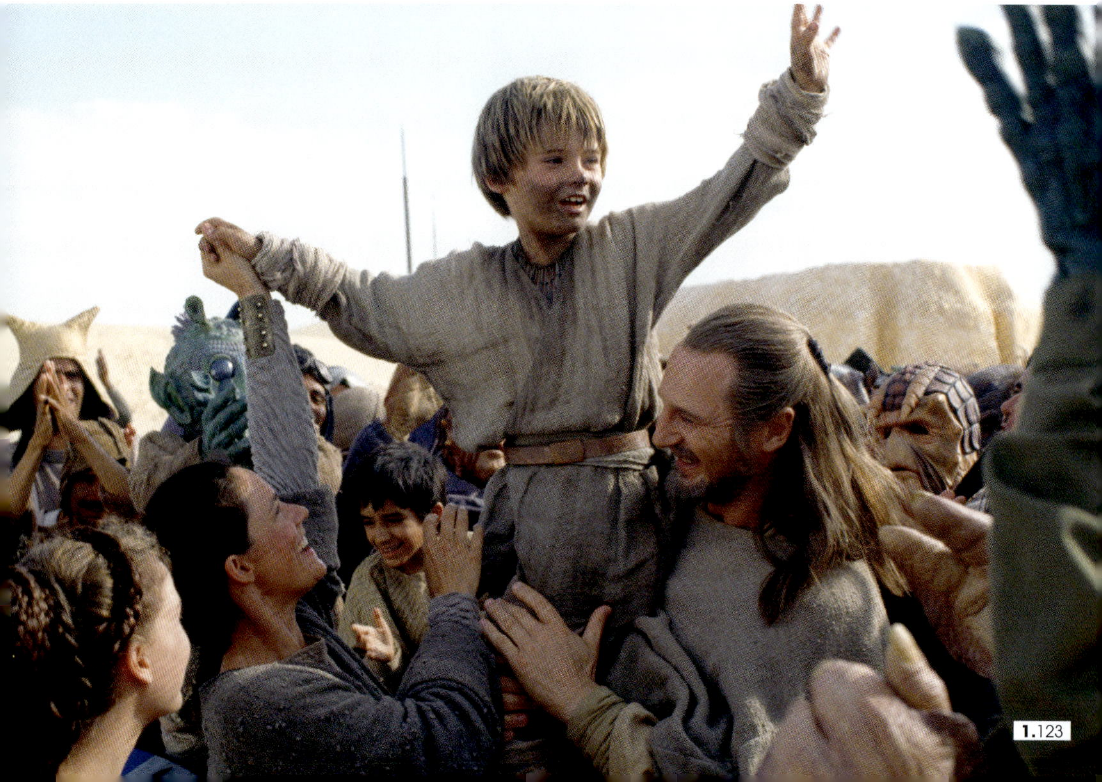

1.123

image par image, vous verrez qu'ils ne peuvent parer qu'ici et n'attaquer que là. Les gestes s'enchaînent de façon si naturelle et parfaite qu'il n'est pas possible de se placer autrement.

George Lucas La séquence ne serait pas très excitante si tout était réalisé par des doublures, parce que l'émotion du combat se lit sur les visages.

Liam Neeson La première fois que nous avons commencé à répéter les combats, nous avons, bien sûr, bruité l'effet sonore des sabres laser. On s'est regardé et on s'est dit : « Bon, il faut qu'on arrête. »

Ray Park Nick m'a expliqué quels mouvements il voulait, mais il m'a aussi laissé libre de les adapter ; plus c'est brillant, mieux c'est, car cela correspond à l'arrogance de Maul. Il peut conclure sur une pose tape à l'œil, parce que c'est lui le patron.

À l'origine, la poignée était courte, comme sur un sabre laser normal, mais quand nous l'avons légèrement rallongée j'ai pu enrouler et faire tournoyer mon sabre laser autour de moi plus facilement pendant les combats. Les sabres lasers ne pouvaient pas toucher mon corps, seulement la poignée.

Liam Neeson J'ai été impressionné par la capacité d'Ewan à se souvenir de tous les mouvements. J'avais du mal à en retenir plus de deux ou trois à la fois, mais lui en mémorisait 12 ou 13 alors qu'il venait de les apprendre.

1.123 *Contre toute attente, Anakin gagne la course et sa liberté.*

1.124 *Anakin fait ses adieux à sa mère.* George Lucas : « L'intrigue centrale de ce film, c'est la peur qu'a Anakin de se séparer de sa mère, de lâcher prise. C'est riche en émotions, cela fonctionne, et ce n'est pas perçu comme un défaut, mais comme une réaction normale. »

1.125 *Lucas :* « Il y a une scène très émouvante entre le garçon et sa maman, quand Anakin comprend qu'il doit renoncer à cette femme et à ce qu'il aime. Sa peur de perdre sa mère est une petite faille dans son armure, que l'Empereur va percevoir, creuser et exploiter jusqu'à le faire basculer du côté obscur. »

1.124

1.127

1.126

Nick Gillard Liam a un style magnifique. Puissant. Ewan chopait les gestes en un clin d'œil et, maintenant, je pense qu'il est plus rapide que nous tous.

Le 9 septembre, Neeson, McGregor et Park commencent à tourner les scènes 157 et 160

1.126-127 *Anakin est en chemin vers le vaisseau de la reine pour quitter Tatooine, mais derrière lui Dark Maul accélère, prêt à la confrontation.*
1.128 *Ray Park en Tunisie, à califourchon sur son speeder pré-images de synthèse.*

1.128

1.129

« Nous avons confié le rôle de Dark Maul à Ray Park, un expert en kendo et autres arts martiaux. Quand un acteur est un expert, les autres acteurs doivent faire de leur mieux. Cela fait une grosse différence à l'écran. »

George Lucas

1.130

– le combat entre le Jedi et Dark Maul dans le hangar central de Theed – avec plusieurs des 13 mises en place prévues à 22 images par seconde (ips) afin que l'action semble plus rapide lorsqu'elle sera projetée en 24 ips. Ils répètent et filment le combat (scènes 161, 166, 167, 171, 177) avec l'équipe principale et la deuxième équipe pendant 10 jours supplémentaires, jusqu'à la fin des prises de vues principales, le 26 septembre. Une équipe combat poursuit le tournage une semaine de plus avec la deuxième équipe. Ewan McGregor travaille avec l'équipe combat le 29 septembre, puis Ray Park et les cascadeurs prennent la relève le reste de la semaine.

Nick Gillard Je n'ai jamais trouvé les mouvements avec câbles crédibles. À la place, nous avons utilisé des vérins pneumatiques à azote, avec lesquels les acteurs semblent voler, et leurs réceptions sont dures et réalistes.

Le 3 octobre est le dernier jour de tournage pour l'équipe combat. Cependant, les scènes de combat 161, 166, 167 et 171 nécessitent encore des compléments.

Pâte à modeler numérique

Doug Chiang L'épisode I est une avancée pour tout le processus de réalisation d'un film. Pour la première fois, George pouvait aborder le cinéma comme de la pâte à modeler numérique. Il pouvait ajuster chaque moment du film à tout instant.

C'est George qui a donné cette impulsion. Il a réuni l'équipe capable de créer les outils pour y arriver. C'était effrayant pour beaucoup de gens qui n'avaient pas l'habitude d'essuyer autant de virages en fin de course. Cela fait partie du défi : comment rendre tout cela fluide ?

1.129-130 *Photo de plateau montrant les répétitions du combat entre Qui-Gon et Dark Maul filmé le 31 juillet 1997 à Chott el-Gharsa, dans la région de Tozeur. Liam Neeson, Rob Inch (doublure de Qui-Gon Jinn quand c'est nécessaire) et Ray Park se battent avec tant de vigueur qu'ils plient les lames en aluminium de leurs sabres.*
1.131 *Un tremplin est utilisé pour accentuer le saut spectaculaire de Ray Park et ses impressionnantes acrobaties tandis que Rob Inch (doublure de Qui-Gon) balance son sabre laser.*

David Dozoretz Nous avons commencé le montage avant que le tournage commence et nous avons fait la dernière animatique deux mois avant la sortie du film, donc nous avons vraiment tout chamboulé. C'était une expérience libératrice, surtout pour George.
George Lucas Je peux écrire, tourner et monter simultanément en améliorant sans cesse

ce que je fais. Comme avec une peinture à l'huile, je peux me reculer, regarder et ensuite ajouter une couleur.

David Tattersall Le montage est une des passions de George, alors nous lui avons fourni plein de matière première. Je ne pense pas que ce soit un secret que nous avons shooté 381 kilomètres de pellicule !

David Tanaka / Monteur des effets spéciaux Pendant le tournage à Londres, toutes les prises de vues sur acteurs ont été développées et immédiatement passées au télécinéma.

Paul Martin Smith / Monteur J'avais tout sur bande, alors nous avons numérisé les prises cerclées et nous les avons chargées dans Avid. George a commencé à venir les samedis pour que nous passions en revue les scènes. C'est une grosse pression de faire un grand nombre de mises en place en une journée ; donc, si par exemple il manquait quelque chose ou que des répliques avaient été escamotées, je signalais le problème. George retournait la scène ou demandait à la deuxième équipe de s'en charger. Avec cette méthode de travail, nous avions 80 % du film en montage brut au moment de quitter Londres, sans les plans truqués, bien sûr.

Une fois les principales prises de vues finies, l'équipe regagne le ranch Skywalker pour commencer la postproduction.

Paul Martin Smith Il est apparu assez vite qu'étant donné le volume de matière et d'effets visuels il faudrait que George travaille à cheval sur deux salles de montage. Il montait avec moi pendant une semaine environ, puis il allait monter quelques séquences avec Ben Burtt, ce qui me laissait le temps de travailler sur les effets et de les transmettre à ILM. Ça fonctionnait superbement bien.

George Lucas Avoir la liberté de bouger les gens dans l'image, de modifier le cadrage,

1.132 *Dark Maul et Qui-Gon en plein duel.*
1.133 *Qui-Gon s'échappe, et le vaisseau de la reine s'envole vers Coruscant.*
1.134 *Qui-Gon : « Anakin Skywalker, je te présente Obi-Wan Kenobi. »*

de changer les personnages dans le cadre, de corriger leurs actions, c'est assez stimulant. Cela me permet de mieux contrôler la qualité d'une scène et du jeu des uns et des autres que si je n'avais que le travail en plateau. Certains réalisateurs sont perfectionnistes sur le plateau. Pour ma part, je travaille avec une grosse quantité de rushes et je les façonne ensuite en ce que je veux qu'elles soient.

Tim Alexander / Superviseur images de synthèse Ils avaient deux personnages qui étaient ensemble dans une scène, et peut-être qu'ils n'aimaient pas tout à fait le jeu de l'un d'eux, donc nous devions diviser la prise. Nous prenions la personne à gauche d'une prise et la personne à droite d'une autre prise, et nous

1.135 *Les nombreux dessins de Coruscant produits par Ralph McQuarrie pendant la préproduction du Retour du Jedi (1983) sont une première source d'inspiration pour les paysages de la prélogie, notamment dans cette œuvre de Doug Chiang (2 juillet 1997).*
1.136 *En route pour Coruscant, Padmé console Anakin qui a froid et pense à sa mère. En retour, Anakin lui donne un pendentif porte-bonheur qu'il a gravé dans un éclat de japor. Cette scène fait écho à celle d'Un nouvel espoir où, après la mort d'Obi-Wan Kenobi, Leia console Luke en l'enveloppant dans une couverture.*

les assemblions ensemble pour faire croire que c'était la même prise. Ce fut le cas pour la scène dans la boutique de Watto lorsque Anakin rencontre Padmé pour la première fois et qu'ils échangent quelques mots.

Dans la scène du dîner de famille, Shmi est au premier plan et regarde Anakin. Nous avons découpé sa tête et l'avons retournée droite-gauche parce qu'elle était tournée du mauvais côté. David Dozoretz a aussi travaillé sur deux ou trois plans où Anakin est en train de parler alors qu'ils ne le voulaient pas, donc sa bouche a été remplacée par une immobile.

Paul Martin Smith Il y a un plan – scène 82, dans la cour du quartier des esclaves – où nous voulions qu'un des amis d'Anakin tourne

131 — La Menace fantôme (1999)

1.135

1.136

la tête vers R2-D2 et C-3PO. Dans la prise que nous avons gardée, il ne le faisait pas. Alors nous sommes remontés un peu avant dans la prise et l'avons pris là où il tournait la tête ; nous avons effectué un morphing sur quatre images pour cacher le *jump cut*, fait sauter le passage et peint la partie droite du décor, juste par-dessus la tête du gosse. George disait : « Je n'aime pas la façon dont j'ai bouché ça à l'origine. Laissez-moi le refaire. » Nous rebouchions numériquement la scène pour déplacer ou éliminer un personnage. Nous avons même filmé des doublures de Padmé pour garantir la continuité d'une scène. Nous avons ajouté des plans supplémentaires, comme celui où R2-D2 et C-3PO s'éloignent. Nous n'avons jamais pu faire ce plan large, donc il est fait de quatre plans différents.

Deux ou trois fois dans le scénario original, Qui-Gon se montrait dur avec Jar Jar. Nous voulions nous débarrasser de ces répliques, alors nous avons ajouté un figurant en train de passer devant la caméra pour cacher les lèvres de Liam, et le problème a été réglé. Une autre fois, Padmé disait quelque chose à la fin du film et George voulait corriger son texte, alors nous avons modifié ses lèvres. Nous lui avons fait dire sa réplique, nous avons filmé les lèvres de quelqu'un d'autre et les avons collées pour qu'elles correspondent à ce qu'elle répétait en boucle. Vous avez vu des animaux parler, maintenant on peut faire pareil avec les acteurs.

Nouvelles stratégies

George Lucas Nous avions des croquis et des maquettes pour Jar Jar, Watto, Sebulba, etc., qu'ILM a utilisés pour commencer à élaborer ses modélisations informatiques. Dès la fin du tournage, nous avons commencé le montage des séquences afin que Rob Coleman puisse commencer à animer les personnages et qu'ILM ajoute les décors et autres effets visuels.

John Knoll 2 000 plans à effets visuels pour un seul film, c'est très au-delà de ce qui est déjà considéré comme un projet énorme. Ces plans n'étaient pas tous du même type. Ils allaient de simples fusions de plans et d'effacements à des environnements extrêmement complexes entièrement générés par ordinateur, remplis de milliers de droïdes et de Gungans engagés dans des corps à corps.

Beaucoup de plans détaillés dans les story-boards ne pouvaient pas du tout être réalisés avec les outils dont nous disposions à l'époque. Il a fallu développer de nouveaux logiciels pour relever tout un éventail de défis : simulation de vêtements, scènes de foule avec des milliers de personnages, génération automatique de terrains, maquettes sophistiquées constituées de centaines de milliers de polygones, effets pyrotechniques, dynamiques des corps rigides et mous à intégrer dans l'animation des personnages et au *motion capture*, plus un paquet d'autres problèmes insolubles.

Rob Coleman On avait déjà fait appel à nous pour créer des créatures photoréalistes, mais

1.137

1.137 **Keira Knightley et Natalie Portman jouent Sabé et Padmé.** Knightley a été choisie pour sa ressemblance physique avec Portman, ce qui lui permet de jouer l'une de ses pseudo-servantes.

1.138-1.139 **Photo de plateau et image du plan finalisé de la suite royale accueillie par le sénateur Palpatine de Naboo et le chaleureux chancelier Valorum (Terence Stamp, à droite).** C'est le premier jour en studio pour Liam Neeson et Ewan McGregor.

personne ne nous avait jamais demandé de concevoir autant de personnages différents, dont beaucoup avaient un rôle crucial. Nous avons commencé la production des effets visuels pour ce film avec le sentiment que nous ne parviendrions pas à tenir les délais. Il y avait trop de séquences à effets spéciaux et de personnages générés par ordinateur. Nous avons dû élaborer de nouvelles stratégies en termes d'organisation du travail, d'animatique, de planning de production, de rendu, de logiciel, de machine et de finalisation. Nous avons dû repenser notre approche de la production d'effets visuels. L'épisode I, c'était comme trois énormes films à effets spéciaux en un.

Dennis Muren / Superviseur des effets visuels John Knoll, Scott Squires et moi nous sommes partagé la tâche. J'ai regardé les story-boards et j'ai repéré deux séquences qui avaient l'air particulièrement amusantes à traiter : celle sous l'eau et la grande bataille entre Gungans et droïdes à la fin. C'est comme ça que je me suis retrouvé avec 390 plans sur les bras, dont ces deux séquences.

John Knoll J'ai supervisé 1 073 plans, dont toutes les scènes dans l'espace, celles à

1.140 *McCaig suggère ici une tunique de Jedi noire pour Yoda.*
1.141 *Divers croquis d'un Yoda plus jeune par Iain McCaig (12 décembre 1996). McCaig : « Au bout du compte, George a décidé de garder Yoda presque intact, mais à un moment le maître jedi a porté une longue barbe qu'il nouait sous son menton à la mode mongole. Je l'ai aussi représenté beaucoup plus jeune, et c'est devenu Yaddle. »*

1.140

D. CHIANG
JEDI COUNCIL ROOM
1·27·97
0820

l'intérieur du vaisseau de la Fédération du Commerce, celles sur Tatooine (Mos Espa, la boutique de Watto, la course de modules, etc.) et environ la moitié des scènes sur Coruscant (la plate-forme d'appontage, les appartements de Palpatine).

Scott Squires / Superviseur des effets visuels Mon travail a consisté à superviser près de 600 plans sur une période d'un an. Ceux-ci comportaient les scènes à Theed (combats des Jedi et dans le hangar, intérieur et extérieur du palais de la reine, cours, parade finale, etc.), la séquence du Congrès galactique et les séquences au palais jedi.

La plupart des plans impliquaient non seulement d'intégrer des personnages de synthèse dans les scènes, mais également de nombreux décors et arrière-plans virtuels. Ces fonds étaient réalisés avec des vraies maquettes, des décors en images de synthèse et des *matte painting* numériques selon les besoins de chaque plan. La première ébauche du montage montrait bien la quantité d'images filmées sur fond bleu.

1.142 *Croquis de Doug Chiang pour la salle du Conseil jedi (27 janvier 1997).*
1.143 *Qui-Gon et Obi-Wan préviennent le Conseil jedi de l'existence d'un Seigneur Sith et présentent Anakin comme futur padawan potentiel.*
1.144 *Plan d'ensemble du temple jedi sur Coruscant.*

De nombreuses séquences avaient utilisé des décors partiels, il était donc essentiel de construire des maquettes qui correspondent aux plans d'implantation ainsi qu'aux couleurs et aux textures du décor original. La plupart des intérieurs comportaient des sols réfléchissants qui nécessitaient de créer des reflets en plus des ombres des acteurs et des personnages numériques.

Dennis Muren Le matériel informatique pour les images 3D haut de gamme était des SGI (Silicon Graphics Inc.), nous faisions l'animation avec le logiciel Softimage, la modélisation principalement avec le logiciel Alias et le rendu avec le logiciel RenderMan. Nous utilisions aussi énormément nos propres logiciels,

« *Il y a des coiffures très loufoques ici. George a passé un sale quart d'heure à cause des macarons de princesse Leia, alors je pense que cette fois il est bon pour le peloton d'exécution…* »

Iain McCaig / Concept artist

1.147

ainsi que des Flame et des Inferno pour certains *compositing*.

Nous essayions de sortir quelques plans chaque jour, 30 ou 40 par semaine, et nous étions obligés de maintenir cette cadence pour ne pas prendre de retard.

Rick McCallum Nous utilisions des projecteurs électroniques pour voir les rushes durant le tournage, et les différents montages durant la postproduction. L'équipe son a effectué le mixage avec un système électronique. Pour les rushes, nous avions le projecteur numérique POWER 4dv et pour visionner les montages en cours, le VistaPro 2000 d'Electrohome. Le mixage son de notre équipement Mix A s'est fait avec un Roadie d'Electrohome.

Fred Meyers / Opérations numériques Il y avait une connexion entre les monteurs au ranch et ILM. Ils organisaient leurs propres séances de visionnage pour se montrer les

1.145 *La reine expose sa stratégie dans les appartements de Palpatine.*
1.146 *Dessin d'Iain McCaig pour le costume de la reine Amidala (15 décembre 1995), arborant le tampon « Fabulouso » de Lucas. McCaig : « Cette coiffure impressionnante était historiquement pertinente, mais l'obligeait à passer les portes de profil. »*
1.147 *Lucas et Portman en plateau. C'est la deuxième scène filmée le premier jour de tournage. Lucas : « Natalie est fantastique. Tout s'est mis en place. Je n'ai eu besoin de faire que deux prises. Elle maîtrisait vraiment son jeu. Ian est toujours super, mais je ne savais pas comme elle allait s'en sortir. »*

modifications apportées au montage et en discuter. Chacun regardait la même image, non seulement avec les rushes du jour mais aussi les images des participants. Outre un

son de très bonne qualité, ils avaient des pointeurs vidéo pour désigner ce qu'ils voulaient à l'écran.

Tim Alexander Nous allions aux « rushes de George » les mardis et jeudis. George venait chez ILM et on lui montrait de la vidéo ainsi que du film. Rob Coleman montrait une séquence de plans et lançait des idées, puis George disait : « Il faudrait que ce soit un peu lent ici… plus rapide là. Peut-être qu'on devrait essayer de remonter ça… Ajoutons un plan ici. » C'était très ouvert. Quand quelqu'un comme Rob dit « peut-être qu'il faudrait le monter comme ça », c'est judicieux que Lucas l'écoute. C'était super pour nous, « les informaticiens », parce que d'habitude nous ne sommes pas en contact avec les réalisateurs ou les tournages en prises de vues réelles. Nous avons beaucoup appris sur le montage et la réalisation. C'était aussi excellent pour l'équipe. Les gens se sentaient mieux parce qu'ils se sentaient investis dans le projet.

1.148 *La grandiose façade du Sénat galactique.*
1.149 *Image du plan finalisé du Sénat.*

1.148

1.149

1.150

Cari

Rob Coleman Nous avons environ 66 créatures, dont cinq ont des rôles parlants. Jar Jar Binks figure dans 400 plans. J'en réalise 800 avec une équipe de 45 personnes.

Quatre personnages générés par ordinateur ont des rôles parlants clés dans le film : Watto, Sebulba, Boss Nass et Jar Jar. Il fallait qu'ils soient à la hauteur des acteurs. Ils devaient se fondre dans leur environnement, mais aussi jouer de façon convaincante et prononcer des répliques importantes pour l'intrigue, tout en étant mis en regard de leurs confrères humains image par image. Ces effets visuels devaient vivre et respirer.

Pour la partie animation, nous avons décomposé le travail nécessaire pour les différents personnages que nous avons réparti en unités pour chacun. Pour chacun des principaux personnages en images de synthèse, il y avait un chef animateur ; d'autres étaient affectés aux principales séquences – la bataille des Gungans, la course des modules et la séquence sous l'eau.

Afin d'être sûrs de produire un spectacle aussi attrayant que divertissant, nous avons étudié de près les acteurs donnant voix à chacun de nos personnages de synthèse. Leurs

1.151

1.152

expressions faciales et leur gestuelle ont été analysées, puis les animateurs ont défini des poses clés pour animer chaque personnage.

Paul Martin Smith George a fait une prise sur plateau de l'acteur faisant la voix de nos personnages animés. Jar Jar était en costume, pas Watto. Ensuite George faisait une autre prise avec les acteurs hors champ. Nous utilisions ça comme une «rustine». Je découpais l'acteur avec sa voix, et je le plaçais où nous avions besoin de lui sur un fond. Par exemple, si George voulait que la tête de Jar Jar regarde Qui-Gon, je trouvais un moment où il tournait la tête, le figeait pour qu'il garde sa direction, et ainsi Rob savait exactement comment la direction de regard devait être.

Rob Coleman Le jeu de Jar Jar a réellement commencé avec Ahmed Best... Son interprétation nous a servi de référence.

Ahmed Best J'ai tout doublé. J'étais sur le plateau et ensuite je suis allé à San Francisco pour faire d'autres prises pour la capture de mouvement et l'animation.

Les traits de Jar Jar sont animés avec Caricature, «Cari» de son petit nom, un logiciel élaboré par ILM pour Cœur de dragon *(1996).*

1.150 *Palpatine encourage la reine Amidala à plaider sa cause auprès du Sénat, mais l'audience débouche sur un vote de censure à l'encontre du chancelier Valorum.*
1.151 *Le plateau B des studios de Leavesden accueille à la fois le podium central du chancelier (à gauche) et deux modules sénatoriaux (à droite). En filmant les nacelles de différents sénateurs sous différents angles, celles-ci peuvent être déplacées et assemblées ensemble pour former une partie du Sénat galactique.*
1.152 *Le sénateur Bail Antilles (Adrian Dunbar) d'Aldorande soutient la motion de censure contre le chancelier Valorum.*

1.154

Steve Rawlins / Animateur personnages Cari est l'un des outils les plus importants pour faire jouer un personnage et obtenir une interprétation. C'est à cette étape qu'on le voit prendre vie sous nos yeux. Vous commencez à coller Jar Jar dans le cadre, puis vous donner de l'épaisseur à ses mouvements, la bonne vitesse, le bon poids, et Cari donne vie à ses traits. Au lieu d'avoir un objet que vous bougez dans le cadre, vous avez un acteur.

Rob Coleman Nous pouvons contrôler tous les tissus mous du visage – les muscles, les clignements d'yeux, la respiration.

Six mois plus tard, après un processus ininterrompu de peaufinage, le personnage se précise.

Paul Martin Smith Dans un sens, ce qu'ILM nous donnait, c'était une seconde série de rushes.

1.153 *Rick McCallum : « Frank Oz va rejouer Yoda. La plupart du temps, le personnage sera manipulé par Frank, mais quand Yoda doit marcher, il sera en images de synthèse. La 3D est juste un outil qui vous aide à résoudre des problèmes pour lesquels vous n'avez pas d'autre solution. »*
1.154 *Anakin identifie correctement les objets qui apparaissent sur l'écran de Mace Windu (Samuel L. Jackson).*

25 novembre 1997

Paul Martin Smith L'ensemble de la course était monté avant même que George ne tourne un plan, et nous avons continué le montage jusqu'à la semaine précédant le mixage définitif. Le montage a duré en tout trois bonnes années – deux ans pendant le tournage jusqu'au montage définitif et un an auparavant en prévisualisation.

David Dozoretz À l'issue des prises de vues principales, nous avons ajouté les prises de vues réelles dans les animatiques, puis les extensions de décors générées par ordinateur et les vaisseaux en images de synthèse envoyés par ILM.

John Knoll Le premier défi que posait la course était de trouver comment créer les paysages. Les plans aériens sur site n'étaient pas une option réaliste, à la fois à cause de la configuration du terrain très particulière que George souhaitait avoir et de la dangerosité de l'itinéraire choisi.

Le recours aux maquettes était possible pour quelques tronçons plus resserrés comme les canyons et l'arène, mais la plupart des terrains étaient si vastes et ouverts et les vitesses décrites telles qu'il aurait fallu des maquettes très grandes et très difficiles à filmer. Il faudrait donc s'en remettre à une forme d'images de

> « Je suis mort et je suis arrivé au ciel. J'ai levé les yeux et j'étais là, dans Star Wars, avec Yoda. »
>
> Samuel L. Jackson

synthèse, mais laquelle ? Il fallait que cela fonctionne, pas seulement pour quelques plans, mais pour plus de 300 dans une séquence de 10 minutes. La solution était de développer la technique de *matte painting* en 3D que nous avions utilisée pour *Mission impossible*.

Les objets distants étaient rendus en projetant des *matte paintings* ou des photos d'objets réels sur des formes simples. Les objets plus proches (comme les arches en pierre) ont d'abord été créés en maquettes. Ces maquettes ont été numérisées et modélisées en moyenne définition. Elles ont ensuite été photographiées avec un appareil numérique dehors sur le parking, puis les photos ont été projetées sur la maquette numérique. Nous avons ainsi obtenu une collection d'objets très réalistes qui pouvaient être placés n'importe où dans une scène et au milieu desquels nous pouvions faire voler la caméra de synthèse sans avoir à se soucier de la profondeur de champ ou des éventuels obstacles à la fluidité de la course.

Pour finir, le sol a été créé image par image à l'aide d'un bout de logiciel qui ne créait de géométrie qu'aux endroits où la caméra regardait, en haute résolution lorsqu'il était proche d'elle et en basse résolution au loin. Nous avons ainsi façonné un terrain d'une complexité visuelle satisfaisante, avec un système d'optimisation géométrique peu gourmand en temps et en mémoire.

Conformément à la tradition *Star Wars*, les modules de course présentaient une machinerie très complexe. Des maquettes extrêmement détaillées ont été utilisées pour les plans plus statiques (comme à l'intérieur du

1.156

hangar des engins), mais nous nous sommes servis de maquettes 3D pour toutes les scènes en vol. La modélisation 3D de ces bolides aux formes si complexes et détaillées a généré les maquettes numériques les plus volumineuses que nous ayons jamais eues à traiter. De nombreux plans contenaient plus de points de contrôle que de pixels !

Appliquer des textures sur des dizaines de modèles avec plusieurs centaines de *maps* et de matières présentait aussi un problème d'envergure. Nous avons eu besoin de nouveaux logiciels pour organiser tous ces éléments et faciliter le réglage des paramètres de *shading*. Je comparais constamment nos rendus (informatiques) à la réalité photographique. Le moindre décalage sautait aux yeux.

Un certain nombre de modules s'écrasent pendant la séquence. George souhaitait que les accidents ne soient pas simplement de grosses boules de feu mais qu'ils ressemblent

1.155 *Alors qu'ils s'apprêtent à débarquer sur Naboo, Anakin est heureux de retrouver Padmé. La scène n'est pas gardée.*
1.156 *À la fin de la scène tendue où Obi-Wan exprime ses doutes sur la pertinence de former le garçon comme Jedi, Qui-Gon explique à Anakin ce que sont les midi-chloriens ; la reine est escortée à bord du vaisseau et Jar Jar s'exclame : « Missa rentrer au pays ! »*

plutôt à des accidents de Formule 1 où la voiture part en tonneaux, se désagrège et éparpille des morceaux partout. Notre première idée a été de construire des maquettes pyrofracturables et de les faire exploser dans un décor à échelle réduite, mais dès que nous avons commencé à calculer la vitesse à laquelle la caméra devrait se déplacer, la machinerie, la taille du décor miniature et la vitesse de prise de vues nécessaires, il est devenu évident que cette approche serait trop difficile et coûteuse.

Nous avons décidé de simuler les accidents en images de synthèse en recourant à la dynamique des corps mous et rigides, associée à un logiciel maison pour déformer et casser les modèles de manière appropriée. L'ensemble a donné un système qui combinait le réalisme et le caractère aléatoire d'une simulation physique avec la répétabilité et le contrôle de la synthèse d'images. Il était par exemple très simple de faire exploser une pièce particulière en 20 % moins d'éclats ou d'en faire chuter une autre deux fois plus vite.
Matthew Wood / Supervision du montage son La majeure partie de la séquence est dépourvue de musique, si bien qu'elle repose uniquement sur les effets visuels et sonores.

Cette scène a sans doute été la plus difficile à concevoir, et Ben y a consacré beaucoup de temps, jusqu'au mixage définitif.
Ben Burtt J'ai essayé de donner une personnalité au bruit de chaque véhicule. J'ai pris en compte le pilote de l'engin et j'ai cherché

1.157 *Création de Doug Chiang pour la rencontre dans le sanctuaire des Gungans (8 août 1997, 4,5 jours).*
1.158 *Image du plan finalisé du sanctuaire des Gungans tandis que la reine et sa suite approchent.*
1.159 *Réglage de la caméra pour la scène du sanctuaire gungan. Seuls les racines et les troncs des arbres sont nécessaires pour le plan.*

à savoir si je voulais que le public aime ou craigne un certain bolide ou un certain personnage. Le bruit d'un engin peut être puissant, colérique, comique, doux, cool, branché, démodé, loufoque ou dangereux.

Matthew Wood Au fil des années, Ben a composé une bibliothèque sonore plutôt impressionnante, et 90 % des effets que nous avons utilisés ont été tirés de sa bibliothèque et formatés numériquement pour le montage et la création sonore.

George a dit : « Je veux vraiment entendre une Ferrari, une Porsche, ce bateau, cet avion »... Alors je suis allé sur le circuit de Willow Springs et j'ai enregistré exactement ce qu'il cherchait. J'ai placé des micros dans des tubes en ciment au milieu de la route, ce qui a produit ce son étrange, éthéré en plus du rugissement des moteurs.

Ben a ensuite pris ces fichiers et, à l'aide d'un Synclavier, d'une station de travail Kyma de Symbolic Sound et d'un système Pro Tools, les a superposés afin de créer des effets composites pour les monteurs.

Le module d'Anakin a un son de Porsche ; celui du bolide de Sebulba est un mélange entre le vol d'un avion de chasse F-51 Mustang et le bruit d'une vedette que Lucas fit manœuvrer dans la baie de San Francisco.

> « Le grand truc de George, c'est de toujours partir de la réalité, puis d'ajouter un peu d'artifice ou d'exagération pour transposer la chose dans un autre univers. Nous sommes partis de vrais arbres de 30 mètres de haut, mais nous les avons agrandis jusqu'à ce qu'ils fassent 90 ou 100 mètres et nous avons ajouté des structures de racines bizarres. Il n'en faut pas plus. »
> Doug Chiang

1.160 **La tête sculptée de Jar Jar est montée sur un pied pour servir de référence lumière tandis qu'Ewan McGregor tient une boule réfléchissante à laquelle ILM se référera en postproduction pour garantir la cohérence entre l'éclairage de la scène filmée et les éléments en images de synthèse.**

1.161 **Brian Blessed : « Je joue Boss Nass, le roi des Gungans. J'ai vécu un moment merveilleux quand George a dit : "Ils ont besoin de ton aide. Ils se mettent tous à genoux devant toi, Brian. Tous ces Naboos, 50 millions de Naboos, ils s'agenouillent à tes pieds, Brian, et ils te supplient de leur accorder ton aide." Je suis un genre de héros malgré lui et je dispose d'une immense armée. Ensuite, il a dit : "Et tu vas leur dire quoi quand ils vont te demander de l'aide ?" Là j'ai fait [Blessed lâche un gargouillis tonitruant et hilarant], et il a dit : "C'est ça que je veux, je savais que j'avais engagé un taré ! Vas-y, balance, c'est exactement ça que je veux, Brian." »**

1.162 **Padmé révèle qu'elle est la reine et s'agenouille devant Boss Nass pour qu'il accepte de l'aider.**

Le 25 novembre 1997, Lucas visionne la séquence de la course et fait la liste des plans sur huit pages, ajoutant notes et corrections là où il le juge pertinent. Il supprime 47 plans et en ajoute 40, principalement des plans de coupe pour montrer les réactions de Jar Jar, C-3PO et Kitster, ainsi que des gros plans supplémentaires d'Anakin dans son engin.

2 mars 1998

Le premier montage du film est terminé le 24 février 1998. Il dure 2 h 6 min 34 s 15 i, est composé de 2 175 plans, dont 1 919 nécessitant des effets visuels.

Il a fallu des plans supplémentaires pour finaliser les scènes remontées, ainsi que le combat entre Dark Maul et les Jedi. Ils furent tournés à Leavesden du 2 au 7 mars.

Paul Martin Smith Pour les tournages additionnels, ils avaient la liste de tout ce dont ils avaient besoin et ils avaient une cassette vidéo présentant ce qu'était l'élément sur le

1.160

1.161

plateau de façon qu'ils puissent le retourner et le recadrer à l'identique. Ils me renvoyaient les plans et je montais celui que j'aimais le plus.

L'équipe réalise 119 mises en place pendant les six jours, répartis sur tout le film, de la scène 2 (plans de dos de Qui-Gon et d'Obi-Wan dans le croiseur de la République) à la scène 178 (Yoda et Mace Windu aux funé- railles de Qui-Gon, reprise de Yoda sans capuche). D'autres plans interviennent à des moments clés, tels que l'entrée en scène de Dark Mau lorsqu'il apparaît dans l'hologramme (scène 53), Mau bondissant de son bolide sur Tatooine (scène 110), le combat sur la passerelle du générateur (scène 166), la réaction d'Obi-Wan à la mort de Qui-Gon (scène 171) et la nouvelle scène où Obi-Wan

1.162

1.164

annonce à Yoda qu'il va honorer l'engagement de son maître et prendre Anakin comme padawan (scène C177). Une défaillance est découverte sur la caméra VistaVision, ce qui signifie que les plans tournés le 3 et 4 mars doivent être refaits. Après d'autres problèmes intervenus le 5 mars, en accord avec John Knoll, il est décidé que les plans en VistaVision – le format plus grand était réservé aux plans à effets visuels – seront refilmés en 35 mm. Le troisième montage du film est validé le 13 mars 1998 et dure 2 h 17 min 42 s 6 i – 11 minutes de plus.

1.163 *Œuvre de Doug Chiang dépeignant l'armée gungan qui émerge des marais, avec notamment un fambaa, sorte de dinosaure poussif, et le kaadu inspiré d'une autruche (16 septembre 1996, 6 jours).*
1.164 *Image du plan finalisé de l'armée gungan marchant vers la bataille, avec des milliers de figurants en images de synthèse.*

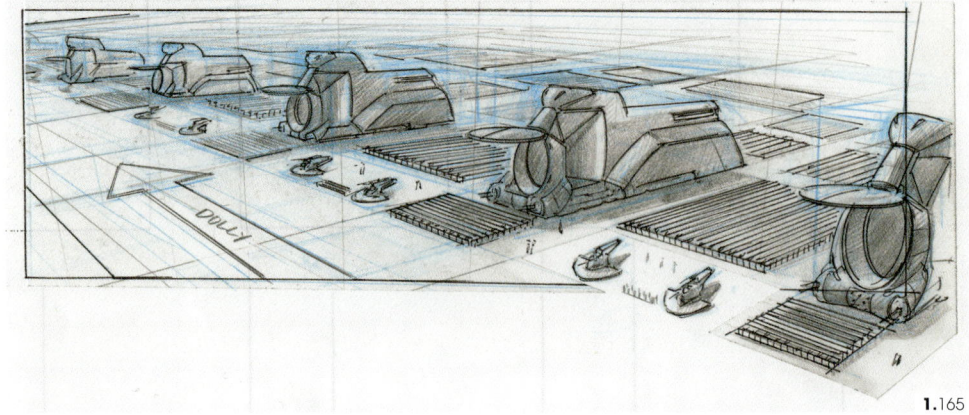

1.165

1.165 *Story-board d'Ed Natividad montrant le travelling de la caméra longeant les transporteurs multitroupes (MTT) tandis que l'armée droïde se prépare au combat.*

30 mars 1998

Steve Gawley / Superviseur maquette J'ai commencé en avril 1997 et j'ai la responsabilité de fournir les maquettes des décors et des véhicules. Les superviseurs des effets spéciaux décident ce qui sera conçu physiquement et virtuellement, et nous passent un coup de fil. Ils nous expliquent leurs besoins – ce doit être vu sous tant d'angles possibles et dans tant de plans – et je fais un schéma à partir duquel j'estime le budget et le temps nécessaires. Ensuite, ils disent : « Pourquoi pas plus tôt ? ! »

L'atelier n'a jamais eu une telle charge de travail car il est souvent plus rapide de concevoir et de construire dans le monde réel que dans le monde informatique. Nous fournissons des modèles de référence qui sont numérisés par les gars de l'informatique ainsi que des décors dans lesquels les personnages numériques seront ajoutés. Il m'est même arrivé de manquer de monde.

Le hangar des véhicules de course est la première maquette filmée sur le plateau de Windward, à partir du 3 février ; celui de la Fédération du Commerce est filmé sur le plateau Vista Cruiser, dès le 9 février, tous deux sous la supervision de John Knoll. Le 30 mars 1998, commence le tournage du vaisseau de la Fédération du Commerce pour la scène d'ouverture durant l'approche du croiseur de la République. Ce vaisseau et le vaisseau de contrôle droïde sont filmés jusqu'au 17 août sur le plateau Vista Cruiser, sous la supervision de John Knoll.

John Knoll Les scènes dans l'espace sont un mélange de maquettes et de synthèse. Le vaisseau de la reine et les chasseurs de Naboo ont été faits sur ordinateur en partie à cause des surfaces chromées qui devaient refléter leur environnement. La bataille spatiale supposait de chorégraphier des nuées de chasseurs de Naboo et de la Fédération, donc la 3D était l'option la plus rapide. Comme le navire de guerre de la Fédération était une maquette à mouvements contrôlés, nous avons développé un convertisseur automatique pour convertir les mouvements de caméra du système de *motion control* à la 3D, et *vice versa*. Des animations spéciales d'environnement pour les réflexions ont été créées pour toutes les scènes des vaisseaux en chrome. Par exemple, lorsque le chasseur d'Anakin traverse le hangar du vaisseau de

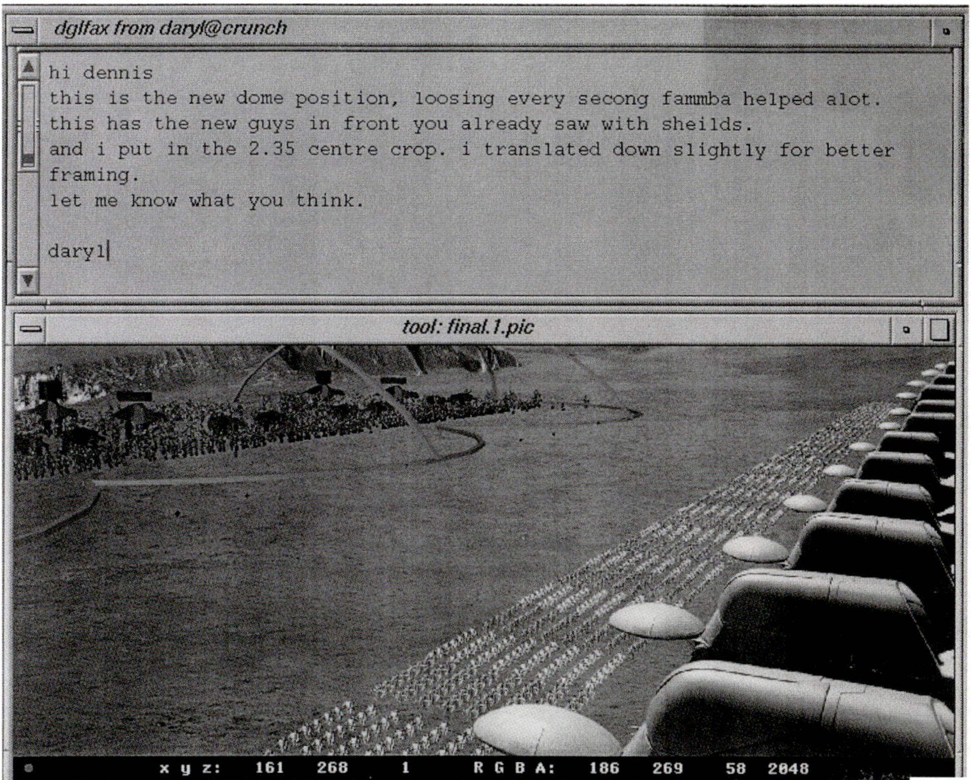

```
dglfax from daryl@crunch

hi dennis
this is the new dome position, loosing every secong fammba helped alot.
this has the new guys in front you already saw with sheilds.
and i put in the 2.35 centre crop. i translated down slightly for better
framing.
let me know what you think.

daryl
```

1.166 *Ce fax que l'artiste en effets numériques Daryl Munton a envoyé à Dennis Muren montre comment l'équipe a modifié le nombre et la position des fambaas et autres éléments pour parvenir à des mises en scène plus logiques et spectaculaires.*

1.167 *Alors que les droïdes se préparent à attaquer, les Gungans érigent un bouclier d'énergie pour se défendre.*

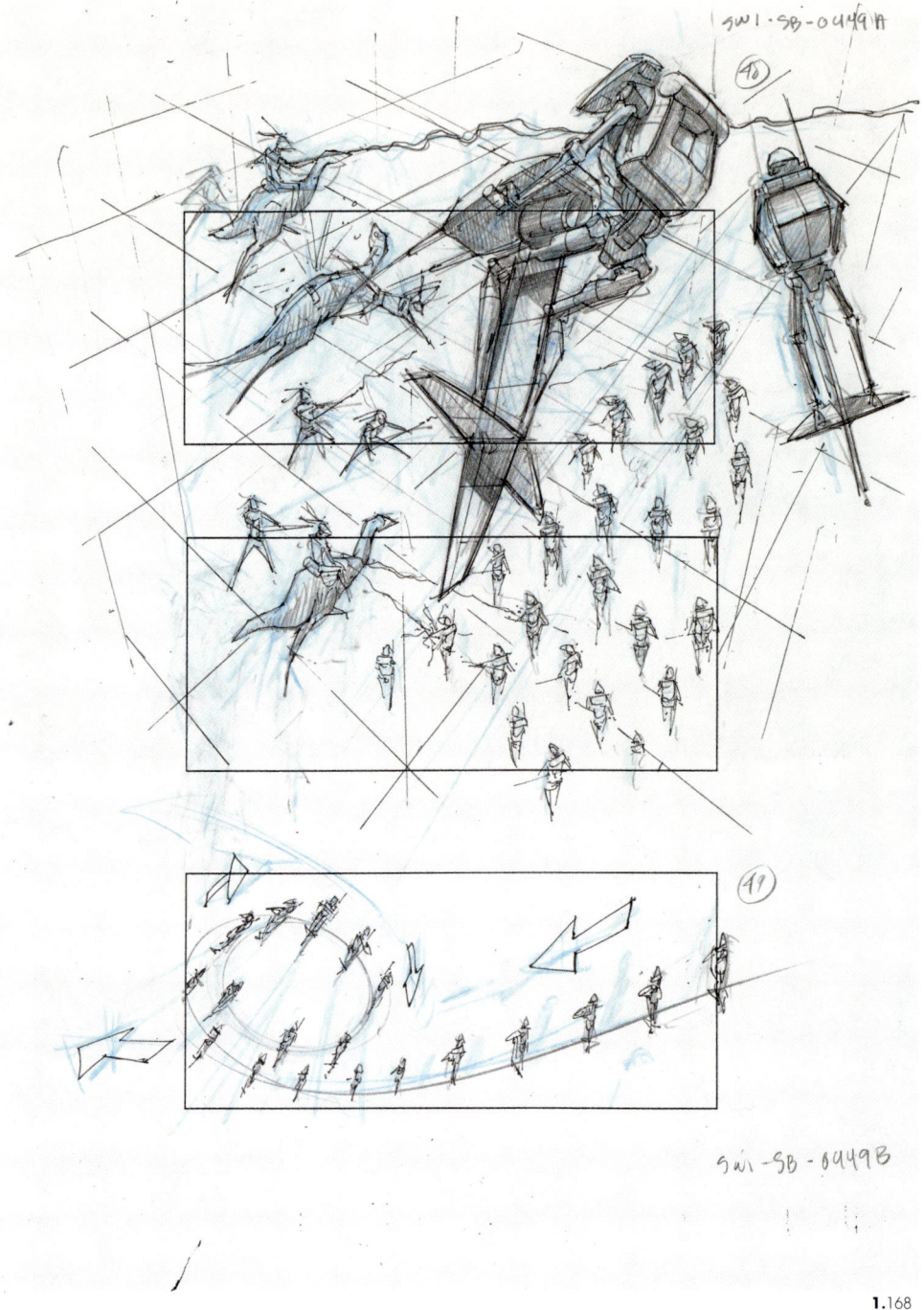

1.168 Story-board d'Ed Natividad montrant la dynamique de la bataille entre droïdes et Gungans. Ici, les droïdes sur STAP (système de transport aérien personnel) lancent une attaque aérienne pour soutenir leurs troupes au sol.

1.169-170 *Story-board (vers octobre 1998) et image du plan finalisé de la confrontation entre droïdes et Gungans. Les droïdes tirent avec des blasters conventionnels tandis que les Gungans utilisent leurs boomas comme projectiles.*

la Fédération, nous avons calculé le rendu du hangar à partir de six caméras avec des champs de vision à 90 degrés : vue du dessus, du dessous, de la gauche, de la droite, de devant et du derrière. Les six images obtenues ont ensuite été assemblées pour créer une vue de l'environnement autour du vaisseau d'Anakin à 360 degrés.

Plasma

George Lucas La bataille des Gungans était comme la seconde Charge de la brigade légère. Elle illustrait un thème récurrent dans mes films – une société non technologique affrontant une société hypertechnologique.

Comme pendant la guerre du Vietnam, les gens sans technologie en sortent victorieux parce qu'ils combattent avec le cœur et l'âme. C'est aussi une autre version de la bataille des Ewoks.

Dennis Muren Cette séquence a été réalisée avec des milliers de personnages en images de synthèse, des maquettes de chars d'assaut, des arrière-plans en photos retravaillées

1.171

et des douzaines d'éléments pyrotechniques à l'échelle 1/3. Nous avons regardé des archives de guerre pour nous imprégner de la réalité.
Paul Duncan Doug Chiang a dessiné des plans vus d'hélicoptère des armées se rassemblant ; Ed Natividad et Iain McCaig ont trouvé des idées d'action et de gags.
Dennis Muren J'ai concentré le tout pour le rendre plus intelligible, mais aussi pour que nous puissions y arriver avec les outils à notre disposition et dans le temps imparti.

Pour le fond, nous avons trouvé un endroit à Patterson, en Californie du Sud. Les montagnes sont vertes à l'arrière-plan parce que nous sortions de la saison des pluies. Nous avons pris 250 photos et nous avons copié/collé les collines et les fonds de vallées ensemble pour obtenir la superficie dont nous avions besoin

1.172

pour la bataille. La plupart des nuages sont extraits de clichés pris au Nouveau-Mexique, près de Carlsbad. En considérant les images fixes des arrière-plans en tant qu'éléments d'assemblage, nous avons pu modifier et ajouter des plans selon les besoins. Employées avec d'autres nuages, les mêmes collines changeaient d'aspect.

Rob Coleman Comment vous expliquer ce que c'est d'être chargé d'une séquence comme celle-là… Toute la séquence n'est qu'un immense effet visuel. Une ligne emblématique du scénario disait : « Les Gungans avancent à la rencontre des droïdes de combat. » Cette simple indication a nécessité des mois de travail pour créer l'incroyable plan de 7 000 Gungans et de leurs divers animaux tous générés par ordinateur partant au combat. Rien de ce qui bouge dans le plan n'est réel.

Dennis Muren J'ai répété des plans, comme on le fait en prise de vues réelles, où vous revenez au même angle, pour que le public puisse suivre l'action. J'ai, par exemple, un plan où une bande de droïdes avance vers la caméra, puis quelques plans plus tard, je retrouve exactement le même angle pour montrer un droïde qui est touché et s'effondre. Si j'avais choisi un angle différent, le public aurait mis plus longtemps à comprendre ce qui se passait, et c'est du temps perdu.

1.171 ***George Lucas a tenté d'intégrer des baleines volantes dans L'Empire contre-attaque (dans une première version du scénario, Luke reçoit l'aide d'une noble race de non-terrestres qui chevauchent des baleines volantes), puis dans Le Retour du Jedi (des baleines volantes transportent les héros jusqu'à la base rebelle dans une scène non retenue). Ici, Terryl Whitlatch inclut ces mammifères dans l'armée de l'air gungan (20 septembre 1995).***
1.172 ***Doug Chiang dépeint une bataille aérienne entre des droïdes sur leur plate-forme aérienne individuelle de combat (STAP) et des Gungans juchés sur des baleines volantes (10 avril 1996, 2,3 jours).***
1.173 ***Le 25 mars 1996, Doug Chiang termine la longue série d'un story-board pour la bataille gungan : les armées se mettent en position des deux côtés, un plan « par hélicoptère » montre les forces aériennes gungan survolant les troupes au sol.***

Les Gungans disposaient d'énormes boucliers qui les couvraient et les protégeaient, fabriqués à partir de la même technologie que les bulles de leur ville sous-marine. George en a parlé un jour ; il nous a expliqué que les Gungans exploitaient une mine de plasma pour alimenter la ville en énergie et générer la lumière. Le plasma pouvait être façonné en un objet rond et solide qui renfermait

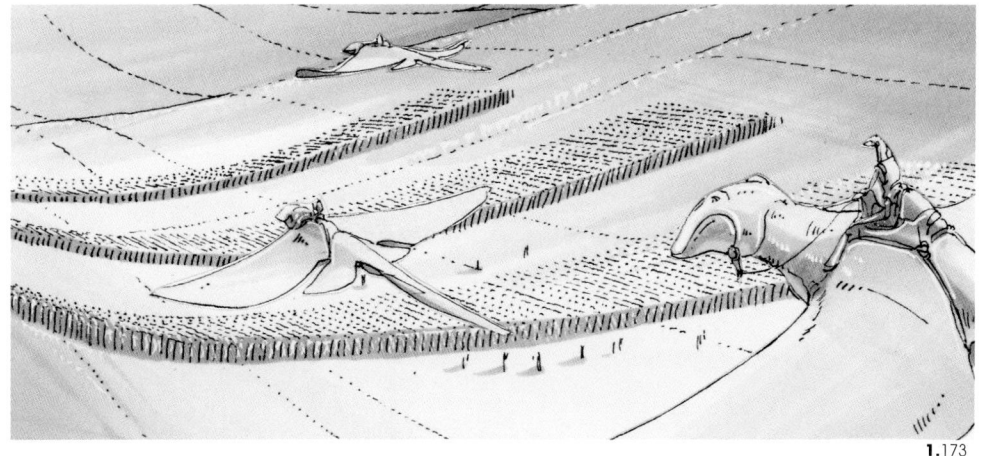

1.173

1.174

1.175

l'énergie sous une croûte dure ; celle-ci craquait et crachait le plasma d'énergie sur les droïdes, provoquant leur court-circuit. Je trouve intéressant qu'il ait pensé à l'origine de cette ressource – et George fonctionne comme ça pour tant de choses. Chaque élément a son histoire. Ce ne sont pas que des idées, c'est une logique.

10 août 1998

La maquette de l'arène d'Anchorhead est filmée du 7 juillet au 11 août 1998, sous la supervision de Dennis Muren et de John Knoll, avec un tournage additionnel du 2 au 5 octobre.

John Knoll L'arène d'Anchorhead était une maquette longue de 12 mètres. Nous l'avons photographiée dehors, à la lumière naturelle. Les gradins étaient remplis de Coton-Tige colorés pour composer une texture de foule crédible dans les plans très lointains ou très flous.

Michael Lynch / Chef maquettiste Elle disposait d'un toit mobile sur rail pour la recouvrir la nuit. Elle était placée sur un socle rotatif afin que nous puissions orienter le décor en fonction du soleil.

John Knoll La plupart des plans dans l'arène comprennent des groupes de figurants bien réels, filmés en vidéo numérique.

1.174 *Maquette de l'AAT à taille réelle sur la place de Theed, avec Lloyd, McGregor, Portman et Neeson, à gauche, qui attendent d'entrer dans le hangar. Le décor de la place a été construit sur une hauteur d'un seul étage dans le studio de Leavesden ; d'autres bâtiments ont été ajoutés numériquement en postproduction.*
1.175 *À bord de speeders Gian et Flash, les soldats attaquent les droïdes, puis ils font diversion pendant que la reine et les Jedi accèdent au hangar des vaisseaux à Theed.*

Ils sont filmés entre le 4 et le 6 août avec des caméras professionnelles numériques. Suivent cinq jours de reprises et de nouvelles scènes, à Leavesden, du 10 au 14 août 1998.

George Lucas Nous avons essayé de faire progresser le cinéma numérique en même temps que nous faisions la préparation, puis le tournage du film. Nous avons testé des caméras, des projecteurs, tous ces trucs.

Dans la nouvelle scène 128A, filmée le 10 août, Anakin rend visite à Padmé sur Coruscant, mais croise la reine dans ses appartements. En guise d'essai, une partie de la scène est filmée avec une caméra numérique Sony HDC-750, qui tourne à 30 images par seconde (Ips), et enregistre sur un magnétoscope HDD-1000.

De même, le 12 août, une partie de la nouvelle scène 83A – Qui-Gin s'isole sur la terrasse du quartier des esclaves pour demander à Obi-Wan d'analyser le sang d'Anakin à la recherche de midi-chloriens – est tournée avec la HDC-750.

Rick McCallum Nous avions peur de ne pas y arriver parce qu'entre-temps Jake avait pris une dizaine de centimètres.

George Lucas À l'origine, j'avais imaginé et filmé Qui-Gon faisant une prise de sang pour faire une numération de midi-chloriens dans le hangar de l'arène, mais j'ai réécrit la scène et je l'ai située sur le balcon, de nuit, pour qu'Anakin puisse parler des étoiles. Je voulais donner un aperçu de l'avenir d'Anakin, de ses rêves et de ses ambitions, alors j'avais besoin d'un moment introspectif.

J'aime le thème des relations symbiotiques qui traverse tout le film, de gens qui aident les autres, et l'idée qu'il peut y avoir une forme de vie complètement différente à l'intérieur de votre corps, complètement indépendante de vous mais qui a une certaine influence sur vous.

Fred Meyers Après le tournage de Leavesden, les bandes et le magnéto nous ont été envoyés chez ILM, où nous avons numérisé le matériel 1920 x 1035 60i dans quatre serveurs SD Quickframe, reconstruit en images DPX RGB, puis désentrelacé et recadencé les plans à 24 ips pour le montage et les effets visuels.

Paul Martin Smith Cette séquence comporte deux plans en numérique : un gros plan et un plan large. Quand on y regarde de très près, les images sont problématiques – le contraste

1.176 *Les Jedi et la reine pénétrant dans le hangar de Theed sont filmés le 19 août 1997. Lors d'une prise, un pétard éclate au visage de Natalie Portman, qui doit être conduite chez un spécialiste pour vérifier que ses yeux n'ont pas été touchés.*
1.177 *Image du plan finalisé des chasseurs naboo prenant leur envol pour détruire le vaisseau amiral qui contrôle les droïdes, en orbite autour de la planète. Anakin et R2 ont pris place dans l'un d'eux.*

est légèrement différent mais seulement à cause de la conversion de 30 ips à 24 ips. Mais Sony est en train de nous fabriquer une paire de caméras à 24 ips pour le prochain film.

25 septembre 1998
Jeanne Cole / Publicité / E-mail à tous chez Lucasfilm

Il y a quelques minutes, le message suivant a été posté sur www.starwars.com :

25 SEPTEMBRE 1998 : Nous avons la joie de vous annoncer que George Lucas a décidé d'intituler le nouveau film *Star Wars*: Épisode I, *La Menace fantôme*. Comme déjà communiqué, le film sortira en salles aux États-Unis et au Canada le 21 mai 1999.

12 novembre 1998

La scène 166, qui fait partie du combat entre les Jedi et Dark Maul sur la passerelle du générateur, naît dans la douleur.

Les demandes de modifications indiquent que l'arrière-plan a été ajouté une fois les prises de vues réelles tournées, le 19 mars 1997, mais que le 24 septembre Lucas a exprimé son inquiétude quant à l'aspect des néons. Le 12 novembre, il demande qu'ILM les «refilme».

Scott Squires Cette séquence était une calamité. La conception n'avait pas été complètement verrouillée au moment des prises de vues réelles. Il a fallu retirer les flashs de lumière colorée des plans par souci de cohérence avec le nouveau design. Certains plans ont été tournés avec des doublures, ce qui a imposé de remplacer leurs visages par ceux des vrais acteurs. Les prises de vues réelles ont été tournées sur une courte portion de passerelle devant un fond bleu. Le reste de l'environnement a été créé en images de synthèse.

Nous avons énormément utilisé la rotoscopie pour les sabres laser, avec un logiciel particulier pour reproduire l'apparence des premiers films. Certaines scènes ont nécessité le remplacement de parties du corps des acteurs et des

1.177

1.178

doublures lorsqu'elles étaient masquées par des accessoires ou d'autres éléments.

La dernière modification est apportée à la scène le 5 mars 1999 : la lueur du néon est arrangée dans le plan JDB.166.027 où Obi-Wan prend son sabre laser.

10 février 1999

Le 10 février, John Williams commence l'enregistrement de la bande originale avec le LSO (Orchestre symphonique de Londres) aux studios d'Abbey Road.

John Williams J'ai vu *La Menace fantôme* le 1er octobre 1998. J'ai commencé à écrire la partition quinze jours plus tard, donc j'ai eu à peine plus de trois mois pour composer deux heures de musique symphonique. Très difficile, juste en termes de logistique. Je dirais, à vue de nez, que 90 % est nouveau, les 10 % restants sont des citations des thèmes antérieurs.

Le « thème Star Wars » accompagne la première minute et demie de film. Au milieu, on entend des bribes des thèmes de Dark Vador, de Yoda et de la princesse Leia quand des indices sont semés sur ce qu'ils vont devenir à mesure que la prélogie progresse. Les 90 % de musique inédite se sont faits de la façon suivante : j'ai repris certains des anciens thèmes, je les ai décomposés – je les ai démantelés et réécrits à l'envers, en un sens.

Le « thème d'Anakin » correspond à un jeune garçon, très innocent, lyrique et idéaliste, mais on y trouve aussi des emprunts à la « Marche impériale ». J'ai repris les mêmes intervalles que j'ai inversés, réarrangés rythmiquement ou orchestrés dans une harmonie différente. L'air semble familier, très doux, mais si vous écoutez attentivement, vous y entendez le murmure du mal. Le morceau « Duel de destinées » concerne le grand combat au sabre de la fin du film. La décision de créer ce choral est le résultat de ma réflexion sur le fait que la musique doit avoir un caractère rituel ou quasi religieux, et un chœur peut être la solution.

Williams extrait les vers suivants du poème gallois « Câd Goddeu » (Le combat des arbres) et les fait traduire en différentes langues, dont le sanskrit.
Cad Goddeu / Traduction française / vers 32-35
À l'attache de ma langue / Un combat s'engage;
Par-derrière, dans ma tête, / Un autre fait rage.

1.178 *Dark Maul dégaine son sabre à double laser, prêt à affronter les Jedi.*
1.179 *Répétition de la chorégraphie au sabre laser avec Liam Neeson, Ewan McGregor et Ray Park.*
1.180 *Le combat commence.* George Lucas : « Enfin nous voyons des Jedi faire ce pour quoi ils ont été conçus. Avant, dans les premiers films, les duels au sabre étaient très limités, et ils opposaient surtout un Jedi vieillissant à un Jedi reconstruit, mi-humain, mi-machine, qui n'était pas d'une grande souplesse non plus. Le seul autre Jedi qui se présente est Luke, qui n'a été que partiellement formé par Yoda. Donc vous n'avez en fait jamais vu un Jedi faire ce qu'un vrai Jedi fait jusqu'à maintenant. »

1.181

1.182

John Williams « Korah », « Rahtahmah » – j'ai choisi ces mots de sanskrit pour la qualité des voyelles. Le recours au chœur et à l'orchestre allait nous donner la sensation d'être dans un immense temple.

J'ai eu la chance unique d'accompagner George dans ce grand voyage qu'il poursuit et qui ressemble bien aujourd'hui au travail d'une vie.

20 mars 1999
Rick McCallum George m'a appelé et m'a dit : « Là, nous avons une merveilleuse occasion de montrer la rencontre entre Palpatine et Anakin. »

Le 20 mars 1999, Jake Lloyd, Ewan McGregor et Ian McDiarmid sont tous trois convoqués à Leavesden pour tourner une scène additionnelle, la 176A.
Rick McCallum Palpatine descend la rampe, il remercie Obi-Wan et ensuite ses lèvres se font pulpeuses et luisantes quand il pose les yeux sur Anakin et dit : « Nous suivrons ta carrière avec le plus grand intérêt. » C'est une excellente réplique clin d'œil. Ce plan a coûté dans les 18 000 dollars. Nous l'avons tourné sur fond bleu, y avons ajouté un *matte painting* numérique, ensuite nous l'avons intégré dans le montage. Aujourd'hui, c'est aussi facile que ça.

4 mai 1999
La dernière demande de modification, datée du 16 avril 1999, indique les ultimes petits changements à apporter. Pour la scène dans les appartements de la reine, John Knoll doit modifier le visage de la jeune femme par souci de cohérence avec le plan précédent.

Pendant ce temps, Scott Squires va allonger le début de la scène du Conseil jedi de 10 images et synchroniser les vaisseaux de l'arrière-plan en conséquence. Squires doit aussi ajouter des effets visuels au duel final, quand Obi-Wan regarde tomber Dark Maul, puis éteint son sabre laser et se précipite vers Qui-Gon – le plan qui avait été supprimé est finalement réintégré dans le film.

Le département animatique de JAK Films a terminé son travail et David Dozoretz envoie un e-mail à l'équipe pour la remercier :
David Dozoretz / 4 mai 1999
STATISTIQUES DE JAK FILMS
– ÉTAPE DE PRÉVISUALISATION –
Nombre total (approximatif) de plans prévisualisés – 8 600
Nombre maximum de plans par jour – 75
Nombre moyen de prises par plan – 3
Minutes de film produites – 573 (9,5 heures)
Bouteilles de Coca bues – 4 000
Nuits de travail passées au ranch – 40
Appels paniqués du monteur, Martin – 7 300
Nombre d'années de travail passées sur le film – 4
Nombre d'années-hommes passées à travailler sur l'épisode I – 13

— ÉTAPE FINALE DE FABRICATION VFX –
Nombre total de plans terminés – 104
Poids total des données sauvegardées – 3,16 téraoctets
Durée totale du métrage final – 11,4 minutes
Combien d'heures les ordinateurs sont-ils restés allumés – 315 360
Nombre de pixels calculés – 238 953 356 800
Une voiture volée (une plaisanterie, ça n'a même pas fait rire David)
Nombre de CD de sauvegarde gravés – 700

1.181 *Chaque combattant a un style différent. Qui-Gon joue de sa haute stature et contrôle sa force.*
1.182 *Le combat est presque entièrement filmé sur fond bleu et la salle du générateur de puissance ajoutée en postproduction. Des air ram (planchette à éjection) ont été utilisés pour amener du spectaculaire et du dynamique au combat.*

19 mai 1999

Rick McCallum Quand vous faites un film et que vous dépensez des millions de dollars afin d'obtenir la meilleure copie zéro possible et de créer une bande originale exceptionnelle, il n'y a rien de plus déprimant que de se rendre dans le cinéma multiplexe local le jour où le film sort et de regarder une copie de série dans une salle où le projecteur ne délivre que la moitié de sa puissance lumineuse requise, où la sonorisation est pourrie, sans renfort de basse, sans basses du tout.

Les États-Unis comptent dans les 32 000 salles de cinéma et moins de 1 % est en capacité de reproduire avec précision n'importe quel film de n'importe quel réalisateur. C'est ahurissant. Nous sommes pratiquement en l'an 2000 et nous ne sommes pas fichus de créer les conditions pour que le public découvre le film que le réalisateur a fait.

Il est impossible de juger correctement *La Menace fantôme* dans 95 % des salles où le film est projeté. Les spectateurs n'ont pas accès à certains des outils émotionnels que nous avons exploités pour nous exprimer.

USA Today / 23 avril 1999 Dans les cinémas, les systèmes de sonorisation numérique actuels utilisent six canaux : avant gauche, centre, avant droit, caisson de basses, ambiance gauche, ambiance droite (généralement, sur

les murs latéraux). Quelque 2 000 salles auront dopé leurs systèmes de sonorisation pour l'arrivée de *La Menace fantôme*, le 19 mai. Beaucoup passent au Dolby Digital Surround EX, qui améliore l'actuel Dolby Digital Surround, des sons derrière les spectateurs.

La Menace fantôme sort le 19 mai 1999. Le film rapporte plus de 64 millions de dollars dès le premier week-end et plus de 430 millions de dollars cette année-là aux États-Unis – plus d'un milliard de dollars dans le monde.

George Lucas L'épisode I est devenu le film *Star Wars* le plus rentable, mais ils ont tous eu du succès. Les épisodes I, II et III ont particulièrement bien marché auprès des 10-12 ans. Ils ont adoré Jar Jar. La réaction a été totalement différente parmi les critiques, qui avaient adoré *La Guerre des étoiles* quand ils avaient 10 ans et voulaient retrouver les mêmes sensations avec les nouveaux films. Vingt ans plus tard, ils n'ont pas compris que le film s'adressait toujours aux gosses de 12 ans.

1.183 ***Illustration de Terryl Whitlatch montrant la cavalerie gungan montée sur des kaadu ou d'autres créatures et qui se lance dans la bataille, soutenue par un bataillon de baleines aériennes (8 avril 1996).***

Les films sont à peu près comme je les voulais. Il y a des scènes qui traduisent ma personnalité, dont certaines personnes pourraient se demander « mais pourquoi il a fait ça ? ». La plupart des trucs idiots ont été faits parce qu'ils me plaisaient. Par exemple, je trouve très drôle que Qui-Gon attrape la langue de Jar Jar. Les trentenaires ont trouvé ça stupide, mais les gamins de 10 ans ont trouvé ça génial.

Jar Jar a fait l'objet d'une controverse. Les médias ont décidé qu'il était noir et le reflet

« Jar Jar essaie d'être courageux, mais il manque d'assurance et d'adresse. C'est un mélange entre Charlie Chaplin et Danny Kaye. »
Terryl Whitlatch

1.184 *Dans cette illustration dynamique, (25 avril 1996, 2,1 jours), Doug Chiang a peint un AAT qui tire sur les Gungans, les poussant à se replier.*
1.185 *Jar Jar est soufflé de son kaadu et se retrouve suspendu à une tourelle de char.*

1.184

1.185

171 — La Menace fantôme (1999)

1.187

d'un stéréotype racial, si bien qu'ils ne pouvaient pas l'aimer.

Le critique du *Wall Street Journal* a écrit qu'il était un «Stepin Fetchit («Va chercher», N.D.T.) rasta». Quelqu'un du *Los Angles Times* a trouvé que c'était raciste. Un autre s'est plaint que nous lui ayons donné un accent caribéen. Eh bien, ce n'est pas un accent des

1.186 *Maul a une parade à opposer à chaque attaque de Qui-Gon.*
1.187 *Dark Maul empale Qui-Gon.*
1.188 *Piégé par le champ de force, Obi-Wan hurle de désespoir quand son mentor est tué.*

1.188

1.189

Caraïbes mais des Fidji, où la population parle un créole anglais.

Dans de nombreux cas, vous ne pouvez pas comprendre immédiatement de quoi ils parlent car, comme l'argot cockney, ils changent des mots, mais pour que les spectateurs suivent le film – sinon, il faudrait tout sous-titrer –, j'ai modifié cela dans le scénario.

Paul Duncan Avant le casting ?

George Lucas Oui. Beaucoup de gens ont passé des essais pour le rôle et j'ai engagé le meilleur acteur pour ce boulot, et il se trouve qu'il est noir.

Ce qui a inspiré Jar Jar, c'est Goofy. Il ressemble à Goofy et il est maladroit (*goofy* en anglais). Goofy n'était peut-être pas aussi connu et apprécié que Mickey, mais il avait ses partisans et personne ne l'a critiqué.

18 juin 1999

Dave Schnuelle / Consultant ingénierie THX
Les salles traditionnelles ont sorti le premier long-métrage en projection numérique payante le 18 juin. Le groupe THX de Lucasfilm cherchait depuis quelque temps un moyen d'utiliser la projection numérique dans les cinémas. Après un an de travail prospectif, en mars, THX annonçait les caractéristiques principales d'un projecteur numérique de qualité cinématographique. La présentation numérique de l'épisode I de *Star Wars* dans les cinémas devait faire office de démonstration technique des derniers prototypes de projecteurs numériques en date. Quatre cinémas ont été choisis – deux à Los Angeles et deux dans le New Jersey, près de New York. Dans chaque ville, une salle a été équipée d'un prototype de projecteur cinématographique

1.189-190 *Obi-Wan doit désormais affronter Dark Maul seul, et le combat est impitoyable. Nick Gillard :* « *Vous pouviez montrer quelque chose à Ray cinq minutes avant de tourner et il réussissait quand même à se débrouiller mieux que vous.* »

« *George me disait toujours qu'Obi-Wan était très droit et que Qui-Gon ne cessait d'enfreindre les règles, mais que j'étais agacé par l'indiscipline de mon maître. Cependant, quand je me bats, j'ai l'impression que je fais beaucoup de sauts et pirouettes et de voltiges et que je frime un peu.* »

Ewan McGregor

DLP créé par Texas Instruments et l'autre d'un projecteur à valve de lumière Hughes-JVC.

Il a fallu déployer des techniques de post-production inhabituelles et des approches innovantes de présentation cinématographique pour maintenir l'épisode I, *La Menace fantôme* à l'affiche de ces quatre salles pendant tout un mois. Au bout du compte, plus de 100 000 spectateurs ont payé leur place pour environ 500 séances qui ont déclenché des réactions très enthousiastes. C'est un événement historique pour le cinéma numérique.

Voyage en cercles

George Lucas La responsabilité individuelle est un des concepts fondateurs de la nature humaine. Soit vous assumez vos actes, soit vous refusez cette responsabilité, mais il est ridicule de nier que nous sommes reliés au monde et que nous influons sur lui. Nous avons tous une influence sur le monde. Nous enseignons tous. Certains ont des voix qui portent plus que d'autres, mais tout le monde enseigne tout au long de sa vie. Et vous êtes responsable de tout ce que vous enseignez aux

1.190

1.191

1.192

1.193

1.191 *Sur le plateau, Ray Park tombe sur un matelas pour filmer le visage d'Obi-Wan.*
1.192 *Au dernier moment, Obi-Wan saute hors de la fosse, utilise la Force pour guider le sabre laser de Qui-Gon jusqu'à sa main et tranche le Sith en deux. Dark Maul est précipité dans la fosse vers sa mort présumée.*
1.193 *Obi-Wan serre son mentor mourant dans ses bras et promet qu'il fera d'Anakin un chevalier jedi.*

autres. J'ai une voix qui porte loin, c'est pourquoi, que j'aie une influence sur une personne ou sur un million, je prends ma tâche très au sérieux ; le poids de la responsabilité pèse toujours sur l'individu.
Paul Duncan Obi-Wan Kenobi dit à Boss Nass, le chef gungan : « Vous et les Naboos vivez en symbiose, ici. Ce qui frappe les uns finira par affecter les autres, vous devez en être conscient. » Plus loin, Qui-Gon explique aussi à Anakin que nous sommes en symbiose avec les midi-chloriens et qu'une symbiose est « l'association réciproquement profitable de deux organismes vivants ». Cette idée de relation symbiotique est cruciale pour comprendre le film et l'univers *Star Wars*.
George Lucas Quand vous racontez des histoires mythologiques, vous voyagez en cercles. Comme dans un mandala, vous partez du centre pour dessiner des cercles concentriques de plus en plus grands jusqu'à y englober l'univers. La même chose se joue dans le récit : chaque personne, chaque symbiose, chaque système voyage toujours en cercle. Soit il revient à son point de départ, soit il entre en intersection avec d'autres cercles. À la fin, ils survivent parce qu'ils sont tous connectés.

Dans les épisodes I, II et III, toutes les relations symbiotiques sont brisées. Dans l'épisode I, les sénateurs se soucient davantage de leurs intérêts que de s'entraider. Ils ont abandonné

1.194

le cercle symbiotique. Ils ne parviennent à s'accorder sur rien parce que leurs intérêts sont devenus trop divergents, si bien qu'ils paralysent la République, et le chancelier profite de ces dissensions, qu'il a attisées, pour devenir Empereur.

Dans les épisodes IV, V et VI, les Rebelles établissent leurs propres relations symbiotiques avec l'ancienne République pour combattre l'Empire. Ils tentent de rétablir l'équilibre. Si vous prenez l'aspect écologique, tout est lié. Tout. S'il arrive quelque chose à une partie, le tout en est affecté. Cela fait partie des élans majeurs de *Star Wars*.

Paul Duncan Dans l'épisode I, vous introduisez les midi-chloriens, indicateurs de la Force.

George Lucas C'est une cosmologie. La Force est l'énergie, le carburant, et sans elle tout s'effondrerait. La Force est une métaphore de Dieu, et Dieu est par essence inconnaissable. Mais derrière elle se cache une autre métaphore, qui s'intègre si bien dans le film que je n'ai pas pu y résister. Les midi-chloriens sont l'équivalent des mitochondries chez les organismes vivants et de la photosynthèse chez les plantes – je les ai simplement combinés pour qu'ils soient plus digestes aux yeux du spectateur. Les mitochondries génèrent une énergie chimique qui scinde les cellules en deux. J'aime à penser que la vie est sous-tendue par une réalité unifiée et cohérente, qui existe partout dans l'univers et qui contrôle les choses, mais qui peut aussi être contrôlée.

C'est pourquoi je fais la distinction entre Force personnelle et Force cosmique. La Force personnelle est le champ d'énergie créé par l'interaction de nos cellules tant que nous sommes en vie. À notre mort, nous perdons

1.194 *Le capitaine Panaka retient Nute Gunray captif pendant que la reine Amidala renégocie le traité commercial.*
1.195 *Sabé distrait Nute Gunray et ses droïdes, laissant à Padmé le temps de saisir les pistolets cachés sous son trône.*

notre personne et notre énergie est intégrée à la Force cosmique.

Si notre corps contient suffisamment de midi-chloriens, nous pouvons exercer un contrôle relatif sur notre Force personnelle et apprendre à nous en servir, comme dans la pratique bouddhiste qui consiste à marcher sur des charbons ardents. Certains n'en sont pas capables parce qu'ils manquent de midi-chloriens – c'est une affaire de génétique. Donc plus nous avons de midi-chloriens, plus la Force nous est accessible. Nous devons donc être formés à son utilisation.

On peut ainsi être bon en maths et au piano, mais pour devenir physicien ou concertiste, il faut travailler. Il faut être formé pour utiliser la Force, pour utiliser les gènes grâce auxquels vous avez un talent différent de quiconque.

Il faut donc être découvert et recueilli. Si vous possédez un certain taux de midi-chloriens, vous pouvez devenir Jedi. Les Jedi vous apprendront à vous connecter à votre Force personnelle, puis à la Force cosmique. Vous n'aurez pas beaucoup de pouvoir sur la Force cosmique, mais vous pouvez vous en servir. Par la nature de leur génétique, les Jedi possèdent davantage de midi-chloriens que la plupart des gens, mais il n'existe pas de lien direct entre notre monde humain et le monde microscopique.

Les Jedi sont bons, mais ils ne sont pas fantastiques. Ils n'ont pas été conçus comme des superhéros ou quoi que ce soit dans le genre. Ils ont été conçus comme des moines bouddhistes, qui se trouvent être de grands guerriers. Ils sont devenus les gardiens de la paix du monde humain.

Comme il est expliqué dans l'épisode « Les Voix » de *Star Wars: The Clones Wars*, Qui-Gon Jinn a passé du temps avec cinq Prêtresses de la Force sur leur planète, la

1.196 *Cette illustration de Doug Chiang pour la bataille spatiale donne une première version du chasseur droïde (4 septembre 1996, 3,5 jours).*
1.197 *Mise en place d'un plan d'Anakin pilotant un chasseur naboo.*

« *À lui seul, le chasseur a bien nécessité trois douzaines de dessins.* »
Doug Chiang

181 — La Menace fantôme (1999)

1.196

1.197

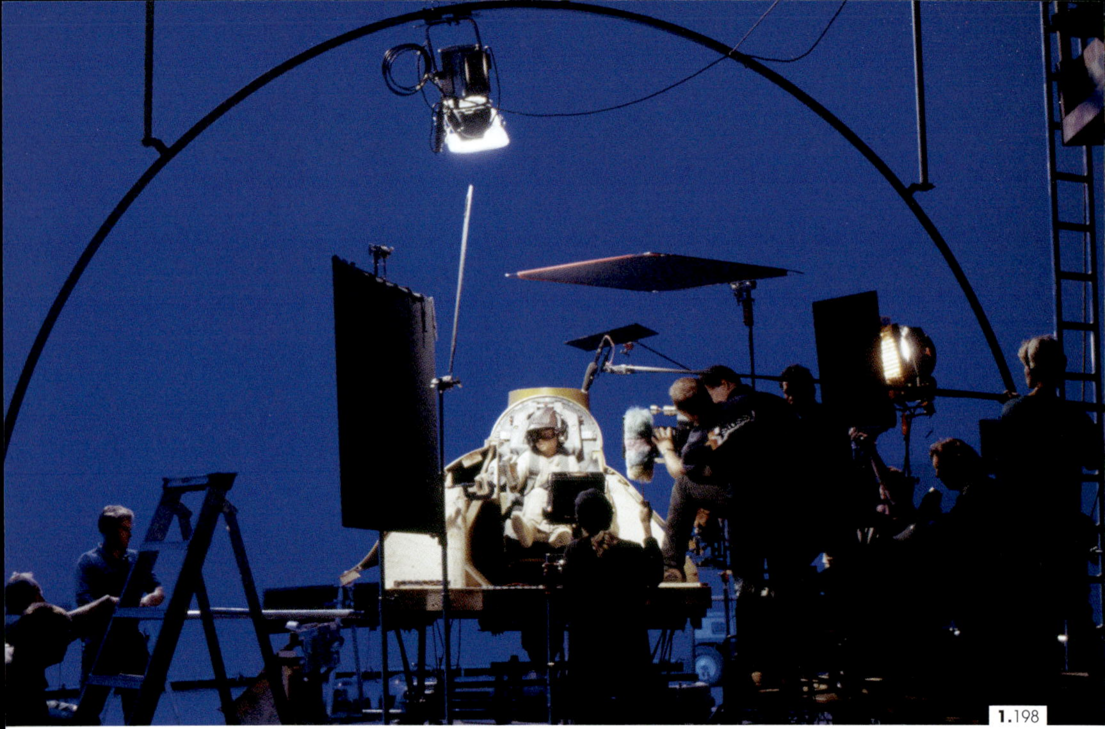

1.198

« Le grand vaisseau amiral de la Fédération du Commerce qui apparaît à la fin du film est une maquette contrôlée par ordinateur. La plupart des plans où il figure ont été exécutés en animatique, si bien que George a travaillé sur la composition et le rythme jusqu'à en être plutôt satisfait. Nous avons reçu ces fichiers du ranch afin de pouvoir faire une correspondance exacte sur le système de motion control. »

John Knoll

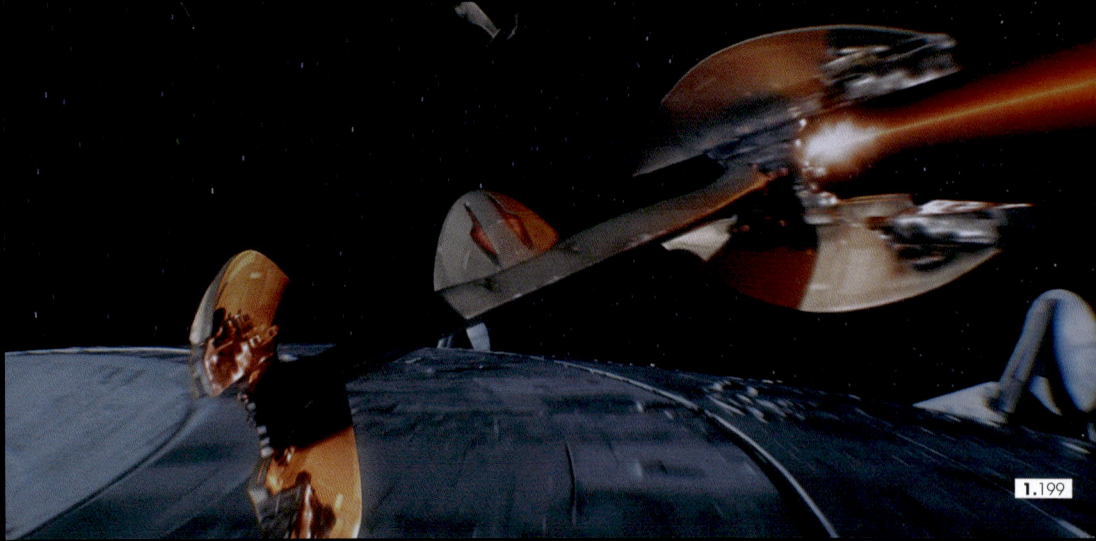

1.199

Source de Vie. Elles lui ont expliqué comment il peut transcender la mort et rejoindre la Force cosmique.

Qui-Gon a appris à entendre la Force cosmique, et quand il meurt dans l'épisode I, il rejoint la Force cosmique gardant son essence intacte. C'est ainsi qu'il peut s'adresser à Yoda dans l'épisode III. Pendant sa formation, il a appris comment devenir un spectre de la Force pour conserver son essence. Qui-Gon a transmis ce savoir à Yoda, Yoda l'a enseigné à Ben, et Ben a appris à Luke comment le faire. Voilà comment ce cercle symbiotique de personnages a appris à passer du Ciel à la Terre, pour ainsi dire. C'est basé sur la mythologie grecque – comment devenir un dieu, mais dans un sens plus pragmatique et sans l'ego, sans l'identité.

Les Whills

George Lucas Je comptais en dire davantage sur les midi-chloriens et les Whills après l'épisode I, mais tout le monde a piqué une crise : « Ça ne nous plaît pas. C'est nul ! » Alors je me suis abstenu. De plus, j'avais investi financièrement dans tout cela et j'ai donc été forcé de céder parce que je savais que c'était complaisant. Pour autant, je tenais à ce que ce concept figure dans les films, et si

1.198 *Jake Lloyd assis sur un support articulé qui simule les mouvements du chasseur.*
1.199 *Un droïde vautour fait feu au-dessus du vaisseau amiral de la Fédération du Commerce.*
1.200 *Anakin détruit le vaisseau amiral et désactive ainsi les droïdes sur Naboo. La guerre est finie.*

je m'étais occupé des trois derniers épisodes, j'y aurais tout expliqué.

Les Whills sont une forme de vie unicellulaire microscopique comme les amibes, les champignons et les bactéries. Il y avait à l'origine quelque chose comme 100 000 fois plus de Whills que de midi-chloriens et environ 10 000 fois plus de midi-chloriens que de cellules humaines.

Les seules entités microscopiques capables de pénétrer dans les cellules humaines sont les midi-chloriens. Ils naissent dans les cellules. Les midi-chloriens fournissent aux cellules l'énergie dont elles ont besoin pour se scinder et créer la vie. Les Whills sont des animaux unicellulaires qui se nourrissent de la Force. Plus la Force est présente, mieux ils se portent. C'est pourquoi ils ont une relation symbiotique très intense avec les midi-chloriens, car ces derniers œuvrent pour eux.

1.200

On estime que notre corps contient quelque 100 000 milliards de microbes et nous sommes constitués à environ 90 % de bactéries et à 10 % de cellules humaines. Alors qui est au service de qui ? C'est le genre de choses qui rend les fans complètement dingues parce qu'ils disent : «Nous voulons que ce soit mystérieux et magique» ou «En fait, c'est juste de la science !» Eh bien non, ce n'est pas de la science. Ce n'est qu'une mythologie, comme toute la saga. Elle *semble* plus scientifique mais c'est une fiction.

Elle raconte qu'il faut une puissante symbiose pour créer la vie et créer la Force. Mais si vous considérez toutes les formes de vie présentes dans l'univers, la plupart sont unicellulaires. Je vois les organismes unicellulaires comme des formes de vie supérieures parce qu'ils ont su voyager dans l'univers. Ils ont leurs propres vaisseaux spatiaux – ces météorites qui nous tombent dessus de temps à autre. Ils vivent sur ces objets depuis des milliers d'années ; ils ont été congelés, décongelés, et survivent à presque tout.

Les organismes unicellulaires sont contraints de maintenir un équilibre. Il doit y en avoir des bons et des mauvais, ou alors la vie s'éteindrait. S'ils se déséquilibrent, le côté obscur prend le dessus. La Force est scindée en deux : le positif/lumineux et le négatif/obscur.

Le côté obscur est très avide et possessif. Les gens cupides veulent tout et, une fois qu'ils ont tout, ils vivent dans l'angoisse et la peur constante que quelqu'un le leur reprenne. La peur est une porte vers le côté obscur. Si vous êtes dans la crainte, vous agissez mal et vous vous retrouvez avec la Seconde Guerre mondiale et 85 millions de morts. Si vous persévérez dans cette voie, il ne restera plus personne.

Si vous n'avez pas peur et que vous êtes prêts à plonger dans le fleuve pour sauver un bébé, quelles qu'en soient les conséquences, vous vivez dans la compassion. C'est le bon côté de la Force.

Une entité globale

George Lucas Au commencement, les lois étaient édictées par les chefs tribaux et d'autres entités humaines – «Tu ne peux pas faire ça. Tu perturbes tout le monde. Alors, je t'exile dans les bois.» –, mais ensuite, le surnaturel est intervenu. «Si tu enfreins les dix Commandements, qui viennent de Dieu, il va t'arriver des choses terribles.» C'est un mécanisme de contrôle de la société, qui vise essentiellement à maintenir l'ordre. À long terme, la peur ne fonctionne pas. Il suffit de voir l'histoire de l'humanité. Les humains ont massacré des milliards de leurs congénères, et rien n'est résolu. Nous continuons à tuer. La compassion a été submergée par la peur et la haine.

Dans le passé, les habitants de Jérusalem n'avaient pas de réels contacts avec ceux de Rome; les chances qu'ils se rencontrent étaient nulles, alors ils pouvaient vivre selon leurs propres valeurs. Aujourd'hui, nous sommes en transition vers une entité globale. Cela signifie que tout le monde sur la planète est supposé avoir sensiblement les mêmes valeurs, et la route est encore longue et périlleuse. Maintenant, nous savons que ce que nous faisons ici en Amérique va affecter ce qui se passe en Irlande et partout dans le monde.

Nous y arriverons parce que, sinon, nous ne survivrons pas. Cependant, à mesure que nous vivons cette transition, beaucoup de gens cupides, isolationnistes, nationalistes et xénophobes disent: «Je ne veux pas cohabiter avec ces gens.» Il faut se débarrasser de ces trucs.

Paul Duncan C'est craindre ou accuser l'autre sans assumer ses propres erreurs.

George Lucas Pour moi, c'est un déni de symbiose, un refus de comprendre que nous avons besoin les uns des autres au sein d'un écosystème. Les gens pensent qu'ils sont à part, mais non. Qui a dit que les humains étaient spéciaux? Quiconque a vécu avec un animal sait que les bêtes parlent, ont des émotions et ressentent du chagrin. Ils ne sont pas aussi évolués

1.201 *Ni Yoda ni le Conseil n'approuvent l'idée qu'Obi-Wan prenne Anakin comme padawan. Obi-Wan insiste: il tiendra la promesse faite à Qui-Gon. Yoda cède. La scène est tournée le 5 mars 1998.*
1.202 *Le bûcher funéraire de Qui-Gon et la foule des endeuillés venus lui témoigner un dernier hommage, dont Anakin, Padmé et le chancelier Palpatine.*

1.202

que les humains, mais nous ne sommes pas si différents. Penser que nous sommes les êtres les plus importants et les seuls de l'univers qui comptent est un non-sens solipsiste.

Quand vous commencez à retirer des gens, des choses, des méthodes et tout le reste de l'écosystème, tout le système est affaibli et finit par s'effondrer. Et là, nous mourrons tous.

Tout le monde dit : «Oh, le réchauffement climatique ! Nous allons détruire notre planète !» Nous n'avons pas le pouvoir de détruire la planète. Loin de là. C'est l'humanité que nous détruisons. Le pire qui puisse arriver, c'est que la Terre se change en désert du Sahara, dépourvue de toute forme de vie à l'exception de microbes sous le sable et la glace. Il y a deux façons pour les humains de survivre : migrer ou s'adapter. Ou les deux.

1.203 *Œuvre de Doug Chiang pour la fête de la victoire à Theed (10 octobre 1996, 8,3 jours).*
1.204-205 *Les Gungans entrent en triomphe dans la ville de Theed. Toutes les cultures de Naboo sont réconciliées, et Boss Nass le confirme en brandissant le Globe de la Paix.*

Pourquoi allons-nous sur Mars ? Il est beaucoup plus difficile de migrer dans le système solaire que de migrer sur la planète, mais il faut que nous apprenions à le faire. Il faut que nous nous adaptions à Mars. Peut-être que nous parviendrons à biosphériser, à faire pousser des arbres, peut-être que non. Quoi qu'il en soit, il faut acquérir la connaissance, parce que seule la connaissance nous aidera à survivre.

Paul Duncan Les Gungans et les Naboos doivent décider comment survivre et sauver leur planète.

George Lucas Les Gungans sont plus évolués ; c'est pourquoi ils ne veulent rien avoir à faire avec Naboo, qu'ils n'aiment pas. Ils règnent sur le monde du dessous, et les Naboos sur le monde du dessus. Les Gungans sont une société organique ; toute leur technologie est organique, alors que celle des Naboos est mécanique. Ils coexistent mais ne coopèrent pas ; ils s'ignorent.

Paul Duncan La seule façon pour eux de sauver la planète est de joindre leurs forces et de coopérer, de compléter le cercle symbiotique, comme le suggère Obi-Wan.

George Lucas L'univers développé dans *Star Wars* repose sur ces concepts intégrés, qui se répètent comme un refrain au fil de l'histoire. Nombreux sont ceux qui pensent que ces règles cosmiques n'existent pas mais, tout comme la gravité ou le temps, elles affectent notre vie chaque jour.

« Ce film est un ennemi du statu quo.
Ce film milite pour le changement
et l'acceptation du changement. »
George Lucas

« *L'un des thèmes principaux est celui des relations symbiotiques, c'est-à-dire la façon dont différentes formes de vie/entités/ populations vivent ensemble pour leur avantage mutuel.* »
George Lucas

1.206 *Photo promotionnelle de Dark Maul dynamique.*
1.207 *McGregor, Lloyd et Neeson posent pour une photo promotionnelle.*

L'Attaque des clones

Épisode II : L'Attaque des clones (2002)

Synopsis
Dix ans après *La Menace fantôme*, la galaxie est au bord de la guerre civile. Sous les ordres d'un Jedi renégat, le comte Dooku, des milliers de planètes menacent de faire sécession de la République galactique. Lorsque la sénatrice Padmé Amidala, ancienne reine de Naboo, réchappe d'une tentative d'assassinat, l'apprenti jedi Anakin Skywalker est assigné à sa protection. Alors qu'il remplit sa mission, Anakin découvre son amour pour Padmé mais aussi son propre côté obscur. Bientôt, Anakin, Padmé et Obi-Wan Kenobi sont entraînés au cœur du mouvement séparatiste et précipités dans le début de la guerre des clones.

DATE DE SORTIE 16 mai 2002 (É.-U.)
DURÉE 142 minutes

Distribution
OBI-WAN KENOBI EWAN MCGREGOR
SÉNATRICE AMIDALA / PADMÉ
    NATALIE PORTMAN
ANAKIN SKYWALKER HAYDEN CHRISTENSEN
COMTE DOOKU CHRISTOPHER LEE
MACE WINDU SAMUEL L. JACKSON
YODA (VOIX) FRANK OZ
CHANCELIER SUPRÊME PALPATINE
    IAN MCDIARMID
SHMI SKYWALKER PERNILLA AUGUST
JAR JAR BINKS / ACHK MED-BEQ AHMED BEST
SIO BIBBLE OLIVER FORD DAVIES
JANGO FETT TEMUERA MORRISON

2.1 *Affiche pour l'épisode II, L'Attaque des clones, conçue par Drew Struzan, sortie en salles et en ligne le 12 mars 2002.*

C-3PO / DANNL FAYTONNI ANTHONY DANIELS
R2-D2 KENNY BAKER
KI-ADI-MUNDI / VICE-ROI NUTE GUNRAY SILAS CARSON
SÉNATEUR BAIL ORGANA JIMMY SMITS
CLIEGG LARS JACK THOMPSON
ZAM WESELL LEEANNA WALSMAN

Équipe
RÉALISATEUR GEORGE LUCAS
PRODUCTEUR RICK McCALLUM
SCÉNARIO GEORGE LUCAS, JONATHAN HALES
HISTOIRE GEORGE LUCAS
PRODUCTEUR EXÉCUTIF GEORGE LUCAS
SUPERVISEUR ARTISTIQUE GAVIN BOCQUET
DIRECTEUR DE LA PHOTOGRAPHIE DAVID TATTERSALL
MONTEUR ET INGÉNIEUR DU SON BEN BURTT
CRÉATION DES COSTUMES TRISHA BIGGAR
DIRECTEURS CRÉATION & CONCEPT DOUG CHIANG, ERIK TIEMENS, RYAN CHURCH
SUPERVISEURS DES EFFETS VISUELS JOHN KNOLL, PABLO HELMAN, BEN SNOW, DENNIS MUREN
DIRECTEUR DE L'ANIMATION ROB COLEMAN
SUPERVISEUR HAUTE DÉFINITION FRED MEYERS
MUSIQUE JOHN WILLIAMS

La vie est un Pendule

Par Paul Duncan et Colin Odell & Michelle Le Blanc

George Lucas Je suis fermement convaincu, pour le meilleur et pour le pire, qu'il faut faire des films qui marchent. Je veux dire que le public doit pouvoir suivre l'histoire, être diverti, ému ou éduqué par l'histoire. En fait, je ne me soucie pas tant que ça que le film soit techniquement parfait. J'ai découvert que cela n'avait rien à voir avec la narration.

Quand les gens opposent le numérique au photochimique, ils parlent de choses que personne, mis à part les cadreurs, les techniciens de labo ou les spécialistes en effets spéciaux très expérimentés, ne peut voir. Ils se focalisent sur un aspect dont le public ne sait rien et se soucie peu. Je comprends mal qu'on puisse renoncer à utiliser un procédé pour des raisons techniques tout à fait ésotériques.

Le fait que nous ayons décidé de tourner l'épisode II en numérique a déclenché beaucoup de controverse. Les gens me demandent pourquoi je fais ça. La vraie question, c'est «Pourquoi pas?». Le numérique est supérieur à tous les points de vue. Il coûte moins cher. Il faudrait être dingue pour ne pas tourner avec. Personnellement, je pense qu'il aurait fallu commencer à le faire il y a déjà vingt ans.

Rick McCallum / Producteur La première fois que George m'a parlé de l'avenir numérique qu'il anticipait pour le cinéma et la télévision, c'était en 1989. Aujourd'hui, je suis stupéfait de constater combien sa vision était précise et pertinente. L'idée était de bâtir un pipeline numérique, qui ne se limite pas à l'emploi d'une caméra numérique, mais irrigue tout le

2.3

processus, des effets visuels à la postproduction, en passant par le montage, le son, la musique, et surtout de s'assurer qu'un public puisse réellement voir le film projeté en numérique. C'était ça, le rêve.

George Lucas Le cinéma numérique n'est pas juste arrivé comme ça et il n'est pas non plus arrivé parce que beaucoup de petits indépendants ingénieux ont inventé des trucs. Il est arrivé parce que nous avons convaincu beaucoup de gens de grosses entreprises de mettre de l'argent dans la recherche et le développement de cette technologie.

Rick McCallum Ce qui est extraordinaire dans toute cette expérience, c'est qu'environ 62 entreprises se sont réunies sur la base du rêve de George, en investissant de l'argent de manière conséquente sans un seul contrat, ni un seul avocat.

George Lucas Plus de 100 millions de dollars. Sony a mis dans les 30 millions pour construire la caméra. Panavision en a mis environ 20 millions pour fabriquer les objectifs.

Et ainsi de suite.

2.2 *Illustration de Ryan Church montrant le croiseur de la sénatrice sur la plate-forme de Coruscant (7 juin 2001).*
2.3 *Image du plan finalisé du croiseur naboo de la sénatrice Amidala s'approchant de Coruscant.*

Rick McCallum Il a fallu des années pour y arriver. Avec la parole donnée de ces gens comme seule garantie.

George Lucas Et, bien sûr, les studios de Hollywood nous ont mis des bâtons dans les roues tout du long.

George ne plaisante pas

Rick McCallum Nous avons produit la série télé *Les Aventures du jeune Indiana Jones* en non-linéaire, en pensant les 28 épisodes comme un tout. Si je tournais à Paris pendant que George montait à San Francisco et que nous avions besoin de plans additionnels, George m'envoyait une maquette de montage en référence et, même si cela supposait que nous travaillions sur deux épisodes différents, nous le tournions, pour respecter nos engagements contractuels avec les acteurs et l'équipe.

En 1991, la technologie numérique avait suffisamment évolué pour que nous puissions produire 100 plans truqués par épisode. Nous tournions principalement en 16 mm et parfois en Super 8, mais jamais en 35 mm. Nous savions que toute la mythologie sur les formats de pellicule, ce sont des âneries. Tourner en 70 mm, alors qu'on n'a absolument aucun talent, donnera un résultat médiocre. Tourner en Super 8, alors qu'on a énormément de talent, peut donner un film fantastique. Ce n'est pas une question de format. C'est une question de talent.

Nous avons passé beaucoup de temps à transférer les images sur cassettes vidéo, puis sur disques laser, pour monter sur le système non linéaire EditDroid. Une fois le montage terminé, les bandes étaient étalonnées sur DaVinci et les effets ajoutés sur le Harry de Quantel, et le résultat envoyé pour diffusion.

Nous avons employé la même technique sur un long-métrage en 35 mm, *Radioland Murders* (1994), qui a été monté sur Avid, un banc de montage non linéaire. Les effets numériques n'ont fait sourciller personne, ils étaient invisibles dans le film. Même si celui-ci n'a pas eu de succès, cet aspect du processus a été une réussite pour nous. C'est ainsi que nous avons commencé à réaliser des films autrement ; et une fois qu'on part dans cette direction, on se demande rapidement : « Et si je pouvais tourner en électronique ! »

Nous avons conclu des partenariats avec des gens qui, selon nous, pourraient nous aider à passer à l'acquisition et à la production numériques.

Larry Thorpe / Vice-président des systèmes d'acquisition de prise de vues chez Sony Electronics À la fin de l'année 1995, Rick nous a acheté une Betacam numérique en 16/9, pour filmer les coulisses du tournage de leurs productions cinéma et télé.

Rick McCallum C'était un casse-tête de tourner certaines séquences sur le terrain avec une caméra de 10 kilos. Dès le départ, nous avons essayé de créer un logiciel pour donner à ces séquences un aspect plus cinématographique afin qu'elles puissent être intégrées à

2.4

celles en 16 mm et 8 mm que nous tournions pour la télévision.

Mike Blanchard / Superviseur technique
Nous avons procédé à un grand nombre d'essais caméra avec la Betanum (Betacam numérique) en nous demandant : « Bon, à quoi ça ressemblerait si on reportait les images numériques sur pellicule et qu'on les diffusait sur un grand écran ? Que faudrait-il arranger ? » Par exemple, pour le numéro musical « Jedi Rock » de l'Édition spéciale du *Retour du Jedi*...

Paul Duncan La dernière semaine de juin 1996 ?

Mike Blanchard C'est ça. Nous avons tourné simultanément avec la Betanum et une caméra argentique. La Betacam numérique est en définition standard (720 x 486 pixels) à 30 images par seconde (ips). Quand nous avons fait la conversion en 24 ips (la cadence standard utilisée pour la projection en salles) et transféré les images sur pellicule, le résultat était mou. La perte était telle que, de toute évidence, cela ne donnerait rien sur un écran de 15 mètres. Il nous fallait une meilleure définition et un système à 24 ips pour égaler les copies qui passent en salles.

Les caméras numériques – qu'on appelait à l'époque des « caméras vidéo » – tournent à 30 ips parce que c'est la cadence de prise de vues standard pour la télévision américaine. Les gens disent 30, mais en fait c'est 29,97 ips. Pour que George puisse monter ou visionner des éléments à 24 ips sur un moniteur – et c'était

2.5

là l'un de nos problèmes –, il aurait fallu que la cadence soit de 23,98 ips, pour s'adapter aux équipements existants, et que cela soit fait plus rapidement pour respecter notre calendrier.

Or, il n'existait pas de moniteur capable de rafraîchir les images en 23,98 ips. Avec Fred Meyers, l'ingénieur en chef d'ILM, nous avons participé à une réunion du comité en charge des normes techniques. On nous avait dit que c'était la procédure à suivre – essayer d'avoir un consensus au sein des comités des normes afin que les fabricants et les diffuseurs soient compatibles avec de nouvelles normes et technologies. J'ai demandé à George d'écrire des lettres pour dire : « Les gars, arrêtez de traîner des pieds ! Ajoutez la cadence de 23,98 aux vitesses de prise de vues standard ! » Lorsque nous demandions qu'une norme soit approuvée, ils nous répondaient : « Oh, la prochaine réunion du comité est dans quelques mois, et ensuite, il faut que la norme soit approuvée en Europe. » « Combien de temps pensez-vous que

2.4 *Le capitaine Typho (Jay Laga'aia) insiste pour que la sénatrice Amidala (Natalie Portman) se mette vite à l'abri après la tentative d'assassinat qui coûta la vie à sa loyale suivante, Cordé (Verónica Segura).*
2.5 *Lucas supervise les finitions apportées au maquillage et au costume de Verónica Segura pour souligner l'étendue des blessures de Cordé après l'explosion.*

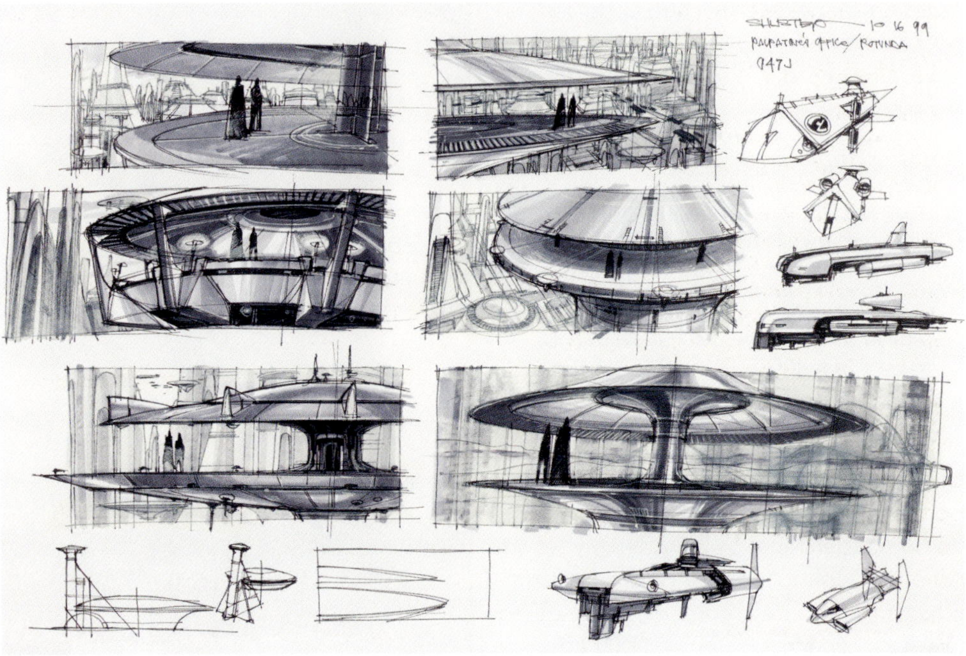

2.6

2.7

cela prendra ? » « Ça dépend, sans doute plusieurs mois, peut-être des années. »

C'est un autre aspect du processus que nous avons découvert : nous n'avions pas le temps d'attendre les comités de normalisation. Nous avons réalisé qu'il fallait discuter avec les fabricants de ces produits et les convaincre. Nous ne nous sommes pas fait que des amis, mais c'était le seul moyen d'être prêts à temps.

Larry Thorpe J'ai organisé un dîner en octobre 1996 (pendant le congrès d'automne de la SMPTE – Society of Motion Picture and Television Engineers/Société des ingénieurs du film et de la télévision – à Los Angeles) avec des cadres de Sony Japon et une équipe de Lucasfilm. Rick a déployé toute sa force de persuasion pour convaincre Sony de les aider à développer un système en 24 ips. Un

2.6 Croquis de Jay Shuster pour le bureau de Palpatine/la rotonde (16 octobre 1999). L'idée est que son bureau n'est accessible qu'en vaisseau, ce qui lui garantit isolement et intimité.
2.7 Image du plan finalisé de Palpatine (Ian McDiarmid) dans son bureau en train de débattre de la situation politique avec Mace Windu, Yoda et d'autres Jedi.
2.8 Le premier assistant-réalisateur James McTeigue écoute Lucas composer le plan pour la scène dans le bureau de Palpatine. Yoda sera numérique, mais une marionnette placée sur un carton indique aux acteurs la juste direction de regard.

des arguments clés de Lucasfilm était qu'ils partiraient de la technologie existante et ne demanderaient rien de plus que ce que Sony était capable de développer et de fabriquer à l'époque. George Lucas n'a pas cessé de répéter qu'il ne se lancerait dans aucun débat technique et qu'il ne fonderait son jugement et ses décisions que sur des essais de tournage aboutis, de transfert sur pellicule et de projection sur grand écran. Sa seule exigence portait sur la cadence de prise de vues de 24 ips, mais c'était un obstacle majeur pour Sony. S'ils discutaient depuis des années des systèmes à 24 ips, ils avaient de sérieux doutes sur leurs débouchés commerciaux.

Mike Blanchard Le département diffusion de Sony est très rentable, mais l'idée que la télévision était la cadette de l'industrie cinématographique persistait. Il y avait les gens du film là-haut, dans la stratosphère, avec des chefs opérateurs qui tournaient en 35 mm et abordaient l'image de façon très pointilleuse, et tout en bas le broadcast qui faisait ses petits trucs de télévision. Ils n'arrivaient pas à saisir pourquoi nous autres, les gens du film, nous venions les solliciter : « Hé ! Nous aussi on veut utiliser votre matériel ! »

Je pense que nous avons perdu un temps précieux au début du projet à les convaincre

2.8

2.9 *Illustration de Ryan Church pour la trépidante métropole de Coruscant, montrant en détail la vue à partir des appartements de Padmé (à gauche).*

que George voulait sérieusement tourner un *Star Wars* avec un équipement broadcast.

Rick McCallum Il y a eu cette réunion extraordinaire conduite par Takeo Eguchi, avec huit ou dix ingénieurs de Sony, Fred Meyers et moi, dans un restaurant japonais. Le patron de Sony ne parlait pas un mot d'anglais, alors toute la discussion s'est faite par interprètes interposés. On voyait qu'il n'était pas intéressé. Je me suis lancé dans une espèce de plaidoirie sur l'importance d'une collaboration entre nous, etc. Ensuite, il a dit : « Bon, et qu'est-ce que vous voulez que je fasse ? » Là, Fred a pris le relais. Il avait l'idée d'une caméra à 24 ips, et il avait calculé précisément ce dont nous aurions besoin pour le travail de post-production qui était la phase la plus importante parce que, même si nous avions cette caméra à 24 ips et les objectifs, il nous fallait de quoi extraire les données, les convertir et les visionner. Fred a tout dessiné sur la nappe du restaurant. L'ingénieur en chef s'est levé, il a regardé, a fait le tour de la table deux ou trois fois, puis s'est rassis et n'a plus dit un mot pendant 25 minutes.

Donc, pendant 25 minutes, tout le monde est resté là, à attendre, et puis il a levé le poing, l'a abattu sur la table et a dit : « Je peux le faire. Je vais le faire pour vous. » Il s'est levé et il est parti.

Larry Thorpe George Lucas a ensuite demandé que nous nous associions à Panavision car il voulait utiliser leurs objectifs. Début 1997, nous avons montré à George et Rick le nouveau Caméscope HDCAM, et nous avons à nouveau fait des essais de retour sur film.

David Tattersall / Directeur de la photographie J'ai réalisé une série de tests aux studios Culver avec la caméra Sony ayant les meilleures spécifications. J'ai dit à George qu'à mon avis cela ne servait à rien de tester une

SCENE 8 - INT. ELEVATOR TO PADME'S APARTMENT - AFTERNOON

PAM.014, 018

Obi-Wan - "You seem a little on edge."

Anakin - "...Not really."

Obi-Wan - "I haven't seen you this nervous since we fell into that nest of Gundarks!"

Anakin - "You fell into that nightmare...I rescued you, remember?

Obi-Wan - "Oh yeah..."

They laugh.

PAM.016

Close shot Obi-Wan

Obi-Wan - "You're sweating! Take a dep breath, relax!"

Anakin - "I havent' seen her in ten years."

Obi-Wan - "She's not the Queen anymore, Anakin. She's only a senator."

Anakin - "That's not why I'm nervous."

Obi-Wan smiles

PAM.017

Close shot Anakin

END - SCENE 8 - INT. ELEVATOR TO PADME'S APARTMENT - AFTERNOON

TOTAL SETUPS 3

2.10

2.10 *Une nouvelle scène est tournée le 6 novembre 2001 : Obi-Wan (Ewan McGregor) et Anakin (Hayden Christensen) sont en route pour les appartements de Padmé ; Anakin est nerveux de revoir Padmé dix ans après.*

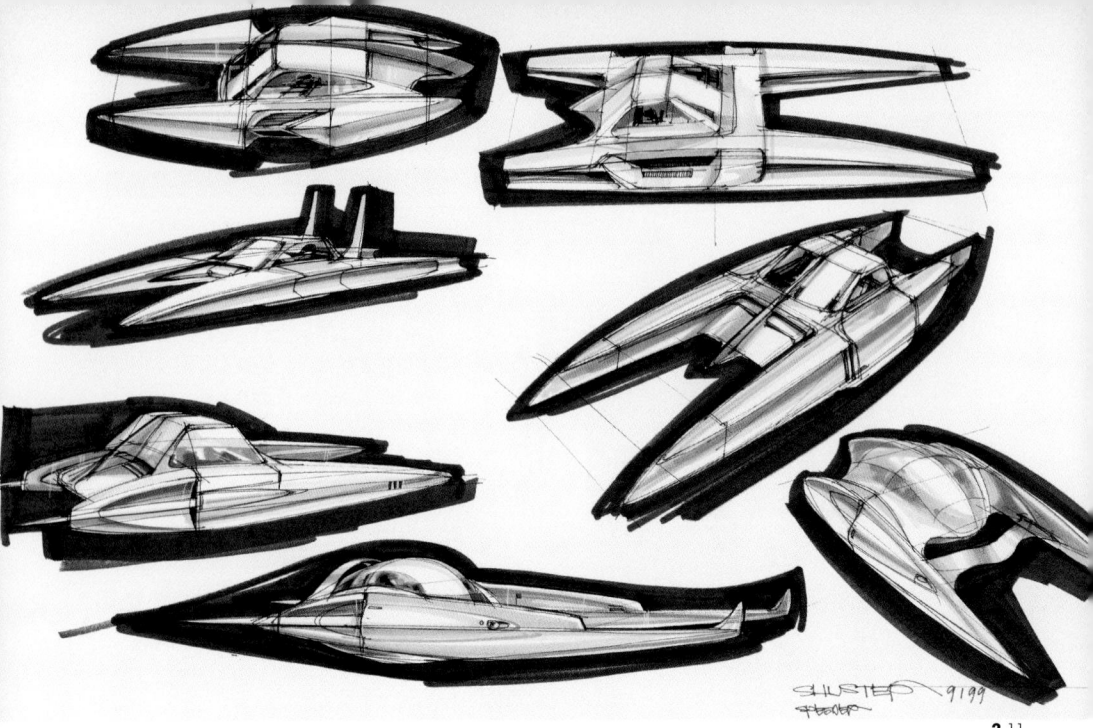

2.11 *Croquis de Jay Shuster pour le speeder de la chasseuse de primes Zam Wesell (1er septembre 1999).*
2.12 *Illustration du speeder par Doug Chiang (30 septembre 1999).*

nouvelle caméra si nous ne tournions pas avec une caméra 35 mm en parallèle, sans modifier l'éclairage. Nous avons une série de plans avec des acteurs en très gros plan, quelques-uns en plan rapide avec filé ou hautes lumières très contrasté… toute chose sur quoi les caméras vidéo butaient en général. Sony et Panavision avaient envoyé des gens de chez eux pour s'assurer que nous ne trichions pas.

Puis nous avons emmené la pellicule et le numérique à travers le processus de production d'un négatif, d'un IP (interpositif), d'un IN (internégatif) et d'une copie de série et ensuite nous avons organisé une importante présentation au Stag Theater, au ranch, pour George et les entreprises concernées, où nous avons comparé les deux versions côte à côte. On pouvait voir sur les tests numériques des défauts étranges, des flous et des halos autour des hautes lumières.

George n'était pas content.

George Lucas Je leur ai dit : « S'il vous plaît, prenez cette caméra et transformez-la en 24 ips pour qu'on puisse tourner un film avec. On ne peut pas transformer toute l'industrie, mais on peut convertir votre caméra. » Sony a rétorqué : « Mais alors c'est moins bien ! » J'ai demandé : « Comment allez-vous vous introduire sur le marché ? Écoutez, on va tourner *Star Wars* avec. C'est plutôt pas mal comme vitrine, non ? »

David Tattersall Les gars de Sony sont allés devant l'écran pour un petit aparté. Ils sont revenus et ils nous ont dit : « Nous savons ce qu'il nous reste à faire. Produire une caméra qui tourne à 24 ips. » C'est à cet instant que tout a commencé – le début du cinéma numérique –, quand ils ont accepté de fabriquer une caméra en 24 ips, en progressif, non entrelacé.

D. Chiang
9/30/99
0088

2.12

Larry Thorpe Un groupe de travail composé de Sony Japon, Sony USA, Panavision et Lucasfilm a été formé qui se réunissait tous les trois mois au ranch Skywalker.

Rick McCallum Nous avons débattu de milliers de détails en rapport avec les lookup tables, les métadonnées, les objectifs, la caméra elle-même et ce qu'elle devait pouvoir faire pour nous.

Mike Blanchard J'ai revu tous les rapports caméra des épisodes IV, V et VI pour noter la distance focale des objectifs qu'emploie George quand il tourne un film *Star Wars*. Ensuite, nous sommes allés chez Panavision et nous avons demandé : « Pouvez-vous fabriquer deux zooms qui couvrent cet intervalle ? » Et c'est ce qu'on a eu au lieu des objectifs à focale fixe qu'on avait habituellement. Il n'y avait juste pas assez de temps pour en fabriquer pour la nouvelle caméra.

George Lucas Je voulais tourner *La Menace fantôme* avec des caméras numériques, mais ils n'ont pas pu m'en fabriquer assez vite.

« *Nous avons tous été soumis à une énorme pression ; il a fallu dessiner mieux et plus vite. Une épreuve du feu.* »

Jay Shuster / Concept artist

Paul Duncan En revanche, vous avez tourné les plans additionnels d'août 1998 en numérique.

Rick McCallum La prise de sang pour le taux de midi-chloriens, avec Qui-Gon et Anakin, a été filmée avec une HDC-750 de Sony, une caméra de studio haute définition (1 920 x 1 080) à la cadence habituelle de 30 ips. Cette scène comportait aussi un décor et un ciel numérique, et nous l'avons recadrée à 24 images.

Mike Blanchard La scène a été enregistrée sur un magnétos-cope HDD-1000, qui était un système à bande 1 pouce en bobine. Il fallait que la tête tourne à une vitesse ridiculement élevée – 5 000 tours/minute ou quelque chose comme ça – pour obtenir la définition

Padmé Nightgown — Cuffed Sleeved Version —

2.14

HD; du coup, il faisait autant de bruit qu'un avion au décollage. Impossible de l'avoir sur le plateau, donc nous avons ajouté un long cordon ombilical entre la caméra et le magnétoscope situé hors du studio.

Rick McCallum Il a fallu rapprocher le décor de la porte du studio parce que le câble n'était pas assez long. Nous avons tourné comme ça pendant une semaine.

Mike Blanchard Insérer ces plans midi-chloriens dans l'épisode I nous a été utile, parce que c'était comme dire à Sony : « George ne plaisante pas. Il a vraiment mis des images de caméras broadcast dans un film. »

Outils émotionnels

Mike Blanchard La rumeur a commencé à circuler que nous essayions de tourner un film en numérique, et quand Rick et moi étions à Los Angeles, tous les cadreurs et autres gens du métier que nous croisions nous

2.13 *Dessin de Dermot Power pour la chemise de nuit de Padmé (3 mars 2000). Une grande partie du film étant créée par ordinateur, il est fréquent que plusieurs concepts soient développés simultanément, avec de légères variations, pour laisser le choix à Lucas. Power précise qu'il s'agit de la version avec manches resserrées au poignet.*
2.14 *Lucas dirige Ewan McGregor dans la chambre de la sénatrice Amidala.*
2.15 *Dessin d'Ed Natividad pour les kouhuns, ces créatures sournoises et venimeuses que Wesell envoie attaquer Amidala dans son sommeil (12 avril 2000).*

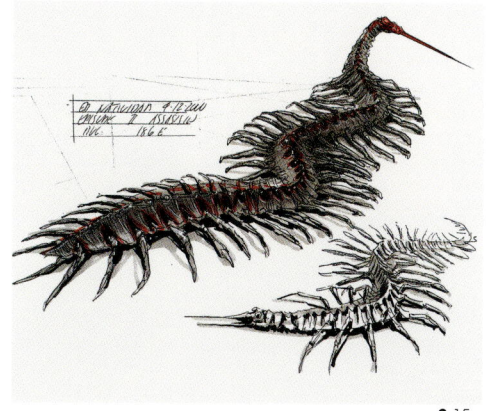

2.15

disaient : « Un négatif film a une définition de 8K » (7 680 × 4 320 pixels).

Rick McCallum En général, à la sortie d'un film, les cadreurs se font tirer une copie directement du négatif original, qui est projeté par l'Académie dans une salle merveilleuse ; mais la plupart des spectateurs ne voient pas le film dans de telles conditions. Les gens du métier ne vont pas au cinéma dans le comté d'Orange ou à Kansas City dans des salles ordinaires.

Mike Blanchard La réalité est qu'on expose le négatif caméra, on colle tous les plans ensemble pour obtenir le montage final, on le duplique pour obtenir un interpositif, et à partir de lui, on fait plusieurs internégatifs, puis à partir de ceux-ci, vous faites des milliers de copies de série pour les salles.

Paul Duncan Donc le spectateur lambda voit une copie de troisième génération.

Mike Blanchard C'est ça. Sony et d'autres ont réalisé des études sur la définition réelle des films projetés. Entre la perte due aux duplications et la façon dont le film bouge dans la fenêtre, la perte de qualité est très importante et l'image s'amollit. Ils en sont arrivés

2.18

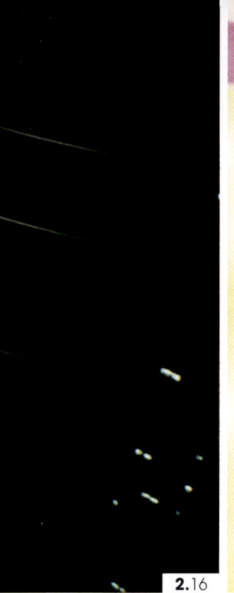 

à la conclusion que la définition de l'image était d'environ 700 lignes.

Paul Duncan Une définition similaire à la HD.

Mike Blanchard Et c'est sans compter les rayures, la poussière, la saleté, les poils, et la qualité des copies des labos. Plus que quiconque dans ce métier, George connaissait pertinemment cette lacune puisqu'il a créé THX et le Theater Alignment Program (TAP) en 1983. Le TAP faisait le tour des salles et testait l'éclairement de l'écran : «Devinez quoi ! Votre écran, là, n'est qu'à 8 foot-lamberts alors qu'il devrait être à 16.» Ils rédigeaient des comptes rendus sur la qualité de l'image, la distorsion, les caches, la qualité du son : «Ah ! Et au fait, vous n'avez qu'une enceinte qui fonctionne !» Ils passaient en revue tous les aspects de l'expérience en salles au point qu'à les lire on se dit parfois : «Non, mais ils plaisantent !» Ils évaluaient aussi les copies d'exploitation – développées dans différents labos, leur qualité pouvait varier – et les notaient de A à C : les copies A allaient aux meilleures salles dotées des meilleurs écrans et du meilleur son, et les copies C finissaient dans les salles les moins bien équipées.

Donc George avait des données précises sur la gravité de la situation.

2.16 *Image du plan finalisé d'Obi-Wan agrippé au droïde sonde volant dans Coruscant.*
2.17 *Lucas dirige Leeanna Walsman dans l'art d'abattre un droïde sonde.*
2.18 *L'image du plan finalisé montre Zam Wesell (Leeanna Walsman) s'apprêtant à abattre le droïde sonde auquel Obi-Wan a réussi à s'accrocher alors qu'il s'envolait par la fenêtre de Padmé.*

Rick McCallum Quand vous faites un film et que vous dépensez des millions de dollars afin d'obtenir la meilleure copie possible et de créer une bande originale exceptionnelle, il n'y a rien de plus déprimant que de se rendre dans le cinéma local le jour de la sortie et de regarder une copie de série dans une salle où le projecteur ne délivre que la moitié de sa puissance lumineuse requise, où la sonorisation est pourrie, sans renfort de basse, sans basses du tout.

Les États-Unis comptent dans les 32 000 salles de cinéma et moins de 1 % est en capacité de reproduire avec précision n'importe quel film de n'importe quel réalisateur. C'est ahurissant. Nous sommes pratiquement en l'an 2000 et nous ne sommes pas fichus

« *Tu en as mis un temps !* »
Obi-Wan Kenobi

« *Ah oui ! Excusez-moi, je ne trouvais pas de speeder qui me convienne… à la fois décapotable et performant question vitesse… !* »
Anakin Skywalker

2.19, 21 Ewan McGregor atterrit sur le speeder. Le support articulé sur lequel il est monté ainsi que les matelas de réception sont bleus afin d'être effacés numériquement en postproduction.
2.20 Obi-Wan tombe quand le droïde sonde est abattu.

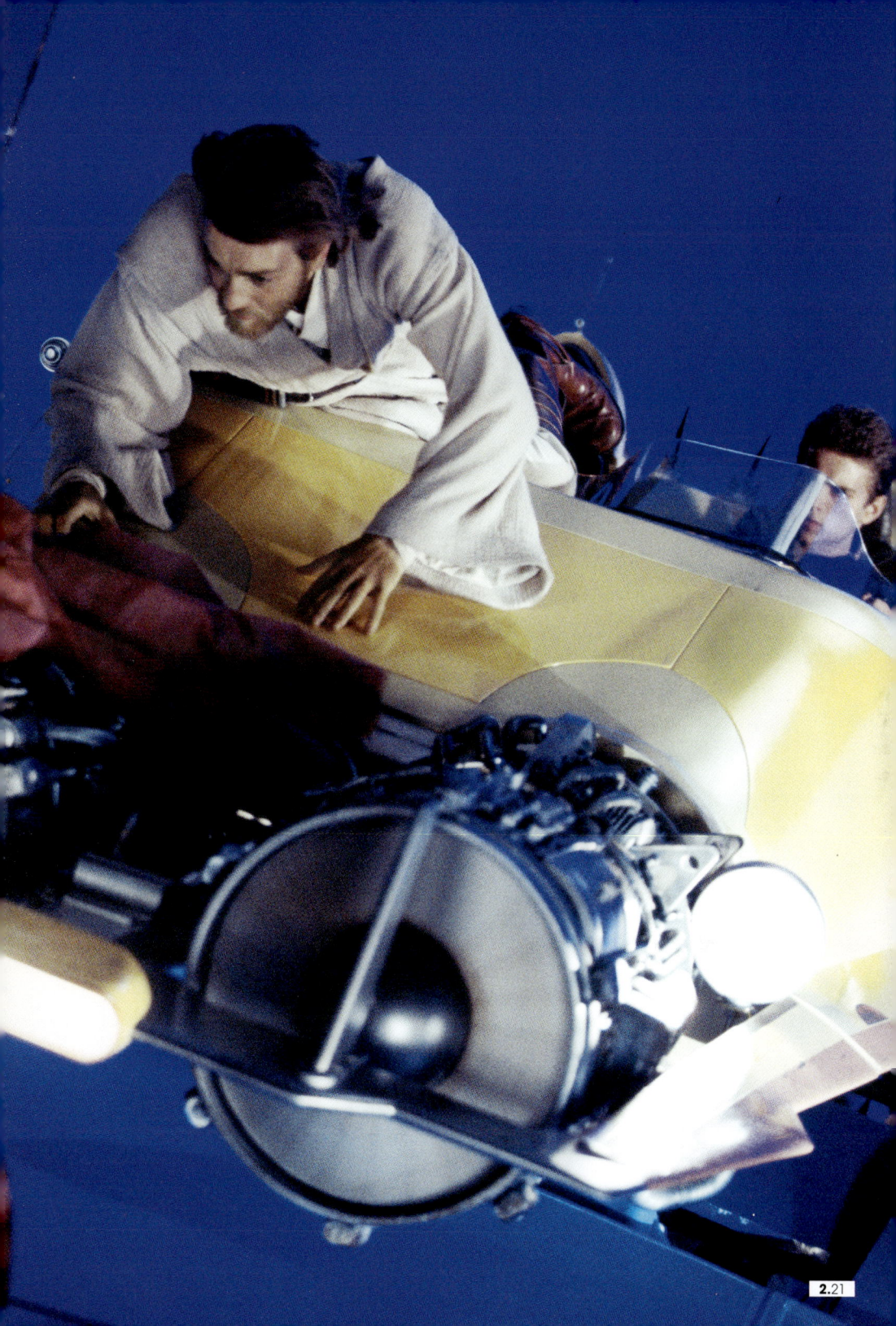

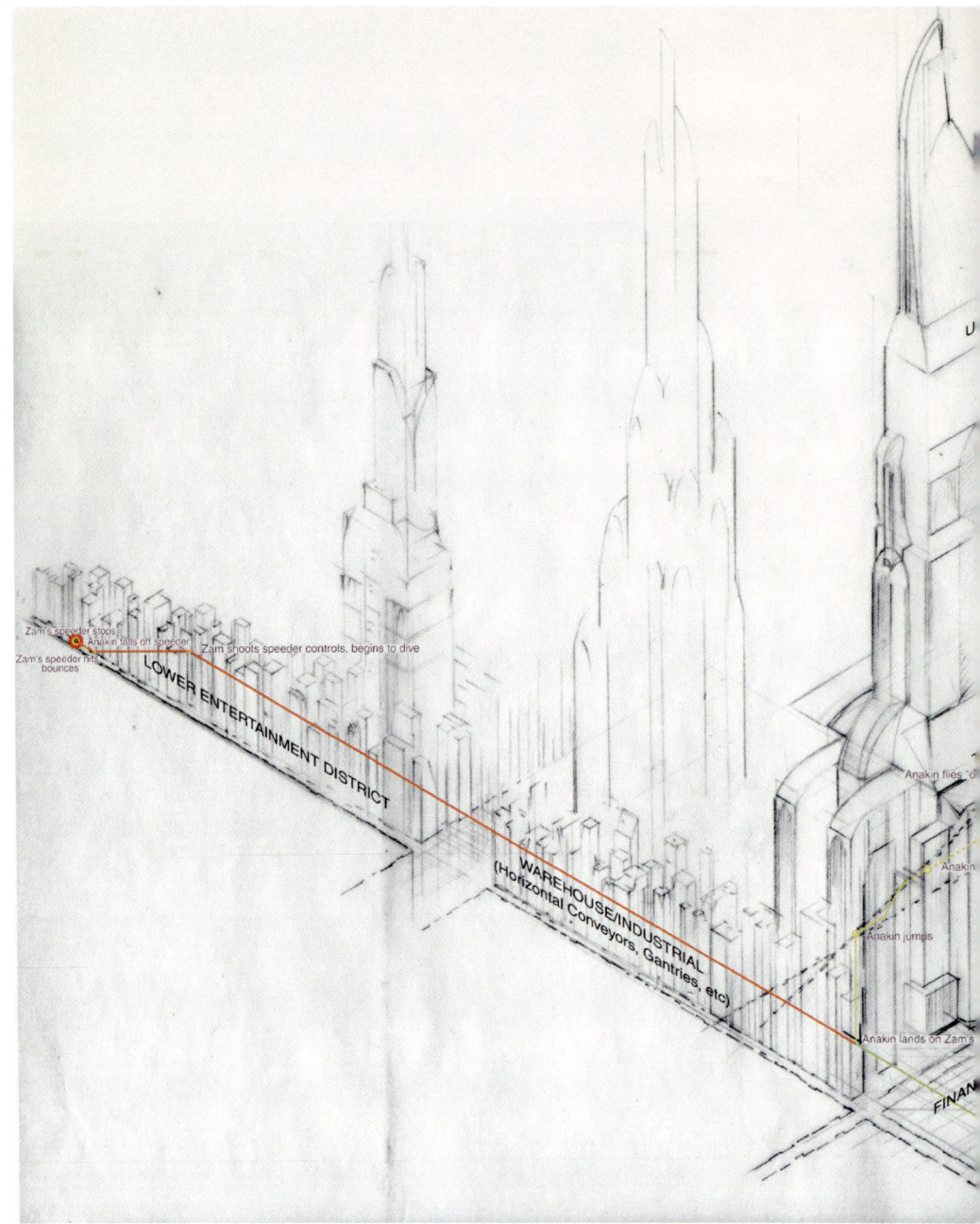

2.22-23 **Parcours complet et détaillé de la course en speeders à travers les quartiers de Coruscant, dessiné par Robert E. Barnes en 2001. Les notes, précises, indiquent (en commençant en haut à** droite) **les zones (haut quartier financier, place financière, entrepôt industriel) que les bolides vont traverser et l'endroit exact où les événements clés de la séquence se dérouleront, notamment les moments où**

2.22   **2.**23

Obi-Wan tombe (en haut à droite) et où Anakin saute de son speeder (au centre), ainsi que la trajectoire des speeders pendant leur combat aérien. La scène se termine en apothéose avec le speeder de Wesell s'écrasant dans le bas quartier des divertissements.

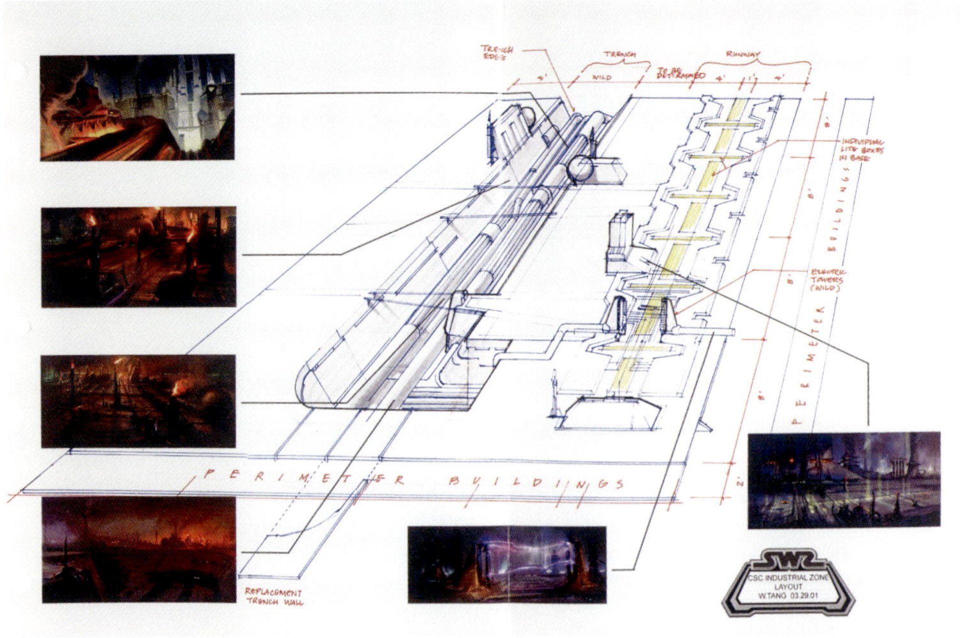

REPLACEMENT
TRENCH WALL

TRENCH
EDGE

TRENCH
WILD

RUNWAY
TO BE REVAMPED

INDUSTRIAL LITE BOXES
IN BASE

ELECTRIC
TOWERS
(WILD)

PERIMETER BUILDINGS

SW
CSC INDUSTRIAL ZONE
LAYOUT
W.TANG 03.29.01

2.25

de créer les conditions pour que le public découvre le film que le réalisateur a fait. Il est impossible de juger correctement *La Menace fantôme* dans 95 % des salles où le film est projeté. Les spectateurs n'ont pas accès à certains des outils émotionnels que nous avons exploités pour nous exprimer.

George Lucas C'est la principale raison d'être de la projection numérique. Tous les problèmes d'image et de son disparaissent et ce que vous voyez en salle de projection au studio est de la même qualité que ce qui est diffusé dans les cinémas grand public. Cela n'avait jamais été le cas.

Clairvoyance

Doug Chiang / Directeur création et concept En mai 1999, une dizaine de jours avant la sortie de l'épisode I, George est entré et a dit : « OK, on démarre l'épisode II ! » Je pensais qu'on prendrait un peu de repos… George nous a demandé, à Iain McCaig et à moi, de réfléchir au design. Il ne nous a pas parlé de l'histoire, il nous a juste vaguement présenté quelques personnages, le type d'environnements, alors nous sommes retournés à nos tables à dessin.

2.24 *Illustration d'Erik Tiemens pour les coupleurs d'énergie de la raffinerie à travers lesquels les Jedi se faufilent, recevant un puissant choc électrique au passage (1ᵉʳ février 2001).*
2.25 *Plan de Wilson Tang détaillant la configuration de la zone industrielle, enrichi de vignettes peintes (29 mars 2001). ILM en réalise une maquette de 6 mètres sur 9, à l'échelle de 1/72, et la filme pour la scène.*

Certains de ces univers existaient déjà, comme Coruscant, donc les fondations étaient posées et nous en connaissions les grandes lignes esthétiques. Pour l'épisode II, nous avons affiné et parfait cette vision, puis ajouté quelques nouveautés demandées par George, comme le monde minéral de Géonosis et la planète aquatique Kamino où grandissent les soldats clones.

Paul Duncan La toute première chose que vous avez dessinée, ce sont les soldats clones juchés sur ce qui ressemble à des droïdes araignées.

Doug Chiang Quand nous avons conçu l'épisode I, il n'y avait ni Empire ni Rebelles, donc le langage formel était assez uniforme. Pour l'épisode II, nous voulions commencer à marquer une différence.

Quand vous regardez la trilogie originale, l'Empire et les storm-troopers sont technologiques, alors que les Rebelles et les gentils sont organiques et ancrés dans la nature.

Le droïde araignée nous permettait d'amener l'idée que les soldats clones vont dévier du côté de l'Empire. On leur donne des montures technologiques, des créatures mécaniques alors que, par contraste, les gentils chevauchent des animaux.

Paul Duncan Cette idée est reprise de façon explicite dans l'épisode III quand Obi-Wan est sur un boga et le général Grievous...

Doug Chiang Sur le wheel bike. Exactement. C'est comme sur Hoth, dans l'épisode V, quand vous avez d'un côté les quadripodes TB-TT et de l'autre Luke et Han à dos de tauntauns. Visuellement, la trilogie originale fait clairement la distinction entre le bien et le mal, avec les palettes de couleur, le langage des formes, et nous posons les bases de cette dichotomie dans la prélogie.

George a quand même voulu faire des petits détours et tenter quelque chose d'un peu plus audacieux pour Kamino. Il aimait beaucoup la science-fiction des années 1960, alors il nous a explicitement demandé de nous en inspirer : un monde hypertechnologique, des surfaces très propres, lisses, blanches, un mobilier en plastique thermoformé. C'est un style que nous n'avions pas encore vraiment exploré, et c'était amusant de s'y essayer.

Les Kaminoens sont des extraterrestres stylisés façon *Rencontres du troisième type* – très grands, avec de longs cous et des petites têtes. Nous en avions créé plusieurs pour l'épisode I, et George avait envie d'exploiter un peu ce filon. Ces silhouettes élégantes, gracieuses, cadrent très bien dans un environnement aquatique où tout est net, stérile et lisse.

Or George voulait que les Géonosiens soient comme des termites. Ils étaient divisés en deux castes : la classe supérieure, qui avait

2.26 *Dans cette image du plan finalisé, Anakin saute de son speeder et atterrit sur celui de Wesell.*
2.27 *Anakin s'accroche comme il peut au speeder de Wesell.*
2.28 *Maquette à taille réelle du speeder de Wesell montée sur un support articulé bougeant dans de multiples directions. La vitre du cockpit côté passager est brisée, là où Anakin l'a percée de son sabre laser.*

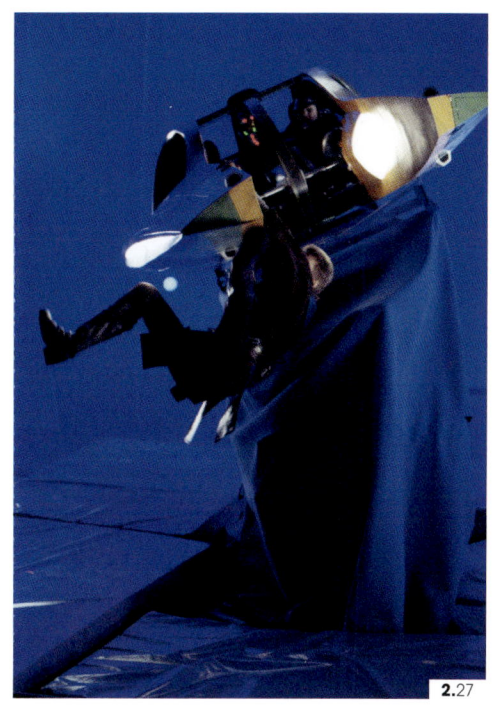

2.27

des ailes et volait, et la classe inférieure et laborieuse, composée de drones.

Pour l'épisode I, j'avais dessiné les Neimoidiens avec des têtes allongées, dans l'idée qu'ils avaient construit les droïdes de combat à leur image. La tête des Neimoidiens a évolué, mais nous avons revisité l'idée d'origine en décidant que c'étaient les ingénieurs géonosiens

2.28

2.29

qui avaient construit les droïdes de combat, et du coup, ils ont hérité de la tête allongée, qui en plus était cohérente avec l'image de l'insecte. Ils sont l'équivalent des Gungans dans ce film – une société exotique dotée d'une technologie exotique. La différence, c'est qu'au lieu du style Art nouveau des Gungans, nous sommes allés vers un aspect plus gothique et rock, cohérent avec ce monde de roches.

Une question de continuité

George Lucas Nous avons tourné l'épisode I à Leavesden, au Royaume-Uni, et c'était génial. La seule raison pour laquelle nous n'y sommes pas retournés, c'est que le studio était réservé par Warner Bros. pour le premier *Harry Potter*. Ils nous ont demandé : « On peut l'utiliser tant que vous n'y êtes pas ? » Mais quand nous sommes venus le réclamer, ils avaient planté leurs racines partout, et ils n'étaient pas disposés à l'abandonner.

Rick McCallum Nous avons pensé à la Nouvelle-Zélande, mais il n'y avait pas assez

2.29 *Illustration d'Ed Natividad pour les bas quartiers de Coruscant, où les citoyens circulent sur plusieurs niveaux (4 novembre 1999). Lucas a précisé qu'il voulait y voir un train, détail qui figure dans le film.*
2.30 *Illustration de Stephan Martinière pour les bas quartiers inférieurs et leurs habitants (7 novembre 1999). Tous les concept artists sont libres de suivre leur imagination où elle les mène. Lucas fait ses films de façon non linéaire. Cette méthode permet aux concepts de se former et de se développer, de nourrir l'intrigue et l'esthétique générale du film. Ils sont repris et révisés, laissant l'histoire et l'iconographie évoluer en même temps que la production avance.*

de main-d'œuvre pour la construction. Il nous fallait environ 650 personnes.

Gavin Bocquet / Superviseur artistique Nous sommes allés deux fois à Sydney, en juillet et en août 1999. Nous avions besoin de savoir ce qui était faisable avec la main-d'œuvre locale et les équipements sur place, et ce qu'il faudrait apporter.

Rick McCallum Fox envisageait de transformer l'ancien parc des expositions de Sydney, à Moore Park, en studio et en parc à thème.

La responsable du studio, Kim Williams, a dit : « Si vous vous engagez à tourner deux films ici, nous terminons le studio. » Alors on a dit : « C'est parti ! »

Gavin Bocquet Rick savait qu'il ne pourrait pas déménager le film en Australie s'il n'obtenait pas l'autorisation de venir avec son équipe de techniciens. C'était une question de continuité. Un certain nombre de décors étaient repris du film précédent, et il serait difficile de former un tout nouveau groupe pour les refaire. C'était logique de vouloir travailler avec les mêmes personnes, qui connaissaient déjà Naboo, Tatooine et Coruscant. Rick a négocié tout ça avant d'accepter de tourner à Sydney.

Rick McCallum Un autre facteur majeur, c'était le coût. Le dollar australien s'est effondré jusqu'à valoir 60 cents la première année, et dans les 55 cents la troisième année. Par exemple, il me semble que l'épisode II a coûté dans les 32 millions de dollars après dégrèvement, sans compter les effets visuels.

En Angleterre, il nous aurait coûté de 15 à 20 millions de livres sterling de plus, et il n'existait pas de système de crédit d'impôts comme en Australie. Bien sûr, l'équipe australienne était aussi 25 % moins cher, et nous tournerions chez eux en hiver, quand le temps est très doux, donc c'était parfait.

Une saga humaine

George Lucas Quand *La Menace fantôme* est sorti, en mai 1999, j'ai dû faire un peu de promotion en Europe. Je suis parti en vacances avec ma famille et j'en ai profité pour faire des repérages. Il me fallait une autre vue du palais de Naboo, mais je ne pouvais pas

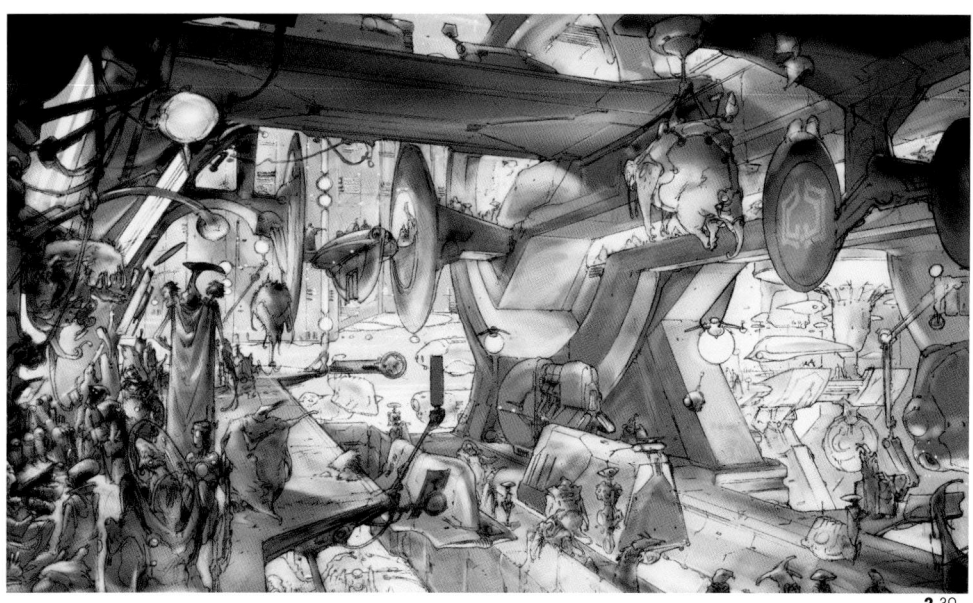

2.30

en construire un comme dans *La Menace fantôme,* car ce n'était que pour une scène. Il fallait que je trouve un décor qui puisse coller avec ce que nous avions déjà créé. Il me fallait aussi un genre de lieu secret pour raconter l'histoire d'amour. Quand j'ai vu la villa Balbianello sur le lac de Côme, en Italie, je me suis dit : «C'est parfait pour les scènes romantiques où Anakin et Padmé tombent amoureux.» Pareil avec la place d'Espagne, à Séville. J'ai choisi ces deux endroits avant d'écrire les scènes. Pour une fois, le décor est venu en premier.

Star Wars est une saga humaine sur le conflit entre le bien et le mal, mais elle traite aussi de questions plus personnelles comme la maturité, la famille, et de politique. J'ai voulu rassembler un certain nombre d'idées qui s'expriment depuis plusieurs millénaires et les transposer dans une histoire nouvelle, d'abord destinée aux jeunes, afin qu'ils comprennent ce qu'est l'héritage humain, pas seulement pour un pays particulier, mais à l'échelle du monde que nous partageons tous.

Paul Duncan Vous avez commencé le scénario en septembre 1999.

George Lucas La narration principale est en fait constituée de deux histoires, qui se développent en parallèle dans un tableau général : comment le bien peut-il se changer en mal et comment la démocratie se change-t-elle en dictature, qui est la version sociale du binôme bien/mal. C'est le thème principal du film. Pas seulement le bien contre le mal.

L'épisode II raconte aussi une histoire d'amour, donc ça vise un peu moins les jeunes qui ne sont pas très fans de ce genre de fadaises. Pour autant, le film s'adresse à la même classe d'âge, donc c'est un sacré défi de ne pas les perdre à ces moments-là.

« *Nous avons fait la course dans les rues. C'était très amusant à tourner ; on a renversé quelques figurants, je suis tombé une ou deux fois. On se fait pas mal de bleus et de bosses sur ce genre de scène.* »

Hayden Christensen

2.31 **Croquis de Ryan Church pour un quartier des divertissements très éclairé, alors que le speeder de Wesell (dans sa version jaune) va s'écraser (1ᵉʳ février 2001).**
2.32 **Anakin est filmé poursuivant Wesell dans les rues du quartier des divertissements. Le décor construit est restreint si bien que, pour certains plans, Christensen tourne en rond afin qu'il soit plus facile de le garder net.**

2.33 Un certain nombre d'acteurs et de membres de l'équipe font les figurants dans la scène du club. Ici, Katie Lucas (à gauche) et Ahmed Best (à droite) jouent deux habitués. Les spectateurs les plus observateurs repéreront aussi Anthony Daniels dans un autre plan de la scène.

2.34 Image du plan finalisé d'Anakin et Obi-Wan entrant dans le club où ils espèrent débusquer la chasseuse de primes.

2.35 Pour ce costume, Dermot Power a cherché autant que possible à recycler, grâce à un peu de peinture et de colle, des accessoires qui existaient déjà (12 novembre 1999).

Paul Duncan Nous voyons Anakin succomber au côté obscur par le prisme de l'amour. Padmé est perçue comme un personnage très fort parce qu'elle est active dans la sphère politique et qu'elle est aussi une guerrière.

George Lucas Elle a grandi. Toute l'idée est que les personnages grandissent, ils évoluent. Ils ne sont pas les mêmes dans les trois films.

Dans le premier, elle est jeune, c'est une reine, elle est fougueuse, mais elle n'a que 14 ans. Anakin en a 10. Dans le deuxième, ils ont 24 et 20 ans. Elle fait de la politique depuis dix ans et Anakin est presque devenu un Jedi. Anakin fait aussi preuve d'une grande naïveté, surtout au contact de Padmé. Il tombe amoureux sans vraiment s'en apercevoir. Et c'est interdit.

Anakin a eu un coup de cœur pour elle dix ans plus tôt. Elle l'a écarté parce qu'il n'était qu'un enfant mais elle l'aimait bien, un peu comme on aime un petit chien. Quand il réapparaît, plus mûr, irritable et sûr de lui, la dynamique entre eux deux change et glisse vers l'amour.

Paul Duncan Même si elle dit « Non, il ne faut pas », elle a gardé le porte-bonheur qu'il lui a confié dix ans auparavant. Pour le dîner, elle porte une tenue propre à séduire. Qu'elle en ait conscience ou non, elle envoie des signaux en contradiction avec ses propos.

George Lucas Et Anakin mord à l'hameçon. Leur union est inévitable.

Tous les films de la saga sont politiques, simplement dans les épisodes IV à VI l'Empire avait déjà pris le dessus, si bien que le débat politique était tenu à distance. Et puis nous n'avions pas les moyens de montrer Coruscant, seulement les bords extérieurs de la galaxie. Je ne voulais pas avoir Obi-Wan et Luke assis là, en train de dire : « Au bon vieux temps de la République... », « Ah oui, et qu'est-il arrivé à la République ? », « Eh bien, elle a été vendue par le peuple... »

Paul Duncan Une scène d'exposition.
George Lucas Oui. Je m'y refuse.

2.35

La guerre du Vietnam et Richard Nixon ont nourri en partie *Star Wars*. À un moment, Nixon a envisagé de changer la constitution pour pouvoir briguer un troisième mandat. C'est ce qui m'a fait réfléchir à la façon dont une démocratie échoue, et en faisant des recherches sur toutes sortes de démocraties, de la Grèce à Rome...

Paul Duncan Jules César devenant *Imperator* à vie.

George Lucas Les élites ont résolu le problème en l'assassinant, mais juste après, ils ont laissé les rênes à son héritier, Auguste, qui est à son tour devenu empereur. Dans l'épisode II, Darth Sidious/Palpatine crée une guerre. Elle est fabriquée de toutes pièces, elle ne repose sur aucune réalité. « Il faut que nous nous défendions contre les droïdes et les Séparatistes. Justement, les Kaminoens construisent des clones, si on leur en achetait ? » Et tout le monde applaudit. C'est comme ça qu'on tue la liberté. Sous les applaudissements.

Paul Duncan Darth Sidious est maître dans l'art de présenter les choses. Il manipule et contrôle les informations et la communication.

George Lucas Il tire les ficelles en coulisse, dans l'ombre. Il ne sort de l'obscurité que quand il est sûr de tout maîtriser. En attendant, bien entendu, il utilise tout le monde, comme la reine dans l'épisode I, pour faire avancer son stratagème.

Paul Duncan Jar Jar propose de donner les pleins pouvoirs d'urgence à Palpatine, et Bail Organa passe les clones en revue avec lui à la fin de l'épisode II. Tout le monde se fait utiliser. Ils sont tous des pions.

Quand vous écriviez, est-ce qu'il y a eu des débats entre Rick et vous sur l'intrigue, les personnages, le sens ou le sous-texte ?

George Lucas Non. Je n'ai jamais discuté de cet aspect avec Rick, ni avec aucun des producteurs avec qui j'ai travaillé. La seule chose dont nous parlions, c'était…

2.36 Répétition pour la mort de Wesell. Elle est abattue par Jango Fett depuis un gratte-ciel, de l'autre côté de la rue. Une fois tout le monde d'accord sur les actions des personnages et l'emplacement de la caméra, les acteurs sont costumés et maquillés pendant l'installation de la caméra et de l'éclairage.

2.37 Fiche d'information du plan où Obi-Wan essaie de soutirer des renseignements à Wesell, mourante. À chaque plan correspond une liste de tâches à accomplir ; ainsi, lorsqu'elle meurt, Wesell doit reprendre l'apparence d'une Clawdite. Obi-Wan trouve la pointe empoisonnée au plan CNC 400, qui dure 244 images.

Rick McCallum Si je ne comprenais pas quelque chose.

George Lucas Le plus souvent, Rick venait me voir et disait : « Tu as vraiment besoin d'une procession de 3 000 banthas dans le désert ? »

Rick McCallum *(Rires)* « Est-ce que 2 500 suffiraient ? »

2.36

Shot # CNC350 **Frames** 65

Shot Type	2D	Animator	
Compositor		Rebel	
Reel 2.02	Roto	Digimatte	
	CMM	TD	
		Sabre	

Description: 3S OBI-WAN, ANAKIN & ZAM

Ranch Editorial Notes:

Bid Notes:
- arm removal
- Stage elem: dart hole
- Zam starts morph into CLawditehead

Status1 Bid Complete
Sort Ordr

Shot # CNC370 **Frames** 157

Shot Type	3D	Animator	
Compositor		Rebel	
Reel 2.02	Roto flux	Digimatte	
	CMM	TD	
		Sabre	

Description: O/S ZAM

Ranch Editorial Notes:

Bid Notes:
- 3d morphing Zam into clawditehead
- arm removal, severed arm
- cg Zam
- cg clawditehead
- Stage elem: dart hole
- BG plate

Status1 In Progress
Sort Ordr

Shot # CNC400 **Frames** 244

Shot Type	2D	Animator	
Compositor		Rebel	
Reel 2.02	Roto	Digimatte	
	CMM	TD	
		Sabre	

Description: CS ZAM

Ranch Editorial Notes:

Bid Notes:
- 400W wipes into JTA
- replace face with clawditehead
- work on this shot after CNC370
- Stage elem: dart hole
- BG plate

Status1 Bid Complete
Sort Ordr

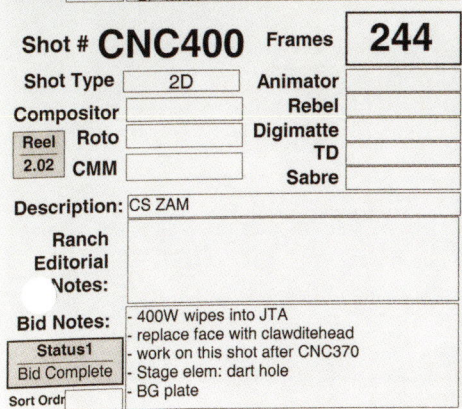

2.37

Original ILM Matte   E.Tiemens SW2 10-2-01

ILM Matte: Modified Plate to show pockets of sunlight on city surface   Angle of sun

* Note - a bit more 'smog' color near horizon in the afternoon here
If Possible keep things less blown out in values on bg. Light pools are
the payoff here visually in the frame in an otherwise low key value scheme.

Lighting can give contrast in distance & warmth to the cooler palette   Example of matte comp

Original ILM   Original ILM

2.38

2.38 **Plan d'éclairage d'Erik Tiemens pour la scène du Conseil jedi. Après avoir reçu les images d'ILM, Tiemens envoie une note précisant les ajustements à apporter – par exemple, des poches de lumière du soleil à la surface de la ville. La technologie informatique ayant beaucoup progressé depuis La Menace fantôme, ILM est en mesure d'améliorer la qualité de la lumière.**

2.39 *Image du plan finalisé du Yoda (Frank Oz) en images de synthèse siégeant au Conseil jedi pour évoquer les récents événements.*

L'image en mouvement

George Lucas Une fois le scénario écrit, il a fallu que je l'explique aux autres. Quand vous expliquez une scène à quelqu'un, quelque chose que personne n'a jamais vu, entendu ou même imaginé, vous partez vraiment de très bas. Il peut arriver que 100 personnes différentes interviennent sur un plan, et il faut mettre tout le monde dans le rythme, très vite. La conception des personnages, des accessoires, des décors, les lieux de tournage, la façon dont le film sera tourné, tout est lié, et tout le monde doit comprendre les enjeux, sans malentendu.

Mon credo, c'est « un film vaut mille mots, alors ne parlons pas ». C'est là qu'interviennent les story-boards. Mais nous ne donnons pas dans l'image fixe, notre métier c'est l'image en mouvement.

C'est pourquoi nous devons aussi faire des animatiques, ou « prévis » comme on dit.

Rick McCallum George pouvait passer des mois à peaufiner une séquence.

George Lucas Dans le même temps, nous concevons les costumes et les décors, nous produisons les croquis pour les *matte paintings* numériques, ainsi que des story-boards standard – tout cela pour alimenter les prévis.

Daniel Gregoire / Superviseur prévisualisation La course de speeders dans Coruscant est la première scène sur laquelle nous avons travaillé.

Doug Chiang Obi-Wan et Anakin poursuivent un chasseur de primes dans Coruscant, et nous traversons tous les étages de la ville pour la première fois. En fait, nous avons recyclé les voitures volantes que nous avions imaginées pour les Kaminoens.

Ben Burtt / Monteur Tout a commencé par un résumé d'une page que George a tapé, ce qui m'a donné la trame générale de l'action et les personnages impliqués.

George Lucas Pour démarrer le travail, nous prenions des images – un objet traversant l'écran, en haut, en bas, s'éloignant de nous – qui illustraient le mouvement de ce qui se passait, et que nous avons intercalées avec des plans des pilotes. Nous n'avions encore ni pilotes ni acteurs, alors Ben et ses assistants monteurs s'en allaient dans une petite grange avec un fond bleu pour filmer différents personnages volant dans des voitures.

Ben Burtt Nous avons utilisé la Ferrari de George pour un des chasseurs. Il me semble qu'on a laissé quelques éraflures sur le toit.

2.40

2.41

2.42

2.40 **Maquette de l'extérieur du Dex's Diner et son environnement immédiat. L'arrière-plan est en vert pour permettre l'ajout ultérieur du décor urbain de Coruscant en matte numérique.**
2.41 **La silhouette du décor urbain de Coruscant est créée par ordinateur.**

2.42 **Les modélisations 3D des véhicules et des panaches de vapeur près du Diner sont combinées aux prises de vues réelles d'Obi-Wan dans la rue avec d'autres passants. Des trains en 3D ont également été ajoutés pour traverser devant la caméra.**

2.43

2.44

2.45

2.43 Un tissu bleu posé dans un espace extérieur, appelé « la dalle », a été utilisé pour filmer des figures et des foules extérieures pour plusieurs séquences. Lors de la prise de vues sur la dalle, la direction et l'éclat de la lumière projetée par le soleil ont été employés de façon que la caméra se trouve au bon moment dans le bon angle pour obtenir l'éclairage et les ombres voulues – une étape essentielle pour assurer un compositing précis des éléments numériques en postproduction.
2.44 *Le maquettiste Kevin Wallace (qui double ici Obi-Wan Kenobi) passe d'un trottoir bleu aux marches bleues qui mènent au Dex's Diner.*
2.45 *Plan du Dex's Diner finalisé avec tous les éléments assemblés.*

dp472b dexter 5-col
2.46

Rick McCallum Ensuite, Ben fait le montage et le montre à George. George apporte ses modifications, George le prend, le tord et le transforme.

Daniel Gregoire Quand Ben a eu terminé la vidéomatique, nous avons pu la transférer dans le domaine numérique. L'équipe de prévisualisation, avec Alias Maya pour PC Windows, a réalisé des animations plus complexes. Grâce aux fonctionnalités avancées de ce logiciel qui comprend de puissants outils d'animation de personnages, de simulation dynamique, et d'autres tout aussi complexes, nous avons fabriqué des versions 3D des chasseurs et des personnages et les avons fait voler à travers la ville. Plus besoin de filmer des figurants avec la caméra. Le logiciel After Effects d'Adobe sous Macintosh était encore notre outil de *compositing* pour la finalisation des plans de prévisualisation, qui associait souvent éléments numériques, photos, personnages de substitution et images de référence.

George Lucas Ensuite, nous prenons ça et nous l'explosons, nous bougeons, nous coupons, nous changeons, et nous renvoyons le résultat au département animatique, qui en fait une représentation plus fine, jusqu'à obtenir les plans que nous recherchons.

Daniel Gregoire Tout a si bien fonctionné que nous n'avons plus jamais utilisé de caméra vidéo en phase de préproduction.

Sur les scènes suivantes, le combat sous la pluie entre Obi-Wan et Jango Fett et la course dans le champ d'astéroïdes, nous avons travaillé uniquement en numérique. L'affrontement Obi-Jango représentait un défi particulier parce que c'était vraiment comme une bagarre de rue à mains nues. L'animation des personnages s'annonçait très compliquée et nous n'avions pas suffisamment de temps pour y arriver correctement, alors le superviseur de la prévisualisation, David Dozoretz, a décidé de recourir à ILM et ses captures de mouvement pour caler la trame du combat. En une journée, nous avons eu ce qui nous semblait une base solide pour la séquence. En traitant ces données avec le logiciel Maya, nous avons réussi à élaborer une première version très crédible, qui nous a servi de fil conducteur lors du tournage. Mais c'est aussi la dernière fois que nous avons utilisé la capture de mouvement pour une séquence. C'était un défi technologique qui prenait trop de temps pour le résultat obtenu, aussi satisfaisant soit-il.

2.46 *Illustration de Dermot Power pour Dexter Jettster (11 août 2000).*
2.47 *Ewan McGregor joue face à Ron Falk, qui fait la voix de Dexter Jettster. Falk sera remplacé par un Dexter de synthèse en postproduction, mais Lucas trouve que les scènes sont meilleures quand les acteurs peuvent interagir les uns avec les autres en face à face. De plus, répéter pourrait conduire à des découvertes sur le rythme de la séquence. Quelques prises sont aussi enregistrées avec McGregor seul.*
2.48 *Image du plan finalisé d'Obi-Wan sollicitant l'aide de Dexter pour résoudre le mystère de la pointe empoisonnée. Dexter l'identifie comme étant un saberdart kaminoen.*

« **Les années nous ont appris que, quelle que soit l'étrangeté d'un personnage, le public suivra tant qu'il peut identifier un genre de visage. C'est pourquoi Dexter a deux yeux, un nez et une grande bouche. Nous lui avons aussi fait une patte folle pour qu'il boite, ce qui ajoute de la personnalité à sa gestuelle.** »

Rob Coleman / Animation Director

2.47

2.48

Rick McCallum La prévisualisation a un impact économique énorme. Quand vous lisez un scénario et qu'une scène se déroule dans la rue, les décorateurs, les accessoiristes, les costumiers et les ensembliers ont tendance à trop acheter pour ne pas être pris au dépourvu si le réalisateur a des requêtes de dernière minute – « Bon sang, ce serait génial d'avoir un autre mur là-bas… » Ça coûte une fortune. Alors qu'avec l'animatique vous savez que vous n'aurez à construire que la portion de décor visible dans le cadre.

George Lucas Je montrais les prévisualisations aux acteurs et à l'équipe sur le plateau, que

2.49 *Image du plan finalisé d'Obi-Wan fouillant les archives pour localiser la planète Kamino indiquée par Dexter. La maquette a été filmée en plusieurs passes pour obtenir une profondeur de champ de dix travées et deux niveaux. Richard Miller a sculpté certains bustes à l'effigie de membres de l'équipe, comme Rob Coleman, John Knoll et George Lucas.*
2.50 *Préparation du décor simplifié pour la bibliothèque : un plancher, un bureau, quelques bustes des « Vingt disparus » devant les colonnes.*
2.51 *Le maquettiste Jesse Thomas travaillant sur une maquette détaillée de la bibliothèque du temple jedi sur le plateau Windward d'ILM. Celle-ci fait 3,6 mètres de long et compte cinq travées.*

il s'intègre dans le film. » Il n'y a pas d'autre moyen d'y arriver. C'est trop complexe. On a beau pondre des millions de mots ou des milliers de story-boards, c'est insuffisant pour dire ce que vous voulez vraiment. Et nous en sommes venus à nous reposer sur ce département pour définir la structure du film.

La qualité du tissu

Paul Duncan Le film commence par le vaisseau de Padmé qui descend vers Coruscant dans la brume. Vous nous indiquez que nous plongeons dans un monde trouble, le monde de la politique, et vous l'exprimez visuellement. En comparaison, dans l'épisode I, la cité semble aride, sans climat.

George Lucas C'est parce que le climat est difficile à filmer. Dans l'épisode I, nous avons mis le paquet sur la technologie et nous ne pouvions pas nous permettre d'autres trucs chers comme la météo.

Paul Duncan La première moitié du film a un côté film noir, où le détective serait Obi-Wan.

George Lucas Le film est construit comme une énigme : qui tire les ficelles ? Obi-Wan remonte la piste de la chasseuse de primes jusqu'à Kamino, découvre les clones, puis que Sifo-Dyas a ordonné leur conception… Que se passe-t-il ?

2.49

le décor soit bleu, vert, partiellement ou totalement construit.

Rick McCallum La séquence était mise en place et filmée plus rapidement parce que tout avait déjà été décidé.

George Lucas Je montrais aussi les prévisualisations à ILM : « Voilà le plan ; voilà comment

2.51

2.52

2.52-53 *Images du plan finalisé de Yoda consultant les petits apprentis sur l'énigme d'Obi-Wan – Maître Kenobi a perdu une planète. Un des enfants suggère que la planète existe mais qu'elle a été effacée des archives jedi.*
2.54 *Ewan McGregor distrait les petits padawans avant la prise. Plus d'une vingtaine d'enfants ont été choisis, parmi lesquels de nombreux jumeaux : le temps de tournage réglementaire avec des enfants étant limité à quatre heures par jour, il était possible ainsi de continuer à filmer. Au second plan, on aperçoit Ahmed Best, le boute-en-train du plateau.*

2.54

2.53

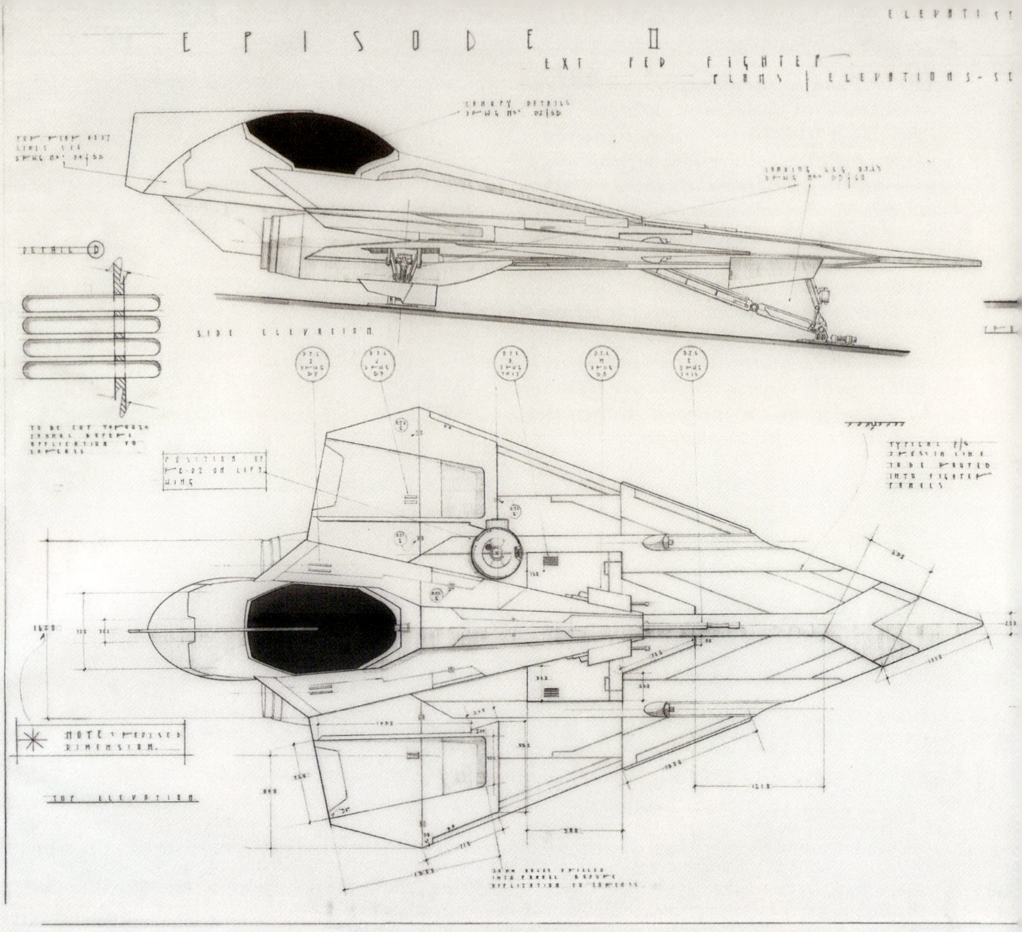
EPISODE II
EXT FED FIGHTER
PLANS | ELEVATIONS-SC
DETAIL D
SIDE ELEVATION
NOTE: *REVISED DIMENSION.
TOP ELEVATION

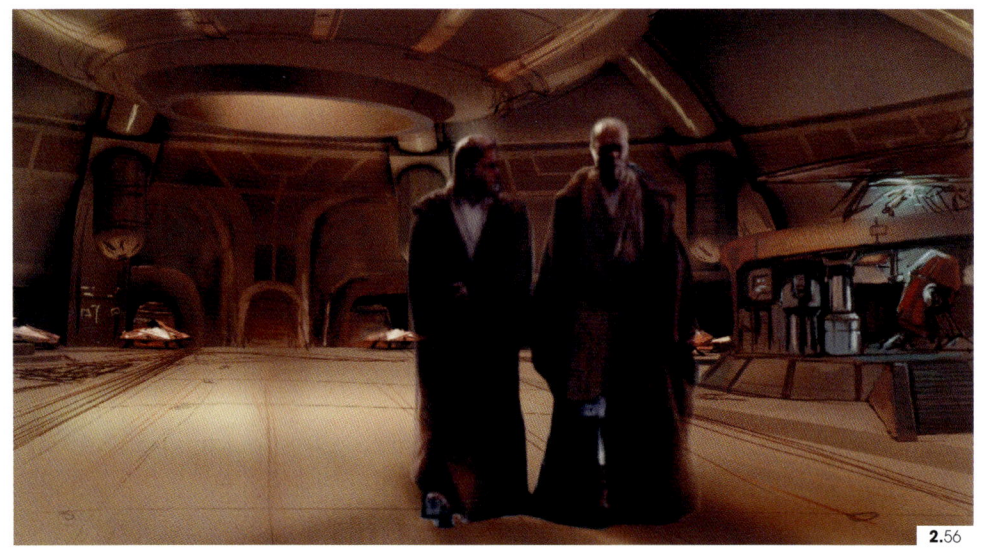

2.56

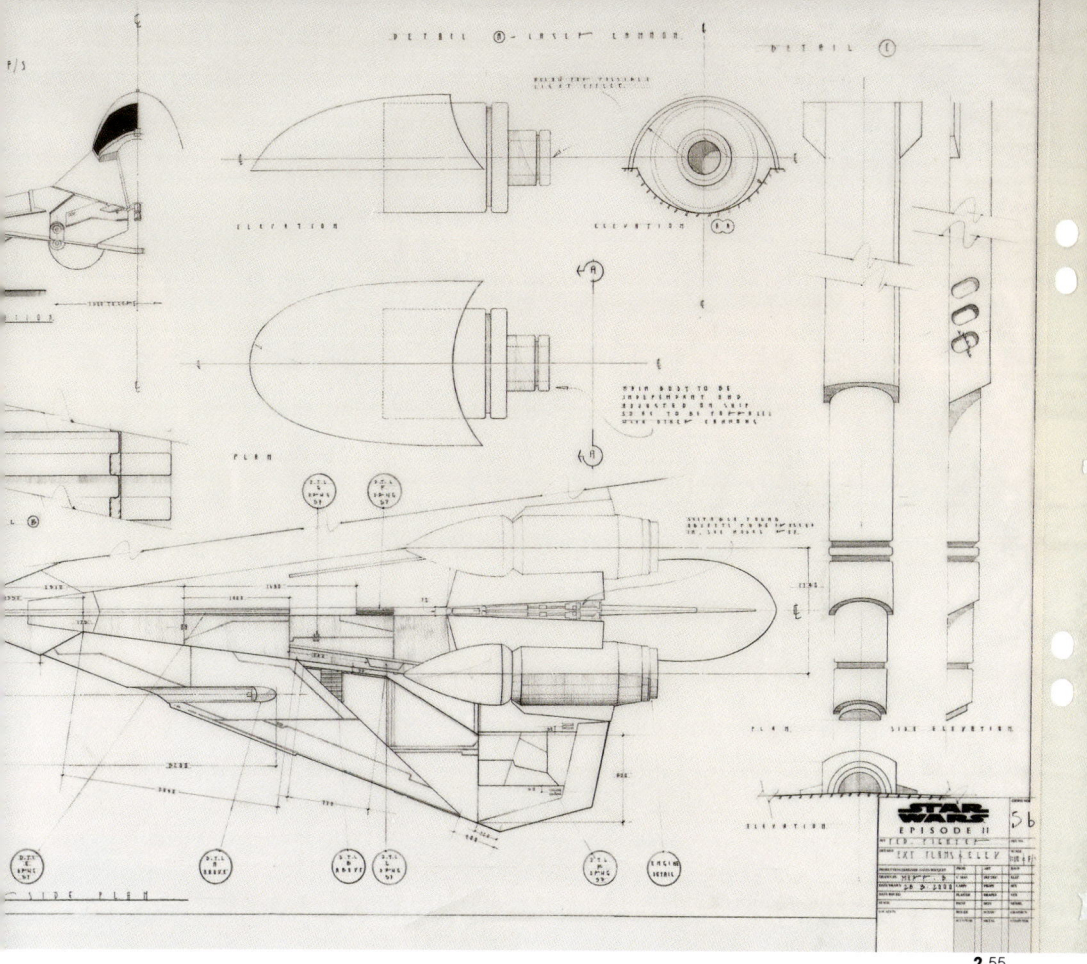

Paul Duncan Nous avons le brouillard, les nuages et le crépuscule sur Coruscant, l'eau, la pluie et l'orage sur Kamino. La palette s'étoffe.

George Lucas L'atmosphère s'assombrit progressivement parce que nous connaissons la suite : la montée de l'Empire et, surtout, l'affrontement entre Anakin et Obi-Wan. L'épisode I est lumineux, ensoleillé, avec un petit garçon, et à mesure que nous progressons dans l'histoire le rouge et le noir prennent le dessus avec les morts successives. On rigole moins.

Paul Duncan En termes de codes couleur, tout au long de l'histoire Anakin et Padmé portent des couleurs organiques, dans des teintes plus pâles pour Padmé et plus sombres pour Anakin. Mais après la mort de la mère d'Anakin sur Tatooine, Padmé s'habille en blanc, en contraste absolu avec Anakin. Tout est pensé.

George Lucas Oui. Les costumes sont très importants pour moi. Je crois vous avoir

2.55 Mark Bartholomew achève ce schéma du chasseur jedi le 28 mars 2000. Doug Chiang : « George n'hésite pas à prendre un crayon ou un stylo pour modifier directement les dessins, ou à dire : "Prenons le cockpit de ce dessin-là et mettez-le ici." Quand j'ai dessiné le chasseur, au départ, il n'y avait logiquement pas de place pour y mettre un R2. »

2.56 Croquis d'une scène, qui sera supprimée, sur l'aire d'atterrissage jedi alors qu'Obi-Wan et Mace s'éloignent du quai d'appontage.

déjà parlé des couleurs terre choisies pour les Rebelles dans la première trilogie alors que l'Empire est noir et blanc.

Ce n'est pas aussi marqué dans la prélogie parce que nous naviguons dans beaucoup d'endroits différents. Dans la nature, vous pouvez restreindre la palette et réserver le rouge à l'Empereur, mais Coruscant bouscule tout cela parce qu'on y trouve du rouge... Il faudra s'y faire !

En phase de conceptualisation, il faut trancher les questions les plus épineuses : « C'est très joli sur le papier, mais qu'est-ce qu'il y a derrière ? Retourne-la ! » Ou : « Il va falloir qu'elle saute dans un cerceau et qu'elle se batte, donc elle ne peut pas porter cette robe. » Concevoir les costumes ne se limite pas à des choix de couleur et de style ; avec Trisha Biggar, la créatrice des costumes, nous gardions toujours à l'esprit l'aspect pratique et réaliste. Quelles actions Natalie accomplit-elle dans cette tenue, est-ce que ça conviendra ? Elle prenait en compte la qualité du tissu, sa souplesse. Est-ce qu'il flottera au vent ou gardera sa raideur ?

Et puis il y a beaucoup d'éléments qui ne sont pas dessinés, mais qui font partie d'une garde-robe. Les costumes révèlent les personnages, donc chaque vêtement doit être conçu pour donner des informations sur leur fonction et leur identité.

2.57 *Illustration d'Erik Tiemens pour l'astroport de Naboo alors qu'Anakin et Padmé arrivent en cargo (24 juillet 2001). L'idyllique campagne naboo contraste avec les décors urbains mécaniques et impersonnels de Coruscant.*

Trisha Biggar / Création des costumes À mesure que George progressait dans le scénario, il s'est rendu compte qu'il avait envie de montrer

2.57

une facette plus douce de Padmé, qui lui permettrait d'assumer sa jeunesse, sa sensualité, sa beauté, dans des tenues près du corps.
Natalie Portman Maintenant, j'ai l'autorisation de montrer mon ventre, je présume.
George Lucas Cette fois-ci, les costumes de Padmé sont plus voluptueux.
Iain McCaig / Concept artist Nous voulions donner l'impression qu'elle perdrait ses vêtements si elle éternuait. Il y avait un côté indiscret touchant à l'intime.
Dermot Power / Concept artist Notre culture nous fournit un catalogue réduit de formes, qui s'épuise très vite, donc nos créations deviennent fatalement répétitives. Du coup, j'ai exploré d'autres cultures et leur histoire pour m'inspirer de leur vocabulaire formel. C'est un bon moyen d'enrichir notre palette créative.
Trisha Biggar Je suis allée au musem d'Histoire naturelle et j'ai observé les teintes des coraux et des scarabées. J'ai aussi regardé des photos anciennes du Japon, de Corée, de Russie, d'Afrique, de Turquie et même d'Inuits nord-américains du XIXe siècle. George aime récupérer une idée et la distordre, ce qui me donne la liberté d'aller puiser mon inspiration partout.
George Lucas La création de costumes est un art très complexe, beaucoup plus que sur un film comme *American Graffiti*. Là il avait suffi de leur distribuer T-shirt ou chemise ; une tenue par personnage, et c'était fini.

Une texture de réalité

Doug Chiang George révisait constamment le scénario pendant la préproduction, mais en janvier 2000, nous avons eu la première mouture, donc le département des décors s'est concentré sur ce qui devait être construit

par Gavin Bocquet pour que George puisse tourner en juin.

Gavin Bocquet George nous avait dit que l'épisode II serait beaucoup plus modeste, plus intime que l'épisode I, avec sans doute moins de décors, mais ce n'est pas ce qui s'est passé.

Doug Chiang Nous avons repris notre fonctionnement de l'épisode I. En gros, nous travaillons avec George sur tout ce qui doit être conçu ; une fois les dessins conceptuels validés, je les transfère à Gavin, qui fait des maquettes de décor et de personnages et évalue ce qui devra être construit et avec quels matériaux. Parfois, l'un ou l'autre nous revoyons les propositions faites pour des raisons d'espace ou de budget, et nous les représentons à George. C'est un échange fluide d'informations. Le tournage est plus virtuel cette fois-ci, parce qu'un grand nombre de décors seront des maquettes filmées après les prises de vues réelles ou des compositions numériques.

2.58 *Image du plan finalisé de la grande cour du palais de Theed.*
2.59 *Image du plan finalisé de Padmé (Natalie Portman) et Anakin, accompagnés de R2-D2 (Kenny Baker), qui traversent la galerie du palais pour rencontrer la reine Jamillia et lui expliquer la situation. La scène est filmée place d'Espagne, à Séville, le 13 septembre 2000.*

2.58

2.59

2.60

Gavin Bocquet En discutant avec John Knoll d'ILM, George, Rick et Doug, nous tirons des conclusions sur la meilleure façon d'obtenir la scène voulue. Pour une scène d'un plan ou deux, en termes de coût, il vaut mieux qu'ILM s'en charge plutôt que nous construisions un décor. Quand il commence à y avoir 10, 20, 30 plans avec un même décor, alors cela revient moins cher de le construire en vrai. En fait, plus nous construisons, mieux

2.61

c'est parce que cela ajoute une texture de réalité à l'arrière-plan, mais il est évident que la taille du décor entre en ligne en compte : nous ne pouvons pas tout construire.

Bavardage
Lynne Hale / Communiqué de presse / 11 février 2000

George travaille encore sur le scénario de l'épisode II, donc, pour le moment, Robin Gurland ne recherche qu'un Anakin. Jusqu'à présent, elle a vu 700 bandes démo et dossiers et rencontré 300 candidats. Elle n'a pas encore fait de présélection et envisage diverses possibilités. Je sais que certains acteurs racontent avoir rencontré George Lucas pour des lectures ou qu'Untel a été pressenti pour Anakin. Ce sont de fausses rumeurs (mais amusantes à lire !). Concernant les autres rôles, Robin ne commencera pas le casting tant que George ne lui en aura pas dit plus sur les personnages.

Robin Gurland Il n'y a pas eu d'auditions. Tout s'est passé sous forme de réunion. En gros, nous passions entre 20 minutes et deux heures assis ensemble, et j'essayais de percevoir quel acteur ils étaient et quelle expérience ils avaient.

2.60 *Discussion de la scène chez les parents de Padmé. Sa sœur Sola dit à Anakin : « Tu es le premier petit ami que ma sœur amène à la maison. »*

2.61 *Lucas dirige Portman pour la première scène où nous voyons Padmé en dehors de ses fonctions officielles, dans un moment de détente avec sa famille. Cette scène est un avant-goût de ce qu'Anakin a toujours désiré : une vie de famille. Elle met aussi en lumière le sens du devoir de Padmé : bien qu'elle ait une famille aimante, elle se dévoue aux autres. Pour la première fois, Anakin prend conscience de ce qui manque à sa vie.*

2.62 *La séquence où Anakin est présenté à la famille de Padmé est tournée, mais supprimée. Les nièces de Padmé rencontrent Anakin, mais sont plus charmées par R2-D2.*

2.62

Hayden Christensen avait les deux caractéristiques que je jugeais essentielles pour le personnage d'Anakin : une certaine vulnérabilité mais aussi un côté nerveux. Il nous fallait ce mélange, et c'est rare de trouver un acteur capable de passer de l'un à l'autre avec tant d'aisance. Il se passe des choses fascinantes derrière ce regard ; il donne envie d'en savoir plus. Je crois que c'est ça qui m'a surtout attirée, dans la mesure où il remplissait toutes les conditions en termes d'apparence physique, d'âge, de tempérament et de qualités innées. Ces considérations mises à part, c'est un acteur incroyablement séduisant et fascinant.

Rick McCallum Pendant la phase de casting, certains acteurs apportent une lumière qui éclaire le rôle et la façon dont vous l'envisagez. C'est ce qui est arrivé avec Hayden.
Hayden Christensen J'ai rencontré George au ranch Skywalker et nous avons passé un moment très cool. Nous nous sommes assis et nous avons parlé, mais pas de *Star Wars*. Nous n'avons même pas parlé de l'industrie

2.63 *Cette illustration de Doug Chiang montre le vaisseau Slave I de Jango Fett approchant de la plate-forme d'atterrissage de Tipoca City (30 mars 2000).*

2.63

du cinéma. C'était le bavardage habituel, sur mon expérience d'acteur, ma formation, ce que je pensais de différents endroits du monde – il essayait de se faire une idée de la personne que j'étais. Ensuite, on m'a donné quelques casquettes et un mug *Star Wars*. J'étais content. Je n'aurais jamais cru que ça déboucherait sur quoi que ce soit.

George Lucas Il est jeune et charmant, mais en même temps il a une facette vraiment intéressante. C'est une sorte de jeune Turc un peu ombrageux à la Marlon Brando ou à la James Dean. Il joue très bien la colère, et ce genre d'émotions, qui sont importantes pour ce film et le seront plus encore dans le suivant où son attitude de jeune garçon commence à s'effacer.

Hayden Christensen Ensuite, j'ai fait un essai caméra, puis un autre en mai avec Natalie, et enfin ils m'ont appelé pour me dire que j'avais le rôle. Mais jusqu'à ce moment-là, je n'avais aucune certitude.

Subtilité du jeu

George Lucas Le plus bel exploit technologique de l'épisode II est Yoda. Quand j'ai commencé l'épisode I, je savais qu'il faudrait

2.64

2.64 *Le dessin d'Ed Natividad pour Tipoca City reprend l'idée d'une succession de coupoles mais les pilotis qui soutiennent la ville sont plus épais, pour une meilleure stabilité (20 octobre 1999).*

2.65 *Décor de la plate-forme d'atterrissage de Kamino avec le chasseur d'Obi-Wan. La caméra numérique est fixée au bras d'une grue télescopique afin qu'elle puisse suivre l'engin. L'équipe caméra répète les mouvements avant de filmer avec la pluie artificielle tombant des tuyaux installés au-dessus du plateau.*

faire une copie en images de synthèse qui ressemblerait suffisamment à la marionnette originale pour que les spectateurs reconnaissent le petit bonhomme vert.

Rob Coleman / Directeur de l'animation Nous aurions pu créer un Yoda 3D pour *La Menace fantôme*, mais Lucasfilm et ILM craignaient que le temps manque pour concevoir tous les personnages virtuels qui étaient prévus. Rick et George n'avaient pas envie de nous rajouter un personnage très compliqué et très important comme Yoda. Je n'ai pas arrêté de tanner George pendant le tournage et nous sommes tombés d'accord pour insérer deux plans de Yoda en synthèse dans *La Menace fantôme*. Il y a un plan en plongée où Yoda parle avec Obi-Wan, après la mort de Qui-Gon, et où il marche ; puis un autre en plongée, qui présente le bûcher funéraire. Un Yoda en images de synthèse s'y tient à côté de Mace Windu. Donc, il y a bien deux plans dans le premier film.

Nous étions plusieurs à vouloir créer un Yoda 3D, et après *La Menace fantôme* nous en avons reparlé. Je suis allé voir Doug Chiang et Iain McCaig et nous avons préparé pour George un PoC (*proof of concept*), une sorte d'étude de faisabilité. Iain a fait quelques dessins, Doug a supervisé la modélisation de ce à quoi Yoda ressemblerait dans l'épisode II ; George a validé, et Geoff Campbell, notre superviseur de la modélisation 3D, l'a fabriqué par ordinateur.

Nous avons réalisé le PoC pour le visage, de façon à obtenir une plus grande subtilité de jeu. Une des premières choses que George nous a dites, c'est : « Je ne veux pas que son personnage sorte du lot. Nous avons clairement établi comment est Yoda. Je sais que vous êtes capables de faire plein de trucs avec le visage, mais si nous nous éloignons trop du jeu de la marionnette originale, alors ça ne sera pas dans le film. »

J'ai réuni trois de mes meilleurs animateurs – Linda Bell, Hal Hickel et Kevin Martel – et nous avons choisi six plans de *L'Empire contre-attaque* sur lesquels nous appuyer pour cerner le jeu de Yoda. Nous avons passé une grosse semaine sur nos tables à dessin, à tenter de distiller l'interprétation de Frank Oz pour

2.65

2.66

2.66 *Image du plan finalisé d'Obi-Wan surpris d'apprendre par Lama Su que les Kaminoens ont été chargés de fabriquer une armée de clones pour les Jedi. Obi-Wan improvise – il laisse croire aux Kaminoens qu'il est un émissaire du maître jedi Sifo-Dyas et les suit pour une visite du site de production des clones.*

comprendre ce qui rendait cette marionnette aussi magique.

Nous avons observé la main de Frank, les frémissements et les mouvements qu'il imprimait au corps de Yoda. Comment s'y prenait-il pour frotter et remuer les oreilles en latex ou les autres matériaux constitutifs de la marionnette ? Comment faisait-il bouger les yeux ? Et la mâchoire ? Nous nous sommes demandé si nous devions mettre la mâchoire à l'endroit où elle devrait être ou là où elle serait si vous aviez une main à l'intérieur, et alors où se trouverait la mousse, parce que tout cela influait sur l'expressivité du personnage. Nous avons décidé de la mettre entre les deux positions afin d'avoir à la fois le contrôle de la mâchoire et de son mouvement latéral, ce que faisait Frank lorsqu'il manipulait la marionnette. Nous disposions d'une palette de mouvements qui lui étaient impossibles à cause de tous les petits gadgets qu'il avait fallu caser dans la carcasse de la marionnette pour bouger les yeux et plisser la peau – dont nous n'aurions évidemment pas besoin.

Ensuite, nous avons essayé de transférer tout cela sur un personnage animé. Nous avions les moyens de faire bouger les lèvres avec une précision et un réalisme qu'aucune marionnette ne peut égaler, mais cela ne ressemblait pas à Yoda, alors nous n'avons pas voulu aller trop loin. Nous avions aussi réussi à faire différentes choses avec les yeux et la manière dont la peau les enveloppe, mais là encore nous n'avons pas poussé l'exercice aussi loin que nous aurions pu par souci de cohérence avec *L'Empire contre-attaque*.

Nous avons réalisé trois plans de Yoda en train de parler et trois plans où il montrait juste différentes mimiques et expressions faciales. James Tooley, mon superviseur technique pour l'animation, a trouvé comment tout allait s'enchaîner – comment le personnage se tient et comment nous allions l'animer – et Tim McLaughlin s'est chargé de la peau et des vêtements.

Après avoir passé une quinzaine de jours dessus, j'ai eu le sentiment que nous touchions au but, alors je l'ai présenté à George et il l'a adoré. C'est à ce moment qu'il a décidé que Yoda serait fait en 3D. J'étais très heureux d'annoncer la nouvelle au studio parce que toute l'équipe s'était donnée à fond.

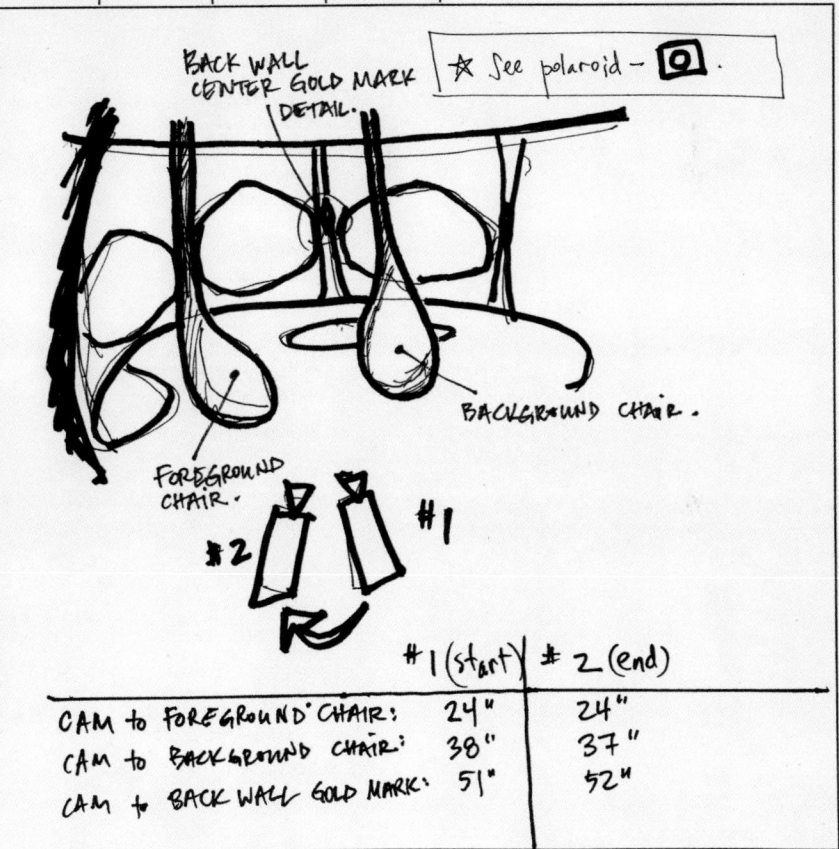

2.67

2.67 *Fiche d'information sur le matchmoving du plan de maquette KOA 260 (17 juillet 2001). Pour chaque plan, en prise de vues réelles, en numérique ou sur maquette, le document indique comment est placée la caméra par rapport au décor, aux objets et aux acteurs, afin que la géométrie et les mouvements de caméra soient reproduits avec précision. Cette fiche concerne le mouvement caméra de #1 à #2, photographié par Pat Sweeney sur la maquette du bureau de Lama Su.*

2.68

2.69

2.68 *Anakin a l'audace de voler un baiser :* « *Quand je suis près de toi, je souffre le martyre.* »
2.69 *Lucas dirige Christensen et Portman à la villa Balbianello, sur le lac de Côme, le 1ᵉʳ septembre 2000.*
2.70 *Croquis de Dermot Power pour une robe vaporeuse destinée à Padmé (26 mai 2000). Il précise qu'elle arbore une coiffure « en forme de coquillage ».*

2.70

Après être parvenus à la subtilité d'expression faciale que nous voulions, nous sommes passés au corps. À cette étape, il a fallu déterminer la taille de ses membres, décortiquer sa démarche. Nous avons observé la façon dont Frank le faisait bouger quand nous avons animé le plan où Yoda marche avec sa canne, ce dandinement si particulier qu'il a inventé. Nous avons aussi dû décider de ce qui se passe avec les pieds.

George nous a prévenus que Yoda serait beaucoup plus actif dans l'épisode II. Je n'ai pas eu de story-boards précisant à quel point, mais pour anticiper nous avons cherché de nouvelles idées sur la manière dont fonctionne intérieurement sa structure osseuse et les contrôles dont nous aurions besoin pour déployer la subtilité de jeu que risquerait de demander un maître jedi en action.

Je n'avais pas eu de scénario, donc j'avais beaucoup de questions pour George. « Est-ce que Yoda est un des plus grands chevaliers de tous les temps, ou est-il surtout cérébral, comme le sage que nous avons d'abord connu ? » « Nous l'avons vu soulever le X-wing de Luke hors du marécage par télékinésie, main tendue. Est-ce qu'il emploie la Force de la même manière en situation de combat, ou est-ce qu'il fait tournoyer son sabre laser comme les autres Jedi ? » « Est-ce qu'il peut passer d'un bout à l'autre de la pièce en une fraction de seconde, se rendre invisible, léviter ? » « Est-ce que la vieillesse l'affecte déjà ? A-t-il mal aux os ? Se fatigue-t-il ? » Tous ces aspects ont un impact sur notre façon d'animer un personnage dans une séquence.

J'aborde les choses avec l'esprit aussi ouvert que possible. Ensuite, George nous a canalisés et a montré pour la première fois la gestuelle qu'il imaginait pour Yoda, car nous n'en avions pas la moindre idée.

Va falloir que ça marche

David Tattersall Début 2000, je suis revenu de Nouvelle-Zélande, où j'avais tourné *Vertical Limit*. J'ai reçu un coup de fil de Phil Radin, chez Panavision, m'annonçant que le prototype de caméra Sony HDW-F900 équipé d'objectifs Panavision était arrivé, et il m'a demandé si j'avais envie de l'essayer. Quand je l'ai rejoint à son bureau, il m'a pris à part et m'a dit : « Écoute, on a dépensé tellement d'argent pour ces objectifs qu'il va falloir que ça marche. » Nous avons rassemblé une maquette, des accessoires, des voitures et

quelques autres trucs, et nous avons tourné des essais pendant deux jours, tous frais payés par Panavision, éclairage et équipe compris. La caméra filmait en haute définition à 24 images par seconde (ips) en mode progressif.

Larry Thorpe Le 10 mars 2000, une projection a été organisée au ranch Skywalker.

Mike Blanchard Je n'oublierai jamais ce moment parce que j'étais plus nerveux que jamais. Nous travaillions sur ce projet depuis des années et j'avais peur d'échouer et de laisser George en rade. David avait fait beaucoup de tests parce que nous devions imaginer la chaîne de travail d'ILM – comment John Knoll et les autres allaient travailler avec les images –, comment articuler le montage, la postproduction et la distribution. Donc, nous avons projeté le retour sur pellicule à George. Les responsables du projet chez Sony et Panavision étaient là.

La source étant une caméra HD, les images étaient en 1 920 x 1 080 pixels, mais comme c'était *Star Wars*, il fallait du scope (ratio 2,35/1), nous avons donc coupé les images à 1 920 x 818 pixels. Comme quelqu'un faisait état de certaines craintes, George a dit : « Je ne sais pas de quoi vous me parlez. Qu'est-ce que vous avez devant les yeux ? Le résultat est génial. Faites en sorte que ce soit aussi bon que possible d'ici la date butoir. »

Rick McCallum Si quelqu'un s'imagine un seul instant que nous aurions investi 100 millions de dollars de notre poche sans être convaincus d'obtenir une bien meilleure qualité d'image, ou que nous nous serions infligé tout ça sans envisager que la qualité puisse être moindre, est un abruti.

Larry Thorpe L'engagement a été pris de tourner l'épisode II entièrement en 24 images progressives par seconde. Six prototypes ont été fabriqués.

2.71 Image du plan finalisé de Padmé et Anakin pique-niquant romantiquement dans un paysage bucolique
2.72 Padmé et Anakin échangent un baiser sur cette photo promotionnelle.

« *Nous avons dû lutter contre le petit démon de la monotonie et de la répétition de conception. Petit à petit, l'usine de clonage a pris une solide identité visuelle – de grandes quantités d'espaces blancs avec des éléments graphiques forts.* »

Jay Shuster / Concept artist

2.73 *Image du plan finalisé montrant les jeunes clones (Daniel Logan) dans leur salle de classe. Obi-Wan apprend que le maître Sifo-Dyas en a commandé plus d'un million d'unités, au nom de la République, dix ans plus tôt.*
2.74 *Ce dessin pour la couveuse de clones inclut le plan KOT 060 où Obi-Wan écoute les Kaminoens (15 février 2001).*

2.74

2.73

Rick McCallum Ils ont envoyé le matériel dans des cartons, sans manuel, ni rien. Le patron de Sony a écrit une lettre qui disait en substance : « Nous ne pouvons pas être tenus pour responsables de ça. »

Dans le maelström

George Lucas L'écriture n'est pas ce que je préfère. C'est difficile pour moi.

Rick McCallum Quand George a traversé une période où il avait du mal à trouver le temps d'écrire, je lui ai dit : « Écoute, Jonathan Hales est prêt à intervenir. Il suffit que je l'appelle. » J'avais engagé Jonathan comme scénariste sur *Les Aventures du jeune Indiana Jones* et il avait fait un travail fantastique pendant plusieurs années. George résistait, comme tout auteur, mais il s'est vite rendu compte qu'il n'avait plus le choix.

George avait fini sa première mouture, et nous lui mettions une pression folle presque chaque jour pour qu'il nous donne des informations par transmission satellite depuis l'Australie. C'en est arrivé au point que nous lui envoyions des maquettes de décors et qu'il élaborait le scénario autour, parce qu'autrement nous ne serions jamais prêts à temps. Début avril, deux mois avant le début du tournage, il fallait vraiment que George sorte le scénario et que quelqu'un l'aide. Jonathan est arrivé, et ils ne se sont plus quittés pendant un mois.

George Lucas Parfois, nous travaillions les dialogues, parfois nous remaniions des scènes un peu bancales. Profiter d'un regard neuf et critique… j'en avais besoin, parce que j'étais sur le point d'être pris dans un maelström.

Rick McCallum Nous avons eu le scénario trois jours avant de commencer le tournage.

2.76 2.77

Environnement

Rick McCallum Le plus gros problème, dans l'industrie du cinéma (je parle de l'industrie du cinéma américaine), c'est qu'elle repose sur la peur. La peur d'être viré du jour au lendemain, la sensation de ne pas avoir de prise sur votre vie. Il y a des gens qui sont des brutes, qui se comportent de façon scandaleuse pour des raisons politiques. Tout ça nous révolte.

Pour nous, l'ego, l'orgueil et la vanité sont les trois choses qui empêchent un travail collectif. C'est une chose d'avoir un ego qui pousse à vouloir faire le meilleur travail, c'en est une autre de mépriser les personnes et leurs savoir-faire pour y arriver. Quand nous avons débuté *Les Aventures du jeune Indy* (sic), nous étions avec un groupe de gens que nous ne connaissions pas. Il a fallu trois ou quatre mois pour se débarrasser de ceux qui faisaient preuve de l'un de ces trois défauts. Nous avons gardé tous les autres.

C'est important pour l'équipe de créer une atmosphère de travail positive. Si les gens

2.75 *Entre juin et octobre 1999, plusieurs artistes proposent diverses options pour l'armure des clones, chacun s'efforçant de concilier l'essence du stormtrooper et les armures mandaloriennes. Les idées d'Ed Natividad ont finalement été reprises pour le personnage de la chasseuse de primes Zam Wesell (8 octobre 1999). Natividad :* « *Dans mon premier croquis de stormtrooper, je voulais qu'on comprenne bien qu'il s'agit d'un humain et non d'un robot, c'est pourquoi j'ai dissocié le masque du plastron. George a mis son tampon OK et l'a retenu pour la chasseuse de primes. J'ai voulu apporter quelques modifications, mais George revenait toujours au croquis original.* »
2.76 *Jay Shuster (23 septembre 1999) combine avec succès les yeux des casques des chasseurs de primes et le bas du casque de stormtrooper.*
2.77 *Croquis de casque et armure par Doug Chiang (20 septembre 1999).*

pensent qu'on profite d'eux ou qu'ils sont exploités d'une manière ou d'une autre, vous les perdrez. Ils tiendront le coup un moment parce qu'il faut bien qu'ils gagnent leur vie, mais pas à long terme, ni au niveau d'exigence que nous avons.

Nous ne voulons aucune tension. Nous ne voulons pas de crises. Nous ne voulons pas de comportements narcissiques. Nous voulons prendre du plaisir. Nous voulons que les gens plaisantent mais s'engagent avec un sérieux absolu dans leur mission. Si vous parvenez à cela, tout est possible.

Paul Duncan Faire un film exige un réel engagement physique et émotionnel, car vous devez souvent passer des mois loin de chez vous.
Rick McCallum Cela fait partie du plaisir et de la joie de se dire : « Allons, on fonce ! » Mais il faut avoir une famille compréhensive ; mon épouse a été la plus importante productrice de pubs en République tchèque pendant quinze ans, donc elle savait à quoi s'attendre. Mais si vous n'êtes pas avec quelqu'un qui le comprend et que vous tenez à votre famille, vous êtes foutu. Sur *Les Aventures du jeune Indiana Jones*, certains n'ont pas supporté d'être loin de chez eux pendant un an. Pour la prélogie, nous avons passé, sur une période de six ans et demi, environ quatre ans et demi entre Londres et l'Australie. L'histoire que vous vivez doit être sacrément solide pour le supporter. Il faut s'assurer que vos proches vous soutiennent. Même si vous rapportez beaucoup d'argent à la maison, le respect entre conjoints est capital. La famille doit comprendre que vous adorez votre métier par-dessus tout et que la qualité de vie dont elle profite exige certains sacrifices de votre part. Si vous avez des enfants, c'est dur pour eux. Vous manquez les anniversaires, les fêtes de l'école, tout.

2.79

2.78

2.78 *Image du plan finalisé du terrain de manœuvres des clones. Environ 200 000 unités sont prêtes à embarquer.*
2.79 *Croquis d'Alexander Laurant pour le terrain d'entraînement des clones du plan KOT 160 (21 mars 2001). La ligne rouge délimite les zones qui seront construites en maquette et celles qui seront créées par ordinateur. George Lucas l'approuve le lendemain.*
2.80 *Une aiwha (pour « air whale ») guidée par un Kaminoen survole l'océan tempétueux. Ces sortes de baleines des airs ont été proposées pour les précédents films, mais sont utilisées pour la première fois dans l'épisode II.*

2.81

2.81 *Dessin de Doug Chiang pour « l'armure de Boba Fett » (21 mars 2000).*

2.82 *Image du plan finalisé d'Obi-Wan rencontrant le modèle des clones, Jango Fett (Temuera Morrison).*

2.82

Nous avons encouragé nos équipiers anglais à venir avec leur famille en Australie afin qu'ils aient une vie à peu près normale. Nous avons écrit aux différentes écoles pour certifier que les enfants feraient leurs devoirs, qu'ils seraient suivis par des professeurs particuliers ou scolarisés en Australie. Tout était bon pour maintenir un équilibre sain. Nous voulions qu'ils sachent qu'ils comptent autant pour nous que les acteurs du film.

Quand John Knoll est arrivé, nous lui avons trouvé une maison immense parce qu'il doit avoir quelque chose comme six enfants. Pareil pour Rob Coleman. Nous avons toujours encouragé les familles à venir les rejoindre et à partager de bons moments. Un des gros avantages des studios Fox, c'est qu'ils sont tellement centraux que vous habitez forcément à moins de 10 ou 15 minutes, donc la journée se terminait vers 18h30–19 heures, et à 19h30, c'était barbecue en famille sur la plage.

La vision

Rick McCallum Depuis le jour où nous avons commencé à travailler ensemble, George et moi avons toujours été sur la même longueur d'onde. Il y a beaucoup de rires et de blagues, mais concernant le scénario, concernant ce qu'il voulait avoir, ces vingt-trois années ont été merveilleuses pour moi parce que je savais exactement ce qu'il voulait et ce dont il avait besoin. Nous nous voyons tous les jours, généralement pour déjeuner ; nous parlons de politique, ou je lui demande des précisions sur le film si quelque chose n'est pas clair.

Un réalisateur recherche deux choses. Il veut connaître la vérité sans être humilié ou malmené et, surtout, il veut savoir s'il peut compter sur un partenaire qui va explorer toutes les pistes possibles pour lui obtenir ce qu'il veut, ce dont il a besoin pour exprimer précisément ce qu'il a dans la tête.

Certains arrivent à planifier un film très précisément, avec des story-boards et une vision très claire de ce qu'ils vont tourner. George ne fonctionne pas comme ça. Avec lui, la vision change. Il a son idée. Il commence à la mettre en forme et ensuite elle évolue. Il a besoin de ces étapes et de pouvoir tourner avec très peu d'argent pour avoir plus de temps. Au fil des semaines, le film mûrit et grandit dans sa tête. Le département de la conception lui montre une créature. « Non, je voudrais des oreilles plus grandes et peut-être enlever le menton. Raccourcissons ses jambes. Non, je me suis trompé pour les oreilles. Faisons plutôt… » Ensuite des jours, parfois des mois, passent et la créature change et se transforme encore, jusqu'à ce qu'il soit vraiment

2.84

2.83 Cette proposition de costume d'Iain McCaig dépeint une Padmé assurément plus mûre (6 janvier 2000). Lucas lui décerne un « Fabulouso ».
2.84 Image du plan finalisé de Padmé et Anakin dans l'alcôve, auprès du feu. Anakin essaie une nouvelle fois d'embrasser Padmé, mais elle résiste. Elle lui explique qu'elle a plus important à faire que de tomber amoureuse. Anakin propose qu'ils gardent leur amour secret, mais elle refuse de vivre dans le mensonge.
2.85 Lucas dirigeant Portman pendant la scène du dîner. Elle doit imaginer qu'Anakin emploie la Force pour déplacer un fruit.

2.85

2.86 *Sur cette illustration de Doug Chiang (10 avril 2000), Jango Fett s'apprête à partir avec Boba à bord du Slave I, mais Obi-Wan Kenobi, sabre laser à la main, en a décidé autrement.*
2.87 *Story-board spéculatif d'Iain McCaig montrant un duel de Jedi à Tipoca City (3 mars 2000). À ce moment-là, les concept artists ne savent pas qui combattra qui, ni où.*

2.86

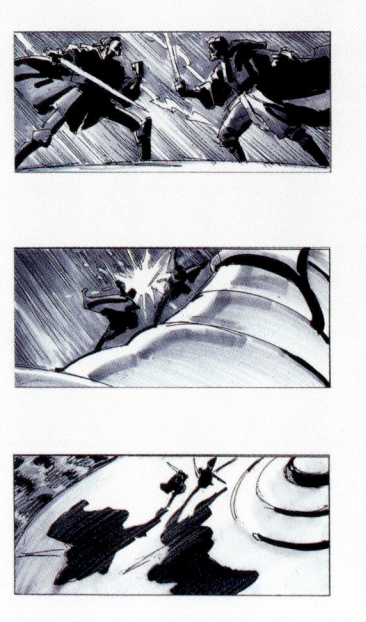

2.87

satisfait. Même si George ne parvient pas à exprimer exactement ce qu'il visualise, il sait précisément ce qu'il recherche, et il sait que ça prend du temps. Il faut être patient et éviter que l'équipe ne se sente frustrée. Heureusement, ils connaissent la démarche parce que nous avons travaillé ensemble pendant cinq ans sur *Les Aventures du jeune Indiana Jones*.

Sur *Star Wars*, le groupe a été fondamentalement et totalement synchrone, tout le monde comprenait que, quels que soient les changements qui seraient apportés, nous trouverions une solution.

C'était très serré question budget et planning. George avait prévu de tourner pendant 60–70 jours, de faire peut-être des reprises six semaines plus tard, puis de recommencer six semaines après.

Il n'y a pas eu de reprises, seulement des plans ajoutés. George tire des enseignements

du jeu des acteurs et du montage, puis il modifie l'histoire pour rendre le film plus fort.
Paul Duncan Chaque décor a une atmosphère unique et ses propres règles sur ce qui est autorisé ou pas. Est-ce que vous acceptez les suggestions ?
Rick McCallum Absolument. C'est une équipe très collaborative. Parfois, George écoute, parfois non. Mais quand il s'agit de boucler une journée de travail, il écoute toujours. Quand il arrive le matin, George a trois phrases types. Je ne sais pas s'il en a conscience, mais c'est : « Et si on faisait ça ? » ou « Ce serait pas génial si on faisait ça ? » ou « Tu sais, je me disais, ce serait peut-être bien d'essayer ça… » Il faut être complètement flexible. Si vous lui faites le regard affolé du chevreuil pris dans la lumière des phares, vous êtes cuit. Ce qui compte, c'est d'exprimer une idée. Il doit être sûr que si je viens le voir et que je lui dis « Écoute, on ne peut pas faire ça », c'est parce que j'ai passé des jours entiers à y réfléchir, que j'ai épuisé toutes les options et que c'est vraiment impossible. Si je lui dis simplement « Je ne peux pas le faire », il n'y a plus d'échange.

Au bout du compte, c'est l'œuvre du réalisateur, et il est capital qu'il sache que l'équipe fera tout son possible pour l'aider à atteindre son but.

Acte de foi

Rick McCallum Sept jours avant le début du tournage, nous avons reçu les caméras en Australie.
George Lucas Ils nous ont donné les six premières.
Mike Blanchard Les numéros de série étaient 00001, 00002… Elles n'avaient pas encore de manuel, donc c'était vraiment comme un bêta-test. Nous avions passé les cinq dernières années à voir comment y arriver et je

2.88

me disais : « Ça ne marchera jamais. » J'ai eu des crampes d'estomac pendant des mois avant le tournage, non seulement parce qu'échouer signifierait laisser tomber George, mais aussi parce que tout le monde dans le métier voulait nous voir échouer. Certains éléments tenaient avec trois bouts de ficelle et il y avait plein de choses qui pouvaient mal se passer.

C'était effrayant en diable. Fred et moi connaissions tous les goulots d'étranglement parce qu'il avait organisé la chaîne de travail et que nous avions réfléchi ensemble sur la phase de postproduction. J'ai caché à George à quel point j'avais la frousse que cela ne fonctionne pas. Mais j'en ai parlé à Rick, pour m'assurer qu'il connaissait les risques. En fin de compte c'est un acte de foi, un saut dans le vide.

Rob Coleman Nous avons reçu le scénario un vendredi, et dès le lundi matin, nous commencions à tourner. Nous avons eu trois jours pour tout préparer.

Le scénario daté du 24 juin 2000 est intitulé « La Grande Aventure de Jar Jar ».

Ahmed Best C'était une blague de George parce qu'il savait que le titre fuiterait dans la presse. C'était un bras d'honneur à tous les « tout le monde déteste Jar Jar ».

Le tournage principal commence le 26 juin 2000 sur le plateau 6 de Fox Studios Australia avec la scène 5 – Au Sénat, Palpatine annonce la mort d'Amidala avant que Padmé ne vienne confirmer la tentative d'assassinat et affirme son opposition à la création d'une armée pour combattre les Séparatistes. L'équipe est convoquée à 7 heures.

Mike Blanchard George et Rick ont pris la très bonne décision, longtemps avant le tournage, de ne pas assurer leurs arrières avec des caméras argentiques de secours ; du coup, tout le monde devait s'engager à fond. J'ai trouvé que, psychologiquement, c'était très important. Nous n'avions pas le choix.

David Tattersall George aime travailler avec deux caméras, A et B, qui sont généralement proches l'une de l'autre, mais avec des focales légèrement différentes. Une caméra était toujours montée sur la Technocrane, une grue télescopique, et prête à tourner. Deux autres étaient destinées à la deuxième équipe, et il y avait une caméra de secours au cas où.

2.88 *Le cascadeur Nash Edgerton est la doublure de McGregor lors du combat.*
2.89 *Image du plan finalisé de Fett s'élevant grâce à son costume à réacteurs et faisant feu sur Obi-Wan, qui avec son sabre laser en dévie le tir et se défend.*

2.89

Mike Blanchard C'étaient des Caméscopes. La cassette HDCAM se trouvait à l'intérieur de la caméra et un câble courait jusqu'à la régie vidéo.

Un gars d'ILM avait écrit une espèce de programme permettant de voir tous les réglages sur un ordinateur portable. Nous avons passé beaucoup de temps à tester les différents paramètres de manière à optimiser le contraste et la netteté pour obtenir la meilleure image possible de la caméra.

Quand cette dernière n'était plus alimentée pendant ne serait-ce qu'une nanoseconde, elle se réinitialisait automatiquement, donc,

2.90 *Image du plan finalisé de Fett volant vers Obi-Wan et tirant un câble pour capturer le Jedi.*
2.91 *Préparation d'Ewan McGregor accroché au câble. À noter : la caméra numérique est protégée par du plastique parce que la scène est tournée sous une pluie artificielle simulant le climat de Kamino.*

avant chaque prise, Fred Meyers appuyait sur un bouton pour restaurer tous les réglages.

Paul Duncan Donc Fred Meyers a été le premier technicien numérique image.

Mike Blanchard Absolument. Il a dû apprendre à tout le monde sur le plateau une nouvelle méthode de travail. Par exemple, l'équipe caméra avait l'habitude de retirer la batterie pour déplacer la caméra argentique puis de la remettre en place ; mais si vous faisiez la même chose avec une caméra électronique, il fallait la redémarrer. Donc ils s'assuraient que les caméras étaient branchées tout le temps.

Rick McCallum Nous disposions de deux écrans plasma de 40 pouces installés sous la tente de Fred, qui étaient étalonnés selon les instructions de David Tattersall.

George Lucas Dans le passé, avec la pellicule, nous nous en remettions au sort ; il y avait éventuellement un petit écran de contrôle en noir et blanc. Si vous vous rendiez compte

2.90

George Lucas Vous perdiez une journée de tournage, soit environ un demi-million de dollars. Maintenant, avec le numérique, je vois exactement à quoi cela ressemblera sur grand écran. Je me tiens à côté de David et je regarde le plan réel, pas un rendu vidéo en noir et blanc, ou à travers l'œilleton de la caméra, et je peux tout de suite dire : « Tu sais, le problème, c'est qu'il faudrait plus de contre-jours de ce côté. » Il va ajuster l'éclairage, et cinq minutes plus tard, je fais : « C'est super. C'est ça que je veux. »

David Tattersall Nous posons les fondations sur lesquelles ILM va élaborer la version finale du film. Nous devons essayer d'obtenir la meilleure qualité possible et des fonds bleus qui soient uniformes, plats et correctement éclairés. Il faut éclairer les premiers plans afin que l'atmosphère soit en harmonie avec ce que nous connaissons du décor à venir.

Rob Coleman John Knoll était le responsable plateau pour tous les plans truqués du film. Il s'assurait que le plan était composé de manière que nous puissions y ajouter le décor, d'autres personnages, des véhicules virtuels et d'un problème à la séance de visionnage quotidienne – netteté, surexposition…

Rick McCallum Vous étiez fichu.

2.91

même des personnages au premier plan. Il a une grande expérience de l'éclairage et, plus tard, il s'occupera du *compositing* et veillera à ce que tout ait l'air photoréaliste.

Moi, je m'occupe de l'interprétation et du jeu des personnages animés – comment un personnage marche, respire et parle. John vérifie qu'il se fond bien dans l'ensemble et donne également l'impression d'être réellement assis à côté d'Obi-Wan. Nos tâches se chevauchent.

En plateau, George parle de l'histoire, de la scène et du plan. Je l'observe avec les acteurs et les doubleurs qui feront la voix du personnage de synthèse. À cette étape, nous pouvons décider de leur degré d'interaction. Je dois veiller à ce que cette interaction soit crédible, m'assurer que, dans son fauteuil, le spectateur croira à l'existence de Watto ou Dexter.

Rick McCallum Quand vous tournez une scène de 4 minutes sur pellicule, après chaque prise vous devez recharger – parce qu'une bobine dure 10 minutes –, ce qui prend 5 à 10 minutes.

George Lucas Chaque fois que vous faites cette manipulation, vous perdez de l'énergie de la scène. Les acteurs se relâchent, tout le monde se met à discuter, et vous perdez cet élan qui donne un travail scénique vraiment fort. Tous les réalisateurs vous diront la même chose.

Rick McCallum Avec le numérique, il n'y a pas de temps mort. On continue à tourner parce que les cassettes du Caméscope durent 40 minutes.

George Lucas Nous terminions une prise et je courais en plateau : « Écoute, c'était super. On retourne sur la première marque. Je le veux juste un peu plus rapide et intense ! » Et on recommence. Je peux enchaîner trois prises. Les acteurs prennent le rythme, et j'obtiens de meilleures performances.

Le tournage du premier plan s'est terminé à 8 h 45.

2.92 *Image du plan finalisé du vaisseau de Padmé arrivant sur Tatooine. Il s'agit du plan TWO 010, qui combine maquette (très détaillée), vaisseau et extension de décor 3D ainsi que personnages dans la rue en prises de vues réelles.*

2.93 *Les maquettistes Dave Murphy, John Goodson et Lauren Abrams travaillent sur la maquette de l'astroport de Tatooine et la ville alentour.*

Mike Blanchard Quand vous filmez en argentique et que vous avez fini une bobine, elle doit partir au développement. Tout peut arriver au négatif entre le plateau et le labo, pareil au développement et au tirage. Les producteurs vivent ainsi quelques journées d'angoisse.

Avec le numérique, en revanche, dès que nous avions fini une cassette, nous l'envoyions directement au montage, qui la posait sur le lecteur, la copiait en temps réel sur une autre cassette pour faire un *dub* de l'original, puis la stockait dans un autre bâtiment – le tout en moins d'une heure. Cela signifiait que nous avions deux originaux. Personne n'avait jamais connu un tel luxe sur un film.

On faisait aussi une copie en basse définition afin que les images puissent être montées sur Avid. Cela signifie que le monteur pouvait travailler sur les rushes du matin avant que nous ayons bouclé la journée. Avec la pellicule, ça

2.94 *Image du plan finalisé d'Anakin avec Watto, auquel il demande ce qui est arrivé à Schmi, sa mère. Watto l'a vendue à un cultivateur d'humidité nommé Lars ; il a appris qu'il l'avait affranchie et épousée.*

2.95

aurait été le lendemain, ou plus vraisemblablement le surlendemain, selon l'endroit où vous tourniez.
Rick McCallum La différence de coût est d'environ 1,8 million de dollars. Nous avons tourné l'équivalent de 365 kilomètres de pellicule, soit 220 heures. Si l'on tient compte du prix du négatif, du développement, du tirage, du report, des reports son et du télé-cinéma, on arrive à une somme impressionnante. Pour peu que vous tourniez dans différents pays, le négatif doit être expédié, développé et ramené. Vous faites intervenir des transporteurs et vous prenez le risque que les négatifs soient perdus ou détruits. En numérique, 220 heures de cassettes haute définition coûtent 16 000 dollars. Si vous faites simultanément un *dub* clone, qui devient votre master de sécurité, c'est 16 000 dollars de plus. Et ensuite, la conversion basse définition pour le montage, c'est encore 16 000 dollars. Donc pour 48 000 dollars, vous faites un film sans dépenser un centime pour le développement et la numérisation des négatifs.
George Lucas Habituellement, regarder les rushes prend entre 45 minutes et une heure tous les jours, soit pendant le déjeuner, soit à 4 heures du matin, soit en fin de journée quand vous êtes épuisé et que vous n'avez plus les yeux en face des trous, mais sur ce tournage, nous regardions les rushes sur le plateau, entre les prises. Je me concentrais sur le jeu, et les autres vérifiaient les costumes, les accessoires, le point, les effets visuels, etc.
Mike Blanchard En général, un producteur doit attendre que les rushes soient développés et montés avant de casser un décor et de

2.96

SCENE 89 - EXT. TATOOINE, HOMESTEAD, MOISTURE FARM - DAY

THD.040

Medium shot C3PO.

C-3PO - "Oh, oh, oh. How might I be of service? I am See..."

Anakin - "Threepio?"

C-3PO - "Um, I...the maker. Oh Master Annie, I knew you would return, I knew it. And Miss Padme, oh my."

Padme - "Hello, Threepio."

THD.060

Close shot C3PO.

C-3PO - "Bless my circuits, I am so pleased to see you both."

Anakin - "I've come to see my mother."

C-3PO - "Um...I think...I think....perhaps we'd better go indoors."

THD.080, 100

Close shot C3PO.

END - SCENE 89 - EXT. TATOOINE, HOMESTEAD, MOISTURE FARM - DAY

TOTAL SETUPS 3

2.97

2.95 *Anakin et Padmé arrivent à la ferme des Lars, où ils sont accueillis par C-3PO (Anthony Daniels), qui reconnaît son créateur.*
2.96 *Dans le scénario, C-3PO est toujours inachevé et son revêtement sera ajouté plus tard par Padmé, si bien que c'est la marionnette du droïde qui est filmée, manipulée par Anthony Daniels.*

2.97 *Liste des plans pour le 4 novembre 2001, retournage de la rencontre entre Anakin et C-3PO à la ferme. Même si C-3PO est « nu » sur les images, Daniels a joué C-3PO en costume complet lors du tournage aux Ealing Studios de Londres.*

commencer le suivant, mais sur ce tournage, Rick appelait le montage pour être sûr qu'il n'y avait pas de problèmes avec les cassettes et confirmer que nous avions tout le nécessaire, afin qu'il puisse démonter le plateau durant la nuit, s'il le fallait.

Rick McCallum Tout était chronométré sur *La Menace fantôme*. George aime faire au moins 35-40 mises en place par jour. Une bobine dure 10 minutes, donc recharger et vérifier la fenêtre caméra à chaque changement de magasin totalisent entre 60 et 90 minutes chaque jour. Nous économisons une bonne partie de ce temps avec le numérique.

Fred Meyers / Superviseur haute définition
Il y avait une controverse sur le fait que nous tournions ce film en HD avec des caméras numériques, et la nouvelle a certainement déclenché pas mal de froncements de sourcils chez ILM. Je crois qu'après deux semaines de tournage, les gens se sont faits à l'idée que nous tournions en numérique et que nous reviendrions sans pellicule. Cela dit, nous avons vraiment passé beaucoup de temps à organiser tout ça et mis pas mal de systèmes en place pour le préparer. Donc, je pense que nous avions une longueur d'avance en termes de logistique, non seulement pour le plateau et pour le site, mais aussi pour la postproduction.

Apprenti padawan

Hayden Christensen Pendant les répétitions, on reprend le scénario et on essaie de s'approprier le texte. On suit les consignes de George sur l'interprétation du personnage, mais il ne s'installait pas à côté de moi pour m'expliquer ce qu'Anakin avait dans la tête. Il voulait que j'aie ma propre vision du rôle, parce que désormais c'était mon personnage.

Christensen commence le 28 juin par les scènes avec Natalie Portman sur le croiseur naboo. Le lendemain, il tourne avec Ewan McGregor dans le décor de la ruelle derrière le club, où la chasseuse de primes Zam Wesell est assassinée.

Hayden Christensen Anakin a grandi sans cadre familial ces dix dernières années, si bien qu'Obi-Wan est devenu pour lui une figure paternelle. Il l'aime mais en même temps il y a toujours cette résistance, parce qu'Anakin voudrait échapper à ce qu'il est en train de

2.98 *Le 30 mars 2001, Hayden Christensen joue Anakin filant dans le paysage désertique de Tatooine. Quatre prises sont réalisées avec deux caméras, l'acteur étant assis sur un support articulé bleu contre un fond bleu. Le seul élément physique visible est le guidon du speeder.*
2.99 *Image du plan finalisé d'Anakin sur son speeder cherchant Shmi, alors que les soleils jumeaux de Tatooine se couchent au loin, signe que le temps presse.*

2.99

2.100

« Quand maître Ani m'a fait, il n'a jamais trouvé le temps de m'habiller. C'est très humiliant. Vous aimeriez, vous, déambuler tous circuits visibles ? »

C-3PO

La scène 10, où Obi-Wan et Anakin arrivent dans les appartements de la sénatrice Amidala pour lui apporter leur protection après la tentative d'assassinat dont elle a été victime, est tournée les 3 et 4 juillet sur le plateau 1.

Hayden Christensen Ce film raconte surtout une histoire d'amour, en particulier pour mon personnage. Quand Anakin entre en scène, c'est la première fois depuis dix ans qu'il revoit Padmé, et ce qui n'était qu'une attirance et une affection enfantines se transforme en un amour beaucoup plus passionné. Peut-être que cela fait un peu peur à Padmé.

faire, et j'imagine que c'est un thème central de toute la saga *Star Wars*. Donc ce conflit et cette animosité surgissent entre les deux personnages quand Obi-Wan l'empêche de faire ses propres choix.

Obi-Wan est le maître et je suis l'apprenti padawan, donc je peux piquer certaines choses à Ewan parce qu'il est passé par là, en quelque sorte. J'observe sa façon de se comporter sur le plateau. Il y a un certain maniérisme dans l'attitude des Jedi parce qu'ils ont confiance en eux. Ils restent sur leurs gardes et ils ont une présence physique forte parce que ce sont des protecteurs.

Le 5 juillet est filmée la tentative d'assassinat contre Padmé, dans sa chambre, avec les créatures kouhun venimeuses.

L'équipe déménage ensuite dans le bâtiment Fodder le 7 juillet pour tourner dans le garage de Tatooine. Il s'agit d'une reconstitution du décor de l'épisode IV où Luke découvre pour la première fois le message de Leia destiné à Obi-Wan Kenobi. Trois scènes doivent y être filmées, dont la 118 par laquelle commence l'équipe. C'est une scène clé du film. Anakin, fou de chagrin après la mort de Shmi, sa mère, a massacré le peuple des sables, femmes et enfants compris. Padmé lui apporte à manger et à boire et tente de le consoler.

Hayden Christensen Yoda avait déconseillé de former Anakin parce que le lien qu'il a avec sa mère est trop fort et qu'elle allait lui manquer. Si l'amour lui inspire autant de peur que d'envie, c'est parce qu'il sait qu'il risque d'en être privé. Quelle est la phrase de Yoda ? « La peur est le chemin du côté obscur. La peur mène à la colère, la colère mène à la haine, la haine mène à la souffrance. »

Il bascule du côté obscur à la mort de sa mère. Dans cette scène du garage, je viens de rentrer du campement des pillards tusken ; je m'effondre et j'avoue avoir massacré hommes, femmes et enfants dans un accès de rage. Anakin est rongé par un sentiment d'échec. Son principal objectif dans la vie était de libérer sa mère, et il a échoué. Donc même s'il est destiné à devenir le plus puissant Jedi, il ressent ce désir d'un pouvoir plus grand encore, que le côté obscur peut lui conférer. Ce pouvoir l'attire. Il veut pouvoir empêcher les gens de mourir. Rien ne l'arrêtera, et il sera aussi agressif que nécessaire pour y arriver.

George Lucas Les failles d'Anakin, comme celles de tous les héros de la mythologie classique, sont celles que nous portons tous en nous. Il se débat avec les mêmes angoisses que chacun de nous, et c'est ce qui le rend humain. Un bon Jedi surmonte ces failles.

Une fois la scène 118 tournée, le même plateau est utilisé pour la scène 102.

Anthony Daniels Voilà en gros comment se déroulait la scène : Padmé (qui ne trouve pas le sommeil parce qu'elle s'inquiète de la disparition soudaine de son amoureux « aspirant tueur ») découvre C-3PO seul dans le garage et lui demande s'il est heureux.

Philosophe, il lui confie qu'il n'est pas malheureux et que tout le monde le traite avec égards et gentillesse. Il regrette seulement que maître Ani soit parti si vite – un problème de midi-chloriens si je me souviens bien – sans avoir eu le temps de terminer son travail et de lui créer l'habillement requis. C'est éprouvant d'être dans cet état, dit-il. « Dans cet état ? » demande l'empathique Padmé. « Nu ! » répond le droïde honteux et sensible. Nu ! Ce

2.100 *Padmé reste à la ferme pendant qu'Anakin part en quête de sa mère. Dans le garage, C-3PO avoue à Padmé que sa nudité l'embarrasse, alors elle lui propose de l'habiller avec les pièces détachées et les morceaux de métal qu'ils ont autour d'eux. Anthony Daniels, vêtu de noir, manipule la marionnette de C-3PO par-derrière. La scène ne figure pas dans le film.*
2.101 *Croquis d'Iain McCaig pour la chemise de nuit de Padmé dans le désert (8 octobre 1999).*

2.101

n'est pas protocolaire du tout!» Pour C-3PO, l'existence ne vaut rien sans un cadre bien défini de convenances. Imaginez combien ces années passées sans habillage parmi les vaporateurs l'ont traumatisé! Tout droïde de protocole est offusqué par la nudité en public, même sur la plage géante qu'est Tatooine.

Touchée par cet aveu, Padmé remarque, à ses pieds, un coffre rempli de pièces métalliques. «Je ne l'avais pas vu!» s'exclame le droïde ébahi, avant de concéder qu'il n'est pas un roi de la mécanique – sans doute un euphémisme pour éviter d'admettre qu'il n'y connaît rien. Gracieusement penchée sur la malle aux trésors qu'elle vient de trouver,

2.102 *Le Slave I de Jango Fett se rapproche du chasseur d'Obi-Wan dans la séquence de poursuite parmi les astéroïdes. Ce visuel à la composition palpitante est destiné à la promotion du film.*
2.103 *Temuera Morrison et Daniel Logan en père et fils dans le cockpit du Slave I.*
2.104 *Ewan McGregor patiente dans le cockpit du chasseur jedi pendant que des réglages sont faits. Seul un décor rudimentaire a été construit; le reste du chasseur, couvert de toile bleue, sera ajouté en post-production.*
2.105 *Préparation du plateau pour l'atterrissage du chasseur d'Obi-Wan sur Géonosis. Le starfighter est suspendu à une poutrelle pendant que l'équipe charrie des pelletées de sable sur le plateau.*

2.106

l'ex-reine à qui rien n'échappe ne tarde pas à y trouver une cage thoracique, un visage et d'autres éléments utiles.

Le tournage commence à 17 heures avec Tony Daniels qui manipule la marionnette de C-3PO.
Don Bies / Superviseur de l'unité droïdes
Cela fonctionne sur le principe du bunraku, un art japonais où le marionnettiste se tient derrière la marionnette, attachée à lui en des endroits précis de façon qu'elle suive ses mouvements. Nous avons modifié les fixations pour Tony en prenant un Steadicam (harnais destiné à stabiliser les caméras) qui répartit harmonieusement le poids sur l'ensemble du buste. Dans l'épisode I, la démarche de C-3PO pouvait être hésitante parce qu'il venait d'être construit, mais pour ce film nous voulions qu'il marche comme Tony, donc, avec l'aide du département créatures, nous avons modifié ses jambes pour qu'elles s'articulent mieux.

La scène s'achève sur Padmé mettant en place la cage thoracique de C-3PO. La journée est bouclée à 19 heures. Le 10 juillet, le tournage reprend avec la scène 116: tôt le lendemain matin, C-3PO est presque entièrement habillé et Padmé n'a plus que le masque du visage à poser.
Don Bies C'était l'idée de George que C-3PO ne soit pas doré, mais bardé de pièces provenant de différents robots. Et puis nous n'avions pas glissé Tony dans le costume depuis treize ou quatorze ans, donc il fallait s'assurer qu'il entre encore dedans.
George Lucas C-3PO ne vieillit pas, donc je peux utiliser la même voix. La voix de Tony n'a pas vieilli tant que ça et, aussi incroyable que cela paraisse, Tony n'a pas beaucoup vieilli non plus. Et le costume lui va encore! C'est un droïde, que voulez-vous que je vous dise! *(Rires)*
Don Bies Pour la scène, Tony portait tout le costume excepté le masque, et les yeux de C-3PO étaient placés devant les yeux de Tony. Nous avons mis des aimants dans son casque pour que le masque s'applique automatiquement autour des yeux lorsque Natalie le mettrait en place. ILM ajoutera la tête de la marionnette numériquement.

À la fin de la scène, Owen admire le nouveau C-3PO et offre le droïde de protocole à Padmé, juste avant le retour d'Anakin.

Le boulot le plus bizarre

David Tattersall Beaucoup de décors sont partiellement en fond bleu. Il arrive que nous ayons une ou deux cloisons et que le reste du plateau soit du fond bleu.

Hayden Christensen Interagir avec des objets qui ne sont pas là et des gens portant des casques de chantier avec des petits cartons découpés en forme d'extraterrestre collés dessus, c'est vraiment bizarre. Je devais tenir compte de tellement de marques! J'agite la main par là, ça bouge ici, et lui est censé être un extraterrestre. Il faut composer avec tant de variables que, parfois, on se laisse distraire et on perd ses marques.

Obi-Wan enquête sur la mort de Zam Wesell et remonte la piste jusqu'à la planète aquatique de Kamino. Il atterrit à Tipoca City, où il est accueilli par le Premier ministre Lama Su, qui lui fait visiter l'usine de clones. Le 11 juillet, Lucas tourne les scènes de Tipoca City (59 et de 61 à 65), où le décor sera presque entièrement fait en images de synthèse ou en maquettes.

2.106 *Conformément au scénario, Obi-Wan est filmé en train d'escalader la paroi rocheuse avant de se retrouver face à deux massiffs – des sortes de lézards de la taille d'un chien montrant les crocs et bavant – comme on le voit sur la représentation qu'a imaginée Ed Natividad (26 avril 2000). Obi-Wan réussit à s'en débarrasser. Il était prévu initialement que les massiffs seraient des créatures de Géonosis, mais ils apparaîtront finalement sur Tatooine, où on les voit au campement des Tuskens en train de se disputer un os.* 2.107 *Ewan McGregor est filmé sur la corniche qui longe la façade rocheuse géonosienne avec la caméra numérique HDW-900 de Sony. Tout au long du tournage et des reprises, le nombre de cassettes HD Sony enregistrées et la quantité de pellicule 35 mm exposée ont été comptabilisés. Pas un mètre de pellicule n'a été utilisé pendant toute la durée du tournage.*

Ewan McGregor Nous marchions juste le long d'un fond bleu avec un rideau bleu derrière

2.107

2.108

nous, et ensuite tout ça devenait un immense hangar. D'habitude, quand on fait un film, on tourne les prises, on les monte, et ce que vous tournez est ce que vous avez pour faire le film. Ici, nous tournons des morceaux de prise de vues réelles, la partie jouée qu'ils vont incruster dans le reste du film, qu'ils ont déjà organisée et fabriquée avec l'ordinateur. Le jeu d'acteur est le seul morceau que l'ordinateur ne sache pas encore créer.

Dans l'épisode I, l'animatique consistait en blocs et formes très basiques, qui donnaient une idée grossière de ce qui se passait. En comparaison, celle que j'ai vue pour ce film est franchement belle et pourrait passer pour l'image définitive.

Rob Coleman C'est passionnant de regarder tourner George parce qu'il travaille comme aucun autre réalisateur que j'aie connu. George montrait à Ewan les *concept paintings* – « Bon, tu marches sur une passerelle, tu regardes autour de toi à mesure que tu découvres l'usine de clones » –, mais sur le plateau, il n'y avait rien à voir. C'est très brut et très éprouvant, mais George a besoin du vrai Obi-Wan dans l'image.

Ewan McGregor C'est le boulot le plus bizarre qu'on puisse faire. Rien ne ressemble à ça. C'est très particulier.

2.109

2.108 *Ce dessin d'Ed Natividad représente l'intérieur de la tour des Géonosiens, dont le style ciselé, épuré, très contrôlé, contraste avec la rudesse organique de l'extérieur (15 septembre 1999).*
2.109 *Lucas dirige Ewan McGregor pour la scène où Obi-Wan espionne les Séparatistes.*
2.110 *Dans ce dessin d'Ed Natividad, l'intérieur des stalagmites géonosiennes apparaît comme un réseau compliqué de couloirs, plus aisés à négocier avec des ailes (27 octobre 1999). L'endroit rappelle aussi les chaînes de montage à l'usine de droïdes.*

2.110

2.111   **2.**112

Rester concentré

Hayden Christensen Mon décor préféré est celui de la boîte de nuit. Il est vraiment cool – des bars high-tech qui servent des boissons high-tech et des gens très étranges qui circulent partout. J'avais parfois du mal à rester concentré.

La scène dans le night-club de Coruscant est tournée le 17 juillet. Après le crash de son speeder et une course-poursuite dans les rues de Coruscant, Zam se cache d'Anakin et Obi-Wan dans cet établissement.

Gavin Bocquet Nous avons demandé à George comment il le voyait. Est-ce que c'est un tout petit bar ? Une boîte de jazz ? Est-ce que c'est plutôt un établissement grandiose et clinquant ou un endroit type grand entrepôt des bas-fonds ? Pour lui, la boîte avait été un endroit chic qui avait perdu de son lustre.

Peter Walpole / Décorateur plateau Le club était un des plus gros décors. C'était marrant. C'est sympa de travailler sur un environnement de cette envergure quand beaucoup de gens pensent que tout est numérique ou sur fond bleu. Nous avons acheté beaucoup de choses dans le commerce, comme les tabourets de bar. Il fallait qu'il se passe aussi des choses en arrière-plan, un jeu de roulette ou des machines à sous. Nous avons déniché quelques vieux jeux d'arcade cabossés et vidés de leur contenu, nous les avons posés tête en bas, et leur apparence a complètement changé. George a tout aimé, mais il nous a demandé de modifier un peu le bar central – il voulait des tubes d'acrylique remplis de liquide, comme les grandes orgues d'une église. Le résultat est très réussi, et j'aurais aimé avoir eu l'idée, mais bon, c'est sans doute pour ça que le réalisateur c'est lui. Les directeurs artistiques avaient déjà prévu des

2.111-112 *Dessins de Iain McCaig d'un sith (8 juin, 12 mai 1999).*
2.113 *Initialement, le Seigneur Sith devait être une guerrière pourvue de deux sabres laser, comme sur ce dessin de Dermot Power (1ᵉʳ septembre 1999).*

néons dans le bâti. Il ne restait plus qu'à remplir l'espace de figurants pour avoir notre club.

Anthony Daniels J'avais été sur cinq films Star Wars, mais jamais en tant qu'acteur !

Don Bies Nous avons entendu parler de cette grosse scène dans la boîte de nuit. Je plaisantais avec Tony : « Tu devrais apparaître dans le film sans masque. Tu pourrais demander à George de te laisser faire un petit caméo. » Il a adoré l'idée ; il a posé la question à George, qui l'a autorisé à faire partie des figurants. Dès qu'elle l'a su, toute l'équipe R2-D2/C-3PO a voulu en faire partie aussi. Comme nous connaissions les assistants-réalisateurs, nous les avons soudoyés abondamment et ils nous ont placés à des endroits clés où on pouvait être vus de la caméra.

Anthony Daniels Quand nous sommes entrés, l'acteur qui jouait le barman a crié : « Foutez-moi ces droïdes dehors ! »

La scène d'intérieur est bouclée en une journée, tout comme la fin de la poursuite en speeder où Anakin tombe du bolide de Zam lorsque celui-ci s'écrase dans une ruelle.

La poursuite en speeder (scène 22) suit la tentative d'assassinat contre Padmé dans ses appartements. Obi-Wan et Anakin prennent en chasse son assaillante, Zam Wesell, dans le ciel de Coruscant.

George Lucas Jusqu'à présent, une poursuite à travers une ville n'était pas envisageable, parce qu'il aurait fallu prendre des modèles réduits image par image, mais maintenant nous pouvons faire des choses qui étaient inimaginables avant.

Le tournage de la scène 22 reprend le 21 juillet sur le speeder d'Anakin.

Ty Teiger / Ensemblier L'équipe construction nous a donné une carcasse de speeder, puis Peter Walpole et les maquettistes ont fabriqué tout l'intérieur, des panneaux muraux à la colonne de direction, en passant par les panneaux lumineux, les cadrans, les pédales et les sièges. Même si l'engin ne décolle pas et

2.114 *Lucas décide finalement que le comte Dooku est un ancien Jedi d'un certain âge, et Christopher Lee est choisi pour le rôle. Cette image du plan finalisé montre le comte Dooku engageant les Séparatistes à s'unir à lui pour attaquer la République. Nute Gunray (Silas Carson) tient particulièrement à ce que la sénatrice de Naboo disparaisse.*

2.115 *Cette proposition du sculpteur Mike Murnane pour Wat Tambor, le dirigeant du Techno-Syndicat, a été peint de différentes couleurs afin que Lucas puisse décider laquelle est le plus en adéquation avec les autres personnages (29 septembre 2000). Murnane : « Wat Tambor est un genre de Flash Gordon Art déco, un personnage composé de formes simples qui se répondent. »*

ne vole pas, tout doit être fonctionnel, donc cela implique un gros travail d'ingénierie. Beaucoup de réflexion. Beaucoup de temps. Et il est superbe.

Rick McCallum Nous avons mis le speeder sur un support articulé entouré de fond bleu et nous avons installé d'immenses écrans plasma devant lui pour que les acteurs voient l'animatique en temps réel. De cette façon, ils comprennent ce qui se passe et peuvent interagir dans cet environnement bleu complètement surréaliste.

Hayden Christensen C'était la première fois que j'étais dans un speeder. Je me suis beaucoup amusé à appuyer sur tous ces boutons.

Dave Young / Superviseur des effets spéciaux L'effet le plus difficile a été de construire un simulateur de vol pour les speeders. Il est à usage multiple et bouge selon six axes. Il peut faire voler des speeders (ceux d'Anakin et de Zam), des vaisseaux spatiaux. Nous pouvons aussi l'utiliser pour le *motion control* des animaux dans la scène de

« Nous aimons ancrer les concepts dans le réel. En Irak, les femmes nomades portent beaucoup de bijoux et sont voilées. J'ai remplacé les voiles par de simples feuilles de métal qui auraient pu provenir d'une décharge. »
Dermot Power / Concept artist

l'arène. Il a donc de nombreuses fonctions, et nous avons réussi à mettre ensemble toute la structure depuis la conception au produit fini en quatre semaines et demie environ.

Les 24, 25 et 28 juillet, le tournage continue avec les deux speeders. Anakin saute du sien sur celui de Zam – il essaie de pénétrer dans le cockpit et Zam tente de lui faire lâcher prise.
Hayden Christensen J'étais ballotté dans tous les sens et j'essayais de m'accrocher et d'escalader ce truc. Je me sentais un peu con en le faisant, mais ils m'ont juré que ça fonctionnerait, et je leur fais confiance.

Mélodrame

Natalie Portman L'épisode I installait les personnages et les situations pour les cinq prochains films, donc en dehors des actions qui rythment l'intrigue, les personnages n'avaient pas beaucoup à raconter. La reine Amidala était toujours un peu dissimulée, comme derrière un masque – ses relations avec les autres personnages n'avaient rien de spectaculaire –, donc je devais tout intérioriser.

Là, elle a trouvé quelqu'un qui la fait changer, et la stoïque silhouette royale se change en une jeune femme apte à tomber amoureuse, à s'ouvrir et à raconter son histoire. Elle peut s'amuser, rigoler, être une fille normale.

Le 19 juillet, Natalie Portman et Hayden Christensen jouent la scène d'amour entre Padmé et Anakin, dans la salle à manger de leur refuge sur Naboo. Au dessert, alors qu'ils sont assis l'un en face de l'autre, Anakin emploie la Force pour prendre le fruit de Padmé juste au moment où elle s'apprête à y piquer sa fourchette.
Natalie Portman Il essaie de l'impressionner avec ses tours de Jedi.

Ensuite, Anakin et Padmé s'installent l'un à côté de l'autre dans une alcôve.

2.118

2.116 *Image du plan finalisé du campement des pillards tusken avec des massifs.*
2.117 *Plusieurs décors sont en train d'être construits sur le plateau 3 des studios Fox Australie, à Sydney. Au premier plan, le décor du campement tusken, avec une tente ouverte afin que des scènes d'intérieur puissent aussi y être filmées. Les tentes sont supposées être constituées de cornes de Bantha attachées ensemble et recouvertes d'une couche protectrice de boue. À gauche se dresse le décor de la façade rocheuse sur Géonosis où atterrit Obi-Wan et qu'il commence à escalader. À l'arrière, des marches en pierre, des niches et des fissures sont assemblées – Obi-Wan s'en servira pour faire discrètement le tour de la structure géonosienne et espionner le comte Dooku et les Séparatistes.*
2.118 *Proposition de costume de Dermot Power pour une « femme des sables » – une pillarde tusken (19 mai 2000). Les vêtements ont été étudiés de façon à minimiser l'impact des tempêtes de sable.*

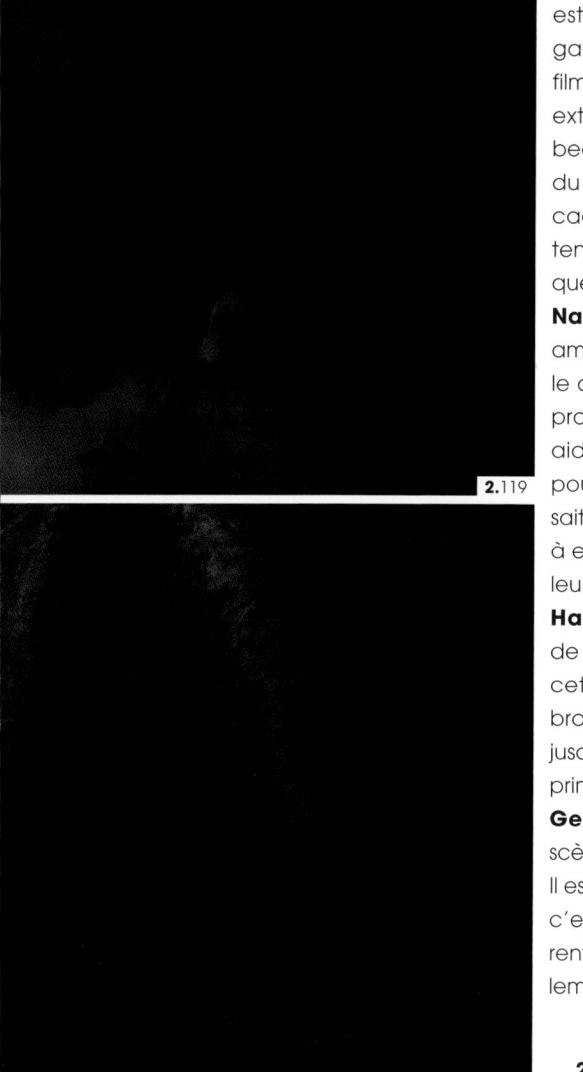

Hayden Christensen Anakin éprouve des sentiments passionnés pour Padmé, mais il n'oublie pas son ambition de devenir le meilleur Jedi possible. Il sait aussi qu'en principe cela exclut pour lui de tomber amoureux. Dans ce film, l'angoisse qu'il ressent naît de ces élans contradictoires. Je crois qu'au début Padmé est frappée par son conflit intérieur et elle garde un peu ses distances. Pendant tout le film, ils se retrouvent dans des environnements extrêmes. D'abord ils se cachent, ils passent beaucoup de temps dans ce palais au bord du lac ou dans des prairies verdoyantes, un cadre propice à l'expression d'émotions intenses, même si les deux personnages savent que ce n'est pas une bonne idée.

Natalie Portman Padmé ne veut pas tomber amoureuse d'Anakin parce que, comme elle le dit, elle a plus important à faire. Elle a des projets d'avenir comme dirigeante, elle veut aider les gens et améliorer les choses avec pour armes sa jeunesse et son idéalisme. Elle sait au fond d'elle-même que penser d'abord à elle et céder à son amour n'est pas la meilleure chose à faire pour son peuple.

Hayden Christensen Padmé est capable de résister à la tentation, et c'est sans doute cette volonté qui séduit autant Anakin. Ce bras de fer dure presque tout le long du film, jusqu'au moment où ils s'autorisent enfin à exprimer leurs sentiments.

George Lucas Soyons francs, dans cette scène, leur dialogue est franchement nunuche. Il est tout à fait honnête, il n'y a pas d'ironie, et c'est joué sans retenue. Pourtant, il reste cohérent avec le reste du film et aussi, plus globalement, avec le style *Star Wars*. La plupart des

2.119 *Dans cette image du plan finalisé, Anakin berce sa mère défunte (Pernilla August) dans ses bras. Sa douleur se mue en rage.*
2.120 *Image du plan finalisé d'Anakin massacrant les pillards tusken. Personne n'est épargné.*

gens n'ont pas idée du style *Star Wars*. Ils ne voient pas que les westerns des années 1930 ou les séries télé du samedi matin sont un des motifs qui sous-tend la saga. C'était l'époque où les films, notamment d'aventures, étaient plus romantiques. Et cet épisode, plus que les autres, rappelle un mélodrame.

Câliner

George Lucas Yoda et d'autres membres éminents du conseil forment les jeunes Jedi jusqu'à ce qu'ils aient 10 ans ; ensuite, les enfants sont confiés à leur mentor, un maître jedi qui parfait leur apprentissage.

La scène dans la véranda du temple jedi, où Obi-Wan interrompt le cours de Yoda avec les plus jeunes pour l'interroger sur une planète qui ne figure pas dans les cartes des archives,

est filmée le 20 juillet. Le casting des enfants a eu lieu le 7 juillet.

Ros Breden / Casting figurants Le casting des jeunes Jedi a sans doute été la session de recrutement la plus lourde parce qu'il fallait que nous trouvions des enfants qui se ressemblaient, des jumeaux si possible pour les faire travailler à tour de rôle, quatre heures le matin pour la moitié, et quatre heures l'après-midi pour l'autre moitié.

Nous avons présélectionné une soixantaine d'enfants, que nous avons emmenés de l'autre côté de la rue, où le coordinateur des cascades, Nick Gillard, leur a appris quelques mouvements de base propres aux Jedi. Là, nous en avons retenu 27.

Nick Gillard Tous les gamins étaient si sympas que c'était difficile de refuser l'un d'eux.

Ewan McGregor Ils étaient très bons. Ils gardaient sagement leurs marques. Ahmed Best les aidait à rester en formation et il était fantastique avec eux.

Rapport journalier de production / 20 juillet 2000

Les jeunes figurants jedi ont terminé le travail comme prévu, avec des sessions de quatre

2.121 Dans cette image du plan finalisé, Anakin avoue à Padmé la violence de sa vengeance contre les pillards du désert.
2.122 Anakin de retour à la ferme hydroponique, portant dans ses bras le corps de sa mère Schmi.

heures en alternance, cependant, il a fallu les câliner pour leur faire ôter leur déguisement.

Construit à moitié

Rick McCallum Nous avions 12 plateaux à Sydney, et dans chacun d'eux il y avait au moins un décor. *Star Wars* se construit autour de l'intrigue, si bien que nous passions souvent d'un plateau à l'autre, parfois dans une même journée. Il nous fallait six à huit semaines pour monter un décor, nous y tournions deux ou trois jours, et nous passions à autre chose. Le soir même, le décor était démonté et nous commencions à préparer le suivant. Souvent, l'espace manquait pour un décor entier, alors à la place nous faisions des maquettes. Nous en avons utilisé beaucoup et le département maquettes a également été très sollicité pour l'épisode III.

Paul Duncan Qui prenait la décision d'utiliser une maquette ou pas ?

Rick McCallum George et moi – nous prenions toutes les décisions ensemble. Nous nous retrouvions pour un petit déjeuner ou un déjeuner, et je lui disais : « Écoute, on n'arrivera jamais à démonter le plateau 10 et à construire ça dans les temps. Est-ce que ça vaut vraiment la peine de passer six semaines à construire un décor pour une demi-page de dialogue ? »

Paul Duncan Dans le scénario, la scène de la bibliothèque jedi fait deux pages et demie.

Rick McCallum Dans ce cas précis, le décor a été construit à moitié, avec un fond vert, puis ILM a mis plusieurs mois à réaliser une maquette très détaillée et l'ensemble a été assemblé en numérique. Ce n'était pas tellement pour des économies budgétaires que nous fabriquions des maquettes, puisque seul un petit nombre d'artistes avaient les compétences techniques et la sensibilité nécessaires pour le faire, mais comme souvent dans ce cas, cela nous a permis d'économiser du temps en production, en ne bâtissant pas un décor de bibliothèque complexe et détaillé.

La scène dans la bibliothèque du temple jedi est entièrement tournée le 1er août.

Un fond propre

La scène au Dex's Diner est tournée le 7 août. Obi-Wan rend visite à son vieil ami Dexter Jettster dans l'espoir qu'il saura lui dire d'où provient la pointe qui a tué Zam.

George Lucas Nous essayons toujours d'avoir l'acteur-voix en plateau pour dire le texte et jouer le rôle. Nous tournons quelques prises avec lui dans la scène, puis quelques autres sans lui pour avoir un fond propre.

Rob Coleman Je dois savoir si le personnage numérique va serrer le personnage « réel » dans ses bras. Si c'est le cas, nous devons être très attentifs. Est-ce que l'un tend un verre à l'autre, à quel endroit sont-ils assis ? Et la durée de ce qui se passe quand Dexter est attablé au restaurant, s'il donne un coup de poing sur la table ou boit une tasse de café ; il nous faut des repères pour les moments où Ewan est silencieux et regarde un personnage qui n'est pas là. Ewan s'appuie sur la voix de l'acteur, et quand nous tournions cette séquence, j'ai dit à George que je trouvais ça génial que le personnage animé soit quand même présent.

George Lucas Je gardais en tête tous les placements des personnages de synthèse pendant que nous filmions. Comme une serveuse se déplaçait dans la pièce, parfois nous en prenions une vraie pour visualiser ses allées et venues, même si nous envisagions de la remplacer par un robot en synthèse.

2.123 *Obi-Wan rapporte que la Fédération du Commerce est derrière la tentative d'assassinat contre la sénatrice Amidala et qu'ils vont bientôt disposer d'une armée de droïdes. Avant de pouvoir finir son compte rendu, il est attaqué et enlevé.*
2.124 *Le comte Dooku tente de convaincre Obi-Wan de s'allier à lui et à sa cause – il lui révèle que le Sénat est corrompu et qu'un Seigneur Sith, Dark Sidious, contrôle des centaines de sénateurs. Obi-Wan ayant refusé son offre, Dooku lui déclare qu'il va avoir du mal à obtenir sa libération.*

De cape et d'épée

Natalie Portman Jouer devant un fond bleu est très difficile parce que tout repose sur votre imagination. Sur un plateau, vous pouvez vous laisser aller parce que vous avez le décor, les costumes, les autres acteurs, vous travaillez par séquences et il est très facile de sentir la situation. Devant un fond bleu, il faut imaginer ce qui vous entoure, et cela relève d'une compétence bien différente.

Les scènes qui se déroulent dans l'arène de Géonosis, où Anakin, Padmé et Obi-Wan doivent être exécutés, sont filmées en cinq jours à partir du 10 août. Le tournage commence sur le plateau 1 avec Anakin et Padmé juchés sur le reek, puis se poursuit sur le plateau 3 où ils sont enchaînés à des poteaux et où Padmé escalade le sien pour combattre un nexu.

Nick Gillard Natalie devait faire quelques cascades. Elle était enchaînée à un poteau, tout comme Anakin et Obi-Wan, quand trois gros monstres entrent dans l'arène pour les dépecer vivants. Elle s'en est très bien sortie.

Natalie Portman J'étais impatiente de combattre avec les Jedi parce que, dans le premier film, on ne peut pas vraiment dire que j'ai eu beaucoup de scènes d'action. J'avais dit à George que je ne voulais pas être éternellement la fille sauvée par des mecs.

Dans ce film-ci, c'est bien mieux. Beaucoup de cascades consistent à fuir ou combattre des créatures imaginaires, ce qui est plutôt amusant. Tout est bleu et moelleux, donc on ne se fait pas mal quand on tombe.

Rob Coleman J'avais des centaines de questions pour George. Comme je n'arrivais pas à avoir plus de quelques minutes d'affilée avec lui, je classais mes demandes par ordre de priorité : Comment les créatures de l'arène se déplacent-elles ? Sont-elles lentes, rapides ? Est-ce qu'elles ont le pas lourd ou est-ce qu'elles virevoltent partout ?

Je notais ses réponses et j'appelais ou j'envoyais un e-mail à ILM.

Les scènes où les Jedi se battent et où Mace Windu décapite Jango Fett sont tournées sur le plateau 3 ; 71 mises en place sont réalisées dans la seule journée du 14 août.

George Lucas C'est l'âge d'or des Jedi, mais tous les Jedi ne se battent pas de la même façon.

Hayden Christensen Pour chaque Jedi, Nick Gillard conçoit un style particulier, qui signe un aspect de la personnalité.

Nick Gillard S'il existe un point commun entre leurs façons de combattre, c'est qu'ils ne s'exposent jamais. Ils sont toujours en mesure d'attaquer et de parer. Mais les styles varient. Vous savez comment fonctionne le système des *dan* dans les arts martiaux ? Lorsque vous obtenez la ceinture noire, vous êtes premier *dan* ; puis vous progressez et avez un deuxième *dan*, etc. Au cinquième, vous avez votre style propre. Les Jedi, eux, c'est comme s'ils avaient des millions de *dan*, donc les différences sont visibles.

2.124

2.125

Ewan McGregor Je ne l'ai pas remarqué avant d'arriver sur le plateau et de combattre avec les autres, mais Obi-Wan va droit au but, alors qu'Anakin déploie une vigueur plus juvénile.

Nick Gillard J'ai toujours dit à Ewan McGregor que, si sa carrière d'acteur s'arrêtait, il pouvait venir travailler pour moi, parce qu'il a un sens de l'équilibre et une coordination motrice extraordinaires. Il ne répétait que trois ou quatre fois, et on aurait déjà pu le filmer.

Anakin est l'Élu, donc le public aura envie de le sentir, de le voir se manifester. Il doit avoir des éclairs de génie. Il est plus doué qu'Obi-Wan. Anakin est toujours en position d'attaque. C'est là qu'il excelle et il le sait, ce qui veut dire qu'il peut parfois se montrer impétueux.

J'ai passé quatre semaines à entraîner Hayden. Il est fantastique. Hayden et Ewan font eux-mêmes toutes leurs cascades et tous leurs combats au sabre.

Hayden Christensen Nick apporte un arc narratif aux combats : si vous êtes attentifs, les combats deviennent des personnages à part entière. C'est entièrement grâce à Nick. Et il sait rendre les séances d'entraînement amusantes aussi.

Nick Gillard J'ai commencé à chorégraphier ces combats au sabre laser quand j'étais encore sur le film précédent. Il faut commencer avec plus que nécessaire, puis dégrossir. C'est un long processus, non seulement pour que les acteurs apprennent les enchaînements, mais aussi pour qu'ils restent dans leur personnage. Ils y mettent aussi beaucoup d'eux-mêmes.

Samuel L. Jackson Je vois ces films comme des aventures de cape et d'épée de l'ère moderne.

Nick Gillard Mace Windu affronte le chasseur de primes Jango Fett. Nous n'avons pas encore vu Mace combattre, mais nous savons que, hiérarchiquement, il vient juste après Yoda. J'envisageais un style pour lui, mais au final c'est celui de Sam Jackson – il en a tellement que je n'avais pas grand-chose à rajouter.

2.125 *Yoda et Mace Windu (Samuel L. Jackson) assistent en observateurs aux débats à la chambre, alors que les sénateurs votent les pleins pouvoirs au chancelier Palpatine. Mace décide de partir pour Géonosis et Yoda annonce qu'il va se rendre à Kamino pour voir l'armée de clones de ses propres yeux.*
2.126 *Image du plan finalisé de Palpatine au Sénat acceptant « à contrecœur » les pleins pouvoirs. Son premier acte est de créer une grande armée républicaine.*
2.127 *L'équipe filme le podium central du Sénat. Ian McDiarmid (Palpatine) est entouré par Sandi Finlay (dans le rôle de Sly Moore, devant) et David Bowers (en Mas Amedda).*

2.126

Samuel L. Jackson Je suis un fan de films de samouraïs japonais et j'ai regardé beaucoup de combats en kendo, donc c'est le style de Mace. Je m'en sors pas mal du tout, mais il faut que le jeu de pieds soit juste pour que les coups portent et soient crédibles, donc cela ressemble beaucoup à une danse. Puisque je suis censé être le deuxième gars le plus fort de l'univers, je me dois d'être plutôt efficace. Je ne fais pas plein de moulinets ou ce que ce soit d'autre avec mon sabre. J'administre mes coups aux gens rapidement, en dépensant aussi peu d'énergie que possible…

Mon combat avec Jango est une combinaison de lui essayant de s'échapper et de moi essayant de l'en empêcher. Il y a donc différents volets : lui qui vole, qui m'envoie des projectiles, moi qui me défends puis qui

2.127

Hayden Christensen Quand j'étais petit, je jouais dans le jardin avec un bâton en guise de sabre laser, j'imitais tous les bruits. Une fois sur le plateau, j'enchaînais les chuintements et les vrombissements de la même manière. George a fini par m'interrompre et m'a dit : « Hayden, tu n'es pas obligé de faire les bruitages. On a l'argent pour les ajouter pendant la postproduction. »

Marqué par la guerre

Christopher Lee Tout ce que je sais du comte Dooku, c'est qu'il est Jedi et, comme me l'a dit George, un Jedi marqué par la guerre.

C'est un personnage inflexible, qui ne montre aucune émotion. Il est très froid, très contraint, très distant, et il ne ressent pas la peur. Il est d'une très grande intelligence, sans doute plus que quiconque. Il incarne une force particulière, si j'ose employer ce terme, et il est tout sauf sympathique. Je ne pense pas que ce soit le genre de personne qu'on ait plaisir à avoir à dîner. De toute évidence, c'est un homme extrêmement puissant, tant au niveau mental que physique. Cette dernière qualité est, bien sûr, amplement démontrée au cours de ce duel phénoménal. Personne ne manie mieux le sabre que lui dans la galaxie, et il se doit d'asseoir sa suprématie en affrontant trois personnages successifs. D'abord Anakin, puis Obi-Wan Kenobi, et enfin Yoda. Et il s'en tire. Il réussit à s'échapper pour aller faire son rapport à « son maître », comme il l'appelle : l'Empereur.

Ses exploits ont déclenché une guerre, et là était le but recherché : la destruction finale des Jedi et un pouvoir total sur la galaxie.

Dooku tente de fuir la bataille de Géonosis, mais Anakin et Obi-Wan l'attendent dans son

2.129

hangar secret. La scène de combat est tournée du 21 au 23 avril.

Christopher Lee Le public aura l'impression de me voir moi, l'acteur Christopher Lee, dans le rôle du comte Dooku, en train de livrer l'un des plus beaux combats jamais vus à l'écran.

2.128 *Illustration de Ryan Church pour la scène dans l'usine de droïdes (10 mai 2001). Cette nouvelle scène a été imaginée par Lucas pour ajouter de l'action à un moment plus lent du film. Les plans avec les acteurs filmés sur fond bleu pendant les reprises de mars 2001 serviront de cadre pour ce projet de décor.*
2.129 *Illustration de Ryan Church montrant Padmé sur le tapis roulant de l'usine de droïdes (10 mai 2001). Les énormes machines et le métal en fusion accentuent la sensation de danger. Church : « L'usine de droïdes est un environnement super-menaçant, un endroit fait par et pour les robots. La chair tendre et vivante n'y a pas sa place. »*

Je déteste décevoir les gens, mais je me dois d'être honnête : je n'y suis pas pour grand-chose. Les gens se doutent bien, me semble-t-il, que quelqu'un de presque 79 ans ne peut pas faire tout cela.

Nick Gillard Christopher n'est plus tout jeune, et nous n'attendions pas de lui qu'il fasse des cabrioles et des bonds sur des mini-trampolines un sabre à la main, donc il sera doublé par Kyle Rowling. Nous numériserons aussi son visage pour le superposer à celui de sa doublure dans les séquences les plus complexes.

George Lucas Un des avantages, avec Christopher, c'est qu'il manie très bien le sabre. Il a des connaissances et des compétences certaines en escrime. Bien que nous utilisions des doublures pour les cascades et des doublures numériques, Christopher peut jouer les gros plans et certains plans larges.

Christopher Lee Par certains aspects, ce film est plus difficile qu'un autre parce que vous ne

2.130

2.131

2.130 *Illustration de Ryan Church : Anakin sur le tapis roulant brandit son sabre laser.*
2.131 *Sur cette image du plan finalisé, Jango Fett et ses Droïdekas ont capturé Anakin. Son sabre brisé, Anakin n'a aucun moyen de se défendre.*

2.132 *Anakin : « Je croyais qu'on avait décidé de se faire souffrir, de ne pas tomber amoureux, parce que ça nous obligeait à vivre dans le mensonge et que si on cédait, on allait gâcher nos vies. » Conscients que la mort est proche, Anakin et Padmé s'avouent leur amour et échangent ce qui pourrait être leur dernier baiser.*

voyez pas ce qui vous fera face dans la scène, mais on en revient toujours à l'interprétation de l'acteur. Le jeu, et rien d'autre que le jeu. Il faut avoir une imagination très fertile. Si vous avez cela en tant qu'acteur, c'est une aide. Vous devez faire croire au public que ce que vous dites est réel et que ce que vous faites pourrait arriver. Le défi est de taille. Surtout quand, en un sens, il sait que ce n'est pas le cas.
George Lucas Je voulais que ce duel soit différent de celui de La Menace fantôme. De façon générale, j'essaie de faire évoluer les combats au sabre pour qu'ils ne soient jamais redondants.

Malgré son pouvoir, Anakin est dominé et vaincu par Dooku, et il perd son bras droit.
Obi-Wan non plus n'est pas de taille face à Dooku.
Ty Teiger C'était l'idée de Dermot Power que le sabre laser de Dooku évoque davantage une rapière, avec une garde.
Dermot Power Pour le sabre laser sith, je l'ai délibérément incurvé ; je voulais quelque chose d'exotique, presque arabe.
Ty Teiger J'ai une équipe de secours dédiée aux sabres laser – quatre gars qui passent la journée à débiter des sabres laser – parce que nous en cassons 40 par jour. Nous avons des sabres courts pour les cascades et des sabres longs. Ce sont des tubes en aluminium et, même s'ils sont résistants, quand les acteurs commencent à les faire voltiger dans tous les sens, ils plient en quelques secondes. Une fois tordus, ils sont fichus, donc il faut les remplacer toutes les cinq minutes.

Le combat connaît son apogée lorsque le comte Dooku affronte Yoda.
Rob Coleman Je dirais qu'avec la planification, la séquence du film qui me donne le plus de soucis et de tracas est le combat entre Yoda et le comte Dooku. Dès que je l'ai lue, je me suis dit : « Oh, bon sang ! Comment on va faire pour que ça fonctionne ? » On a un personnage numérique de 84 centimètres et un homme de 78 ans mesurant 1,95 mètre. Le défi est de taille. Je ne veux pas que le public éclate de rire. C'est un moment très sérieux dans le film. J'ai essayé d'en parler plusieurs fois à George. Je remettais régulièrement le sujet sur le tapis et il faisait : « Ouais, ouais, je sais, il faut qu'on en discute… »

Le décor emblématique

Le tournage à Sydney s'achève le 25 août sur les scènes 42 et 44 dans la maison des parents de Padmé. Padmé se rend sur Naboo incognito, accompagnée de son garde du corps

2.132

« J'avais huit sculpteurs travaillant sur l'arène, donc ma tâche principale consistait à garantir la cohérence du projet. Il faut une paire d'yeux comme dénominateur commun pour dire : "Ta texture est différente de celle de ton voisin." J'avais plutôt un rôle de chef d'orchestre que de mathématicien. »

Michael Lynch / Maquettiste

2.135

jedi, Anakin, et s'arrête chez ses parents, à Theed; elle présente Anakin à sa famille, qui la taquine sur ce « petit ami ». L'équipe principale part ensuite pour le lac de Côme, en Italie, pour filmer les scènes dans le refuge du lac sur Naboo durant quatre jours à partir du 30 août.

Rapport journalier de production / 31 août 2000

Scène 50 prévue, mais non tournée. Longue attente à cause des conditions météo. La pluie a entraîné beaucoup de retard dû à des défaillances électriques.

George Lucas La plupart du temps, quand vous tournez sous la pluie, cela ne se voit pas. Dans ce cas particulier, nous travaillions à l'abri, nous filmions l'extérieur depuis l'intérieur, donc j'ai pu tourner malgré le temps.

Lucas tourne la scène du mariage qui conclut le film – Padmé et Anakin s'avouent leur amour et se marient en secret. Il tourne également la scène où Anakin se réveille d'un cauchemar et explique à Padmé qu'il a peur que sa mère soit en train de souffrir et qu'il doit aller la retrouver. Compatissante, Padmé insiste pour l'accompagner à Tatooine afin qu'il ne faillisse pas à sa mission de veiller sur elle.

La production déménage à Caserte, où elle tourne l'entrevue entre Padmé et la reine Jamillia dans le palais de Naboo le 5 septembre.

2.133 *Croquis d'Ed Natividad pour l'arène d'exécution de Géonosis (19 février 2000). La forme naturelle de l'arène projette des zones de lumière et d'ombre sur le sol.*
2.134 *La maquette de l'arène d'exécution mesure 3 mètres de haut et 4,50 mètres de diamètre. Elle comprend huit sections, si bien que plusieurs peuvent être filmées simultanément.*
2.135 *Image du plan finalisé montrant les hordes de Géonosiens qui se réunissent pour profiter du spectacle de l'exécution. Ce plan de l'arène rappelle les jeux de lumière et d'ombre créés par Ed Natividad.*

2.136

Elle se rend ensuite à Tozeur, en Tunisie, pour les scènes sur Tatooine.

George Lucas Je me suis toujours senti chez moi dans le désert, donc je n'ai aucun mal à y travailler, ce que j'ai beaucoup fait. Même si la température montre à 55-60 degrés, je suis habitué.

Le 7 septembre, Lucas tourne les scènes où Anakin cherche sa mère, ainsi que les extérieurs de la ferme des Lars.

George Lucas La ferme s'était dégradée en vingt ans, mais il n'a pas fallu grand-chose pour la remettre en état. C'est le décor emblématique de la saga. Les gosses étaient en extase parce que c'est comme cela qu'ils se rappelaient *La Guerre des étoiles*. Pour moi, c'était un retour nostalgique au passé de la voir dressée là, c'était comme si le temps ne s'était pas écoulé.

Lucas profite des lieux pour filmer la dernière scène de l'épisode III où Luke bébé est confié à Owen et Beru.

George Lucas Comme ça, je n'aurai pas à revenir aussi loin avec 60 personnes et à reconstruire un décor pour un seul plan.

2.137

Natalie Portman et d'autres membres de l'équipe sont retardés pendant leur voyage. Du coup, le lendemain est déclaré journée de repos, et le tournage reprend à la ferme le 9 septembre.

Anthony Daniels manipule la marionnette de C-3PO pour l'arrivée d'Anakin et de Padmé, mais enfile le costume complet quand ils sont réunis devant la tombe de Shmi.

Les scènes à Mos Espa sont filmées le lendemain : Watto informe Anakin que Shmi a été vendue à Cliegg Lars. Le 11 septembre, l'équipe s'installe à Matmata pour le tournage des scènes dans la cour de la ferme où Anakin retrouve Owen et Beru et apprend le sort de Shmi.

George Lucas Beaucoup de lieux de tournage n'avaient pas changé du tout. L'hôtel Sidi Driss, qui nous avait servi pour la ferme, avait en fait été repeint quand ils ont appris que nous revenions. Du coup, nous avons dû le vieillir à nouveau. Ils avaient même gardé pas mal d'accessoires.

Après une journée de repos, la production part pour Séville, en Espagne, lieu choisi pour la grande cour du palais où se trouvent Anakin, Padmé et R2 à leur arrivée sur Naboo. Quatre jours aux studios d'Elstree, en Angleterre (15, 18-20 septembre) concluent la première phase de tournage, avec les scènes sur Géonosis, notamment la séquence de la bataille dans l'arène et le bâtiment du Sénat sur Coruscant. L'équipe principale boucle son programme à l'heure du déjeuner, le 20 septembre, après 61 jours de tournage, soit un jour et demi plus tôt que prévu.

George Lucas Nous avons terminé en avance parce que, grâce au numérique, nous avons pu tourner plus de mises en place par jour qu'en pellicule, alors que c'était la première fois que nous utilisions ces caméras numériques et que l'équipe apprenait encore à s'en servir.

2.136 *Image du plan finalisé de Poggle le Bref (à gauche) donnant le coup d'envoi des exécutions.*
2.137 *Illustration de Ryan Church pour les poteaux dans l'arène (17 septembre 2001). Très haut dans le fond, on distingue la loge de l'archiduc, d'où les dignitaires admireront le spectacle – un croquis antérieur la plaçait plus bas.*
2.138 *Anakin parvient finalement à prendre le dessus. Il est entouré de picadors armés de lance montés sur des orrays.*

2.138

Rick McCallum Pendant des semaines, nous avons tourné sous une pluie torrentielle sur le plateau de Kamino, puis dans le désert par plus de 50 degrés. J'ai pris un ingénieur caméra pour toutes les prises en conditions difficiles. Pas le choix. Pour l'épisode I, tourné sur pellicule, j'avais un ingénieur qui remontait les caméras tous les soirs quand nous étions en Tunisie.

Le corps de la Sony HDW-F900 était sur celui de la Betanum, l'une des caméras fabriquées par Sony qui aient le mieux marché. Il en existe environ 6000 dans le monde, donc c'est un modèle éprouvé. Nous n'avons pas eu le moindre problème avec la HDW-F900, ce que je ne peux dire des tournages sur pellicule.

Manipulation constante

George Lucas Filmer est captivant, mais tout ce que je fais, c'est d'amasser le plus de matière pour ensuite aller m'enfermer en salle de montage et passer du bon temps. C'est ce que je préfère. C'est beaucoup plus marrant de créer son film en salle de montage.

Beaucoup de réalisateurs arrivent avec une idée et organisent tout en fonction, puis ils se

2.139

EP2 SHOT STATUS (Stage Layout)

ILM Shot	X	Thumbnail	Arena Location / Shot Description	ILM Elements
GAM605	36		Arena East (medium) LOW < OBI-WAN FALLS	-stage elem: arena miniature - stage elem: dust cloud / dirt chunks -cg acklay claw -fg plate -cg geonosians (crowd)
GAM610	46		Arena Northwest (hightilt, wide) /sky ACKLAY STRIKING	-stage elem: arena miniature -stage elem: dirt clots/cloud -cg acklay -fg plate -3d flying sand
GAM615	46		Arena East (medium) LOW < OBI-WAN FALLS, ACKLAY STRIKES	-stage elem: arena miniature -stage elem: dirt clots/cloud -cg acklay claw -fg plate -cg geonosians (crowd) -3d flying dust?
GAM620	38		Arena Northwest (wide, hightilt) /sky ACKLAY STRIKING	-stage elem: arena miniature -stage elem: dirt clots/cloud -cg acklay -fg plate -3d flying sand
GAM687	58		No Arena BS OBI-WAN	-cg acklay -cg geopolebreak and starts to fall over -cg chains (geolink), hi-res chain sim (sim) -sand extension -cg geopoles extension -stage elem: dirt clots/cloud OR 3d flying dust -bs box removal -retime -cg nexu lying on ground at base of
GAM690	112		Arena Southeast (CU Dooku box) 2S JANGO & BOBA	-stage elem: arena miniature -cg poggle -boba looks around poggle -fg plate
GAM695	56		No Arena BS OBIWAN	-cg acklay -fg plate - cg chains (geolink) -lo-res chain sim for chain on obi's pole (td) -sand extension -cg geopoles extension -stage elem: dirt clots/cloud OR 3d flying dust -bs box removal -retime

2.140

2.139 *Ryan Church dépeint ici le plan GAM 873 d'Obi-Wan esquivant l'acklay (11 décembre 2001).*
2.140 *Fiche d'état de plan (datée du 25 octobre 2001) décrivant chaque plan du combat contre l'acklay ainsi que le travail à effectuer par ILM pour le réaliser – en indiquant les éléments réels et 3D qui devront être assemblés pour le finaliser.*

2.141 *Natalie Portman prête à tourner au sommet du poteau d'exécution. Son costume a été lacéré et son dos maquillé pour simuler les blessures infligées par le terrible nexu.*
2.142 *Image du plan finalisé de Padmé se défendant contre le nexu à l'aide de ses chaînes.*

« *Pour le nexu, j'envisageais un mutant combinant énergies humaine et féline, un hybride que je trouvais personnellement très dérangeant.* »

Robert E. Barnes / Sculpteur concept

2.141

plient scrupuleusement à cette matrice rigide qu'ils se sont imposée. Tout s'imbrique, alors ils s'en tiennent au plan. Je ne fais pas ça. J'aime que le film soit organique. J'aime qu'il évolue. Je suis avant tout un documentariste, dans le sens où je saisis des éléments, je laisse toutes sortes d'influences agir sur eux, et ensuite, je découpe.

Tous mes films se sont construits de cette manière : je tourne, je coupe et je monte le film, je réécris, je tourne à nouveau, je recoupe, je réécris pendant que je monte et je repars tourner un peu. J'organise en général deux ou trois sessions de tournage supplémentaires une fois que l'équipe principale a terminé sa part de travail. C'est planifié, budgété, les acteurs sont au courant, donc cela fait partie de la méthode de travail. Le travail est organisé en unités, plutôt que d'être fait en une fois et terminé.

Ben Burtt Après le tournage, nous sommes retournés au ranch, et George est venu voir ce que j'avais fait. À partir de là, il a commencé

2.142

à imposer ses idées sur chaque plan, parfois sur chaque pixel de chaque plan.

George entrait en salle de montage avec l'idée que rien n'était sacré. Il n'hésitait pas à supprimer tout ce qu'il jugeait faux ou superflu. Il regardait le film comme l'aurait fait le public, un public très critique. Si une réplique ne fonctionnait pas, il la sabrait. Il n'était pas particulièrement attaché à quoi que ce soit.

George Lucas Je dirais qu'au moins un tiers des plans du film ont été manipulés d'une façon ou d'une autre. Il m'est arrivé de ralentir un acteur parce qu'il levait les yeux trop vite ou d'opérer d'autres changements subtils qui améliorent grandement la scène. Ce sont des détails si infimes qu'ils sont parfois difficiles à repérer en plateau ; on ne les remarque qu'au montage. C'est en cela que la manipulation est constante. Pour moi, c'est exactement comme utiliser un logiciel de traitement de texte.

Un complexe de pré- et postproduction

Doug Chiang Entre les épisodes I et III, on a vu évoluer les méthodes de travail du département artistique. Au début, j'ai travaillé avec George comme il le faisait avec Ralph et Joe, puis nous sommes passés au numérique. La transition s'est opérée à tous les niveaux : au montage, à la fabrication de maquettes, aux effets visuels et à la réalisation. C'est pourquoi la prélogie est pionnière à tant d'égards.

La Mort vous va si bien (1992) a été l'un des premiers films où j'ai créé des illustrations par ordinateur. Pourtant, quand je me suis attaqué à l'épisode II, j'ai décidé de faire des croquis en noir et blanc et avec des lavis, pour rester dans la lignée de Ralph McQuarrie et Joe Johnston. C'était à la fois par défi, mais aussi parce que les outils numériques sont si performants que vous pouvez vous enticher d'un joli dessin et oublier ses défauts. J'avais envie de revenir aux fondamentaux. Malgré cela, l'avantage des outils numériques, c'est

2.143

2.143 Hayden Christensen, Natalie Portman et Ewan McGregor sur le support articulé figurant le reek attendent le clap.
2.144 John Knoll (au centre) et George Lucas (à droite) visionnant Anakin, Padmé et Obi-Wan sur le dos du reek. Knoll était sur le plateau pour s'assurer que les plans étaient cadrés de façon à permettre la réalisation des éléments 3D en postproduction. Deux caméras numériques ont été utilisées pour filmer sous différents angles et à différentes distances.
2.145 Image du plan finalisé d'Anakin, Padmé et Obi-Wan sur le reek, entourés de Droïdekas.

que dans les délais très courts, et complètement fous d'une production de film, ils vous donnent la possibilité de recommencer, avec plus d'exactitude.

Daniel Gregoire Le département prévisualisation est devenu un complexe de pré- et postproduction. Une fois le tournage terminé, il restait beaucoup de questions sans réponses. D'abord, la plupart des prises de vues réelles étaient sur fond bleu ou vert, ce qui rendait le montage compliqué et surtout difficile à visionner. Regarder une séquence de 20 minutes sur fond bleu ou vert suffirait à expédier les artistes en effets visuels les plus chevronnés à l'asile ou au moins dans un sommeil comateux. À ce stade, nous avions la responsabilité de combler ces fonds par des décors et des personnages numériques.

Ryan Church / Directeur création et conception Je suis venu au ranch pour intégrer le département d'animatique. Ils avaient besoin de quelqu'un pour un temps limité afin de dessiner rapidement des décors pour l'animatique. George faisait le montage à l'étage du dessous et, chaque jour, il montait au grenier, une toute petite pièce, s'installait derrière les gars de l'animatique, mangeait un sandwich et concevait les nouveaux plans qu'il lui fallait. Ensuite les animateurs repartaient pour des heures et des heures de plans.

2.144

J'avais fait un décor en peinture – un plan de situation du Sénat –, mais j'ai compris que je devais le convertir en numérique immédiatement, surtout après avoir vu George faire des modifications, encore et encore, sur plusieurs plans. J'ai utilisé le logiciel Painter, une tablette Wacom et un Mac. Les ordinateurs n'étaient pas très rapides, mais Painter fait du bon boulot en simulant les outils traditionnels.

J'abordais chaque illustration sur ordinateur comme je le fais sur papier. Je commence par une ébauche, j'ajoute des lavis translucides, et puis j'amène les lumières avec des techniques de caches. Je suis devenu très rapide avec ça.

À l'évidence, le département artistique avait déjà abattu un travail phénoménal, donc nous partions de leurs croquis et les placions

2.145

2.146 *Temuera Morrison en Jango Fett, prêt à combattre Mace Windu.*
2.147 *La décapitation de Jango Fett n'est pas sanglante – le casque vide du chasseur de primes s'envole (nous voyons l'ombre de la tête sur le sol) tandis que le corps décapité s'effondre.*
2.148 *Dans la loge de l'archiduc, Mace Windu se délecte de sa confrontation avec Jango, joué par Temuera Morrison.*

dans un contexte narratif pour les prévisualisations ; pour la poursuite de speeders, par exemple, il s'agissait d'intégrer dans un plan le bolide de Doug Chiang et l'architecture conçue par Marc Gabbana. Ensuite George remarquait : « Nous sommes toujours entourés d'immeubles – explorons une zone industrielle. » Et Erik Tiemens lui proposait des idées.

Erik Tiemens / Directeur création et conception Ryan concevait des moyens de transport, c'est un passionné de véhicules et d'engins volants, alors que je suis plus spécialisé dans les paysages et l'histoire de l'art. Nous apportons au film une part de ce que nous aimons.

Ryan Church Alors qu'au départ je devais juste aider les gars de l'animatique et réaliser des décors (ce que j'ai continué à faire), je suis aussi beaucoup intervenu dans la conception, notamment du combat final.

Daniel Gregoire Nous assemblions toutes les séquences numériques et, en plus, nous suivions les mêmes étapes qu'ILM pour finaliser les plans, sauf que nous le faisions approximativement, et très vite. Du suivi de mouvement au *compositing* final, en passant par l'extraction d'après fond bleu et la rotoscopie, chaque artiste était la chaîne de production complète à lui tout seul. Grâce à cette version préliminaire, Burtt et Lucas ont pu faire de meilleurs choix pour monter les séquences du film et, bien sûr, notre travail leur permettait de les visionner confortablement. Quand ILM se lançait dans la finalisation des plans, le département prévisualisation avait déjà rempli la quasi-totalité du film de décors, personnages

2.146

2.147

2.148

et scènes numériques crédibles, et l'histoire était achevée.

À la fin de l'épisode II, le département prévisualisation comptait une douzaine d'artistes contre seulement quatre au début. Grâce aux PC équipés de processeurs Advanced Micro Devices (AMD) et à Maya d'Alias complété par After Effects sur Mac, nous avons pu faire beaucoup plus de tâches qu'au début. La qualité de notre travail s'est améliorée au point que nous répondions à toutes sortes de questions qui ne se posaient, d'habitude, qu'au dernier stade du travail sur les effets visuels. Éclairage, texture, ambiance, état d'esprit, animation des personnages, effets de particules, simulations dynamiques, tout cela entrait dans le champ d'action de la prévisualisation. Nous ne nous contentions plus d'une animation simple et de trucages en 2D pour ne faire le travail qu'à moitié. Non seulement on vérifiait que le plan fonctionnait, mais on réfléchissait aux moyens de l'améliorer visuellement. Les directeurs artistiques Erik Tiemens et Ryan Church nous livraient leurs consignes en matière d'art et de design (l'esthétique, l'ambiance et la perception) et on essayait d'y répondre encore mieux qu'auparavant, ce qui permettait aussi à George d'avoir des prises de décision beaucoup plus efficaces et d'exercer un plus grand contrôle sur son film.

« Apprendre la chorégraphie des combats m'a beaucoup amusé. Nick Gillard et moi avons inséré des mouvements de ballet à des coupes au sabre très difficiles, ce qui donne l'impression d'un combat de samouraïs. »
Samuel L. Jackson

2.149

2.150

Trouver une solution

Rob Coleman Après l'épisode I, j'étais bêtement convaincu que désormais je pourrais survivre à tout ce que George me balancerait. Ensuite, il a parlé de Yoda dans une scène de combat, puis de la guerre des clones. En fait, je pense qu'il garde toujours quelque chose volontairement sous le coude, parce que s'il nous annonçait tout d'un bloc, nous ferions un AVC. Il nous délivre ses idées au compte-gouttes, avec le sourire.

John Knoll / Superviseur des effets visuels Le film compte environ 2000 plans truqués, soit trois ou quatre fois plus qu'une production déjà considérée comme lourde dans ce domaine. C'est pourquoi en raison de la taille, nous l'avons décomposé en trois parties distinctes que nous avons abordées comme s'il s'agissait de films différents, en divisant le travail selon des délimitations stylistiques pertinentes, comme la planète ou la séquence, lorsque c'était possible.

L'équipe de John Knoll s'occupe de la poursuite en speeder sur Coruscant, du face-à-face en plein champ d'astéroïdes entre Jango Fett et Obi-Wan et de la séquence de l'arène. L'équipe de Pablo Helman est

2.149 *Image du plan finalisé de la dernière bataille des héroïques Jedi.*
2.150 *Ryan Church montre ici que les Jedi ne sont pas assez forts pour vaincre l'armée droïde (1ᵉʳ janvier 2002).*
2.151 *Obi-Wan pleure la mort d'un de ses éminents frères d'armes, signe de son empathie naturelle.*

responsable des séquences sur Naboo, Kamino et Tatooine, du combat entre Yoda et le comte Dooku et de l'avant-dernier plan où Palpatine passe en revue l'armée des clones avant son départ au front, sur des planètes lointaines. L'équipe de Ben Snow, conseillée par Dennis Muren, travaille sur les scènes de Géonosis, dont les 180 plans pour la séquence de la guerre des clones. L'équipe d'animateurs de Rob Coleman chargée de fournir les personnages en synthèse peuplant ces scènes, les maquettistes, les photographes de plateau de même que les artistes sur Viewpaint ont été appelés à travailler pour toutes ces équipes.

Rob Coleman L'esprit d'équipe est très fort. Les 400 hommes et femmes d'ILM ont tous leur spécialité, des maquettistes aux experts en éclairage, en passant par l'équipe de recherche et développement. Et puis, il y a tous ceux et celles qui trouvent les solutions technologiques aux défis posés.

Pablo Helman / Superviseur des effets visuels Même si nous ignorons comment nous allons nous y prendre quand George nous en parle, c'est notre travail de trouver une solution.

Mike Blanchard Le processus du montage est en cours. Régulièrement, nous envoyons des EDL (*edit decision lists*/listes d'édition) Avid à ILM, à partir desquelles ils numérisent les sélections et les copient dans leur serveur. Ces sélections sont ensuite intégrées à la chaîne de production et peuvent aussi être envoyées directement au projecteur HD Texas Instrument pour vision. À ce stade, nous ne regardons que les plans d'effets en HD depuis le serveur et à partir du projecteur numérique.

Michael Cooper / Directeur services film et montage chez ILM Nous avons fini par avoir 14 Tbits rien que pour le montage. Nous stockions des tonnes d'images HD en ligne accessibles à toute l'équipe des artistes. Nos ingénieurs vidéo ont élaboré une base de données incroyable pour que chacun, quelle que soit sa plate-forme de travail, puisse sortir des vignettes de n'importe quel plan. Quand quelqu'un faisait une demande particulière, nous pouvions sortir le plan du serveur HD et le livrer rapidement en pleine définition. Cela permettait aux superviseurs des effets visuels de voir tous leurs plans de séquence avec les plans placés avant et après.

2.151

2.152 Dessin de Doug Chiang pour le vaisseau mitrailleur de la République (16 mai 2000). Les soldats clones fournissent un repère d'échelle et indiquent la capacité de l'appareil.

Profondeur Z

George Lucas Pour l'instant, il leur faut plus de temps pour élaborer et terminer un modèle en images de synthèse que pour construire la même chose en maquette.

Pat Sweeney / Chef opérateur des effets Nous avons décidé de filmer des maquettes avec des caméras numériques, mais le consensus n'a pas été immédiat sur la faisabilité de la chose. Nous tentions un nouveau format et cela nous préoccupait. Les avantages et les inconvénients étaient visibles, donc les risques potentiels nous rendaient un peu nerveux, mais John Knoll nous a dit de foncer. Dans l'ensemble, ce fut un succès.

John Knoll Nous tous qui faisons ce travail avons pris l'habitude du grain particulier de la pellicule et du niveau de finition nécessaire pour qu'une image passe correctement à l'écran. C'est un peu différent en HD. Quand nous avons travaillé sur nos premières maquettes, ça a été un choc !

2.152

Carl Miller / Chef opérateur des effets Nous avons vite compris que nous devions ajouter davantage de détails aux maquettes que par le passé. Nous voyions tout de suite le plan truqué en pleine définition sur de gros moniteurs HD, du coup le moindre grain de sable nous sautait aux yeux sans que nous ayons besoin de les plisser pendant des heures.

De plus, plutôt que de sortir un posemètre et de lire les valeurs d'exposition, vous pouvez regarder la maquette que vous filmez numériquement et construire le plan jusqu'à ce qu'il semble OK pour vous. Contrairement à la pellicule, pour laquelle il faut calculer l'exposition et se fier à son intuition, la HD permet d'ouvrir et de fermer le diaphragme, de regarder et « ressentir » l'image, de sorte que nous pouvons maintenant travailler beaucoup plus l'esthétique.

Nous pouvions aussi faire des *compositings* plus précis sur le plateau parce que les images du signal HD étaient plus fixes et plus nettes comparées à celles des cassettes vidéo que nous avions l'habitude de recevoir faites à partir de pellicule. S'il fallait insérer quelqu'un dans une maquette, nous pouvions vérifier que ses pieds touchent bien le sol du décor que nous filmions.

2.154

Pat Sweeney Il faut une profondeur de champ plus grande pour filmer des maquettes. Du coup, nous voulons fermer le diaphragme bien plus que ne le fait un directeur de la photographie en prises de vues réelles. Nous essayons de prendre un tout petit objet et de donner l'impression qu'il est immense. Cela signifie que tout doit être net. Donc, traditionnellement, nous tournons avec une ouverture de 16 ou de 22.

Avant, nous parvenions sensiblement au même résultat avec des caméras tournant à des cadences inférieures. Mais les caméras HD ne tournent pas à moins de 24 ips. Il fallait éclairer les plateaux avec une lumière plus chaude qu'auparavant ou les filmer par quadrants pour saisir différents plans focaux. En d'autres termes, nous avions une zone de mise au point différente sur trois prises, puis nous mélangions le tout en postproduction.

John Knoll Dès que le tournage était terminé, nous pouvions jeter un œil au résultat. Si tout allait bien, on cassait le décor de la liste. Gratification instantanée.

Ryan Church L'atelier de maquettes a construit une partie de l'arène de Géonosis, qui évoquait une bougie fondue. Cela n'a pas plu à George qui voulait quelque chose de beaucoup plus anguleux.

Paul Duncan Quelque chose de décharné, presque un squelette.

Ryan Church Exactement. Un aspect plus rude. Nous avons décidé que chaque face aurait un style différent : une façade vitrée, une aile pour le public, une pour la loge de Dooku et une dernière par laquelle sortent les créatures. Ils ont construit cette grande maquette, qui est époustouflante.

Michael Lynch / Maquettiste Le travail de peinture a été difficile parce que les Géonosiens sont globalement de la même couleur que la roche. La petite histoire, c'est que cette arène a été construite avec les sécrétions de ces créatures ; elle s'érode au fil du temps, et ils la réparent.

L'équipe Knoll filme les faces (nord, sud, est, ouest) de l'arène du 10 décembre 2000 au 11 janvier 2001.

2.153 *Ryan Church a représenté ici le plan GCW (Geonosis Clone War) 180, où les vaisseaux mitrailleurs piquent sur l'ennemi et ouvrent le feu (27 août 2001).*
2.154 *Image du plan finalisé du vaisseau mitrailleur de Yoda descendant dans l'arène, les renforts dans son sillage. Ce plan est fait du point de vue du Jedi.*

Des plans additionnels sont tournés entre le 21 septembre 2001 et le 17 janvier 2002.

George Lucas Il ne suffit pas de poser une maquette dans l'image. Les maquettes sont utilisées comme point de départ, puis elles sont enrichies numériquement.

Rob Coleman Dans l'épisode I, les Gungans et les droïdes de combat étaient alignés les uns derrière les autres. Sur ce film, en revanche, George a utilisé ce que nous appelons « la profondeur Z », c'est-à-dire l'axe qui s'éloigne de la caméra.

Dans l'arène, les Géonosiens sont placés comme dans un amphithéâtre, ils sont donc tous bien visibles dans les gradins. Cela rend l'animation plus compliquée parce qu'on en voit davantage et qu'il faut suivre leurs actions de près pour être sûr qu'il n'y a pas de bug.

Les bêtes de l'arène d'exécution étaient monstrueuses mais s'animaient sans grande difficulté. Le reek, gros, musculeux et bien conçu, ne m'a, par exemple, jamais causé de souci. Le nexu m'inquiétait un peu plus, à cause de ses énormes griffes. Le modèle le présentait très bas, presque comme un chat en chasse, donc nous avons dû le surélever un peu pour l'animer. Quant à sa démarche, elle évoquait les déhanchements du dragon de Komodo, ce qui nous a demandé aussi pas mal d'efforts. L'acklay avait des doigts au bout de ses six pattes. Je ne savais pas trop quoi faire de ces doigts, au départ, mais dans l'ensemble, il bougeait beaucoup comme un crabe.

Le cinéma est cruel

Paul Duncan Vous avez terminé le premier montage en février 2001.

George Lucas Il durait dans les trois heures, donc l'étape suivante a consisté à éliminer ce qui semblait redondant.

Quand vous écrivez un scénario, pour faire passer un message vous le répétez trois fois, en espérant que le public le retienne, mais quand vous voyez le film, vous vous rendez compte que c'est inutile de répéter trois fois la

2.155 *Boba Fett ramasse le casque de son père. C'est un moment emblématique qui explique en partie l'apparition de Boba dans les épisodes suivants. L'image du plan finalisé est identique au croquis de départ.*
2.156 *Lucas explique à Daniel Logan comment il aimerait qu'il réagisse à la mort de Jango.*

même chose – deux mentions peuvent suffire, voire une. Pourtant, vous ne le saurez qu'en constatant l'effet produit dans le contexte du film entier.
Paul Duncan Dans cette première version, vous montriez Padmé en famille, ce qui contribuait vraiment à établir son personnage, et plus loin elle avait cette conversation avec le comte Dooku, sur Géonosis, où elle exprimait très fermement ses convictions politiques.
George Lucas Oui, c'est vrai.
Paul Duncan Mais vous avez coupé tout ça.
George Lucas La contrainte de la durée pèse fatalement sur un film. Ces scènes n'apportaient rien puisque nous avions déjà compris qu'elle est une personne bienveillante, donc elles ont dû être coupées.
Paul Duncan Je trouvais cette visite à la famille intéressante parce qu'elle représentait peut-être aussi le désir d'une vie de famille que ressent Anakin.
George Lucas Il a une mère, mais il n'a pas de frères et sœurs. Et il n'a pas de père. Mais ce n'est pas si rare dans la société contemporaine.
Paul Duncan Certes. Sa discussion avec le père de Padmé le plaçait dans une situation familiale. Il tombait amoureux d'elle, d'abord comme un enfant, puis comme un futur mari, mais il tombait aussi amoureux de l'idée qu'il pourrait avoir une famille, comme il n'en a jamais connu.

2.157

2.158

George Lucas C'était en partie l'idée, mais le cinéma est cruel. Ce n'est pas un livre auquel vous pouvez ajouter un chapitre sans dissuader le lecteur de l'acheter parce qu'il est plus épais de quelques pages. Un film, c'est une expérience de deux heures, deux heures et demie, et c'est cette expérience émotionnelle complète que les gens retiendront. Aux deux tiers du film, environ 90 minutes après le début, vous voyez que les spectateurs se lèvent, vont aux toilettes ou gigotent sur leurs sièges. Vous savez que c'est trop long, donc beaucoup de décisions ont été prises à l'aune de cette contrainte.

Parfois, il faut couper des scènes, parfois c'est tout un personnage qui saute, et c'est très douloureux, mais vous le faites pour le bien du film global. C'est ce qui compte. Pas les choses auxquelles vous vous pensiez incapable de renoncer. Donc vous soupesez tous ces facteurs quand vous faites un film, parce que vous voulez vraiment respecter le public, mais en même temps, il faut veiller à garder tous les éléments nécessaires.

Dangereux et mortel

George Lucas Quand nous avons supprimé la conversation entre Padmé et Dooku, le procès qui suivait a automatiquement disparu aussi. Une fois cette coupe faite, le film avançait droit au lieu de prendre des contre-allées narratives. L'usine de droïdes, en revanche, avait le potentiel d'une séquence passionnante.

Rick McCallum Cela n'aurait pas été assez spectaculaire, quand Anakin et Padmé arrivent sur Géonosis, officiellement pour sauver Obi-Wan, qu'ils se déplacent en marchant. C'est pourquoi George a eu l'idée de leur faire traverser cette usine où sont fabriqués les droïdes.

2.157-158 **Dessins de Ryan Church pour les tanks droïdes de l'Alliance des Corporations (20 avril 2001). Ces véhicules inspireront les tanks droïdes utilisés dans La Revanche des Sith lors de l'attaque de Kashyyyk.**

2.159 **Story-boards de Rodolfo Damaggio pour la bataille terrestre de Géonosis avec les tanks en action.**

2.160

Ryan Church George avait envie d'un environnement dangereux et mortel. Le département artistique est allé visiter l'usine NUMMI, qui assemble les voitures GM et Toyota à Fremont, en Californie, pour voir à quoi ressemblait une chaîne de montage.

Erik Tiemens Nous avons jaugé l'envergure d'une telle opération, la taille et la puissance des presses, la vulnérabilité qu'on ressent en tant qu'individu. Nous avons fait quelques croquis sur lesquels appuyer nos idées, comme Padmé en situation périlleuse sur un tapis roulant, puis nous avons composé quelques plans pour inspirer l'équipe d'animatique.

La séquence commence par la scène 142A, où Padmé et Anakin explorent les galeries, franchissent un gouffre béant et où Anakin détruit les Géonosiens qui s'éveillent. Vient ensuite la scène 142B, où Padmé et Anakin sont poursuivis par des Géonosiens dans l'usine de droïdes; ils esquivent les machines implacables mais sont finalement capturés. La scène 142C relate les aventures parallèles de C-3PO et R2-D2 dans l'usine; la tête de C-3PO a été remplacée par une tête de droïde de combat. Ce détail requiert le tournage de plans additionnels dans l'arène, où C-3PO est décapité, avant que sa tête ne soit ressoudée par R2-D2.

Ben Snow / Superviseur des effets visuels Le ranch nous a envoyé quelques belles illustrations pour l'usine, mais nous n'avions pas de visuels répondant à des questions précises, comme «voilà à quoi ressemble chaque machine et voilà ce qu'elles font». Doug Chiang a fait quelques dessins au trait de bras mécaniques, et nous avons extrapolé à partir de là.

Nous avons emmené nos peintres, nos maquettistes et les gens du département R&D visiter l'usine de voitures. Nous avons aussi visité une fonderie voisine. C'était sale, sombre et désagréable – tout ce que j'espérais qu'on puisse mettre dans l'usine de droïdes. Nous avons pris quelques photos de référence pour le cadre et les textures, et je pense que ces visites ont enrichi notre représentation de l'usine.

Douze jours de tournage sont organisés sur deux semaines aux Ealing Studios, à Londres, à partir du 26 mars 2001. Les cinq premiers jours sont en grande partie consacrés aux scènes dans l'usine de droïdes.

Natalie Portman Grâce à eux, j'ai l'air tellement cool. Ils m'ont posée sur un tapis roulant avec rien autour, à part du bleu. Donc, en gros, il fallait que je coure en faisant semblant d'esquiver toutes sortes d'obstacles. Ensuite, ils ont peint des trucs autour de moi qui donnent

2.160 **Illustration de Ryan Church pour des tri-droïdes. Les Droïdekas sont aussi représentés pour indiquer l'échelle.**
2.161 **Story-boards de Rodolfo Damaggio. Un clone utilise un détonateur magnétique et s'échappe sur son speeder quand le droïde explose.**

380 B (15)

MAGNETIC DETONATOR ATTACHES TO SPIDER DROID

380 C

TRUCKING BACK W/ SPEEDERS GAINNING ON CAM, SPIDER BLOWS UP IN BKGD WHILE BIKES SWERVE AROUND BLASTED DROIDS.

CONT'D

CONT'D TRUCKING BACK — LAST BIKER EXITS SHOT W/ SPIDER IN FLAMES IN BKGD.

l'impression que je bondis et que je vole. J'ai l'air super ! C'était vraiment génial.

Dans le scénario d'origine, après la poursuite en speeder et la mort de Zam Wesell, Anakin et Padmé partent immédiatement pour Naboo. Lucas décide d'ajouter une scène où le Conseil jedi charge Anakin d'emmener Padmé en lieu sûr. Cette scène est tournée le 2 avril avec les acteurs devant un fond bleu.

George Lucas Je ne voulais pas un nouveau décor intérieur du temple jedi pour cette seule scène, alors j'ai décidé d'en voler une dans *La Menace fantôme*. Nous avions construit beaucoup de décors intérieurs pour l'épisode I parce que plusieurs scènes s'y déroulaient – une avec Qui-Gon Jinn et Obi-Wan, une autre où Anakin est mis à l'épreuve. Nous avons récupéré tous les plans de ces scènes, effacé Qui-Gon et Obi-Wan, et mis le nouvel Obi-Wan et Anakin à la place. Nous nous sommes retrouvés avec un décor filmé au milieu d'un film numérique – le seul morceau de pellicule du film. Ce décor avait été filmé quatre ans plus tôt, mais il s'est parfaitement intégré au reste.

Les plans additionnels aux Ealing Studios sont achevés le 7 avril.

Ben Snow Nous avons collectivement réfléchi au fonctionnement de l'usine de droïdes. Pour comprendre comment construire un superdroïde de combat, nous avons isolé la maquette 3D du droïde et élaboré différentes hypothèses sur la façon dont ses différentes parties pourraient être usinées. Ensuite, nous avons détaillé chaque étape de la fabrication d'un droïde de combat sur une chaîne de montage, que nous avons dessinée sur

2.162 *Représentation épique des clones en ordre de bataille, appuyés par les quadripodes clones (9 janvier 2002).*
2.163 *Illustration de Ryan Church pour le plan GCW 525 montrant un quadripode clone qui fait feu sur l'armée droïde, et un vaisseau-noyau menaçant à l'arrière-plan (14 janvier 2002).*

2.162

2.163

un grand panneau en mousse de polystyrène : emboutissage d'un lingot, soudage, moulage, etc. C'est si furtif dans le film que je ne suis pas certain que le public comprenne ce parcours, mais découper ainsi la chaîne de fabrication nous a aidés à mieux comprendre ce qui se passait dans les différentes parties de l'usine.

Erik Tiemens Une fois les plans de Londres montés et insérés dans l'animatique, nous avons peint par-dessus pour apporter un éclairage et une ambiance qui guideraient ILM dans son travail de finition.

Les décors et les machines sont une combinaison de maquettes 3D et réelles. Celles des

murs de l'usine de droïdes et de la fonderie sont filmées par l'unité Muren/Snow entre le 16 octobre et le 13 décembre 2001.

Ben Burtt élabore l'ambiance sonore de l'usine.

Ben Burtt Dans la séquence de l'usine de droïdes, j'ai dû employer tous les bruits de machines en stock, y compris des sons que nous avions depuis *L'Empire contre-attaque*.

Yoda qui louche

George Lucas Le secret de Yoda, c'est qu'il ressemble à une marionnette en caoutchouc.
Rob Coleman Si vous regardez *L'Empire contre-attaque* (et nous avons fait nos tests à partir de *L'Empire*), vous remarquerez la présence de quatre marionnettes avec de légères différences entre elles. Il y a le Yoda lippu, le Yoda à tête d'œuf, le Yoda vert anis et le Yoda qui louche. Notre Yoda est un hybride des quatre, la quintessence ou le souvenir de l'être complexe qu'est Yoda.

Nous l'avons animé sans le tremblotement du caoutchouc du visage, mais cela ne lui ressemblait plus, cette caractéristique manquait, alors nous l'avons intégrée. Nous nous sommes aussi rendu compte à la façon dont Frank Oz plaçait sa main dans la marionnette – un pouce dans la lèvre inférieure, trois dans la lèvre supérieure et le cinquième au niveau du front – que Yoda ne pouvait pas prononcer les voyelles. Le nôtre articulait trop, donc nous avons modéré le mouvement de ses lèvres, et tout a commencé à se mettre en place. Concernant la gestuelle, Frank m'a conseillé de penser aux douleurs dont Yoda doit être perclus. Il m'a expliqué que, quand il manipulait la marionnette, il pensait toujours à son dos, à son cou et à ses pieds endoloris. C'est un type de 800 ans, et d'après lui le mien en faisait à peine 400.

George Lucas Il a l'air d'en avoir 403, grand maximum.
Rob Coleman Frank m'a raconté que, chaque fois qu'il bougeait la marionnette, il prenait

2.164

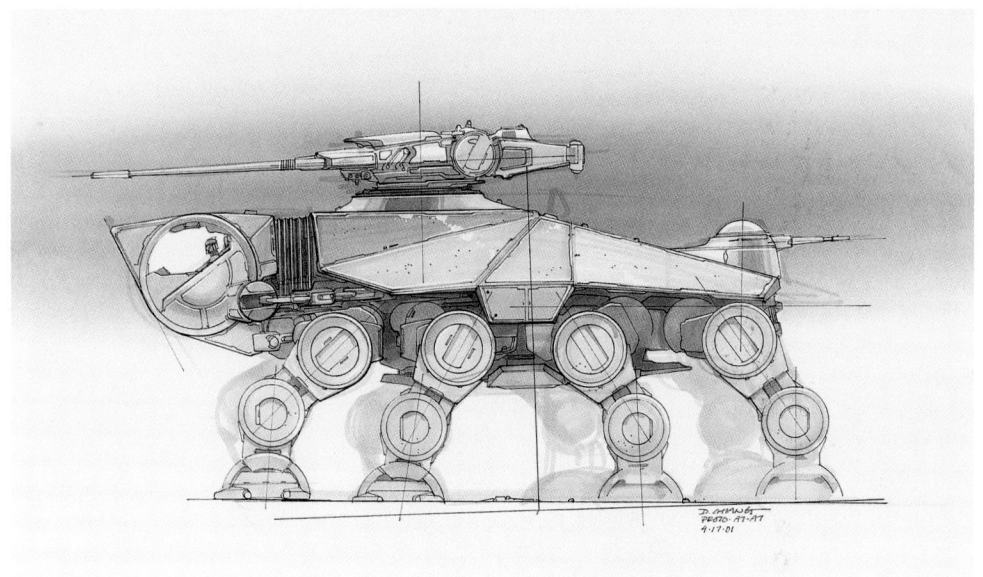

2.165

ensuite un petit temps d'arrêt, de respiration, pour souligner l'effort que ce mouvement lui avait demandé.

Quand nous animons le personnage, nous devons savoir quelle personne il est, parfois même nous faire une idée de ce qu'il pense. Quel est le sens caché de cette scène ? Que se passe-t-il dans sa tête ? Nous devons réfléchir à qui il est et aux raisons de sa présence et de ses actes dans la scène, dans le plan.

J'ai découvert le combat Yoda/Dooku le jour où j'ai reçu le scénario, le 24 juin de l'an 2000, soit trois jours avant le début du tournage. Je pense qu'après avoir lu ça, je n'ai pas dormi pendant trois semaines. J'ai essayé d'en parler à George, mais je n'en étais pas capable.

Je commence par étudier des vidéos d'arts martiaux de différentes écoles, dans plusieurs endroits du monde, de l'Inde à la Chine et au Japon. Je cherche comment appliquer ces techniques à un petit bonhomme de moins d'un mètre et comment rendre cela crédible. C'est ma tâche en cours, car il n'est pas question que les gens éclatent de rire parce que la scène a l'air artificielle. Elle doit être réaliste.

2.164 *L'ingénieur pyrotechnique en chef, Geoff Heron, et le superviseur des effets visuels, Dennis Muren, discutent du meilleur moyen de faire exploser un modèle réduit de quadripode clone.*
2.165 *Croquis de Doug Chiang pour un quadripode clone, qu'il a baptisé « Proto-TB-TT » (17 avril 2001). Il a les mêmes pattes articulées que sur les croquis réalisés par Joe Johnston pour le quadripode TB-TT dans L'Empire contre-attaque, avec un centre de gravité plus bas.*

Tigre et Dragon (2000) m'a aidé à me sentir plus à l'aise. Le film m'a donné toutes sortes de solutions : il peut planer, il peut voler, il peut générer plusieurs versions de lui-même. Mais George disait : « Non, non, non. » Chaque fois que je lui montrais quelque chose, il disait : « Il m'en faut plus ! Je veux le voir bondir dans tous les sens ! » Il me répétait toujours : « C'est une grenouille, cette saleté de grenouille qui va lui donner un coup de pied. » D'après ce que j'ai pu voir, George voulait une sorte de Taz, de Diable de Tasmanie.

2.166 *Après la destruction du vaisseau-noyau, Ryan Church représente ici les soldats clones qui avancent pour achever les derniers droïdes (9 avril 2001).*
2.167 *Illustration d'Erik Tiemens pour le plan GCW 556 montrant les soldats clones en ordre de bataille. C'est l'attaque des clones, une image clé pour George Lucas quand il a conçu l'histoire. Les clones avancent et tirent comme les droïdes de combat, ce qui indique visuellement qu'il n'y a pas de différence entre les deux camps, car ils sont tous contrôlés par l'Empereur.*

Il s'agissait surtout de la vitesse à laquelle Yoda se déplaçait autour de Dooku pour le déséquilibrer ou le déstabiliser dans son combat. Et pour moi, cela semblait être une telle juxtaposition : j'essaie de faire bouger ce personnage lentement parce que ses os lui font mal, que sa tête lui fait mal et qu'il a 800 ans, et soudain il se transforme en ce feu follet guerrier.

J'ai proposé à George que Yoda soit presque immobile et emploie la Force autour de lui pour combattre, déplacer des objets, ou qu'une pulsation d'énergie émane de lui. J'ai discuté avec Ahmed Best, à Sydney, pendant plusieurs jours pour voir comment il pourrait s'y prendre et il m'a fait des suggestions géniales.

2.166

2.167

J'ai un paquet de notes, et je suis prêt à discuter avec George quand il sera prêt à en parler. C'est une scène complexe. Une grosse source d'angoisse.
Pablo Helman Nous avons tous un peu résisté, parce que cela ne cadrait pas avec notre idée d'un Yoda âgé qui se déplaçait avec une canne ; mais ensuite, nous nous sommes dit qu'il rassemblait toutes ses forces pour ce combat – galvanisé par un flot d'adrénaline comme le sont les gens dans la réalité – et nous avons tous fini par y croire.
Rob Coleman George m'a brossé un tableau général de la scène, puis j'ai convoqué Tom Harrington, un de mes meilleurs animateurs, et je lui ai dit : « Bon, Tim, on va trouver une solution. » Nous avons commencé à faire bouger Yoda très vite, mais quand nous avons montré l'animation à George, il voulait qu'il aille plus vite encore et saute plus haut. Nous avons repris le travail, et Tim s'est chargé seul de la plupart des plans. Il n'y a pas eu de moment d'épiphanie, pas d'eurêka ! Nous y sommes arrivés progressivement.
George Lucas Si les 30 artistes que j'ai fait travailler sur ce personnage n'y arrivaient pas, j'étais mort. Le combat de Yoda marquait l'apogée du film.

La guerre des clones
Todd Busch / Premier assistant monteur
Le scénario de départ était vague sur ce qui se passe en dehors de l'arène. En mai et juin 2001, George a mis le département artistique au boulot, et en juillet, la guerre des clones avait pris corps en animatique.
Rick McCallum Ils abattaient 30, 40 plans par jour. Au bout d'une semaine, nous en avions presque 200, et c'est fou comme on peut s'amuser avec ça.
Rob Coleman Quand j'ai vu l'animatique de la guerre des clones, j'ai eu la chair de poule. L'animation me fait rarement cet effet

2.168

2.169

parce que c'est assez rudimentaire, mais là, nous retrouvions tout ce qui nous avait séduits adolescents, dans les films de la fin des années 1970 et du début des années 1980.
Ben Snow Je voulais qu'on fabrique un costume de clone. C'est tout à fait pertinent quand un clone, par exemple, doit parler à un acteur, mais George a dit : « Ce matin, tu m'as montré un R2-D2 de synthèse parfaitement crédible. Tu vas y arriver. » Rick et lui adorent lancer ce genre de défi.

L'équipe devait animer des milliers de clones pour la scène de bataille la plus forte du film.

2.168 *Image du plan finalisé du comte Dooku s'échappant de son hangar secret. Au fond, le vaisseau mitrailleur clone qui le poursuit, dépourvu de canons, est attaqué par les chasseurs géonosiens.*
2.169 *Christopher Lee filmé en train de chevaucher son speederbike ; une machine à vent fait voler sa cape.*

Tous les clones qui apparaissent à l'écran sont créés par ordinateur et animés à partir de données de capture de mouvement. Des maquettes de personnages basées sur les mensurations de Temuera Morrison servent à générer les corps des clones.
Rob Coleman On dirait des stormtroopers, mais ils sont tous 100 % numériques. Il n'y a pas un seul humain en costume.

Le 6 août 2001, le titre de l'épisode II est annoncé : L'Attaque des clones.

John Williams rencontre Lucas en septembre pour parler de la bande originale du film, scène par scène, avant de s'atteler à la composition de la musique.
John Williams George m'a dit : « Pourquoi ne ferais-tu pas un thème romantique comme dans les vieux films hollywoodiens ? » Il apparaît progressivement quand Anakin et Padmé se retrouvent au début du film comme de vieilles connaissances mais pas en amoureux. Cinq

2.170

2.170 *Cette illustration de Doug Chiang pour le combat contre Dooku, dans le hangar secret abritant son voilier solaire, reçoit un « Fabulouso » de Lucas (25 avril 2000, 5 jours). Elle suggère que Dooku se batte avec deux sabres laser.*
2.171 *Idée de décor pour le hangar secret par Ed Natividad (19 mars 2000).*
2.172 *Construction du voilier solaire du comte Dooku sur le plateau 2 des studios Fox Australia avant le tournage de la première scène de bataille entre Dooku et les Jedi, le 21 août 2000.*

films avec un énorme glossaire thématique, et nous n'avions pas un seul thème d'amour. Voilà qui est fait.

Cinq jours de reprise commencent aux Ealing Studios le 1er novembre 2001. Certains nouveaux plans sont nécessaires en raison des modifications apportées au montage. Par exemple, la scène où Padmé habille C-3PO a été coupée, donc les scènes antérieures où celui-ci apparaissait « nu » sont rejouées par Anthony Daniels en costume devant un fond bleu, puis truquées par ILM. Autre exemple :

2.171

2.172

dans le script, Anakin est présenté à Padmé quand Obi-Wan et lui la retrouvent dans ses appartements. Lucas écrit et filme une scène additionnelle qui précède, où Obi-Wan et Anakin sont dans l'ascenseur et où Anakin est nerveux à la perspective de revoir Padmé.

Une journée supplémentaire de tournage est fixée le 15 janvier 2002 aux studios d'Elstree, pour des plans uniques et quelques nouvelles répliques dans la scène de combat finale. Anakin demande à Padmé: «C'est ça la solution diplomatique, sénatrice?» Et Padmé répond: «Ça, c'est de la négociation musclée.» L'équipe tourne aussi la scène dans le vaisseau mitrailleur, après que Padmé est tombée dans les dunes, quand Obi-Wan s'efforce de convaincre Anakin de continuer le combat contre Dooku. La scène souligne le conflit intérieur qui déchire Anakin, entre ses élans personnels et sa mission envers la société.

John Williams enregistre sa partition avec le LSO (Orchestre symphonique de Londres) 13 jours durant à partir du 18 janvier, puis un ultime jour de tournage se déroule le 1er février aux studios d'Elstree. Lucas tourne une scène avec Dooku, Nute Gunray et les chefs séparatistes au centre de commandement géonosien, à l'issue de laquelle Poggle le Bref tend les plans de l'Étoile de la Mort à Dooku.

Transfert sur pellicule

David Tattersall Quand vous regardiez l'image sur le moniteur en plateau, elle était super. Projetée numériquement, elle était meilleure que sur pellicule, parce que c'était une copie directe de l'originale, mais pas aussi bonne que sur le moniteur parce que la projection numérique avait deux ans de retard. Bien que nous ayons tourné le film en numérique, il fallait le

transférer sur pellicule pour qu'il soit projeté en salles. Quand vous faites passer l'image à travers le traitement habituel du film, après trois générations, elle s'est forcément dégradée et n'est plus aussi belle à vrai dire.

Mike Blanchard Manquait une dernière pièce au puzzle : comment tirer des copies d'exploitation à partir de notre original numérique. Nous commencions tous à nous inquiéter parce que nous n'arrivions pas à obtenir des copies aussi bonnes que notre version numérique. La qualité des tirages de retour des labos n'était pas à la hauteur.

Alors nous nous sommes dit : « Et pourquoi pas tirer toute une bobine à partir du fichier numérique et nous en servir de négatif de tirage ? » Au lieu d'avoir un négatif original, puis de tirer interpositif et internégatif, nous avons décidé de sauter complètement ces deux étapes pour passer directement de notre négatif original à la copie d'exploitation.

Nous avons calculé combien de temps nous prendrait l'opération et nous l'avons expliqué à Rick et George. La copie était de bien meilleure qualité. Le problème, c'est qu'il fallait 60 heures pour exposer une bobine de 600 mètres sur les imageurs à laser d'ILM et que nous avions besoin de sept négatifs de chaque bobine – six pour la sortie américaine et un pour l'international, qu'ils pourraient sous-titrer.

Un millier de copies pouvaient être tirées à partir de chaque négatif. ILM devait aussi fabriquer 22 déroulants du générique de *Star Wars* en 22 langues. Sept films de sept bobines chacun, cela représente 49 bobines au total. Les mettre sur bande avec deux imageurs prendrait un peu plus de 60 jours s'ils tournaient en continu, sans problème technique.

Nous avons mis au point un calendrier qui indiquait quand George devrait avoir terminé chaque bobine pour respecter les délais. Dans le bâtiment principal, nous avons accroché un grand panneau magnétique avec un tableau où figuraient les dates auxquelles chaque bobine devait partir au tirage. Cela plaisait beaucoup à George. Il disait : « Les gars, il y a 20 plans de la première bobine pour lesquels ILM n'a pas encore envoyé les images définitives ! » Notre priorité était alors de terminer cette bobine pour l'envoyer au shoot.

Rick McCallum Nous allions effectivement fabriquer plus de 3 000 copies de première

2.173 *Image du plan finalisé de Yoda se préparant au combat contre le comte Dooku. Samuel L. Jackson : « Mace est le deuxième homme le plus mauvais de l'univers. Yoda est le plus méchant. »*
2.174 *Le comte Dooku est un adversaire de taille pour Anakin, auquel il tranche le bras droit.*

2.174

génération, ce qui n'avait jamais été fait dans l'industrie du cinéma, jamais.

Mike Blanchard Il y avait parfois des problèmes techniques pendant le shoot qui nous obligeaient à recommencer. Une fois, ça a été une panne de courant. Dans les dernières phases de la postproduction, il y a eu des coupures électriques plusieurs jours d'affilée. C'était déprimant. Il a fallu qu'on installe un générateur sur les parkings d'ILM et du ranch pour que, quoi qu'il arrive, la salle de montage de George et les imageurs puissent continuer à fonctionner.

Le mixage son final commence le 4 mars 2002.
Ben Burtt Le mixage final prend environ un mois. Nous entrons dans une chambre sombre tous les jours et nous écoutons chaque son, chaque mesure de musique, chaque réplique de dialogue ; nous progressons dans les scènes centimètre par centimètre, pour ne produire que quelques minutes par jour.

Rick McCallum Le 8 avril, ILM livre le dernier plan et George le valide. Le 10 avril, George et Ben livrent le montage final du film, avec les effets sonores et la musique de John Williams.

L'Attaque des clones sort en salles le 16 mai 2002 ; le film réalise 80 027 814 dollars le premier week-end d'exploitation aux États-Unis, et a rapporté 653 millions de dollars dans le reste du monde.

Mike Blanchard Il n'existait pas de réseau de distribution numérique à l'époque de l'épisode II, donc nous avons dû trouver le moyen de transmettre le film aux cinémas. Là encore, nous avons essuyé les plâtres. Nous avons fait appel à une équipe de THX pour aller dans tous les cinémas équipés en numérique – il y en avait une centaine dans le monde entier – pour charger les serveurs. Nous avons fait un DVD, qu'ils copiaient sur le serveur du cinéma – crypté, bien sûr – et qui était ensuite transmis au projecteur.

Rick McCallum Il faut avoir le cerveau qui fonctionne sérieusement au ralenti pour travailler encore sur pellicule et ne pas

2.175 *Obi-Wan discute avec Mace Windu et Yoda (absent de l'image) de la victoire sur Géonosis. Yoda rétorque que ce n'est pas une victoire mais le début de la guerre des clones.*
2.176 *Dans le scénario de tournage, Obi-Wan prévient Mace et Yoda qu'Anakin escorte la sénatrice Amidala jusqu'à Naboo et Yoda annonce que la guerre des clones a commencé. Dans cette nouvelle version de la scène 165, filmée le 2 avril 2001, Obi-Wan, Mace et Yoda se demandent s'il est vrai que Dark Sidious contrôle le Sénat.*

2.175

Draft Dated 3/13/01, Revised 3/21/01   23

~~THREEPIO, with his battle droid head, blasts away at the JEDI. Suddenly, out of nowhere, ARTOO races toward THREEPIO, hitting him hard and knocking him over. The little astro droid takes out his welding device and cuts the battle droid's head off of THREEPIO's body.~~

~~ARTOO picks up Threepio's head and carries it over to the WANDERING BODY. He replaces Threepio's head. The protocol droid sits up in surprise.~~

> ~~C-3PO~~
> ~~(continuing)~~
> ~~Where am I...?!?~~

~~ARTOO BEEPS.~~

DJB Scene 161

EXT. GEONOSIS SECRET HANGAR TOWER - DAY

CLOSEUP of YODA and COUNT DOOKU sword fighting. They use the Force to throw objects at each other. They reach a stalemate.

> YODA
> *You have fought well my old padawan.* ~~The end for you, this is, Dooku.~~

> COUNT DOOKU
> ~~You have fought well, my mentor, but~~ the battle is far from over. *Master,* this is just the beginning.

COUNT DOOKU raises his hand and brings a large service arm crashing down on OBI-WAN and ANAKIN.

JTE Scene 165

INT. JEDI TEMPLE, COUNCIL CHAMBER - SUNSET

OBI-WAN and MACE WINDU are standing in front of the window of the **Council** Chamber.   ??

> OBI-WAN
> *Do we* ~~I don't~~ believe what Dooku said about Sidious controlling the Senate? It doesn't feel right.

the Dark

> MACE WINDU
> Only time will tell. Where is your apprentice?

Yoda: unreliable Dooku has become. Joined, the Dark side he has.

Become unreliable Dooku has, joined the dark side... lying, deceit, part of him it is.

2.176

comprendre que nous sommes en train de franchir une étape très importante dans l'évolution du cinéma. La technologie numérique a un intérêt très simple : un auteur peut désormais écrire ce qu'il veut. Un réalisateur n'est plus limité que par son imagination. Un producteur ne peut plus dire « non », parce qu'il existe maintenant un moyen de résoudre chaque défi de production et de le faire de manière rentable et fiscalement responsable. Cela ne veut pas dire qu'utiliser cette technologie rendra forcément un film meilleur – ça, c'est toujours une question de talent.

George Lucas La pellicule existe depuis un siècle et, quoi qu'il arrive, il faut toujours passer une bande de celluloïd à travers un tas de mécanismes. Le procédé s'est sophistiqué au fil des années, mais il n'a plus de marge de progression. Avec le numérique, nous en sommes au tout début. On ne pourra faire que mieux. C'est comme si nous étions en 1895. Dans vingt-cinq ou trente ans, ce sera extraordinaire.

On nous traite en affreux fanatiques parce que nous voulons changer les choses, alors que nous faisons le plus grand pas en avant pour l'industrie depuis l'arrivée du cinéma parlant. Je ne ferai plus jamais de film sur pellicule.

Raison, amour et compassion

Paul Duncan Comme vous l'avez dit, c'est une histoire à suspense : qui tire les ficelles et

2.177

qui détient le pouvoir ? Il y a une réplique dans la discussion entre Padmé et Dooku – une scène coupée au montage – où elle lui dit : « Ce qui se passe ici, ce n'est pas un gouvernement acheté par les marchands… ce sont des marchands qui deviennent le gouvernement. »
George Lucas Si vous souscrivez à l'idée que le négoce va souvent de pair avec la cupidité, vous concevez sans difficulté que les marchands penchent davantage du côté obscur que du côté de la lumière et de la compassion. Dans les affaires, l'actionnaire est roi. Tout est fait pour lui rapporter plus d'argent. J'ai lu l'autre jour un article dont j'ai savouré l'ironie, d'après lequel les banques ont décidé qu'elles devaient soutenir les villes où elles sont implantées, leurs clients et la population en général, plutôt que de ne travailler que pour leurs intérêts et ceux de leurs actionnaires. Quelle prise de conscience incroyable ! Je ne sais pas si elles vont agir dans ce sens, mais elles ont enfin compris qu'elles s'inscrivent dans des relations symbiotiques.

2.177 *Illustration de Ryan Church (26 septembre 2001). Palpatine passe en revue l'armée des clones, en formation, prêts pour la guerre qui s'annonce.*
2.178 *Image du plan finalisé des clones soldats rassemblés, prêts à l'action.*

C'est la même chose en politique. Nous sommes tous engagés dans une relation symbiotique avec le reste du monde. Dès qu'un pays dit « Nous sommes le seul qui compte, les autres ne valent rien », on commence à tirer des fils qui déchirent notre monde. Ils ne comprennent pas que quand on se tire une balle dans le pied, ça fait mal. Comment pourrions-nous faire tourner le pays sans immigrés ? Personne ne vous a expliqué que ce sont eux qui font tout le boulot ?
Paul Duncan Les entreprises et les États sont des systèmes créés par l'être humain, qui semblent davantage s'intéresser à eux-mêmes qu'aux gens qu'ils sont supposés servir.
George Lucas J'ai fait ce film il y a longtemps maintenant, mais nous en sommes à peu près au même point. L'Amérique dépend du commerce avec la Chine et d'autres pays, mais si nous nous retirons, nous allons avoir des problèmes avec les fermiers du Midwest qui dépendent de ces échanges. Si vous brisez la synergie de ce cercle, vous vous retrouvez avec rien. Il faut réorganiser le système, parce qu'il ne fonctionne pas.
Paul Duncan Dans le passé, les mêmes sentiments nationalistes ont surgi quand les gens avaient peur et qu'ils étaient manipulés. George Santayana écrit que « ceux qui ne peuvent se rappeler le passé sont condamnés

2.179

2.180

2.181

à le répéter». Pensez-vous que l'histoire est vouée à se répéter ?

George Lucas L'histoire ne cesse de se répéter. C'est une évidence. Simplement : quelle direction va-t-elle prendre ?

Est-ce qu'on va se retrouver avec un tas de petites guerres à mesure que l'économie va s'effondrer et que leur cupidité va les pousser à s'affronter ? Est-ce qu'après avoir beaucoup souffert, que ce soit d'une guerre mondiale ou juste des guerres civiles, ils finiront enfin par comprendre : «C'est stupide. Arrêtons ça, essayons de nous aider les uns les autres !» La mondialisation est si étendue et l'écosystème financier tellement imbriqué que nous en ressentons très vite les effets. Les dirigeants du monde pensent qu'ils peuvent faire les choses de leur côté, mais ils ne le peuvent pas.

Paul Duncan Ce qu'il faut, ce sont des guides, des voix, des idées qui prennent de l'ampleur pour déclencher un changement positif.

George Lucas La vie est un pendule. Nous avons le côté obscur et le côté lumineux. Quand nous basculons trop du côté obscur, tout le monde s'écrie «Oh mon Dieu !» et nous poussons ensemble pour ralentir la chute, puis nous continuons à pousser pour inverser la tendance et basculer à nouveau du côté lumineux. Il est dans la nature humaine de ne rien faire, d'attendre que la situation soit si grave qu'il n'y ait plus d'autre choix que d'agir.

Paul Duncan Ce serait donc cyclique : il nous faut frôler la destruction pour joindre nos forces et nous sauver.

2.179 *Dans cette image du plan finalisé sur Naboo, Anakin et Padmé se marient en secret, avec pour seuls témoins les droïdes C-3PO et R2-D2.*
2.180 *Le baiser.*
2.181 *Lucas met en scène ce moment romantique afin que le gros plan sur la prothèse métallique d'Anakin tenant la main de Padmé jette un voile d'effroi prémonitoire sur la cérémonie. Ce plan a été ajouté pour la sortie numérique du film.*

> *« Je crois pouvoir dire sans risque que je ne tournerai jamais plus de film sur pellicule… C'est inconcevable pour moi de revenir à cette méthode de travail. »*
> George Lucas

George Lucas Le truc, c'est que tout sera fini pour nous tous dans quelques millions d'années, et d'ici là nous devons comprendre que nous ne nous sauverons pas chacun de notre côté. On nous apprend que la compétition est une bonne chose, mais est-ce que cela signifie qu'un quart des gens vivront et que les autres mourront parce qu'ils ont perdu ? Non, tous sont nécessaires. L'ensemble de l'écosystème est nécessaire.

Paul Duncan Il faut beaucoup de gens pour bâtir une arche.

George Lucas Voilà. Et c'est une tâche qui s'accomplit par la raison, l'amour et la compassion, pas par la force.

Les films veulent souligner l'idée que tout est lié. J'aime faire des films complexes, mais les gens ne s'en rendent compte que quand ils commencent à creuser. La plupart ne le font jamais et ne peuvent, par conséquent, pas saisir l'entité globale, parce qu'ils se concentrent sur quatre ou cinq éléments sur 200 et ne veulent souvent même pas entendre parler des autres pièces du puzzle parce que cela exigerait qu'ils réfléchissent davantage, au-delà des films.

Des cycles et des cercles rythment l'histoire et le parcours des personnages au fil des six épisodes. Le même cycle se répète encore et encore, avec différents groupes, et l'issue change parce que les personnages ont mûri ou changé au cours de l'histoire. La répétition montre l'évolution des personnages.

C'est subtil. Je ne crois pas que beaucoup de gens s'en rendent compte, mais si vous ouvrez l'œil, vous le verrez.

La Revanche des Sith
Épisode III : La Revanche des Sith (2005)

Sinopsis
Trois ans après le début de la guerre des clones, les nobles chevaliers jedi mènent une immense armée de clones dans une bataille galactique généralisée contre les Séparatistes. Quand les sinistres Sith dévoilent leur stratégie millénaire pour dominer la galaxie, la République s'effondre, et de ses cendres naît le malfaisant Empire galactique. Le héros jedi Anakin Skywalker se laisse séduire par le côté obscur de la Force et devient le nouvel apprenti de l'Empereur – Dark Vador. Les Jedi décimés, Obi-Wan et Yoda sont contraints de se cacher. Le seul espoir de la galaxie est porté par les propres enfants d'Anakin – des jumeaux, séparés et élevés dans le secret, qui deviendront Luke Skywalker et la princesse Leia Organa.

DATE DE SORTIE 19 mai 2005 (É.-U.)
DURÉE 140 minutes

Distribution
OBI-WAN KENOBI EWAN MCGREGOR
SÉNATRICE PADMÉ AMIDALA NATALIE PORTMAN
ANAKIN SKYWALKER HAYDEN CHRISTENSEN
CHANCELIER SUPRÊME PALPATINE
    IAN MCDIARMID
MACE WINDU SAMUEL L. JACKSON
SÉNATEUR BAIL ORGANA JIMMY SMITS
YODA (VOIX) FRANK OZ
C-3PO ANTHONY DANIELS
COMTE DOOKU CHRISTOPHER LEE
REINE DE NABOO KEISHA CASTLE-HUGHES
KI-ADI-MUNDI / VICE-ROI NUTE GUNRAY
    SILAS CARSON
COMMANDANT CODY TEMUERA MORRISON

JAR JAR BINKS AHMED BEST
R2-D2 KENNY BAKER
CHEWBACCA PETER MAYHEW
SIO BIBBLE OLIVER FORD DAVIES

Équipe
RÉALISATEUR GEORGE LUCAS
PRODUCTEUR RICK McCALLUM
SCÉNARIO GEORGE LUCAS
PRODUCTEUR EXÉCUTIF GEORGE LUCAS
SUPERVISEUR ARTISTIQUE GAVIN BOCQUET
DIRECTEUR DE LA PHOTOGRAPHIE
    DAVID TATTERSALL
MONTEURS ROGER BARTON, BEN BURTT
CRÉATION DES COSTUMES
    TRISHA BIGGAR
SUPERVISEURS CRÉATION & CONCEPT
    RYAN CHURCH, ERIK TIEMENS

SUPERVISEURS DES EFFETS VISUELS
    JOHN KNOLL, ROGER GUYETT
DIRECTEUR DE L'ANIMATION ROB COLEMAN
SUPERVISEUR HAUTE DÉFINITION FRED MEYERS
INGÉNIEUR DU SON BEN BURTT
MUSIQUE JOHN WILLIAMS

3.1 *Affiche pour* La Revanche des Sith *conçue par Drew Struzan. Elle est diffusée le 8 mars 2005.*

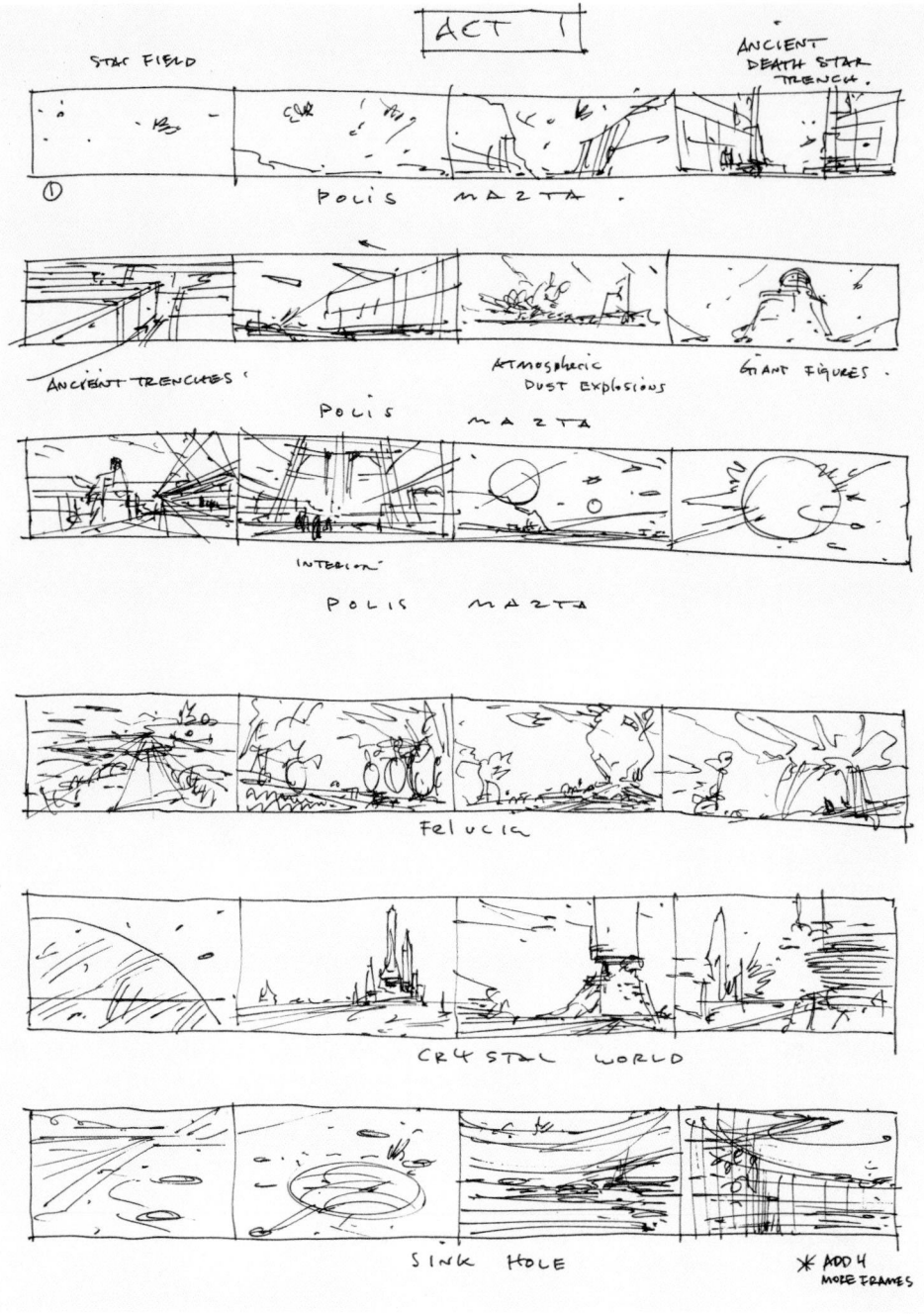

3.2-3 *Vignettes d'Erik Tiemens pour des propositions du premier acte, qui au départ comportait sept batailles de la guerre des clones sur sept planètes :* *Polis Massa, Felucia, le monde de glace, le monde entonnoir, le monde pont, Kashyyyk et Coruscant. Palpatine était secouru au-dessus de Coruscant à la fin*

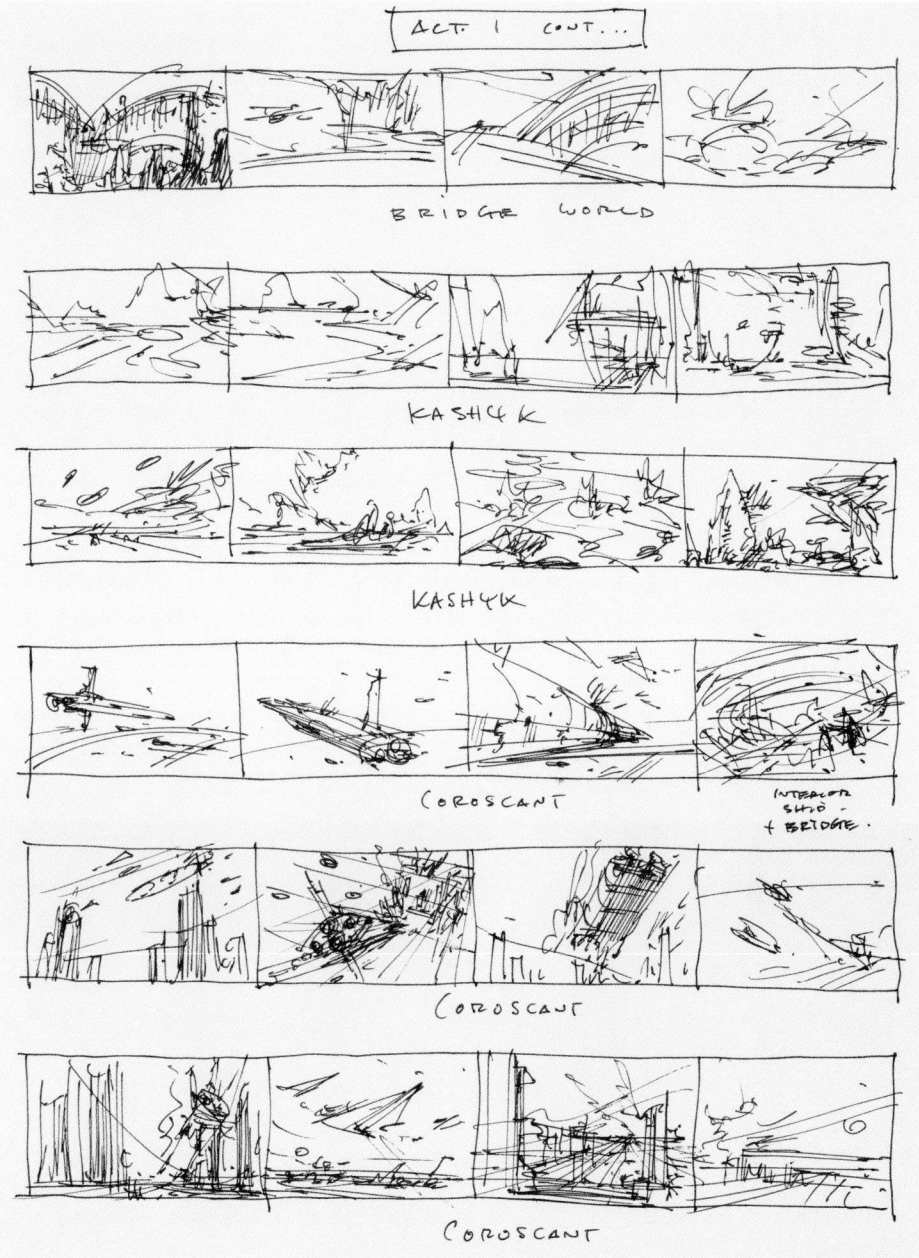

de l'acte 1 puis Anakin basculait du côté obscur.

Mandala

Par Paul Duncan et Colin Odell & Michelle Le Blanc

George Lucas Je suis un dingue de cinéma et je veux rendre le cinéma meilleur, plus divertissant, plus facile et moins cher à produire. Il est dans ma nature de vouloir accomplir le meilleur boulot possible avec les ressources dont je dispose. Je veux être fier de mon travail.

Je ne me considère pas comme un pionnier. J'ai dépensé beaucoup d'argent en recherche et développement et j'ai essayé de pousser les possibilités du cinéma plus loin, principalement parce que je veux obtenir la meilleure qualité d'image possible et raconter mes histoires le mieux possible. Je me suis toujours cogné au plafond de celluloïd – cette technologie qui déclare : «Tu ne peux pas être ici, tu ne peux pas aller là, tu ne peux pas faire ça.» Ou ces ressources économiques qui imposent : «Tu peux aller jusque-là, mais ça va te coûter cher.» J'ai la sensation qu'un artiste a besoin d'être libre, qu'il ne doit pas se préoccuper de la façon dont il va accomplir quelque chose ou de savoir s'il peut se le permettre financièrement. Il devrait pouvoir laisser aller son imagination loin des contraintes, et c'est ce que le numérique nous permet.

Le 20 avril 2002, juste avant la sortie de l'épisode II, nous avons organisé une réunion sur le numérique au ranch Skywalker avec tous les gens du cinéma qui l'avaient pratiqué : Jim Cameron, Robert Rodriguez, Michael Mann,

3.4 Proposition de Ryan Church pour le monde en anneau, une planète gazeuse ceinte d'une ville (26 septembre 2002). À l'origine, cette planète devait s'appeler Cato Neimoidia, et on peut voir des croiseurs de la Fédération du Commerce qui survolent la structure.

3.5 Cette première version du monde en anneau par Church montre une planète inhabitable, qui pourrait cependant servir de source d'énergie pour la ville qui l'entoure (1er juin 2002).

moi et les gars de Pixar. C'était tout. On était les seuls à avoir de l'expérience dans ce domaine. Nous avions aussi invité quelques amis, donc nous étions 25 ou 30 en tout. Les cinq participants qui avaient fait des films en numérique ont pris la parole pour expliquer de quoi il s'agissait, quels problèmes ils avaient rencontrés, quelles étaient les astuces à connaître, les avantages et les inconvénients de ce que nous faisions.

Mike Blanchard / Superviseur technique Pixar a montré la bien moindre qualité des copies d'exploitation par rapport à une projection numérique. Nous avons fait une démonstration de correction des couleurs pour expliquer combien le travail en numérique permet un contrôle précis de l'image. Nous avons raconté comment nous avons tourné, détaillé notre méthode de traitement des rushes quotidiens et l'efficacité que nous y avons gagnée en termes de rendement. C'était une façon de leur dire : « Écoutez, les gars, voilà ce qui se passe en ce moment. Nous appliquons déjà tout ça et le film sort le mois prochain. » Ensuite nous avons projeté L'Attaque des clones. Certains réalisateurs étaient très sceptiques, d'autres pas du tout convaincus. Nous étions encore en train de travailler sur la correction des couleurs pour l'épisode II, alors, à la minute même où la présentation a été finie, nous avons fait table rase, renvoyé l'ensemble chez ILM et repris le boulot pour finir le film à temps.

Rick McCallum / Producteur L'idée était de créer un système qui nous place dans un environnement entièrement numérique – non seulement au niveau de la capture d'images, mais aussi et surtout au niveau des procédés de distribution – pour éviter la moindre déperdition de qualité d'une copie à l'autre.

George Lucas Nous explorions trois voies possibles pour distribuer les films : par satellite, via un disque dur et par réseau de télécommunication.

Rick McCallum Cette industrie qui joue avec les émotions des gens, qui est si puissante – puisqu'elle est capable d'agir très vite sur les

3.6 Dessin de Ryan Church pour Mygeeto montrant les cristaux de glace hexagonaux qui composent la surface de la planète (1er juin 2002).

comportements, et dans le monde entier –, est pourtant la plus conservatrice et vieux jeu qui soit. La technologie n'a jamais changé. Pas un seul grand studio n'a fait la moindre avancée technologique. Elles sont toutes le fait d'individus. Voilà un secteur auquel les entrées rapportent chaque année 5 à 6 milliards de dollars, et les locations de vidéos 15 milliards de plus, et qui ne réinjecte pas un centime dans l'industrie.

George Lucas Entre le moment où un produit est présenté et celui où l'industrie l'adopte, il se passe une dizaine d'années. Le travail que nous avons accompli en développant SoundDroid et EditDroid dans les années 1980 s'est poursuivi avec Pro Tools et Avid dans les années 1990.

Rick McCallum À l'époque, Avid était marginal dans la production télévisuelle et complètement absent de la production cinématographique. Les arguments des monteurs ont toujours été les mêmes : « J'ai besoin de sentir la pellicule, de la renifler et de la toucher avant de couper. » Aujourd'hui, sur les quelque 2 400 monteurs en activité, moins de cinq montent encore sur pellicule. C'est exactement ce qui va se passer avec le cinéma numérique, la projection numérique et la distribution numérique.

Très peu de gens le comprennent, mais les six plus grands studios dépensent entre 1,2 et 1,3 milliard de dollars en frais de distribution sans qu'aucun protocole ne soit mis en place pour garantir la qualité des copies. Ces frais pourraient être réduits d'environ un milliard par an si une copie parfaite était envoyée numériquement à chaque salle, qui pourrait projeter

> « *Aussi étrange que cela paraisse, je ne fais pas ces films pour qu'ils deviennent d'énormes blockbusters à succès. Je les fais parce que je raconte une histoire et que je veux la raconter comme je l'entends.* »
> George Lucas

3.7 *Illustration de Stephan Martinière pour Mygeeto, une planète de glace (26 juin 2002).*

3.7

3.8 *Croquis de Derek Thompson pour des « lémuriens de l'espace » (14 novembre 2002). Ces créatures devaient à l'origine peupler Utapau, un monde en entonnoir. Elles furent remplacées pour devenir les habitants de Mygeeto, mais ne figurent finalement pas dans le film.*
3.9 *Proposition de Tiemens pour une bataille sur une planète entonnoir, plus tard baptisée Utapau (20 juin 2002). Tiemens : « George nous communiquait des bribes et des germes d'idées. » Pour Le Retour du Jedi (1983), Nilo Rodis-Jamero, Joe Johnston et Ralph McQuarrie avaient dessiné une planète crevassée, un concept ensuite développé par Doug Chiang dans plusieurs de ses dessins de Mos Espa pour La Menace fantôme (1999), mais qui ne seront pas retenus.*

les films exactement comme ils ont été conçus. L'infrastructure est tellement verrouillée qu'il faudra des années avant d'avoir les équipements nécessaires à la distribution numérique.

Nous ne disposerons pas d'un nombre conséquent d'écrans numériques tant que les propriétaires des studios et des circuits de cinéma n'auront pas compris qu'ils doivent s'organiser. Sinon, ils y perdront leur chemise, parce que le spectateur lambda vivra une meilleure expérience chez lui avec un DVD que dans la plupart des cinémas. C'est un crève-cœur de payer sa place dans une salle standard et de découvrir, trois ou quatre jours à peine après sa sortie, un film qui n'a rien à voir avec ce que vous avez livré. Il n'y a pas de contrôle qualité

3.8

3.9

possible avec la technologie du XIXᵉ siècle utilisée encore par la plupart des salles. Sur les quelque 5 000 cinémas qui existent, soit plus de 36 000 salles, il n'y en a environ que 80 qui sont équipées pour le numérique.

Le flux créatif

Ryan Church / Directeur création et concept
En avril 2002, environ un mois avant la sortie de l'épisode II, George nous a dit l'air de rien : « Je voudrais que vous commenciez à réfléchir à sept planètes – sept nouvelles planètes complètement différentes les unes des autres – où se déroulera la guerre des clones. Réfléchissez à ça ! » Bon, j'y pensais déjà en 1977 quand j'étais gosse, alors j'ai répondu à George : « Oh, je pense que j'ai des planètes pour toi. »

George Lucas Les dix premières minutes seront spectaculaires. Tout ce que vous comprendrez, c'est qu'il s'agit de la guerre des clones. Il est temps de viser de nouveaux horizons, aussi librement que possible !

Erik Tiemens / Directeur création et concept
J'aimerais insister sur la liberté avec laquelle nous proposons nos idées. George nous lance sur des pistes totalement nouvelles ; il ne s'agit pas de créer des variations sur un thème ancien, mais d'imaginer de nouvelles planètes, de nouveaux bâtiments, et ça c'est super.

George nous envoie une note du genre « Je veux une nouvelle planète. Peut-être avec de la glace. » Je fais quelques esquisses au gré de mon inspiration pour voir si quelque chose d'utile peut en sortir. J'en arrive à une planète iceberg cristallisée. Ensuite, je commence à peindre ces croquis pour me faire une idée de la palette, et puis je mets cette proposition en regard des autres planètes et séquences pour vérifier qu'elle se distingue bien du reste et pour dégager une tendance pour l'ensemble du film. George a voulu exploiter davantage les cristaux, et la planète est devenue le monde de cristal de Mygeeto.

Ryan et moi avons rapidement peint quelques compositions en mélangeant les divers éléments. J'ai beaucoup travaillé sur les premières étapes d'Utapau, l'environnement en entonnoir, les batailles qui s'y déroulent et même le lagon au fond de la doline.

Iain McCaig / Concept artist George a clairement expliqué que chaque nouvel

3.10 Première idée d'Erik Tiemens pour une planète lagon (20 juin 2002), ensuite développée et modifiée pour Kashyyyk.
3.11 Ce croquis d'Iain McCaig est un « portrait de famille », avec Chewbacca et un jeune Han Solo (6 décembre 2002). Au départ, Lucas avait imaginé que l'orphelin Han Solo s'était lié d'amitié avec Chewie et qu'ils vivaient sur Kashyyyk – Han trouvait une pièce de droïde transmetteur qui aidait Yoda à retrouver la trace du général Grievous sur Utapau. Han Solo a ensuite disparu du scénario.

3.10

environnement devait se distinguer de ceux que nous connaissions déjà, et des planètes, il en a imaginé beaucoup. Nous affichions nos idées au tableau et il disait : « Ça ressemble à Géonosis » ou « On a déjà vu ça sur Bespin. » Nous tâtonnions pour trouver l'identité de la planète percée de dolines, une formation rocheuse naturelle comme Géonosis avec d'immenses formes circulaires comme dans la Cité des Nuages. En fin de compte, ce qui nous a aidés, c'est quand il nous a dit : « Ces gens ne sont pas de cette planète. Ce sont des voyageurs intergalactiques qui ont toutes sortes de gadgets high-tech. Ils rappellent la

« Ce n'est plus dans le scénario, mais on nous avait dit que Han Solo était sur Kashyyyk, où il était élevé par Chewbacca. Han devient ensuite un type tellement tatillon – il faut toujours qu'il ait ce qu'il y a de mieux – que ça nous amusait d'imaginer qu'enfant c'était un petit sagouin. »

Iain McCaig / Concept artist

3.12

Guilde spatiale de *Dune*. » À ce moment-là, nous avons compris que nous pouvions pénétrer dans la roche pour y creuser une ville entière. Les plates-formes d'atterrissage qui évoquent des insectes correspondent à une époque architecturale antérieure dans l'histoire d'Utapau, et lorsqu'on y pénètre, on découvre que la ville existe depuis des millénaires

3.13

grâce à des bâtiments de différents styles. C'est ainsi que la ville d'Utapau s'est élaborée.
Paul Duncan La plupart des dessins ne montrent pas de personnages.
Erik Tiemens C'est parce que nous ne savons pas grand-chose de l'histoire, quels personnages seront dans la scène ou ce qu'ils feront, et si nous plaçons quelqu'un dans l'image, cette présence risque de disqualifier toute la composition. C'est pourquoi la plupart de nos propositions, à Ryan et moi, se limitaient à des environnements destinés à traduire l'atmosphère des lieux, pour ensuite entrer dans les détails, une fois l'animatique réalisée. Et puis George est toujours en quête d'éléments qu'il va pouvoir coller, regrouper, bouger ou intervertir ; son approche est toujours ouverte. Beaucoup de ces idées nous permettaient surtout de nous familiariser avec le sujet.
Iain McCaig Le plus enthousiasmant, mais aussi le plus compliqué, c'est que nous n'avions pas de scénario – sur l'épisode II, le script nous est parvenu alors que j'avais terminé de créer les derniers costumes. George

3.14

3.12 *Une fois les différents éléments de Kashyyyk dessinés et approuvés, ils sont assemblés en plans pour le film. La composition de Ryan Church pour le plan KHA 30 (27 mai 2004) montre non seulement l'environnement boisé, mais également des détails pratiques sur les habitations wookiee, comme les plates-formes d'atterrissage et d'observation. L'infrastructure est en matériaux naturels qui s'intègrent au paysage. Ici, des clones sont venus aider les Wookiees à défendre leur planète.*
3.13 *Proposition d'Erik Tiemens pour la planète forestière de Kashyyyk où vivent les Wookiees, avec des formations karstiques dans le fond (12 novembre 2003). Elle montre en détail l'arbre wookiee utilisé dans le film.*
3.14 *Croquis d'un athlétique guerrier wookiee par Sang Jun Lee (15 novembre 2002). En armure, arme à la main, il saute d'arbre en arbre.*

« *Les films se conforment aux lois et aux règles avec lesquelles j'ai grandi. Ils traitent d'une mythologie, ils indiquent la bonne conduite à tenir et la morale qui devrait nous guider.* »
George Lucas

3.16

a dit : « Si tu es malin, tu devineras ce qui va se passer parce qu'il manque une pièce au puzzle que forment les six premiers films de la saga. J'ai pris des fiches et j'ai essayé de composer le truc comme si je travaillais sur un scénario. C'était super d'inscrire un personnage, une scène, un costume sur une fiche. Je l'épinglais au tableau et, quand George la validait, je me disais : « Oh ! J'ai trouvé ce bout-là. »

Ryan Church Nous avions une réunion avec George chaque vendredi après-midi.

Erik Tiemens Nos réunions étaient assez brèves.

George Lucas Je leur parlais d'une scène, d'un animal ou d'un personnage, et ils faisaient plusieurs propositions. J'en validais certaines, j'en modifiais d'autres, et nous passions à la suivante. Donc, chaque semaine, ils ont

3.15 *Illustration de Ryan Church montrant une charge militaire sur le monde pont, où les bâtiments pendent sous l'édifice (2 décembre 2003). La bataille au premier plan accentue fortement le contraste entre les forces de la lumière et celles de l'ombre. La créature qui porte le Jedi menant les clones à la bataille rappelle le lézard d'Utapau.*

3.16 *Proposition de Church pour la bataille spatiale sur le pont (27 août 2002). Des chasseurs quittent le destroyer stellaire, au premier plan, tandis que la bataille fait rage avec les vaisseaux ennemis dans le fond. Le monde pont sera baptisé Cato Neimoidia dans le film.*

3.17 *Illustration de Church pour l'environnement de Felucia, décrite comme une planète sous-marine sans eau, où se mêlent algues et coraux (6 juillet 2004). À noter : les véhicules et les créatures au premier plan sont minuscules comparés à la flore et à la faune.*

3.18 *Les concepteurs décrivent chaque planète avec force détails, en prenant en considération non seulement son aspect, mais également sa flore et sa faune. Cette créature de Felucia, imaginée par Sang Jun Lee, évoque une méduse (6 décembre 2002). Le clone dans l'image indique le rapport de taille. L'idée est que ces créatures peuvent absorber et digérer la matière organique – il ne reste plus de la victime que son armure et ses armes.*

3.19

des choses en plus à concevoir. Certains imaginent des costumes, d'autres des décors, des accessoires ou des véhicules, et moi, j'écris le scénario.

Ryan Church Après la réunion, je descendais à L.A. où j'enseignais à l'ArtCenter College of Design. Assis dans ma voiture, galvanisé comme si j'étais perfusé au Red Bull, je repensais à ce que George avait dit de mon travail, aux nouveaux éléments qu'il avait demandés, et les images me venaient en tête.

Derek Thompson / Concept artist Pour la plupart des projets, vous travaillez dans un cadre très strict et verrouillé ; là, nous créons et travaillons selon des paramètres très souples. C'est une situation unique, qui nous permet de mettre dans la création tout l'enthousiasme

3.19 *Dessin piquant de Ryan Church pour un monde épineux (24 octobre 2002). Certains éléments seront repris pour la planète Felucia.*

et toute l'énergie que nous consacrons à nos divers champs d'expertise ou d'intérêt. Cela ne se fait pas toujours sans accroc, mais parfois si. Il se trouve que cette saga réunit tout ce que nous aimons.

Erik Tiemens Nous parlons tout le temps de ce qui nous plaisait quand nous étions gosses – jouets, films, expériences ; ça ne s'arrête jamais. Chaque jour, c'est : « Eh ! Je peux sortir ça de mon bagage d'expériences ! » Et nos créations s'en nourrissent.

3.18

3.20

3.21

SPACE TROOPER (POLIS MAZTA)
W.FU 11/22/02

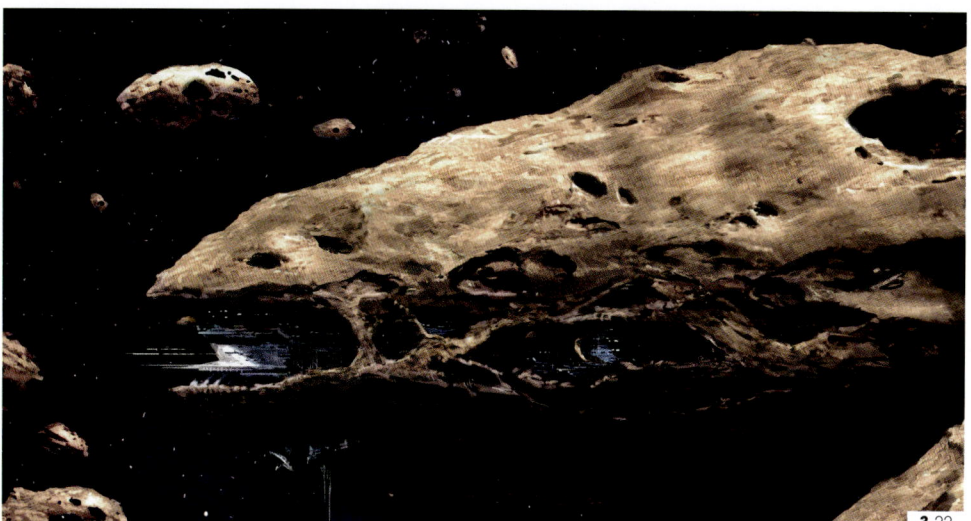
3.22

Nous étions aidés par un chercheur incroyable, David Craig. Il était très éclectique. Il apportait des coquillages ou un vieil os de vache : « Regardez-moi ça ! Vous voyez comment la moelle s'assèche ? » Ce type d'observation me donnait des idées. Une fois, il a apporté des plateaux-repas en plastique et il a dit : « Prenez une serviette en papier, mouillez-la et frottez le tapis. » Ensuite, nous avons posé les serviettes humides sur les plateaux, nous les avons laissées dans un placard pendant une ou deux semaines, et quand nous les avons sorties, elles étaient couvertes d'une sorte de duvet moussu incroyable. Il nous encourageait littéralement à jouer avec de la boue, des blocs et de vrais matériaux pour stimuler notre créativité, parce qu'on tombe facilement dans l'éculé.

Pour certaines images, George se référait à notre bibliothèque de recherche, au rez-de-chaussée, et ma méthode de travail consistait alors en partie à aller y fouiller et à remonter avec des tonnes de livres. Je les gardais ouverts sur mon bureau, je sélectionnais certaines images et je laissais toutes ces références et ces sources d'inspiration mijoter pendant une semaine ou deux. À mesure que

3.20 *Vue intérieur d'un centre de contrôle sur Polis Massa par Feng Zhu (20 novembre 2002). Zhu : « Nous ignorions à quoi Polis Massa servirait, donc j'ai pensé que c'était peut-être là qu'ils construisaient l'Étoile de la Mort. »*
3.21 *Proposition de Warren Fu pour un spacetrooper sur « Polis Mazta » (22 novembre 2002).*
3.22 *Œuvre de T.J. Frame pour Polis Massa, une ville construite dans un astéroïde (3 décembre 2002).*

je dessinais, mes croquis gagnaient en précision et en synthèse. Je me sentais alors plus à l'aise pour discuter avec George ; il me disait quelque chose d'inattendu et j'explorais cette voie. Il m'indiquait quelles directions étaient pertinentes.

Je faisais un dessin au crayon ou à l'encre, une petite gouache ou une aquarelle, je les numérisais et je les retravaillais avec le logiciel Painter en combinaison avec Photoshop.

Comme un auteur, un artiste explore, étoffe et, ce faisant, concentre sa créativité, la densifie, et vous voilà à prendre un rythme de croisière. À ce stade-là, vous n'avez pas envie d'être interrompu par des réunions qui ne sont

pas forcément essentielles. C'est là que Rick et George étaient vraiment bons – ils voulaient que nous continuions à créer sans être ralentis par l'aspect pratique et logistique des choses. Nous pouvions nous concentrer sur nos créations et le processus artistique.

Ryan Church J'ai gagné en rapidité dans l'utilisation de Painter. Je peignais tout à la main, mais je disposais simultanément d'une gomme, d'aquarelle, de lavis et d'huiles; le meilleur des deux mondes. C'est une grande chance d'avoir suivi une formation traditionnelle et de travailler en numérique.

Erik Tiemens Quand nous avions terminé nos compositions, nous les transmettions à Fay David, qui supervisait le département artistique. Elle les nommait et les numérotait correctement, et une fois que George avait donné son aval, elle les dispatchait entre montage, animatique, production et ILM.

Ryan Church George était très réceptif à nos idées. « Je ne le prendrai pas dans mon film, mais c'est marrant ! » « Non, non, je ne ferai jamais un truc comme ça, mais c'est cool ! » Si vous sortez une planète dystopique crasseuse et sinistre à la *Blade Runner*, très versatile et amusante à dessiner, il fait : « Voyons… Ce n'est pas notre genre. » Mais il ne nous empêche jamais d'essayer – il est toujours curieux de voir ce que nous avons dans la tête.

Warren Fu / Concept artist La conception artistique de *Star Wars* repose beaucoup sur

3.23 *Pendant la phase de conceptualisation, les artistes recourent aux techniques numériques pour copier et modifier leurs croquis. Une image peut facilement être repeinte ou éclairée différemment pour donner un tout autre aspect à la structure fondamentale d'une planète. Church a, par exemple, repris une représentation du monde de glace de Mygeeto pour cette composition où un Jedi et un soldat clone s'apprêtent à combattre (22 août 2002) sur une planète de cendre. Cette idée sera gardée pour le film.*
3.24 *Proposition de Church pour une bataille de la guerre des clones où des soldats clones affrontent un tridroïde de combat octuptarra dans une espèce de cathédrale ravagée par la guerre (29 août 2002).*

3.23

Emblématique

George Lucas Pas de rouge, sauf pour Mustafar.

En juin 2002, Lucas confirme que l'affrontement décisif entre Anakin et Obi-Wan aura lieu sur la planète de lave rouge Mustafar.

Erik Tiemens Nous avons vu que Ralph McQuarrie avait fait des croquis de Mustafar pour *Le Retour du Jedi* et du château de Vador dans la lave pour *L'Empire contre-attaque*.

Rick McCallum Le gros coup de chance que nous avons eu, en octobre 2002, alors que nous concevions la séquence sur Mustafar, c'est que l'Etna est entré en éruption. J'ai chopé Ron Fricke, un merveilleux cameraman, et nous sommes partis pour l'Italie ; 24 heures plus tard, nous commencions à tourner. Pendant une semaine, nous avons filmé cette séquence extraordinaire de Mustafar, cette planète volcanique qui explosait littéralement sous nos yeux.

Erik Tiemens Pour Mustafar, j'ai frappé fort. J'ai consacré beaucoup de temps aux recherches, à me procurer des livres et à regarder les images de Ron Fricke. J'étais intrigué par la théâtralité de la lave, en particulier le soir et la nuit. Elle semblait lunatique, tempétueuse. J'ai fait un océan de lave à partir d'une photo que j'avais prise dans les Marin Headlands et que j'ai peinte en rouge.

l'impact produit. Tout doit être instantanément lisible parce que George apprécie les profils bien définis : « Où est la proue du vaisseau ? Où est l'arrière ? Dans quelle direction vole-t-il ? »

Ryan Church Il nous poussait à aller plus loin. J'avais des idées plus ambitieuses en tête que plus rien ne venait limiter. C'est le meilleur patron que j'aie eu. Il m'a pourri-gâté.

3.24

Jedi Cruiser Top Surface Detail
EP3 2/2/04
A. Jaeger ILM
Nose detail
Gun suround detail

3.25

AFT R2 UNIT
JEDI FIGHTER V3
RYAN CHURCH
12 JUN 02
SW3

3.26

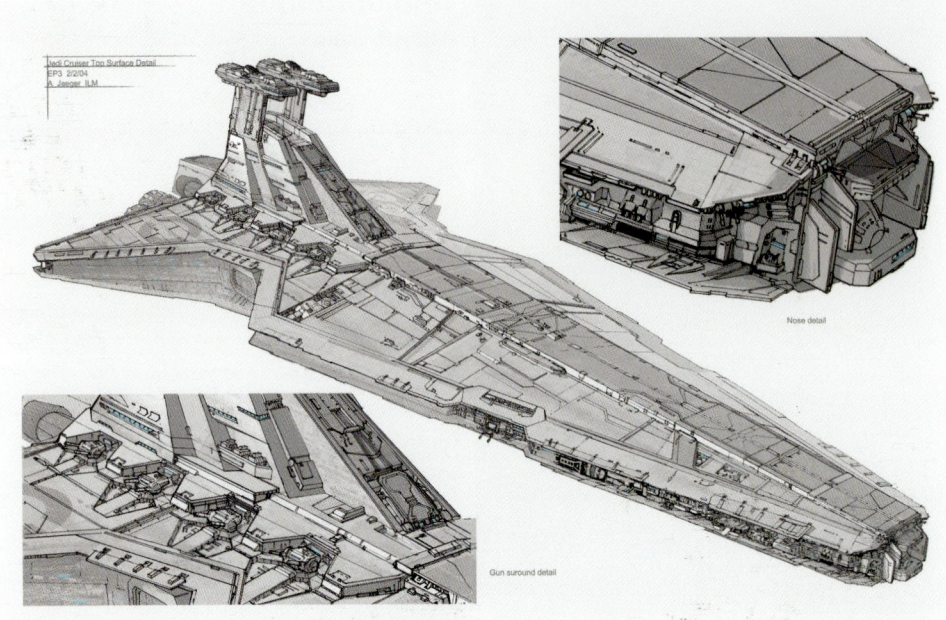

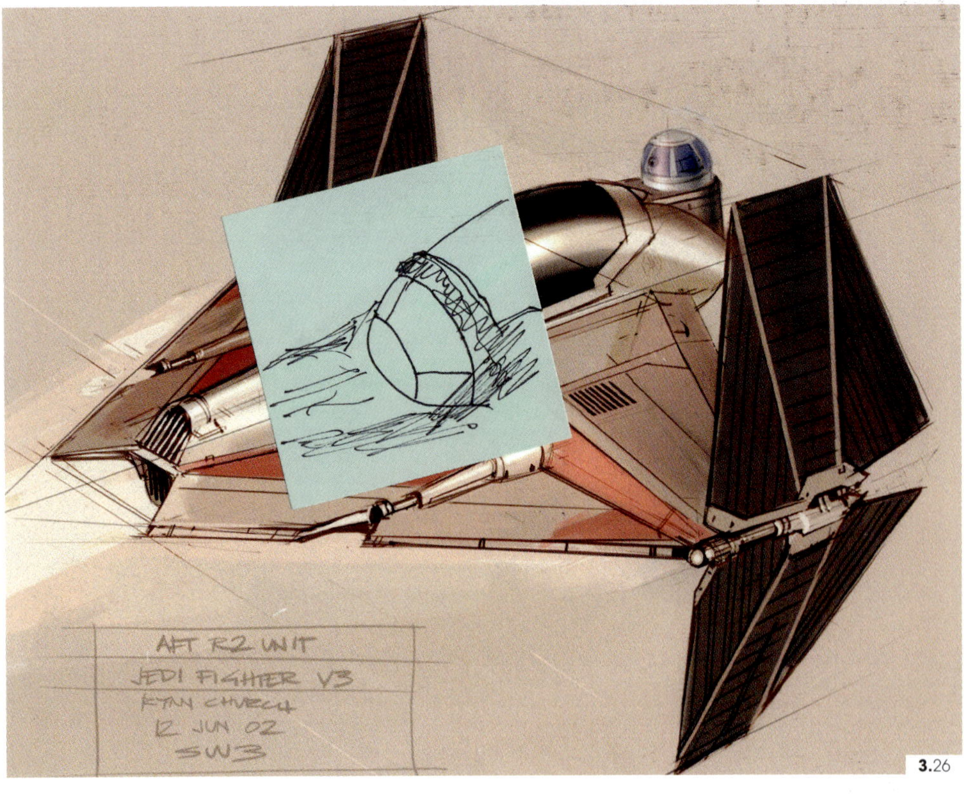

3.27

3.25 Dans le plan d'ouverture du film, deux chasseurs pilotés par Anakin et Obi-Wan survolent le croiseur jedi en rase-mottes. Alex Jaeger a apporté des détails de surface au croiseur jedi (2 février 2004).
3.26 George Lucas a modifié ce croquis de Church (11 juin 2002) afin que le chasseur jedi ressemble davantage à un chasseur TIE, signe de l'évolution stylistique qui s'opère entre République et Empire.
3.27 Croquis modifié de Church pour le chasseur jedi d'Anakin (17 mars 2003). Le cockpit revu arbore deux longs canons laser et R2 se loge désormais sur l'aile, dans le champ de vision du pilote.

Ryan Church Étant donné l'ouverture d'esprit de George, j'ai eu envie d'élargir notre éventail de talents. En août, j'ai fait venir quelques gars avec lesquels j'avais travaillé à Los Angeles. Feng Zhu a un excellent coup de crayon. Quant à T.J. Frame, c'était un pionnier de la 3D, qui pouvait très vite fabriquer des trucs en 3D, les envoyer à George, et ensuite, ils partaient directement à l'animatique.

T. J. Frame / Concept artist J'ai commencé à utiliser la 3D en phase de conception sur l'épisode III, fin 2002. C'était la première fois que le département artistique intégrait la modélisation numérique à ce stade.

Ma préoccupation principale, c'était de tracer rapidement les grandes lignes, à

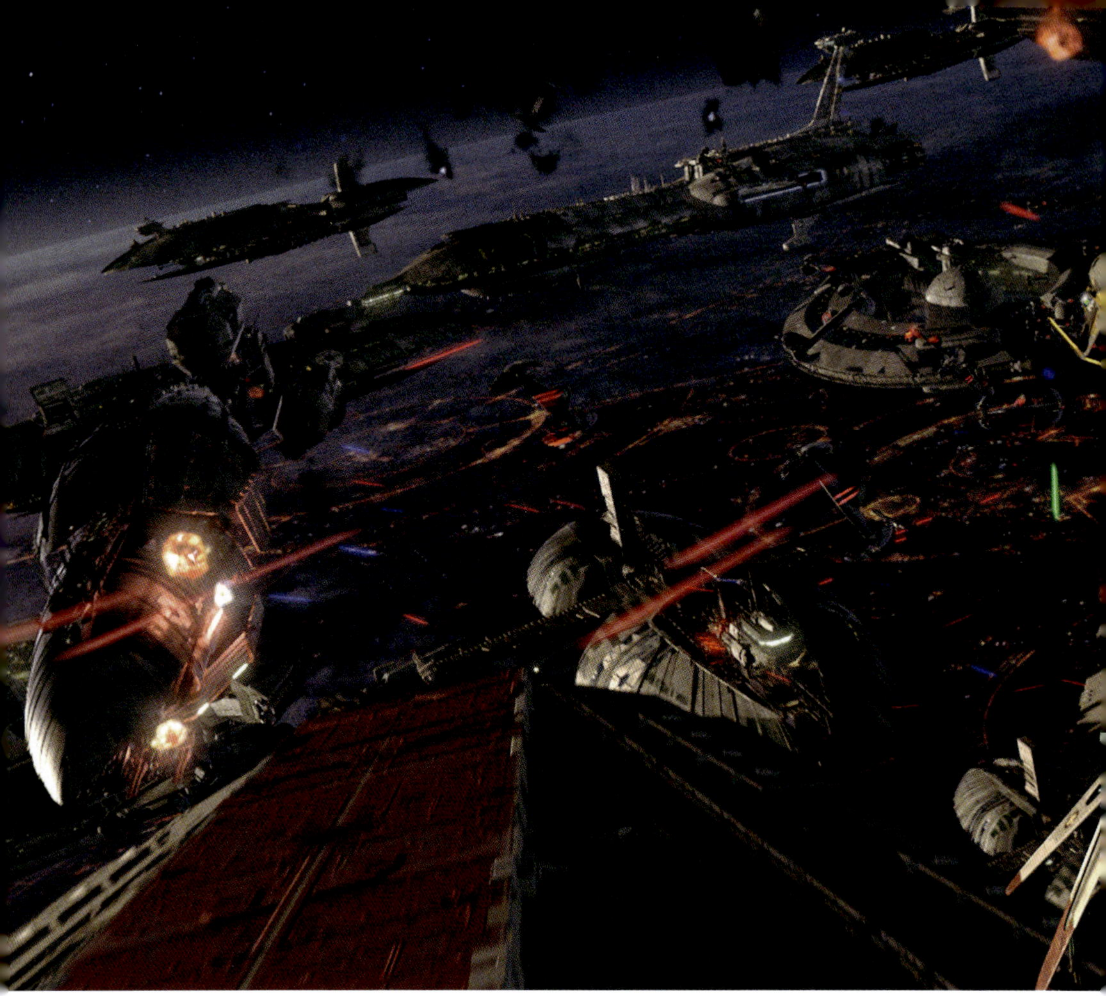

FIGHTER CONCEPT
RYAN CHURCH
1 AUG 02
SW3

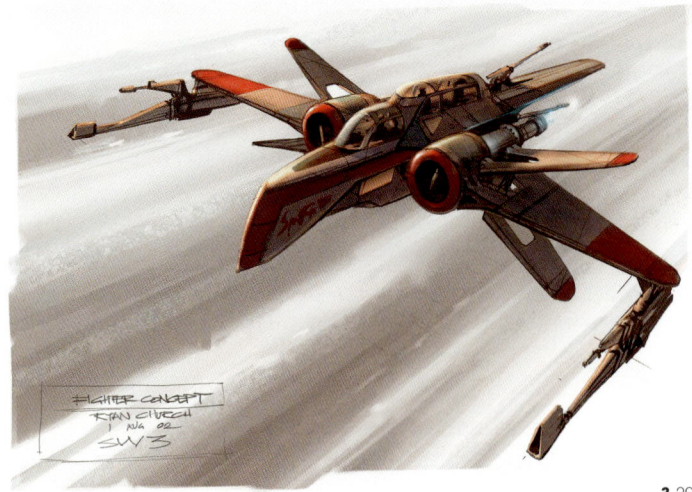

3.28

commencer par les vues sur le pont du croiseur séparatiste dans la séquence d'ouverture. Il est, bien sûr, crucial de représenter un lieu ou un élément de décor avec des dessins et des couleurs, mais créer une version préliminaire en 3D permet aussi aux concepteurs de répondre à d'autres questions, notamment en termes de proportions et de volumes dans l'espace. Un modèle 3D peut être rapidement modifié et vu sous tous les angles sans qu'il soit nécessaire de tout redessiner à la main.

Au département artistique, nous utilisions généralement ces modèles, qui sont des étapes intermédiaires entre le croquis ou la composition peinte et l'élément fini. J'en

3.28 *Image du plan finalisé de la bataille spatiale d'ouverture, où un vaste éventail de vaisseaux est engagé dans un combat intense. Au premier plan, les chasseurs jedi d'Anakin et d'Obi-Wan, soutenus par une escadrille de chasseurs clones ARC-170, se dirigent vers le vaisseau du général Grievous, au fond.*
3.29 *Cette proposition de Church pour un chasseur donnera le chasseur clone ARC-170 (1er août 2002).*

3.30

élaborais parfois à partir de croquis existants pour m'assurer que ça fonctionnait bien avant de les envoyer à ILM. Je prenais souvent des esquisses de plusieurs concepteurs sur différentes parties d'un décor et je les mixais pour créer une composition cohérente. Ces dessins étaient ensuite transmis à l'animatique, au département modélisation d'ILM et aux équipes en charge des décors, qui s'en servaient comme référence et comme point de départ pour élaborer des détails.

Ces modèles étant rudimentaires et généralement sans texture définie, nous les appelions « maquettes en carton mousse », un clin d'œil aux maquettes faites traditionnellement en papier, carton et polystyrène. S'en tenir à une présentation simple et sans zone d'ombre permet de se concentrer plus facilement sur la conception globale avant d'ajouter les matériaux, les couleurs et les effets d'ambiance.

Paul Duncan En octobre 2002, George a changé d'avis sur le début du film. Au lieu de commencer par la guerre menée sur les sept planètes et de finir par la bataille dans le ciel de Coruscant, où Palpatine est secouru par Anakin et Obi-Wan, il a commencé par le sauvetage.

Ryan Church Sur le moment, cela m'a agacé. La séquence de la guerre des clones a été largement amputée (à peine quatre plans par planète) et déplacée dans la portion

3.31

sur l'ordre 66, une fois que tous les Jedi ont été tués.

George Lucas Il me fallait un méchant. Il faut un méchant dans chaque épisode, et le comte Dooku est tué par Anakin au tout début de l'épisode III. Je voulais un personnage qui évoque Dark Vador, sans être Dark Vador. Je voulais qu'il soit une créature non terrestre, reconfigurée en robot.

Le 8 novembre 2002, Lucas annonce au département artistique qu'il y aura dans le film un général droïde qui incarnera le chef des Séparatistes en lutte contre la République.

George Lucas À ce stade, je ne veux pas le limiter à un droïde. Il est peut-être non terrestre. Je ne suis pas sûr de vouloir qu'il soit humain. Il faut qu'il soit emblématique. Il faut qu'il incarne le mal.

Derek Thompson Nous avons tous collaboré au général droïde. Ces semaines de travail ont été parmi les plus exaltantes parce que nous étions tous concentrés sur le même objectif.

Warren Fu Je misais sur deux propositions de droïdes, mais à la dernière minute avant la réunion, j'ai aussi pris une petite esquisse que j'avais commencé à faire. Dark Vador est noir, alors je suis parti sur un blanc pur – dans la culture chinoise, la mort est associée au blanc. Je l'ai un peu peaufiné et je l'ai transmis à l'assistant du département artistique, Ryan Mendoza, en lui disant : « Ça ne me plaît pas trop, mais tu peux le numériser quand même pour qu'on l'imprime ? » Et Ryan m'a fait : « C'est celui-là que George va choisir. »

George Lucas Ils m'ont proposé des tonnes d'idées, et parmi elles, une esquisse de Warren Fu m'a tout de suite sauté aux yeux. J'ai fait : « Ooh, ça c'est bon. »

Warren Fu J'ai regardé Ryan, qui m'a fait une mine genre « Je te l'avais dit ! » J'ai précisé à

3.30 *Joe Johnston a imaginé ce croiseur rebelle pour l'épisode VI.*
3.31 *Lucas suggère d'utiliser la proposition du croiseur rebelle de Joe Johnston, et Erik Tiemens en tire un dessin qui deviendra le destroyer des Séparatistes dans la bataille au-dessus de Coruscant (20 juin 2002).*

3.32

George que le général aurait éventuellement des yeux organiques, et là, ceux de George se sont éclairés : « C'est très intéressant ! »

L'esquisse est retravaillée pendant plusieurs semaines, jusqu'à donner un général assez différent de l'original.
George Lucas Nous avions deux propositions. Les deux me plaisaient, alors j'ai dit : « Bon, ce gars-ci sera le général, et ceux-là seront ses gardes du corps, comme ça, je peux utiliser les deux idées. » Le combat y gagnerait, puisque je voulais trouver mieux qu'un droïde lambda pour affronter Obi-Wan. Un sabre laser peut tout transpercer et tout abattre, donc je devais trouver le moyen d'instaurer un combat à armes égales, ou presque, autrement il n'y aurait ni concurrence, ni suspense, ni spectacle. Du coup, j'ai doté les gardes de

bâtons électriques qu'un sabre laser ne peut pas casser.

Paul Duncan Vous avez baptisé le général Grievous début 2003.

George Lucas Il était l'antithèse de Vador : Vador était fondamentalement humain et partiellement robot, alors que le général était un robot doté d'organes humains. C'étaient les deux faces d'une même pièce. Un cercle, encore.

Paul Duncan J'aime que vous ayez fait tousser Grievous ; cela fait écho à la respiration laborieuse de Vador. Grievous préfigure ce que deviendra Anakin.

George Lucas La relation homme-machine est aussi symbiotique, et je voulais que cette idée imprègne cet univers. Je ne voulais pas séparer humains et robots parce que le personnage principal est un mélange évident des deux. Je voulais suggérer qu'il existe d'autres personnages comme lui.

Paul Duncan Vous avez ajouté des répliques comme « cinq sur cinq » pour les droïdes de combat, ce qui leur donne une touche de fantaisie.

« *Les batailles spatiales sont ce que je préfère dans la trilogie originale, alors je les garde toujours pour moi. Celles que j'ai supervisées dans la prélogie sont toutes différentes. Dans l'épisode I, une nuée de chasseurs encercle un énorme cuirassé ; dans l'épisode II, le combat oppose deux vaisseaux et un missile dans un champ d'astéroïdes ; et la bataille du III est tout simplement un pandémonium total.* »

John Knoll / Superviseur des effets visuels

3.32 *Proposition de T.J. Frame (20 décembre 2002) pour le croiseur des Séparatistes, avec un hangar et une plate-forme d'observation à la poupe.*
3.33 *Image du plan finalisé montrant le chaos de la bataille au-dessus de Coruscant. Le croiseur séparatiste, le vaisseau amiral du général Grievous, est à l'arrière-plan.*

3.33

ANAKIN - ACE
RYAN CHURCH
6 DEC 02
SW3

3.34

3.35

George Lucas C'est amusant d'avoir des robots qui ont un trait d'humanité, mais je ne pense pas que donner des traits humains aux robots fonctionne. Je trouve plus intéressant qu'ils conservent leur personnalité de robot, comme R2-D2. C'est le décalage qui est drôle. C-3PO parle plusieurs langues mais il a un gros point noir – il est idiot comme l'est un ordinateur : « Oh, on ne m'avait jamais dit ça. ». Il ne sait que ce qu'on lui a appris, si bien que son intelligence est très lacunaire.

Paul Duncan Il est interprète, mais il ne comprend pas les humains.

George Lucas Non. Il ne comprend pas les émotions.

Paul Duncan C'est l'ironie du personnage, encore renforcée par le fait qu'il a été créé par Anakin.

George Lucas C'est ironique, mais c'est aussi assez poétique. Anakin aime construire des choses, mais il n'est qu'un enfant. Il ne fabrique pas un super-droïde, mais un droïde traducteur à partir des pièces éparses dont il dispose.

Paul Duncan Anakin se comporte-t-il comme une machine ?

George Lucas Je ne crois pas, mais il devient une machine. C'est une métaphore : par ses actes, il perd son humanité – c'est une visualisation de cette idée. À mesure qu'il bascule du côté obscur, il devient de moins en moins humain. C'est l'intrigue qui sous-tend tous les films : « Peut-il être arraché à cette noirceur qu'il découvre en lui ? » Il n'en sera capable que grâce à l'amour qu'il éprouve pour son fils.

Sans cesse, sur le métier...

George Lucas J'ai commencé à écrire le scénario en août 2002 et je pensais qu'il serait le plus facile à faire. Il suffisait que je trace une ligne entre l'épisode II et l'épisode IV, mais une grosse partie du matériau que j'avais ne collait pas.

3.37

Assez vite, le scénario a sa vie propre. Les personnages commencent à vous dicter leurs actions, et vous vous retrouvez avec des problèmes. J'ai des personnages hérités des films précédents qui courent dans tous les sens en hurlant et en disant : « Et moi, alors ? » Il faut que je trouve des solutions, parce que ce que

3.34 *Illustration de Church pour le chasseur d'Anakin en action (6 décembre 2002).*
3.35 *Anakin (Hayden Christensen) filmé dans le chasseur jedi. Un cockpit rudimentaire a été construit pour que la caméra numérique puisse filmer l'intérieur. Le décor est un fond bleu : les autres parties du vaisseau et la bataille spatiale qui fait rage alentour seront ajoutées en postproduction.*
3.36 *Idée de costume d'Iain McCaig pour Anakin (14 novembre 2002). Le manteau annonce la transformation d'Anakin en Dark Vador.*
3.37 *Anakin émerge d'un volcan dans cette proposition de costume signée McCaig (16 octobre 2002). Lucas rappelle en commentaire qu'Anakin n'a pas de cicatrices avant la fin du film.*

3.38

3.39

3.40

3.38 *Sur ce story-board de Church, les droïdes saboteurs se posent sur le chasseur d'Obi-Wan (7 mars 2003).*
3.39 *Story-board de Church avec les Jedi en formation parallèle quand un droïde saboteur s'attaque au pare-brise d'Obi-Wan (28 février 2003).*
3.40 *Story-board de Church montrant Anakin qui expédie avec la pointe de son aile les droïdes saboteurs du fuselage*

3.41

3.42

3.43

d'Obi-Wan, dans une manœuvre très risquée (7 mars 2003).
3.41 Image du plan finalisé d'Obi-Wan Kenobi (Ewan McGregor) observant le droïde saboteur qui attaque son vaisseau.

3.42 Les droïdes saboteurs ont détruit R4 et s'attaquent au reste du vaisseau.
3.43 Dans cette image, R2-D2 se défend contre un droïde saboteur. Obi-Wan lui conseille de viser l'œil du milieu.

j'avais prévu n'arrive pas. J'ai suffisamment avancé dans le traitement pour comprendre que le pont que j'avais en tête ne suffit pas à relier l'épisode III et l'épisode IV. Il a donc fallu que je démantèle l'épisode III et que je le repense pour qu'il s'articule avec l'épisode IV. Ce film est comme un Rubik's Cube, plein de casse-tête à résoudre. Il compte beaucoup de personnages et beaucoup de choses doivent s'y dérouler. Je ne veux pas que le film dure trois heures et je ne veux pas qu'on s'ennuie.

Le 31 janvier 2003, Lucas livre la première version de l'épisode III de Star Wars, La Revanche des Sith à Rick McCallum. Ces 55 pages ne sont pas destinées à circuler, mais uniquement à permettre au producteur d'organiser le tournage en Australie.

Au début de l'histoire, le vaisseau d'Anakin et Obi-Wan traversent la bataille au-dessus de Coruscant et abordent le croiseur du général Grievous; ils combattent le comte Dooku pour secourir le chancelier Palpatine. Grievous s'échappe, Anakin décapite Dooku sur ordre

3.44 George Lucas encourage toute l'équipe de création à proposer et développer des idées pour un général droïde, le nouveau méchant du film, qui sera ensuite baptisé Grievous. Lucas qui aime le premier dessin de Warren Fu l'utilise pour les gardes du corps de Grievous (14 novembre 2002).

3.45 Dessin d'Erik Tiemens (12 novembre 2002). Tiemens : « Je regardais des images de sorciers amérindiens et je me suis peut-être engagé sur une voie sans issue, mais je pense que cela valait la peine d'essayer. La carcasse renferme une fournaise ou une source d'énergie. Je pense que, dans l'esprit, certains éléments ont été repris pour l'aspect final de Grievous. »

3.46 Warren Fu développe rapidement son idée du général Grievous et le pare de toutes sortes d'armes (19 décembre 2002).

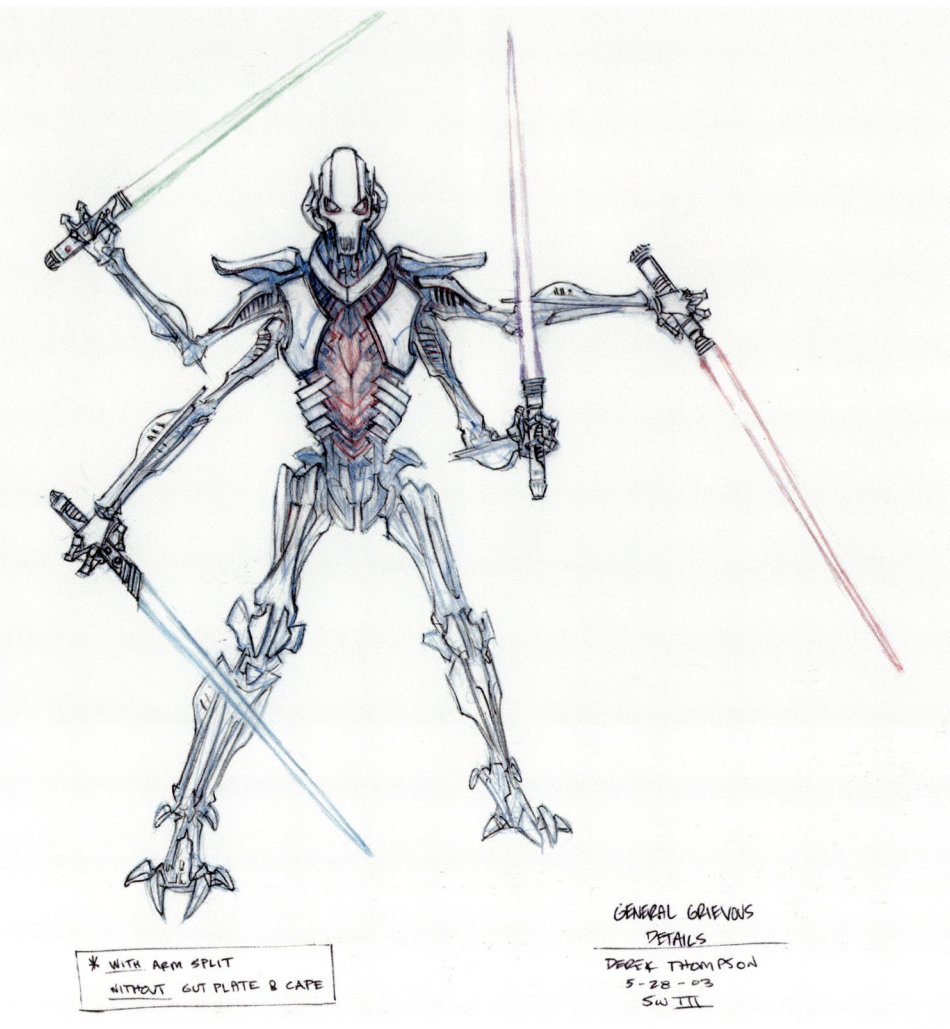

3.47

3.47 Dans ce croquis, Derek Thompson montre plus précisément comment est construit Grievous, avec notamment quatre bras munis de sabres laser (28 mai 2003). Extérieurement, Grievous est un droïde, mais ses organes internes sont organiques.
3.48-49 Croquis de Feng Zhu détaillant l'anatomie et la gestuelle de Grievous (juin-juillet 2003). L'équipe réfléchit beaucoup à la manière dont le général va se déplacer, comment fonctionnent ses articulations et comment tourne sa tête. Les couleurs sur les dessins indiquent des éléments particuliers de la structure.
Le général Grievous, hybride organique/mécanique à la voix rauque, préfigure ce que deviendra Anakin. Sa conception ne se limite pas à l'aspect physique, elle donne du sens aux personnages.

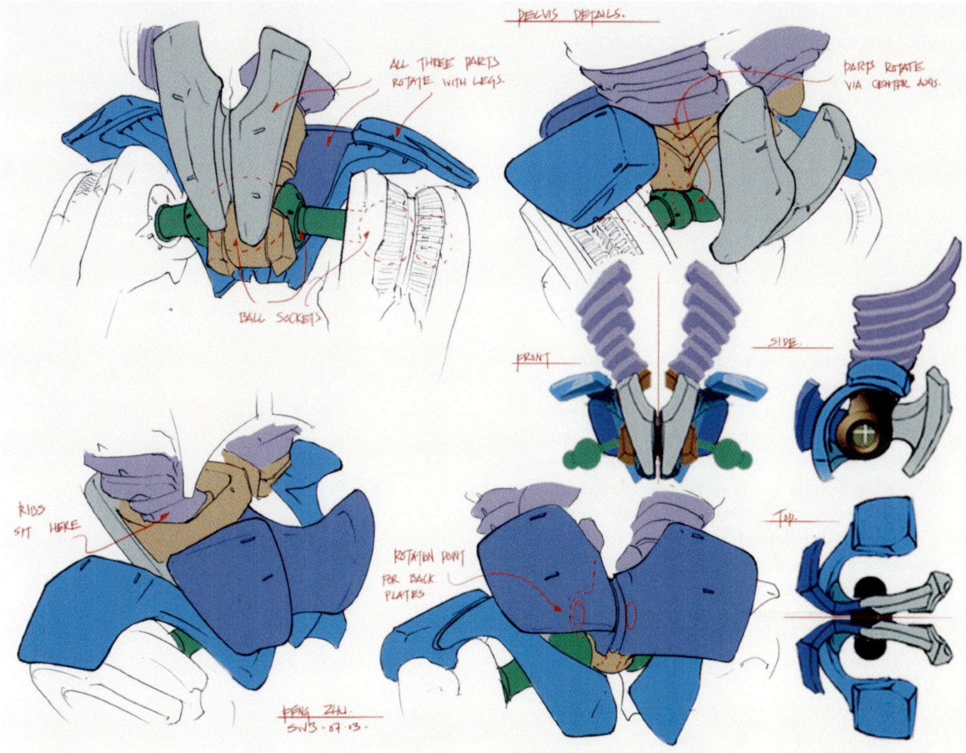
PELVIS DETAILS.
ALL THREE PARTS ROTATE WITH LEGS.
PARTS ROTATE VIA CENTER AXIS.
BALL SOCKETS
FRONT
SIDE.
RIBS SIT HERE
ROTATION POINT FOR BACK PLATES
TOP.
FENG ZHU.
SW3 · 07 · 13 ·

3.48

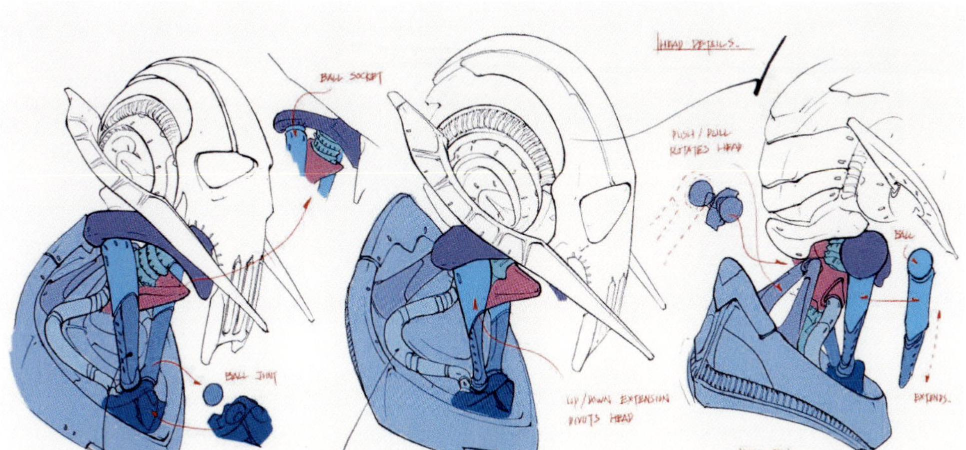
HEAD DETAILS.
BALL SOCKET
PUSH / PULL ROTATES HEAD
BALL
BALL JOINT
UP / DOWN EXTENSION PIVOTS HEAD
EXTENDS.
FENG ZHU
· THIS TUBE IS FLEXIBLE
— IT HAS THIS CROSS - SECTION
SECTION
SECTION
'HYDRAULIC' MOTION (RETRACTS)

3.49

de Palpatine, et le vaisseau se pose brutalement sur Coruscant.

Plusieurs scènes posent les éléments dramatiques : Padmé annonce qu'elle est enceinte ; Anakin fait un cauchemar où il la voit mourir ; Palpatine suggère qu'Anakin le représente au Conseil jedi ; exilé sur Kashyyyk, Yoda localise le général Grievous à Utapau avec l'aide de Han Solo, âgé de 10 ans, et Obi-Wan est envoyé sur Utapau avec des milliers de soldats clones pour capturer Grievous.

Obi-Wan affronte Grievous en duel, puis une course-poursuite s'engage avec Grievous dans son bolide à grande roue et Obi-Wan à dos de lézard.

Une fois Grievous vaincu par Obi-Wan, Mace Windu rend visite à Palpatine pour obtenir qu'un accord de paix soit négocié et mette un terme à la guerre. Palpatine refuse et utilise la Force pour envoyer des éclairs sur Windu. Une fois encore, Palpatine ordonne à Anakin d'intervenir. Ce dernier tranche la main droite de Windu et le maître jedi meurt sous l'assaut de Palpatine. Maintenant transformé en Dark Sidious, Palpatine lance l'ordre 66 à destination de l'armée des clones. Le massacre intergalactique des Jedi commence. Yoda, averti par les fluctuations qu'il perçoit dans la Force,

3.50 *Story-boards de Derek Thompson décrivant le meurtre de la maîtresse jedi Shaak Ti (18 juin 2003). Shaak Ti protégeait Palpatine lorsqu'elle fut capturée par Grievous. Au cours de leurs réunions régulières avec Lucas, les artistes réalisaient des croquis des événements qu'il leur décrivait. Ils reprenaient ensuite ces premières esquisses, les séquençaient et présentaient ces story-boards à Lucas, qui étudiait ainsi différentes versions de la scène.*

3.51 *Lucas donne ses consignes à Orli Shoshan avant de filmer la mort de Shaak Ti. La scène sera coupée au montage.*

échappe aux soldats venus l'assassiner. Obi-Wan, désarçonné de son lézard, tombe au fond d'un entonnoir, s'en extirpe et s'enfuit à bord d'un chasseur. Pendant ce temps, Dark Sidious entraîne Anakin du côté obscur avec la promesse de pouvoir sauver Padmé de la mort, et il fait une révélation fracassante :

Première version du scénario / 31 janvier 2003

Dark Sidious Toutes ces années, j'ai attendu que tu accomplisses ta destinée. J'ai orchestré ta conception. J'ai utilisé la puissance de la Force pour que les midi-chloriens entament la division cellulaire qui t'a créé.

Anakin Je ne vous crois pas.

Dark Sidious Ah, mais tu sais que c'est la vérité. Fais le vide dans ton esprit et tu sentiras la vérité. Tu pourrais presque me considérer comme ton père.

Yoda et Obi-Wan regagnent en secret le temple jedi sur Coruscant et, grâce aux enregistrements holographiques, assistent au massacre des jeunes apprentis jedi par Anakin et à l'adoubement de celui-ci par Dark Sidious sous le nom de Dark Vador, Seigneur des Sith. Yoda et Bail Organa fuient vers Polis Massa, tandis qu'Obi-Wan se rend chez Padmé pour tenter de traquer Anakin.

Padmé refuse de l'aider mais elle s'envole pour Mustafar, où Anakin a tué tous les chefs séparatistes. Quand Obi-Wan se montre (il

> « Pour George, faire un film est un processus évolutif. C'est le mot-clé. Donc il faut saisir rapidement les suggestions qu'il apporte. »
>
> Rick McCallum / Producteur

3.52

3.53

s'est caché à bord du vaisseau de Padmé), Anakin croit que son épouse l'a trahi. Il recourt à la Force pour l'étrangler et la projeter contre un mur. Les anciens amis s'affrontent alors en duel, jusqu'à ce qu'Obi-Wan tranche les jambes d'Anakin ; Anakin tombe d'une digue et prend feu. Obi-Wan récupère son sabre laser et emmène Padmé à Polis Massa, tandis que Dark Sidious emporte Anakin à Coruscant ; il est si grièvement blessé que son corps doit être enchâssé dans une armure mécanique pour le maintenir en vie.

3.52 *Après le meurtre de Shaak Ti, Obi-Wan et Anakin sont encerclés. À l'aide de leurs sabres laser, ils découpent un trou dans le sol et atterrissent dans une salle de générateurs pleine de carburant hautement inflammable. Ryan Church la montre ici tandis qu'elle se remplit de carburant et que les droïdes y font irruption (31 octobre 2002).*

3.53 *Idée non validée de Church pour un affrontement dans un couloir du croiseur séparatiste, avec le vaisseau retourné et sa coque rompue (31 octobre 2002).*

À Polis Massa, Padmé meurt en donnant naissance à des jumeaux. Ses funérailles sont organisées sur Naboo. Yoda s'exile sur Dagobah. Bail Organa emmène l'un des bébés, Leia, sur Aldorande, où il l'élèvera comme sa fille. Obi-Wan confie le garçon, Luke, à Owen Lars sur Tatooine, où il s'installe également afin de veiller à distance sur l'enfant. Yoda dit à Obi-Wan que dans sa solitude il sera formé par Qui-Gon Jinn, qui a reçu l'enseignement de l'Ordre antique des Whills.

La scène finale montre l'Empereur, le gouverneur Tarkin et Dark Vador sur le pont du destroyer stellaire observant la construction d'une Étoile de la Mort dans l'espace.

Rick McCallum En Australie, l'équipe avait reçu assez d'informations de la part de George pour commencer la construction des univers, des éléments de décor et des costumes. George rédigera ensuite une version plus aboutie du scénario qui sera remanié et remanié encore jusqu'au début du tournage.

Réalisation virtuelle

Ryan Church Je leur ai à tous demandé – Warren, Zhu, T. J., tout le monde – de dessiner ce qu'ils avaient envie de voir dans la bataille finale. Il fallait qu'il y ait de la lave et des sabres laser.

Au fil du temps, George nous a fait savoir quelles idées avaient sa préférence pour le combat sur Mustafar et lesquelles il jugeait mauvaises, alors nous avons agencé les croquis qu'il avait validés dans l'ordre qui nous paraissait le mieux fonctionner: «Commençons dans un espace confiné, le centre opérationnel; serré au début, puis plus large.»

Paul Duncan Les protagonistes partent du centre opérationnel, gagnent le balcon, puis les tuyaux et finissent sur les immenses panneaux de récupération.

3.54 *Story-board numérique d'Eric Carney où Obi-Wan est entraîné sous la surface par un super-droïde de combat (23 janvier 2004).*

3.55

Ryan Church C'est ça. T.J. a élaboré un modèle en 3D rudimentaire pour tout le complexe, nous l'avons montré à George puis envoyé aux gars de l'animatique.

Début mars 2003, l'équipe de l'animatique menée par Daniel Gregoire commence à travailler sur le développement des éléments et des séquences.

Daniel Gregoire / Superviseur prévisualisation Nous prenons les illustrations et storyboards envoyés par le département artistique et nous mélangeons le tout avec les prises de vues réelles. Nous modélisons tout en 3D. Nous ajoutons texture, éclairage, nous suivons les mêmes étapes qu'ILM, mais de manière plus rudimentaire, si bien que c'est à la fois plus rapide, plus facile et plus souple.

Rick McCallum Au déjeuner, après nos réunions, George montait dans son bureau avec un sandwich au thon et passait des heures sur les séquences, étudiant les plans qu'il voulait.

Daniel Gregoire Quand George dit « J'ai une idée. Je veux ce plan. Je viens d'y penser », nous sommes en mesure de lui proposer une solution viable dans la demi-journée, parfois moins, qui suit, et qu'il peut intégrer dans le film pour voir si cela fonctionne.

Rick McCallum En termes de production, ce n'est pas différent d'un tournage en prises de vues réelles. C'est juste que George travaillait avec quatre ou cinq gars au lieu d'être entouré d'une équipe de 150 à 200 personnes. C'est de la réalisation virtuelle.

Daniel Gregoire Nous nous y sommes pris plus tôt que pour l'épisode II, avec davantage de monde, dans l'intention affichée de fournir beaucoup plus de matière à Lucas. Pour l'épisode III, nous nous concentrons sur la qualité et le contenu des plans. Nous consacrons plus de temps que nous l'avons fait jusqu'alors à l'animation des personnages, à l'occupation de l'espace et aux techniques purement cinématographiques. Il est important que nous

3.55 Anakin et Obi-Wan entrent dans l'ascenseur pour aller secourir Palpatine, mais il est plein de droïdes, qu'ils mettent en pièces avec une grande dextérité. Cette œuvre d'Erik Tiemens montre l'éclairage de la scène (5 juin 2003).
3.56 Anakin filmé dans la cage d'ascenseur. Perché sur la cabine qui est en train de descendre, il s'agrippe au seuil d'une porte ouverte. Quand l'ascenseur remonte, il bondit à nouveau dessus. Christensen est attaché à un câble qui assure sa sécurité, mais il est suffisamment haut pour que le spectateur se fasse une idée de l'échelle et de la profondeur. La caméra numérique fixée à la Technocrane est prodigieusement plus légère et maniable que les traditionnelles caméras argentiques.

3.57

3.57 Tournage de l'affrontement entre Anakin, Obi-Wan et le comte Dooku dans le décor des quartiers du général. Lucas tourne la scène avec deux caméras numériques pour avoir différentes perspectives.
3.58 Contrairement à ce qui s'était passé lors de leur précédente rencontre avec le comte Dooku, Anakin et Obi-Wan unissent leurs talents pour le vaincre.
3.59 Image du plan finalisé de Dooku (Christopher Lee) stupéfait quand il comprend que Palpatine l'a trahi (Palpatine est son maître, Dark Sidious) et qu'il va mourir. C'est la première fois qu'Anakin manie un sabre rouge, la couleur des lasers du côté obscur. L'image rappelle les sabres croisés dans le duel final de l'épisode VI.
3.60 Tournage de la décapitation du comte Dooku. Anakin fait un pas de plus vers le côté obscur.

essayions d'être plus réalistes. Ainsi, quand le moment arrive où les plans sont recréés en plateau ou chez ILM, George sait qu'ils fonctionneront. Cela n'entrave pas du tout notre créativité. Au contraire, cette méthode rend notre travail plus facile à monter et plus crédible, et génère donc des séquences plus palpitantes.

George Lucas Quand les gars de l'animatique livrent les vidéo-matiques que nous voulions, Ben Burtt, le monteur, les assemble. Au bout d'un moment, je commence à resserrer le montage avec Ben. De cette façon, quand le tournage commence, nous avons déjà une idée assez fidèle de l'aspect qu'auront ces séquences.

3.60

Daniel Gregoire Nous sommes passés par 23 refontes de la bataille spatiale d'ouverture du film au département de prévisualisation, et nous avons pu le faire pour une fraction du coût d'ILM.

Rick McCallum Il ne s'agissait pas tant de gagner du temps, parce que c'est la qualité du travail fourni qui compte, que de faire des économies d'argent. C'était une question de rendement. Il était bien plus efficace d'arriver sur le plateau le premier jour et d'avoir déjà 60 à 70 minutes de film monté à montrer aux acteurs et à l'équipe.

Restriction

George Lucas Ici, à San Francisco, je travaillais sur le scénario et je collaborais avec les designers, les monteurs et les gens de la prévisualisation. En Australie, Rick dirigeait le département artistique, celui des costumes, des accessoires et l'équipe caméra pour coordonner ce qui se faisait ici et là-bas.

Rick McCallum / 14 mars 2003 Il m'est difficile de fournir un rapport d'avancement indiquant où nous en sommes dans la mesure où je n'ai pas de scénario. C'est comme être en mer sans bateau. Tout le monde se concentre sur le peu d'informations que nous recevons chaque semaine. Nous avons commencé à construire les décors il y a quinze jours, le département costumes est en train de fabriquer un certain nombre de tenues et l'atelier créatures se mettra au travail d'ici deux semaines. Donc les choses avancent. Nous sommes en route, mais sans vraiment savoir où nous allons.

George Lucas / 21 mars 2003 J'ai rédigé environ la moitié du scénario. Il y a encore des éléments qui n'ont pas trouvé leur place, comme R2-D2 et C-3PO. Ils sont présents dans une scène, mais je n'ai pas encore étoffé leur participation parce qu'ils ne sont pas centraux dans le film.

Je suis très discipliné. Je me mets au travail à 8 h 30 et je ne pars qu'à 18 heures. Je fais le

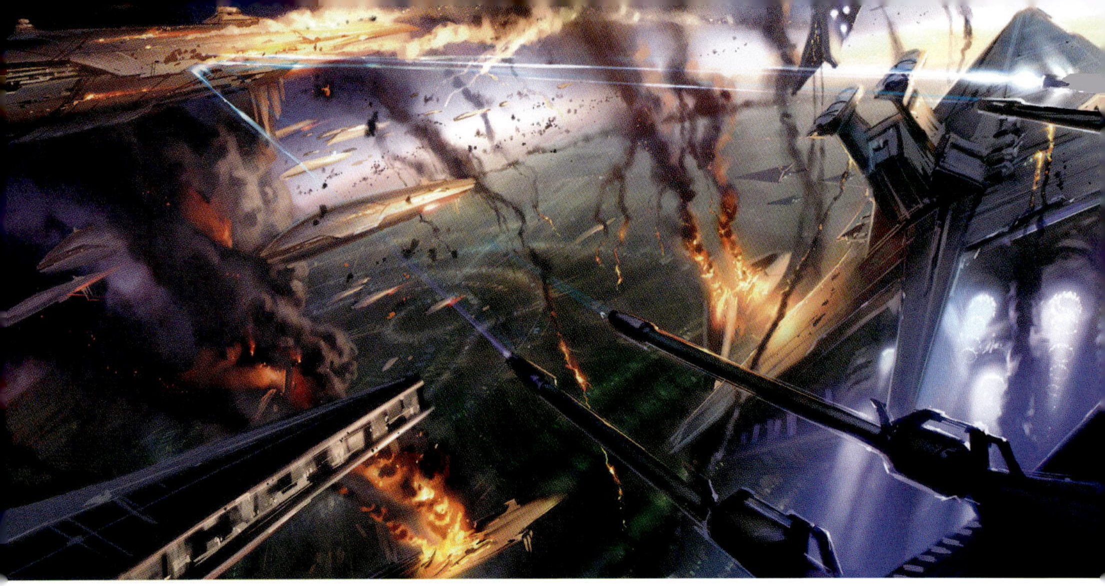

boulot. J'écris cinq pages par jour. S'il ne tenait qu'à moi, je n'en écrirais sans doute qu'une seule. Je me fais violence. Cracher ces quatre pages de plus est un supplice.

Ryan Church J'allais chez George deux fois par semaine avec un lot de croquis dont nous devions discuter. La pièce où il trouve l'inspiration a une petite baie vitrée qui donne sur

⑦ HIGH ANGLE FACING DOOR (EXIT)

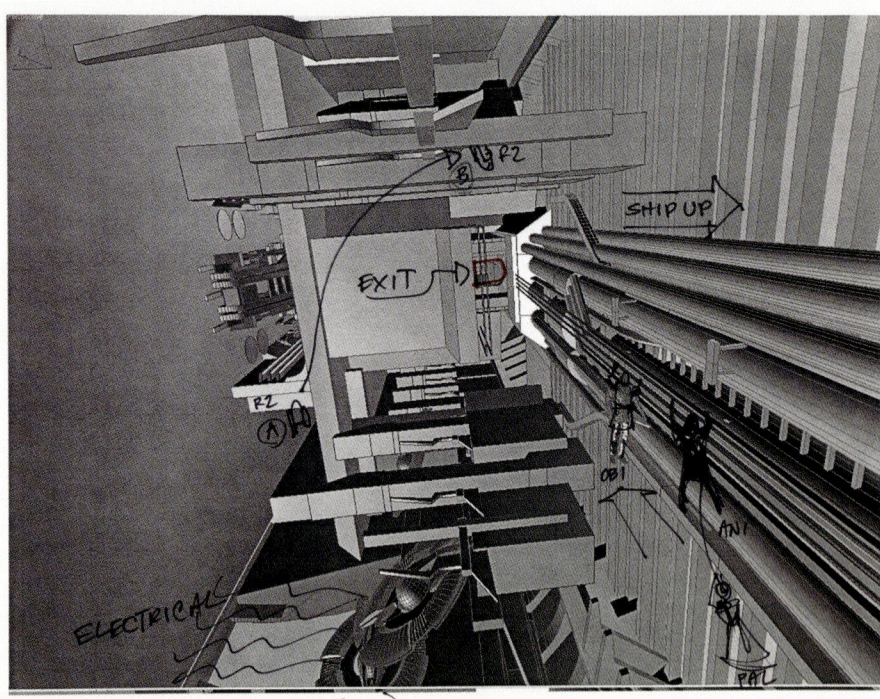

les arbres, les autres murs sont couverts de livres. Nous nous installions là à discuter au téléphone avec Gavin Bocquet, le superviseur artistique, qui était en Australie.

En attendant que la liaison soit établie, nous parlions de ses livres ou des dessins. La création graphique, c'est toute ma vie. Elle ne joue qu'un petit rôle dans la sienne, mais il connaît cette discipline aussi bien que moi.

3.61 *Illustration de Ryan Church pour la bataille spatiale opposant d'immenses destroyers stellaires dans la haute atmosphère de Coruscant (12 mars 2003).*
3.62 *Le croiseur séparatiste est endommagé et bascule sur le côté. Ian McDiarmid, Hayden Christensen et Ewan McGregor sont filmés en train de courir dans la cage d'ascenseur et de sauter par une porte ouverte pour éviter la cabine qui se rapproche à toute vitesse.*
3.63 *Dessin de T.J. Frame montrant Obi-Wan, Anakin et Palpatine dans le hangar. Le vaisseau est couché sur le flanc, le haut du fuselage sur la droite. Les Jedi courent sur les canalisations pour tenter d'atteindre la sortie, indiquée un peu plus loin. Obi-Wan est en tête, suivi d'Anakin, avec Palpatine attaché à lui par un filin. Au même moment, R2-D2 vole du point A au point B.*

C'est très intimidant. Je me suis vite rendu compte qu'il n'est pas comme vous et moi. Son cerveau marche beaucoup plus vite, alors qu'il est bien plus rempli de choses qu'il doit garder en mémoire et traiter à chaque instant.

C'est dans cette pièce que j'ai eu les discussions les plus passionnantes sur la création. Je prenais des notes, je faisais des petits dessins, et je retournais auprès de l'équipe pour expliquer ce que George attendait de nous. Erik et moi avions fait les plans larges des décors, qui prenaient déjà vie dans l'animatique, mais soudain George demandait un éclairage différent, d'autres couleurs. Il disait : « Plus rose, comme dans (le magazine) *Arizona Highways*. »

Gavin Bocquet est chargé de concevoir et construire 72 décors en dur.
Ryan Church George insistait sur la réduction des coûts. Il nous a dit : « Nous sommes en mode restriction ici. Hors de question qu'un décor soit fait en double. Vous le réalisez soit en 3D, soit en maquette, mais il faut choisir. » C'est son propre argent qu'il dépense, donc il est compréhensible qu'il veuille que nous

3.64 *Souvent, plusieurs artistes participent séparément à la composition, aux décors, aux personnages et à l'éclairage d'une même image dans le « scénario visuel ». Celle de la scène 43c montre ici Obi-Wan et Anakin affrontant le général Grievous et ses gardes, tandis que Palpatine et R2 restent à l'écart, à droite. L'idée sera filmée, mais supprimée de la scène.*
3.65 *La capture d'Anakin et d'Obi-Wan réjouit le général Grievous, dont la collection va s'enrichir de leurs sabres.*

trouvions des solutions pour que le film coûte moins cher.

Gavin Bocquet / Superviseur artistique Pour les deux films précédents, nous envoyions des photos des maquettes pour que George se fasse une idée des décors. Sur ce film-ci, pour la première fois, les dessins préliminaires sont modélisés en 3D et nous lui envoyons une petite animation pour qu'il valide l'idée générale. Ensuite, nous créons un modèle plus élaboré, plus détaillé, et nous l'animons. De cette façon, George perçoit mieux l'environnement complet que nous construisons. Et moi aussi. Normalement, une certaine nervosité s'installe à mesure que les décors se font

3.64

3.65

3.66

parce qu'il faut garder en tête les questions de taille, d'échelle et de proportions. Le décor devrait-il être plus large de 1,20 mètre, ou plus petit ou plus haut ? L'avantage des modèles 3D, c'est qu'ils viennent vraiment vous donner confirmation de l'espace. Cette fois, comme les décors sont intégrés au film, je n'ai aucune mauvaise surprise.

Rick McCallum Le coordinateur des cascades Nick Gillard a commencé à travailler début avril.

Nick Gillard / Coordinateur des cascades
Le département artistique m'envoie les plans d'implantation du décor et nous en traçons les grandes lignes sur le sol de la salle d'entraînement avec de l'adhésif. Nous avons besoin de savoir où se trouvent les portes. Nous devons savoir quand aller à gauche ou à droite pour éviter de se prendre un mur. Une

3.66 *Illustration de Warren Fu pour la spectaculaire fracture du croiseur séparatiste (12 décembre 2002). Le vaisseau se trouve maintenant dans la zone de gravité de Coruscant.*
3.67 *Dans cette illustration de Ryan Church, le croiseur de la Fédération s'écrase juste devant le temple jedi (5 novembre 2002). Church : « Mon idée, c'était que le croiseur allait détruire le temple et que tous les Jedi combinaient leur maîtrise de la Force pour le repousser. »*

SEPARATIST CRUISER SPLIT
W.FU 12/12/02
SW3

fois les plans testés et filmés, nous les montons sur mon ordinateur et les images partent au ranch pour que George les visionne. Il peut modifier tout ce qui ne lui plaît pas.

Iain McCaig Le général Grievous est censé être le grand méchant effrayant du film, or il ne me faisait pas peur. J'ai proposé que la maîtresse jedi Shaak Ti, qui protège Palpatine, soit capturée et se trouve à bord du vaisseau séparatiste. Quand Anakin et Obi-Wan entrent dans la pièce où se trouve le général Grievous, celui-ci serrerait son cou d'une main et lui briserait la nuque. George envisage de l'ajouter au scénario.

Paul Duncan Lors de votre réunion avec Leigh Brackett concernant l'intrigue, en novembre 1977, vous expliquiez que Han était orphelin et qu'il avait été élevé par les Wookiees sur leur planète. C'est alors qu'il se serait lié d'amitié avec Chewbacca. Vous reprenez cette idée dans l'épisode III, et dans la première version, le tout jeune Han Solo aide Yoda sur Kashyyyk.

George Lucas J'ai rejeté l'idée après avoir lu la scène. Je me suis dit que c'était idiot. Je jouais au malin, à force de vouloir relier tous les points, et j'en faisais un peu trop.

3.67

3.68

3.69

3.70

Le 13 avril, Lucas livre un premier scénario de 111 pages, qui contient maints détails sur l'action. Shaak Ti est ajoutée à la séquence d'ouverture sur le croiseur séparatiste, où elle est tuée par Grievous sous les yeux d'Anakin et Obi-Wan. Han Solo a disparu. En revanche, le chancelier Palpatine envoie Obi-Wan sur Utapau pour localiser le général Grievous. Ce dernier est doté de deux bras qui se scindent en quatre membres et il a appris l'art de manier le sabre laser. Palpatine ne prétend plus avoir présidé à la conception d'Anakin, mais il raconte au jeune Jedi l'histoire de Dark Plagueis, qui pouvait empêcher la mort des êtres vivants. Après avoir vu leurs deux hologrammes dans le temple jedi, Yoda insiste pour qu'Obi-Wan tue Anakin tandis que lui affrontera Palpatine. Yoda n'étant pas parvenu à le vaincre, Bail Organa l'aide à s'échapper. À la fin, quand Dark Vador sort de la salle d'opération, il demande des nouvelles de Padmé, et Dark Sidious répond : « Je crains qu'elle n'ait été tuée par un Jedi… Son sort ne nous concerne plus. »

George Lucas Pour écrire les versions suivantes, je coupe et je colle. Certaines séquences n'ont pas besoin d'être retouchées. Le dernier élément dont je m'occuperai, ce sont les dialogues, parce que le texte peut être modifié en plateau, et même après. Les dialogues ne sont pas mon point fort. Je les aborde comme un effet sonore, une cadence, un chœur vocal qui fait partie de la bande-son. L'ensemble est principalement visuel.

Le 13 juin, la deuxième version révisée du scénario est livrée. Elle fait 135 pages et est plus aboutie, les personnages et leurs motivations sont mieux définis. À la fin, Padmé meurt le cœur brisé, et Sidious dit à Vador : « Je crains qu'elle ne soit morte… Il semblerait que dans ta colère tu l'aies tuée. » Vador hurle de douleur. Le dernier plan se déroule sur Tatooine, au coucher des deux soleils.

Trois jours plus tard, George Lucas arrive aux studios Fox à Sydney, en Australie.

George Lucas La communication est tellement étroite entre les différents départements que je peux faire le voyage de San Francisco à Sydney du jour au lendemain et savoir précisément où nous en sommes. J'ai vu les décors, donc il n'y a pas de surprise. J'arrive, et c'est comme si j'avais toujours été là.

Rick McCallum Son planning est extrêmement serré. Il commence à 6 h 30 et consacre quelques heures au scénario. Ensuite, il passe en revue les décors pendant environ une heure et demie chaque jour avec David Tattersall, le chef opérateur.

David Tattersall / Chef opérateur Quand nous travaillons dans un environnement entièrement bleu ou vert, avec à peine quelques éléments physiques, nous nous référons beaucoup plus souvent au « scénario visuel ».

John Knoll / Superviseur des effets visuels Le « scénario visuel » a été élaboré au ranch. Ryan Church et Erik Tiemens ont peint des compositions magnifiques des différents environnements. Ces compositions sont d'une aide plus que précieuse pour David Tattersall, Gavin Bocquet et George quand nous tournons, parce que, en particulier dans les décors qui se limitent à un sol et une colonne, il est très utile de pouvoir se référer à un visuel complet. Cela influe beaucoup sur la façon dont David éclaire le plateau et dont George cadre.

3.68 *Church représente ici la chute spectaculaire du croiseur séparatiste, tandis que les vaisseaux anti-feu de Coruscant essaient d'éteindre les flammes avant qu'il ne s'écrase sur la planète (23 février 2003).*
3.69 *Escorté des vaisseaux anti-feu, le vaisseau descend rapidement, mais Anakin parvient à le diriger vers une piste d'atterrissage, limitant ainsi les dégâts au sol.*
3.70 *Le vaisseau détruit, par Ryan Church (20 octobre 2003).*

> « J'ai étudié l'interprétation de Carrie Fisher, notamment dans L'Empire contre-attaque. J'ai essayé d'apporter au rôle la ténacité audacieuse et tellement classe qu'elle montre dans ces films... et puis le brillant à lèvres, bien sûr. »
>
> Natalie Portman

David Tattersall Ce qui l'intéresse surtout, c'est de voir où sont les fenêtres, quelles sont les sources de lumière, à quel moment de la journée se déroule la scène. Le « scénario visuel » est aussi très utile aux acteurs.

Rick McCallum Ensuite, en général, George filme un essai pendant une demi-heure : coiffure et maquillage, et des essais lumière sur le plateau. Puis il passe environ une heure et demie avec Nick Gillard. Il déjeune avec l'assistant-réalisateur Colin Fletcher et moi. Après cela, il répète avec les acteurs de 14 heures à 17 heures. Entre 17 heures et 19 heures, nous passons en revue les changements décidés dans la journée. Entre 19 heures et 20h30, nous retravaillons le plan de tournage et ajustons le programme journalier. Ensuite, c'est maison, dîner, et le lendemain, on recommence.

30 juin 2003

Colin Fletcher / Premier assistant à la réalisation C'est toujours le réalisateur qui impulse l'ambiance en plateau. George est si calme, il sait tellement bien ce qu'il fait que l'atmosphère est paisible. Tout le monde s'y retrouve, c'est agréable de travailler dans ces conditions. C'est aussi très bien pour les acteurs d'arriver sur un plateau où il n'y a pas de tensions. Tout cela vient du réalisateur. C'est aussi lui qui fixe la cadence. À nous de le suivre du mieux que nous pouvons.

Le tournage démarre le 30 juin 2003. Un petit déjeuner pour 140 personnes est servi avant que les techniciens ne commencent leur journée, à 7 heures, sur le plateau 2. Les premières scènes filmées se déroulent dans un couloir du croiseur séparatiste, avec les portes de l'ascenseur à un bout. Dans la scène 5B, Obi-Wan et Anakin ordonnent à R2-D2 de rester dans le hangar, près du vaisseau. Dans la scène 23, les Jedi sortent de l'ascenseur et se retrouvent dans les quartiers du général. Obi-Wan ressent la présence du comte Dooku et avertit Anakin : « Attention, les mâchoires du piège vont se

3.71 *Étude de costume par Iain McCaig pour Padmé ; en arrière-plan, elle est représentée avec un oiseau de proie sur le bras (30 octobre 2002).*
3.72-73 *Au cours de leurs retrouvailles, Padmé (Natalie Portman) annonce à Anakin qu'elle est enceinte. « C'est le plus beau moment que m'ait donné la vie », dit Anakin.*

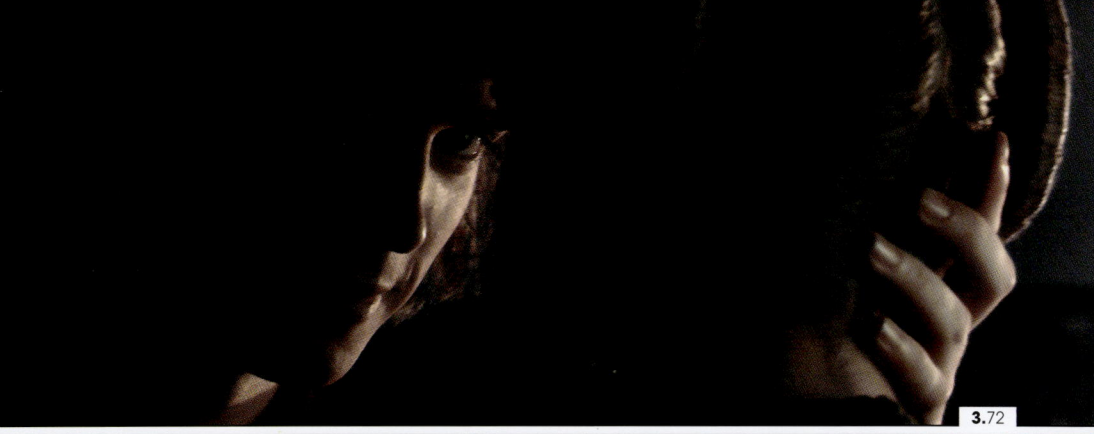

3.72

3.73

refermer.» Le déjeuner est servi pour les 681 acteurs et membres de l'équipe qui travaillent sur le plateau et en dehors. Lucas réalise 48 mises en place avant la fin de la journée prévue pour 19 h 10.

John Knoll Ce tournage ressemblait en tous points à celui de l'épisode II : nous travaillions dans le même studio, avec la même équipe. Très vite, nous avons repris le rythme que nous avions adopté lors du film précédent.

Samantha Smith / Troisième assistante à la réalisation Les acteurs arrivent sur le plateau et répètent. George sait précisément ce qu'il veut, où ils doivent se placer, donc nous réglons le cadrage et l'éclairage avec les doublures. Ensuite, les acteurs entrent en jeu. Nous faisons éventuellement une répétition avec eux, puis Colin annonce la « dernière vérification » des costumes et du maquillage pour s'assurer que les acteurs sont bien prêts. Ensuite, il hurle qu'on va tourner et ajoute « La cloche ! *(Bell up!)* », ce qui signifie que je dois sonner la cloche pour que tout le monde se tienne immobile et silencieux. Ensuite, c'est « Moteur ! », et George lance l'action. Quand nous coupons, je sonne la cloche deux fois, et les gens savent qu'ils peuvent reprendre leurs activités diverses.

George Lucas Dans l'épisode III, il n'y avait pas grand-chose de nouveau, mais il y avait plus de choses à faire. Nous avons utilisé

3.74

beaucoup de décors numériques alors qu'auparavant nous n'en avions que quelques-uns. Il y avait aussi une quantité astronomique de personnages de synthèse par rapport au film précédent. Comme nous sommes désormais capables de les mélanger de façon plus fluide, nous avons repris la technologie développée pour La Menace fantôme et L'Attaque des clones, et l'avons utilisée pour raconter l'histoire, puis pour l'étoffer.

John Knoll Sur l'épisode II, nous avons utilisé la première génération de caméras CineAlta de Sony, qui marchaient bien, mais il fallait faire attention à la surexposition. David Tattersall avait déjà travaillé avec cet équipement avant que nous commencions le tournage principal et avait pu affiner sa technique et son style. Les images étaient bonnes, mais c'était en grande partie grâce au talent de notre chef opérateur. Quand nous sommes passés à l'épisode III, l'expérience HD s'était considérablement améliorée à tout point de vue, ou presque.

L'équipe dispose de quatre HDCAMs HDC-F950 équipées d'objectifs de type cinéma numérique Fujinon série E, de magnétoscopes HD SRW-5000 4:4:4 de Sony, qui peuvent tous être déplacés d'un plateau à l'autre en 15 à 20 minutes.

George Lucas Les caméras sont maintenant équipées de dispositifs autofocus, les objectifs sont de meilleure qualité. Beaucoup de câbles ont été regroupés en un seul. Des petits changements, mais qui font la différence.

Mike Blanchard Nous avions une liaison par fibre entre les caméras et la régie vidéo, nous pouvions donc enregistrer directement sur les magnétos de studio HDCAM SR. Ces magnétos sont en 4:4:4, ce qui constitue une grande amélioration par rapport à ce que nous avons utilisé pour l'épisode II et explique en grande partie la qualité de l'image de l'épisode III.

John Knoll Jason Snell, le superviseur du 3D match-move, mesure les positions de caméras et les dimensions du décor.

Rob Coleman / Directeur de l'animation George Lucas ne ressemble à aucun autre

3.74 *Image du plan finalisé du général Grievous qui a trouvé refuge sur Utapau et demande à Dark Sidious quelles sont ses instructions quant à leur stratégie future.*
3.75 *Dans cette proposition de Ryan Church, la surface de la planète Utapau rappelle un fond marin sablonneux (22 avril 2004). Le dessin a été réalisé après la fin du tournage principal et se réfère au plan UJA 10.*
3.76 *La planète entonnoir, Utapau, était autrefois sous l'eau ; c'est pourquoi on y trouve des coquillages et des fossiles, comme sur cette illustration de Tiemens (8 janvier 2003).*

3.75

3.76

3.77 *Sur le balcon de son appartement, Padmé peut enfin profiter d'un moment d'intimité avec Anakin.*
3.78 *Image du plan finalisé : Anakin s'éveille d'un cauchemar où il a vu Padmé mourir en couches.*

réalisateur avec qui j'ai travaillé. Le tournage avec l'équipe principale lui permet de fixer les différents éléments du film. La plupart des réalisateurs tournent un plan général, le plan large d'une scène, et ensuite ils la balaient sous divers angles. George aussi, mais il pousse la logique plus loin. Il se réfère à ce qu'il appelle « la prise de contrôle », c'est-à-dire une prise du décor sans acteurs. Cela lui fournit un fond neutre de l'environnement en question, qui n'existe souvent que pour une journée de tournage effectif. Il peut ensuite filmer ses acteurs sur fond bleu, et ILM les insérera sur le fond neutre. George n'aura pas besoin d'y retoucher, et il n'est pas utile de reconstruire le décor, puisqu'il l'a en numérique.

Le 2 juillet, l'équipe tourne l'intérieur des appartements de Padmé sur le plateau 1, pour la scène 69 où Obi-Wan rend visite à la sénatrice pour lui faire part de son inquiétude concernant Anakin et solliciter son aide, au nom des sentiments qui unissent les deux jeunes gens. Dans la scène 71, Padmé, Mon Mothma, Bail Organa et d'autres sénateurs discutent du chancelier qui détourne la constitution et décident de le contrer avec la « pétition des deux mille ». Plus tard, dans la

3.79

3.80

scène 75, Anakin dit à Padmé : «Je suis perdu… Je ne suis pas le Jedi que j'espérais. Je veux plus. Et je sais que j'ai tort.»

George Lucas Cet épisode fait un peu plus roman-feuilleton que les autres et certains plans étaient plus complexes à mettre en place et en scène que d'habitude. En temps normal, nous avions les répétitions en début de tournage. Nous faisions une lecture, puis nous répétions certaines scènes plus compliquées. Ensuite, nous décidions de la mise en scène à mesure que nous tournions, et les répétitions s'intégraient à ce processus quotidien.

Pour ce film, comme la mise en scène était souvent plus complexe, je regardais le travail de la semaine, et le samedi qui précédait nous passions une journée entière à répéter avec

3.79 *Anakin consulte Yoda sur le sens de son cauchemar. En tant que Jedi, il n'a pas le droit de se marier et d'avoir des enfants, alors il parle plus généralement de prémonitions, des visions où toujours reviennent « la peine, la souffrance, la mort ». La scène se déroule dans l'obscurité, ce qui contredit visuellement ce que nous savons de l'Ordre jedi, perçu comme une force positive, lumineuse.*

3.80 *Après sa visite au temple jedi, Anakin se rend au Sénat pour rencontrer Palpatine, qui lui demande d'être son représentant personnel auprès du Conseil jedi. Cette séquence de jour, très éclairée, apporte aussi un contraste déstabilisant dans cette scène où Palpatine commence à manipuler plus sérieusement Anakin. Les scènes avec Yoda et Palpatine se suivent, afin de souligner les émotions contradictoires qui torturent Anakin, contraint de choisir entre devoir désintéressé et amour égoïste.*

les acteurs et le cadreur ; chaque scène était jouée avec les placements prévus, souvent plusieurs fois. Du coup, pendant la semaine de tournage, nous avions une vision très claire de ce que nous faisions et nous ne perdions pas de temps à chercher des solutions en plateau.

L'équipe principale regagne le plateau 2 le 4 juillet pour tourner la scène 66 sur la terrasse, lorsque Padmé se dispute avec Anakin à propos de politique (Padmé : « Tu ne t'es jamais dit que nous étions peut-être dans le mauvais camp ? »). Leur amour leur permet cependant de dépasser les divergences profondes qu'ils pourraient avoir.

Paul Duncan Dès le début de leur relation, Padmé et Anakin se disputent à propos de la meilleure façon de négocier sur le terrain politique. Padmé prône l'approche diplomatique, tandis qu'Anakin, malgré son statut de Jedi, est souvent partisan de solutions plus « agressives ». Ce dilemme s'installe dans l'épisode I : les Jedi vont négocier un traité de paix avec les Neimoidiens, mais une guerre s'enclenche ; ensuite Padmé demande l'aide du Sénat, qui la lui refuse. C'est ainsi que les Naboo se joignent aux Gungans pour reprendre le contrôle de leur planète.

George Lucas Les gens sont agacés que la saga s'ouvre sur un blocus provoqué par un conflit commercial. Eh bien, c'est pourtant ainsi que commencent les guerres. C'est comme cela qu'ils perdent la République. Toute la République s'effondre parce que les méchants prennent le dessus en profitant de l'indécision du Sénat, qui ne parvient pas à dégager une ligne de conduite commune. Cela a été provoqué par les guildes commerciales, qui voulaient gagner plus d'argent. C'est tout ce qui les intéressait : faire de l'argent.

Paul Duncan Il y a une réplique coupée au montage dans l'épisode II, où Padmé dit à Dooku que les hommes d'affaires deviennent le gouvernement.

George Lucas Ouais. C'est comme ça qu'une démocratie meurt. C'est vrai.

3.81 *Dessin de droïde BD-3000 par Alex Jaeger (5 août 2003).*
3.82 *Réunion dans le bureau de Bail Organa représentée par Tiemens (13 juin 2003). Lucas a écrit une scène dans laquelle plusieurs sénateurs, dont Padmé, Mon Mothma, Fang Zar, Terr Taneel et Giddean Danu, se rencontrent en secret pour discuter des pouvoirs croissants du chancelier et de l'incurie du Sénat. Bail Organa et Mon Mothma se sont organisés pour tenter d'empêcher Palpatine d'instaurer la dictature. Toutes les personnes présentes ont conscience que la démarche est très périlleuse. La scène est tournée le 30 juillet 2003 mais sera finalement supprimée.*

3.83 *Représentation par Derek Thompson (6 décembre 2002) du maître jedi Plo Koon en tenue de combat et brandissant un double sabre laser. Lucas a validé le costume mais pas l'arme.*
3.84 *Anakin est autorisé à siéger au Conseil jedi en tant que représentant personnel du chancelier Palpatine, mais il se sent insulté, le Conseil ayant refusé de lui accorder le rang de maître. Obi-Wan lui confie alors la mission officieuse d'espionner Palpatine, ce qui plonge Anakin dans un conflit de loyauté. Sa fidélité à ses deux mentors, Obi-Wan et Palpatine, est mise à l'épreuve.*
3.85 *Il manquait quelques Jedi pour les scènes de guerre et pour le Conseil jedi. Derek Thompson propose alors un Jedi wookiee (6 décembre 2002).*

Paul Duncan Padmé tente de limiter les pouvoirs de Palpatine par les voies démocratiques, mais celles-ci s'avèrent sans effet, et elle comprend que la démocratie n'y parviendra pas.
George Lucas C'est à ce moment-là que Mon Mothma, Bail Organa et Padmé lancent la Rébellion. C'est en général ce qui se passe. Vous avez les paysans qui se rebellent dans la galaxie mais qui sont écrasés, et puis les intellectuels et les gens au pouvoir organisent une rébellion organisée. Padmé y joue un rôle clé, mais la révolte est menée par Mon Mothma. Padmé n'aura pas l'occasion d'y prendre une part plus active, puisqu'elle meurt après avoir accouché de jumeaux.
Paul Duncan Le film suggère que son cœur a flanché.
George Lucas Oui. Son âme a été écrasée. Ce qui brise le cœur de Padmé, ce sont les mots d'Anakin : « Joins-toi à moi. J'ai plus de

3.86

pouvoir que le chancelier. Ensemble, toi et moi, nous régnerons sur la galaxie. » Sauver la vie de celle qu'il aime est devenu accessoire. C'est là qu'elle dit : « Attend une seconde. Ce n'est pas ce que je veux. Tu as changé, je ne te reconnais plus ! »

La règle des deux

George Lucas Il n'y a jamais eu de guerre entre les Jedi et les Seigneurs Sith. Les Seigneurs Sith ont tenu les rênes pendant longtemps. Et qu'arrive-t-il quand le monde est plein de seigneurs noirs ? Ils commencent à s'entre-tuer pour accéder au pouvoir suprême. Ils ne votent pas, ils tuent. C'est comme un système féodal médiéval.

Ils ont peut-être été des centaines de millions et au bout du compte, cent ou cent cinquante ans plus tard, ils ne sont plus que deux. Le plus puissant des deux décide : « Tu seras mon apprenti. Je suis ton maître. Je vais te transmettre mon savoir pour que tu veilles à la survie du côté obscur de la Force. » Mais le maître se méfie toujours de l'apprenti.

Cet arrangement ne fonctionne jamais parce que l'apprenti cherche constamment à recruter un autre guerrier afin d'unir ses forces

3.88

3.87

aux siennes pour contrer le maître – le tuer et prendre sa place. De même, le maître aussi cherche un autre apprenti, de façon à maintenir la pression sur son premier apprenti. La règle des deux implique que s'ils sont plus nombreux ils s'entre-tueront jusqu'à n'être plus que deux.

Ensuite, la République arrive au pouvoir et les Jedi apportent la paix dans la galaxie en agissant en ambassadeurs et médiateurs. Quand le Sénat prend une décision ou que le Conseil jedi rencontre un problème, les Jedi huilent les rouages et trouvent une solution. Les Jedi n'aiment ni se battre ni tuer. Ce sont des moines soldats, mais avant tout des moines, qui tentent de convaincre les gens de s'entendre. Si vous refusez, vous risquez de perdre une main ou deux. Ils utilisent leur pouvoir pour mettre au pas les gouvernements des diverses planètes, pour qu'ils ne fassent pas de choses épouvantables.

Paul Duncan Et ils ont l'autorité morale nécessaire ?

George Lucas Oui. Leur rectitude morale est inégalée dans la galaxie. Ce sont des moines.

Les Sith se cantonnent dans le côté obscur, loin de tout équilibre. Les Jedi ne sont pas aussi déséquilibrés parce qu'ils incarnent le côté lumineux de la Force, tout en intégrant une part du côté obscur, qu'ils savent maîtriser. Elle est là, prête à surgir s'ils baissent la garde.

L'Empereur a piégé les Jedi avec l'ordre 66. La Rébellion naissante et les Jedi n'ont pas agi assez vite.

Paul Duncan Ils sont faillibles.

George Lucas Ce ne sont pas des superhéros.

Paul Duncan Ils ont également été manipulés et dominés autant que les autres. Dark Sidious a passé commande de l'armée de clones

3.86 *Illustration de Ryan Church pour le plan CJG 200 montrant le chargement du destroyer stellaire sur la plate-forme d'atterrissage clone (11 décembre 2003).*
3.87 *David Owen examine la maquette de la plate-forme d'atterrissage de Coruscant. Bien que le film ait été tourné en numérique et que le travail de postproduction ait principalement été réalisé en numérique, des objets et des maquettes sont encore utilisés quand l'équipe juge que c'est l'option la plus efficace et la moins coûteuse. Cette maquette-ci a été utilisée pour deux scènes.*
3.88 *Image du plan finalisé de l'atterrissage du vaisseau de combat alors que Yoda s'apprête à gagner Kashyyyk avec un bataillon de soldats clones pour aider les Wookiees à repousser les Séparatistes.*

3.89 **Construction du décor de l'appartement et du balcon de Padmé sur le plateau 2 des studios Fox à Sydney, en Australie.**
3.90 **Image du plan finalisé d'Anakin chez Padmé. Ils sont assis côte à côte et Anakin pose la main sur le ventre de son épouse pour sentir le bébé. Ils évoquent leur bonheur, mais aussi leurs inquiétudes croissantes à propos de l'Ordre jedi et de la nature de la démocratie au sein de la République.**

avant le début de l'épisode I. C'est comme s'ils avaient perdu dès le départ.

George Lucas Personne ne sait qui a commandé les clones. On sous-entend que c'était un membre du Conseil jedi qui avait prévu qu'il y aurait une guerre et a jugé utile de s'y préparer, mais il s'avère que c'était un personnage à la solde de Palpatine, Sifo-Dyas, qui fut son apprenti avant Dark Maul.

Paul Duncan Ensuite le comte Dooku a pris la place de Maul.

George Lucas Avec le comte Dooku, j'amène l'idée que certains Seigneurs Sith sont des Jedi déchus, passés du côté obscur. L'Empereur les a choisis et formés, mais ils avaient déjà appris à utiliser la Force comme des Jedi. Palpatine dit à Dooku : « J'ai trouvé une personne qui, selon moi, pourrait devenir un grand Seigneur Sith, et je pense pouvoir le convaincre de nous rejoindre, mais il faut le mettre à l'épreuve. Donc nous allons provoquer un combat entre vous. S'il a le dessus, j'arrêterai le combat et il aura réussi le test. Si tu le domines, alors nous le laisserons partir et mûrir encore quelques années, jusqu'à ce qu'il soit prêt. » La véritable intention de Palpatine est claire : si Anakin est assez fort, il tuera Dooku et deviendra son apprenti. Ce n'est bien sûr pas comme ça qu'il l'explique à Dooku.

Je dois dire une chose à propos de Palpatine. Ses apprentis ne durent pas longtemps. C'est la raison pour laquelle il veut Anakin. Il peine à trouver l'aide dont il a besoin et ce gamin lui semble avoir les épaules.

Paul Duncan C'est un gardien.

George Lucas Il est plus fort que tous ceux qui l'ont précédé. Palpatine se dit : « Je vais le mettre face à Dooku, pour voir qui l'emporte » ; et Anakin gagne. Il est fait référence à la règle des deux dans tous les épisodes – Dark Vador veut que Luke se joigne à lui dans l'épisode V : « Viens avec moi, mon fils, et nous régnerons ensemble sur la galaxie. » Chaque fois qu'on croise un Seigneur noir, il cherche un comparse avec lequel conquérir le pouvoir. C'est le même mécanisme dans l'épisode VI, quand l'Empereur pousse Luke à tuer son père pensant qu'il est plus fort que Vador.

Dans l'épisode III, Anakin devient un Sith et devient Dark Vador quand il tue Mace. Même à la fin, il dit à Padmé qu'il peut être plus puissant que l'Empereur, et il veut qu'elle l'accompagne dans son ascension, mais elle refuse.

C'est de l'avidité. L'avidité induit soit que vous avez peur de ne pas obtenir ce que vous voulez, soit que vous craigniez qu'une fois votre but atteint quelqu'un vous en prive. Le moteur est la peur. L'avidité est mauvaise conseillère. Elle vous met en mauvaise posture et vous condamne au malheur. Donc d'un point de vue philo-sophique, c'est comme ça que tout s'assemble, et c'est ce qui motive toutes les histoires.

Scène 99

Ian McDiarmid J'ai reçu comme tout le monde le scénario de l'épisode III quelques jours avant le début du tournage et j'ai été étonné que George se concentre autant sur la relation entre Anakin et Palpatine, au point d'y consacrer plusieurs scènes avec de nombreux dialogues. C'est génial, mais assez effrayant.

À 10 heures, le 12 juillet, George Lucas retrouve les acteurs Hayden Christensen, Ian McDiarmid et Samuel L. Jackson, ainsi que David Tattersall, la scripte Jayne-Ann Tenggren, le répétiteur de dialogues Christopher Neil et Samantha Smith dans le décor du bureau de Palpatine, sur le plateau 7, pour répéter l'action et les placements de la scène 99, où Mace Windu tente d'interpeller Palpatine, mais où le chancelier riposte sabre à la main. À 10h30, Jackson s'en va et les autres enchaînent avec la scène 67, où Palpatine dit à Anakin que le général Grievous est sur Utapau, sème le doute dans son esprit sur le Conseil jedi et lui raconte l'histoire du sage Dark Plagueis.

3.90

3.91

George Lucas Je me suis dit : « Bon sang, c'est une scène de quatre pages – j'ai déjà situé cinq scènes dans le bureau de Palpatine ! » Alors nous avons déplacé celle-ci à l'opéra, pendant la représentation du ballet *Squid Lake* (Le Lac des poulpes).

La scène 67 nécessitant l'élaboration d'un nouveau décor, son tournage est repoussé à la fin de la semaine. Les répétitions de la scène 94 (dans le couloir entre le bureau du chancelier et l'antichambre, Palpatine révèle à Anakin qu'il est un Seigneur Sith) et de la scène 89 (dans le bureau, où Palpatine sous-entend que Padmé cache quelque chose à Anakin) continuent jusqu'à 13 heures. À la lumière de ces répétitions, des modifications sont apportées aux scènes 67, 94 et 99 le 14 juillet.

La scène 94 est tournée le 14 juillet. Le lendemain, l'équipe termine la scène 89 et attaque la scène 99, où Mace Windu pénètre dans l'antichambre avec trois autres Jedi.

3.92

3.93

Anakin est avec le chancelier (l'action suit la scène 94), qui emploie la Force pour prendre le sabre laser d'Anakin et attaquer les Jedi. Tous sont tués sauf Mace. Le tournage de la scène se poursuit le 16 juillet.

Gavin Bocquet Le processus était assez fluide. Au début, le combat commençait et finissait dans la pièce principale. George voyant l'espace évoluer, lui et Nick se sont dit qu'il serait bon de le placer en différents endroits.

Rob Coleman Le duel entre Sidious et Mace Windu est plutôt tranquille – il commence dans l'antichambre de Sidious et se poursuit dans le grand couloir, jusqu'à la grande salle.

Ian McDiarmid Je pensais que l'Empereur, dans une terrible apothéose, utiliserait des éclairs électriques sortant de ses doigts, comme il l'avait fait dans *Le Retour du Jedi*. Mais non ! Il a d'autres possibilités. Quand j'ai lu le scénario, j'ai eu l'impression qu'il était devenu un homme d'action.

George Lucas On fait toujours appel à des cascadeurs pour doubler les acteurs dans les scènes d'action. Simplement, cela dépend des cas. Pour ceux qui sont plus âgés, comme Christopher Lee, Ian et Yoda, moins aptes à une gestuelle très physique, nous filmons à tour de rôle les cascadeurs et les acteurs pour obtenir un combat au sabre réaliste et esthétique. L'énorme avantage aujourd'hui, c'est que nous ne devons plus dissimuler les visages des doublures comme auparavant. Nous pouvons les effacer sur ordinateur, et donc filmer de plus près.

Nick Gillard J'ai eu la chance que Kyle Rowling soit de nouveau partant pour doubler le comte Dooku, comme il l'avait fait sur *L'Attaque des clones*, et il a embarqué un de ses amis, Michael Byrne, pour faire la doublure de Palpatine.

3.91 **Image du plan finalisé de la sénatrice Chi Eekway (Katie Lucas), du baron Papanoida (George Lucas) et de la sénatrice Terr Taneel (Amanda Lucas, au centre) dans le couloir ceignant l'auditorium principal.**
3.92 **Croquis de Church pour l'intérieur de l'opéra, avec la représentation du Lac des poulpes vue depuis la loge privée de Palpatine (15 juillet 2003). Les spectateurs sont disposés comme dans un vrai théâtre. Dans la proposition définitive, la scène de l'opéra est au centre de l'auditorium, et les spectateurs l'encerclent pour une expérience à 360 degrés, plus immersive.**
3.93 **Palpatine (Ian McDiarmid) raconte à Anakin l'histoire de Dark Plagueis le Sage, qui « arrivait à empêcher ceux dont l'existence lui importait de mourir ». C'est l'ultime déclic qui attire Anakin vers le côté obscur.**

Rick McCallum Il avait toujours été envisagé de prendre des cascadeurs pour la majeure partie des scènes d'action, mais George était plus réticent. Il voulait des gros plans. Il voulait pouvoir cadrer le visage de Sam ou celui d'Ian. C'est un combat face à face, où chaque protagoniste évalue la puissance de son adversaire yeux dans les yeux.

George Lucas Il fallait modifier le combat. On ne pouvait pas modifier Ian. Donc c'est le combat en lui-même qu'il a fallu repenser et modifier.

Rick McCallum Le jour même, Ian et Sam ont dû tout apprendre. C'était comme un hommage aux capacités de Nick, à son talent pour résoudre les problèmes au pied levé. Nous sommes repartis sur de bons rails après 30 minutes de discussion.

Palpatine attaque Mace Windu et l'accule dans le couloir, jusqu'au bureau principal. Pendant leur affrontement, Mace fait exploser la baie vitrée d'un coup de sabre et désarme Palpatine.

Samuel L. Jackson J'ai dû apprendre, je dirais, 97 mouvements en deux ou trois jours, puis me perfectionner pour les accomplir plus vite. C'est une chorégraphie plutôt qu'un simple combat, où le jeu de jambes est capital : reculer, reculer, s'arrêter, faire un pas

de côté, tourner, se déplacer, sauter, courir, plus plein d'autres choses. J'avais appris à me déplacer à une certaine cadence avec Michael Byrne, puis il a fallu intégrer Ian dans la séquence, qui n'était pas aussi rapide et adroit parce qu'il ne s'était pas préparé à devoir combattre lui-même.

Rob Coleman Bien entendu, Ian pouvait se tenir debout et bouger sa main – Sidious tient son sabre d'une seule main –, mais évoluer dans toute la pièce, ce n'était pas son fort. Nous avons donc légèrement modifié le planning de façon qu'il ait plus de temps pour s'entraîner. Le lendemain, quand Ian est revenu, il savait en faire beaucoup plus. Nick lui avait vraisemblablement consacré le temps qu'il fallait, et j'étais sûr que tout irait bien.

Le tournage de la scène se poursuit le 17 juillet. Palpatine, à la merci du sabre de Windu, riposte avec des éclairs de Force, mais le maître jedi les lui renvoie touchant le visage de Dark Sidious qui se décompose. McDiarmid doit alors arborer le « masque

3.94 *La planète boisée Kashyyyk vue par Ryan Church (12 novembre 2003). Au premier plan, des ornithoptères et des catamarans survolent le lagon.*

3.95

du mal », comme c'est mentionné dans le scénario.

Ian McDiarmid Depuis près de trente ans, j'alterne très régulièrement deux maquillages différents. Les maquilleurs ont pris le pli et arrivent à opérer le changement en une heure trois quarts. Je suis sûr qu'ils sauraient le faire dans leur sommeil. En tout cas, ils le font dans le mien.

Paul Duncan Quand Windu tient Sidious désarmé à la pointe de son sabre et décide de le tuer – le chancelier a le Sénat et les tribunaux dans la poche, donc il ne sera jamais poursuivi pour ses crimes –, la dynamique est la même qu'avec Dooku sur le vaisseau stellaire, sauf que cette fois Anakin sauve le captif.

George Lucas Anakin justifie ses actes en disant : « Tout le monde est en quête de pouvoir. Même les Jedi veulent le pouvoir. Ils sont donc tous pareillement corrompus. Alors de quel côté vais-je me ranger ? Est-ce que je me mets sous les ordres de Palpatine, qui est un Seigneur Sith et saura peut-être m'aider à sauver Padmé ? Ou est-ce que je décide de rester un Jedi au risque de perdre Padmé ? »

Paul Duncan Anakin opte pour le côté obscur, tranche la main de Windu, et Sidious fait tomber Windu par la fenêtre.

Rick McCallum Sam devait sauter par la fenêtre. Nous voulions lui mettre un harnais, mais Nick s'est tourné vers Sam et il lui a dit : « Tu n'auras pas de harnais. Tu es une star. Tu vas plonger par cette fenêtre et tu atterriras sur un matelas. C'est comme ça qu'on va faire. » Et Sam a répondu : « OK, j'adore. Fantastique ! » Ils n'ont fait que ça tout l'après-midi. Sam sautait du balcon et tombait sur le matelas. Ils se sont bien amusés. Voilà ce dont Nick est capable avec nos acteurs.

Samuel L. Jackson Je suis plutôt fier de toute cette scène de combat. J'ai attendu ce genre de scène toute ma vie, depuis que, jeune homme, j'imitais Errol Flynn dans ses films de cape et d'épée avec un bâton. C'est incroyable !

Un bloc massif de mal

Ian McDiarmid Ce que j'adore dans le rôle de Palpatine, c'est qu'il est évident, dans les épisodes I et II, qu'il est un politicien hypocrite, alors c'est ce que j'ai joué. Et puis il y a ce sombre personnage en robe noire qui surgit de temps à autre – un bloc massif de mal. Rien pour le racheter. À part peut-être une chose : il y a une scène qui se passe à l'opéra. Il est clairement un mécène.

Les 18 et 21 juillet, Lucas tourne la scène 67 à l'opéra, où Palpatine poursuit son entreprise de séduction d'Anakin.

3.95 **Dans ce croquis de Church pour l'arbre des Wookiee (6 avril 2004), intitulé « Arbre de Kashyyyk définitif », le centre de commandement est situé juste au-dessus de la branche principale en surplomb de l'eau.**
3.96 **Il a fallu 13 semaines pour construire avec tous les détails la maquette de l'arbre de Kashyyyk, haute de presque 3,70 mètres.**

3.96

3.97

3.97 *Image du plan finalisé montrant Chewbacca (Peter Mayhew), Yoda (Frank Oz) et Tarfful (Michael Kingma) en conférence holographique avec le Conseil jedi, auquel ils exposent la situation sur Kashyyyk.*
3.98 *Church dépeint ici le centre de commandement wookiee, alors que les Séparatistes lancent leur charge au sol (31 janvier 2003).*

Hayden Christensen Ian est tellement fort dans son incarnation du manipulateur absolu. Il tire les ficelles avec une précision aussi envoûtante que malveillante.

Ian McDiarmid J'aime beaucoup Hayden et il joue très bien. Vous vous en rendez compte quand vous travaillez avec quelqu'un, les yeux dans les yeux, dans plusieurs scènes cadrées très serré. Il sait admirablement bien écouter et tout transparaît sur son visage. Dans le rôle de Palpatine, je dois scruter ce qui filtre dans son regard, distinguer les émotions qui le traversent pour mieux le manipuler, et à chaque prise, Hayden me fournissait un élément nouveau dont je pouvais me servir. C'était passionnant de travailler avec lui. C'est intéressant que dans le précédent film personne ne comprenne pas son attitude ; de fait, son comportement n'est pas très lisible dans l'épisode II, mais je trouve que l'épisode III l'éclaire *a posteriori*. C'est un jeune homme perturbé, et le mot est faible.

Hayden Christensen Anakin est torturé par ses propres contradictions, écartelé. Palpatine

s'appuie sur ses frustrations, son ambition et ses besoins.

Ian McDiarmid Quand vous jouez une scène dialoguée avec beaucoup de temps de pause, vous avez la possibilité d'explorer différentes options. Bien sûr, il ne faut pas perturber la cohérence de l'ensemble, mais vous pouvez proposer tout un éventail d'émotions à George et au monteur.

Christopher Neil / Répétiteur de dialogues C'était un régal d'observer le jeu de Ian. Il est issu de la vieille école britannique ; il apprend son texte et il le livre sans jamais faillir. C'est aussi intéressant de voir George se détendre et faire « Ahhh ! »

Hayden Christensen Il vole la vedette à tout le monde. Je pense que son interprétation y est pour beaucoup dans le succès du film. Il fait des choix que je n'aurais sans doute pas eu le courage de tenter. Et il y arrive. Sa stratégie se lit dans ses yeux. Entre les scènes, il continue à analyser les choses, c'est obsessionnel. Il ne va nulle part. Il reste sur le plateau, à faire les cent pas.

Le 29 juillet, McDiarmid tourne la scène 137 au Sénat, où Palpatine (devenu Dark Sidious) se couronne lui-même Empereur du Premier Empire galactique. Il termine aussi une courte scène holographique pour l'épisode V, si bien qu'il apparaît dans cinq films sur six.

Ian McDiarmid Ce qui est extraordinaire, c'est que j'ai incarné un personnage de 110 ans quand j'avais la quarantaine et qu'ensuite j'ai remonté le temps de la fiction pour jouer le même personnage lorsqu'il avait le même âge que moi au moment du tournage. C'est une aventure rétrospective passionnante, qui s'appuie à la fois sur la prescience du personnage et le recul sur son parcours. C'est unique dans l'histoire du jeu d'acteur.

Niveau neuf

George Lucas Dans les scènes dramatiques, il faut que les acteurs comprennent le personnage et les émotions qui sont en jeu et connaissent leur texte par cœur. Pour les combats au sabre, ils doivent apprendre des centaines de mouvements et les mémoriser tout autant, pour ne pas prendre un mauvais coup. Ce sont deux types de concentration très différents. J'ai décidé qu'il valait mieux que les acteurs se concentrent sur leur jeu pendant la première partie du tournage, pour ensuite mettre toute leur énergie dans les scènes d'action et de combat. Je pense que mélanger les deux est plus compliqué à gérer pour un acteur.

Cela implique aussi des façons différentes de filmer. Les scènes d'action sont fastidieuses à tourner parce qu'elles sont très morcelées.

3.99 *Plan des Wookiees franchissant la barricade pour combattre les droïdes, réalisé par Rob Coleman les 17 et 18 mai 2004. L'image est recomposée à partir de plusieurs prises du même groupe de six acteurs en costume, qui changent à chaque fois de position et d'armes pour donner l'impression d'un plus grand nombre de Wookiees.*
3.100 *Les acteurs qui jouent les Wookiees sont si grands qu'il faut monter sur des escabeaux pour atteindre le haut de leur costume.*
3.101 *Illustration de Church montrant la confrontation des Wookiees et des droïdes dans l'eau (30 août 2002).*

Fourth Draft, Yellow Revisions, July 3rd, 2003   62*.

69 CONTINUED: 69

                  OBI-WAN
          10. You should be a Jedi, Padmé.

                   PADMÉ
          11. You're not very good at hiding your
          12. feelings.

                  OBI-WAN
          13. It's Anakin... He's becoming moody
          14. and detached. He's been put in a
          15. difficult position as the
          16. Chancellor's representative...but
          17. I think it's more than that. I was
          18. hoping he may have talked to you.

                   PADMÉ
          19. Why would he talk to me about his
          20. work?

OBI-WAN studies her.

                  OBI-WAN
          21. Neither of you is very good at
          22. hiding your feelings either.

                   PADMÉ
          23. Don't give me that look.

                  OBI-WAN
          24. I know how he feels about you.

                   PADMÉ
                  (nervous)
          25. What did he say?

                  OBI-WAN
          26. Nothing. He didn't have to.

PADMÉ is a little flustered. She stands and Obi-Wan follows. She
walks to the balcony.

                   PADMÉ
          27. I don't know what you're talking
          28. about.

                  OBI-WAN
          29. I know you both too well. I can
          30. see you two are in love. Padmé,
          31. I'm worried about him.

PADMÉ looks down and doesn't answer.

                  OBI-WAN
                (continuing)
          32. I fear your relationship has
          33. confused him. He's changed
          34. considerably since we returned...

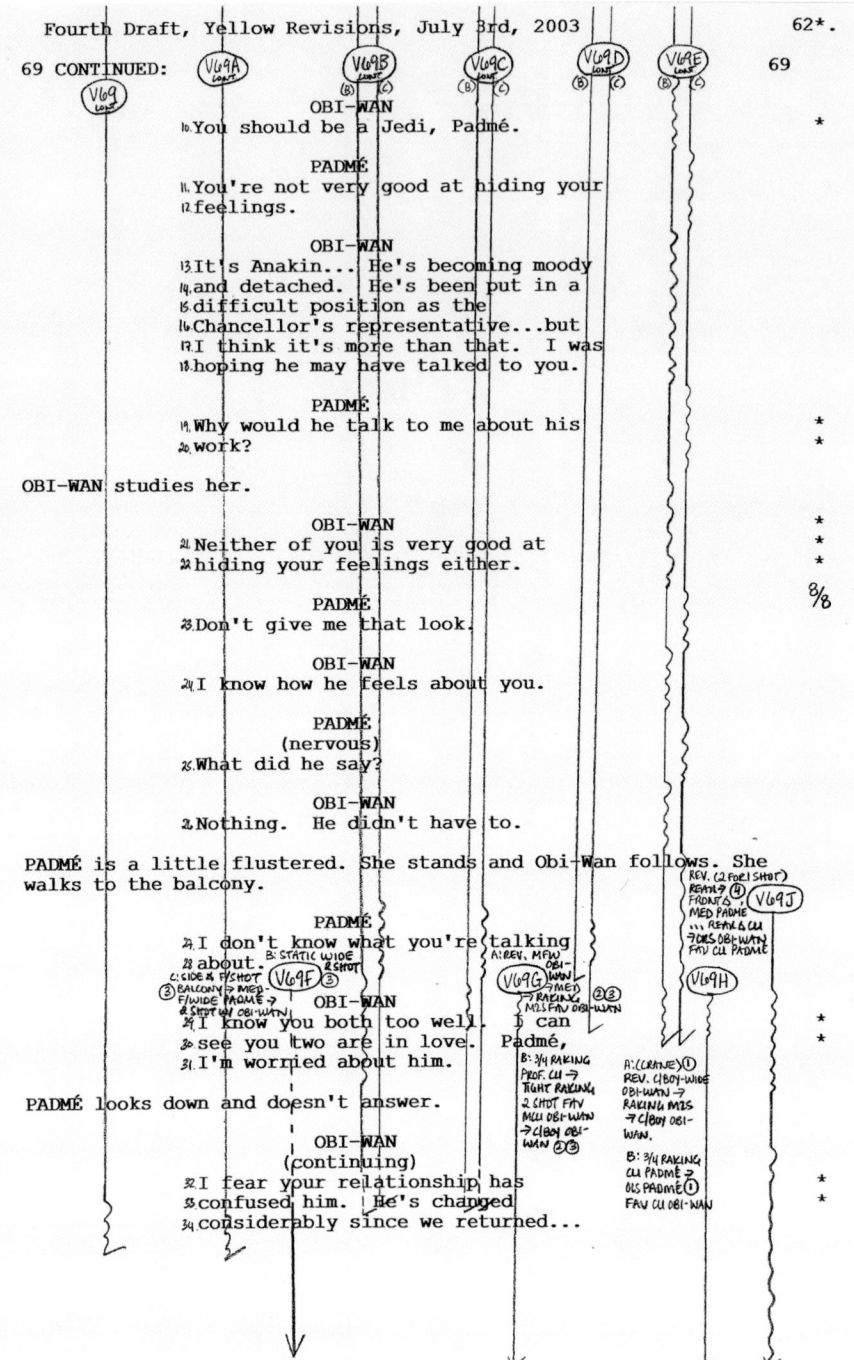

3.102

3.103

3.102 *Dialogues révisés le 3 juillet 2003 d'une scène où Obi-Wan va rendre visite à Padmé dans son appartement. Il lui révèle qu'il est au courant des sentiments qui la lient à Anakin. Leur rencontre est interrompue par un appel les informant que le général Grievous a été localisé. Obi-Wan promet à la sénatrice qu'il ne parlera pas d'Anakin au Conseil jedi et l'assure de son amitié. La scène ne figure pas dans le film. Le tête-à-tête entre Obi-Wan et Padmé a lieu plus tard, une fois l'ordre 66 exécuté.*

3.103 *Image du plan finalisé : Obi-Wan part pour Utapau, sur les traces du général Grievous. Anakin lui présente ses excuses pour son arrogance. Obi-Wan exprime à Anakin combien il est fier de lui. L'objectif de cette scène est de souligner que, même s'ils sont maître et padawan, un amour fraternel très fort les lie.*

3.104 *Palpatine a été informé par ses espions que le général Grievous se trouve à Utapau ; Obi-Wan quitte Coruscant avec plusieurs destroyers stellaires pour l'affronter. Yoda, Obi-Wan, ainsi que d'autres maîtres jedi, tels Ki-Adi-Mundi et Plo Koon, ayant déserté Coruscant, Palpatine a les coudées franches pour prendre le contrôle de la République.*

3.104

3.105 *Dessin d'un lézard par Sang Jun Lee ; il servira de base au lézard Boga (1ᵉʳ novembre 2002).*

3.106 *Chevauchant le lézard Boga, Obi-Wan parcourt le dédale de tunnels de l'entonnoir d'Utapau à la recherche du général Grievous.*

Ce n'est pas comme de mettre une scène en place du début à la fin où l'acteur joue comme au théâtre, puis de couvrir les différents angles. Il y a des cascades. C'est dangereux. C'est très physique, et les gens sont fatigués, lessivés en fin de journée. Le film comporte une des scènes de combat continu au sabre les plus longues du cinéma : pendant des semaines, ces gars sont arrivés sur le plateau à 7 heures du matin pour ne repartir qu'à 19 heures, sans beaucoup de repos. Cela a été épuisant pour eux.

Nick Gillard Les combats ont énormément évolué au fil des trois derniers films. George s'appuie sur un système hiérarchisé de compétences. Yoda est au niveau neuf. Dark Sidious est aussi au niveau neuf. Mace Windu n'est qu'au niveau huit. Dans *La Menace fantôme*, Obi-Wan était niveau six ou sept. Dans ce film, il s'est amélioré pour atteindre le niveau huit, ce qui transparaît dans son style de combat. Dans *L'Attaque des clones*, Anakin était niveau sept alors que dans celui-ci il a atteint le niveau neuf. Il a dépassé son maître, et cela grâce au côté obscur. Yoda, en revanche, a la pleine maîtrise de toutes ses compétences.

Vous devez bien posséder un niveau pour passer au suivant, et si vous franchissez trop vite les étapes, cela se retourne contre vous. Anakin est trop jeune, il n'a pas passé les épreuves de rigueur et parvient à ce niveau trop tôt. C'est son agressivité qui précipite sa chute. Obi-Wan aussi est agressif, mais il a franchi chaque étape en temps voulu, il a patienté, appris tout ce qu'il devait apprendre. Cela lui donne un avantage.

Hayden devait être beaucoup plus fort sur ce film, alors huit semaines avant le début du tournage il est venu s'entraîner et travailler dur. Il passait quatre heures par jour à manier le sabre, puis deux ou trois heures à la salle de sport pour des exercices de renforcement musculaire intenses. Ils lui ont concocté un régime adapté et il a pris beaucoup de poids.

Je travaille avec Ewan depuis six ou sept ans, maintenant, et avec Hayden depuis trois ans. Tous les deux sont d'incroyables combattants. Avec une mémoire phénoménale. Ewan a plus d'un millier de mouvements à connaître pour ce film. C'est lui qui en a le plus, et il a eu moins de temps que les autres pour les assimiler parce qu'il terminait un autre film juste trois semaines avant d'attaquer celui-ci. Mais il y est parvenu. Obi-Wan et Anakin doivent se refléter l'un l'autre parce qu'ils sont maître et apprenti. Ils descendent d'une même lignée – Qui-Gon, Dark Tyranus, Yoda –, si bien que leurs styles s'accordent à la perfection. Le duel final qui les oppose est

3.106

3.107 Proposition d'Erik Tiemens pour le niveau 10 d'Utapau, où selon Tion Medon se trouvent des milliers de droïdes de combat (20 mars 2003). La structure sphérique rappelle celle de l'Étoile de la Mort et suggère même l'emplacement d'un super canon laser.
3.108 Proposition de Church pour le plan UTC 170 montrant Obi-Wan cerné par divers droïdes menaçants (2 août 2004).
3.109 Craignant que Grievous ne s'échappe encore, Obi-Wan l'affronte, mais se retrouve encerclé par ses gardes.

incroyablement long. Ils parcourent environ 400 mètres et réalisent environ 800 mouvements dans cinq décors.

Le duel commence scène 145 sur la plateforme d'atterrissage de Mustafar. La scène finale entre Dark Vador et Padmé ayant été tournée les 6 et 7 août, le duel avec Obi-Wan reprend le 11 août. L'équipe poursuit le tournage le 11 août, puis le 25 août dans la salle de conférences, et filme encore six jours jusqu'au 2 septembre. La dernière partie de ce duel

3.109

épique est tournée dans la salle de contrôle, le 9 septembre.

George Lucas Le duel est très réaliste ; il n'est pas accéléré. Hayden et Ewan sont tous les deux très doués et il est évident qu'en tant qu'acteurs ils étaient animés par un certain esprit de compétition dans les scènes de combat ; du coup, ils nous ont livré des performances de grande qualité, parce qu'ils essayaient de se surpasser l'un l'autre.

Hayden Christensen Ewan et moi n'arrêtions pas de nous cogner l'un à l'autre, et j'ai gardé des cicatrices du tournage des reprises, tout comme Ewan. Les sabres laser finissent par peser, alors il faut vraiment être présent à 100 %, à chaque instant, dans les scènes de combat.

Nick Gillard Nous avons deux bons cascadeurs pour doubler Obi-Wan et Anakin, mais ils sont souvent au chômage technique parce que les garçons font quasiment tout eux-mêmes.

Le plan juste

Rick McCallum Nous avions deux monteurs : Roger Barton et Ben Burtt. Ben était en Californie quand nous tournions à Sydney pour continuer à travailler sur les séquences pour l'animatique qui devaient encore être filmées. Roger est resté avec nous à Sydney. Nous montions le film au fur et à mesure du tournage.

Roger Barton / Monteur George m'avait prévenu : « Tu ne vas pas beaucoup me voir pendant le tournage. » Et c'est ce qui s'est passé. Ses dernières paroles ont été : « Vas-y, monte ton propre *Star Wars* ! » Et c'est ce que j'ai fait.

Quand George filme quelque chose le matin, en général, je travaille dessus l'après-midi même. Quand je pense qu'une scène est finie, je l'assemble du mieux que je peux avec les images que j'ai. L'avantage de m'avoir sur le tournage, c'est que dans les rares cas où je sens qu'il manque quelques secondes à une scène, j'en informe George et il peut décider s'il préfère refaire la scène tout de suite ou la reprendre plus tard.

Ben travaille au ranch sur l'animatique des grosses scènes d'action, donc quand il y a des prises de vues réelles pour la bataille spatiale, ou pour le combat et la poursuite sur Utapau, je les lui envoie directement afin qu'il les intègre. À mes yeux, la sélection des prises est l'étape la plus importante du montage. Je regarde tous les rushes et je sélectionne les bouts qui provoquent en moi une émotion. En les réunissant, j'arrive à composer une scène. À mesure que la scène évolue, il y a toujours

> « *Je voulais que Grievous se déplace différemment des autres, comme s'il ne contrôlait pas totalement ses pièces mécaniques, ce qui est assez effrayant et dérangeant.* »
> Rob Coleman / Directeur de l'animation

des choix à faire en tant que monteur. Qu'est-ce qui compte le plus ? Ce que la personne dit ou la réaction que ses propos suscitent ? J'aime beaucoup les plans de réaction ; ce que je vous dis peut être moins important que la façon dont vous réagissez à ce que je dis. Les acteurs sont doués pour ça. En tant que monteur, j'essaie d'avoir le meilleur plan au bon moment.

Aussi distrayant que soit le montage de scènes d'action, si vous ne vous souciez pas des gens, elles n'ont plus grand sens. Alors j'espère apporter au film une vision plus fine des personnages et de la narration. C'est amusant parce qu'il y a tellement de plans tournés sur fond bleu ou vert, sans décor de fond pour distraire l'œil, que je me focalise forcément sur le jeu d'acteur. Cela me permet de me concentrer sur les personnages et ce qui se passe entre eux. C'est ce que j'ai dit à George quand il m'a demandé comment allait le montage : « En gros, l'interprétation motive la quasi-totalité des coupes. » Les acteurs me fournissent une matière de qualité.

En ce moment, ma scène préférée du film est celle où Obi-Wan rejoint Padmé sur sa terrasse et lui annonce qu'Anakin a basculé du côté obscur. Cette scène, c'est du beurre. Elle est réussie sous tant d'aspects différents. L'interprétation de Natalie est excellente. On voit combien Obi-Wan est tiraillé, parce qu'il a reçu l'ordre de tuer son padawan, son meilleur ami. On perçoit sa peine. La scène est merveilleuse. Elle ne m'a pas fait autant d'effet à la lecture. Je monte en musique, et j'utilise les compositions de John Williams aussi souvent que je peux. Ajouter la musique à cette scène a été le facteur décisif.

Je dois en être à un montage d'une heure trente ou quarante. Si vous tenez compte des séquences d'animatique montées par Ben, nous arrivons probablement à deux bonnes heures de film. Bon nombre des grandes scènes dialoguées ont déjà été tournées et ce qui reste au programme, ce sont les séquences de combat et d'action qui ne dureront pas très longtemps. Donc, j'espère que le premier montage fera moins de trois heures.

Enfermement

Carnet de bord bobine B / 18 juin 2003 Le superviseur des accessoires, Ivo Coveney, dit qu'ils vont refaire le casque de Dark Vador pour qu'il s'ajuste mieux au visage de Hayden. Le modèle original était asymétrique. Il a réalisé un nouveau masque et l'a numérisé. Ivo dit que leur système permet de travailler plus vite, sauf que l'ordinateur a planté.

3.110

Carnet de bord bobine B/28 juin 2003 Un accessoire est en train d'être découpé par machine informatisée. Ivo explique que le masque de Dark Vador a été réalisé ainsi. La découpe initiale a pris plus de 30 heures et les finitions, 19 heures. « De cette façon, au moins, je sais que le masque sera symétrique. Quand j'arriverai demain matin, il sera fini. Demain soir, avec un peu de chance, nous aurons l'autre moitié, et nous verrons à quoi

3.110-111 *Après qu'Obi-Wan s'est débarrassé de ses gardes, Grievous ordonne à ses droïdes de s'écarter : « Je vais m'occuper de ce maudit Jedi moi-même ! » Images de plans finalisés d'Obi-Wan combattant le général Grievous, qui a deux fois plus de bras et quatre fois plus de sabres que lui.*

3.111

3.112 **Carnet de croquis de Derek Thompson où figurent le général Grievous et d'autres droïdes et véhicules dont il pourrait se servir (20 décembre 2002). À noter : Grievous arbore sur un bras un système de fixation pour une arme.**

ressemble le visage entier. » Ivo montre dans un livre comment le design de Dark Vador a évolué d'un film à l'autre. Ivo raconte que Dark Vador sera sur le plateau dans quatre semaines. «Donc, nous serons sans doute prêts dans trois semaines et six jours. »

Ivo Coveney / Superviseur accessoires costumes Nous ne voyons pas bien comment fixer la tête aux épaules. Gillian Libbert, notre archiviste des costumes, a habillé plusieurs Vador au fil des années et elle dit que ça n'a jamais vraiment collé. Donc notre plus gros défi est de veiller à ce que ça s'articule bien entre le cou et les épaules afin que Hayden soit plus à l'aise.

Carnet de bord bobine B/5 août 2003 Ivo a fait un essayage avec Hayden la semaine dernière : «Nous avons apporté plein de petites modifications et améliorations. Nous nous sommes rendu compte que, sous un certain angle, on avait l'impression que le casque n'avait pas de partie arrière, donc nous avons ajouté une pièce à l'arrière du crâne. »

Carnet de bord bobine B/6 août 2003 Ivo a peint la tête de Dark Vador en noir. «Nous avons un essayage avec Hayden demain. J'espère qu'ensuite nous pourrons commencer le moulage. Trisha Biggar, la responsable création des costumes, va montrer à George les photos prises demain. Tout le monde sait à quoi ressemble Dark Vador, donc on pourrait penser que c'est simple, mais nous avons découvert que c'est une pièce assez complexe. La bomber en noir a modifié la perception que nous avions de sa taille. »

La scène 174 est tournée le 1ᵉʳ septembre. Dark Vador se lève de la table d'opération, enchâssé dans une combinaison qui le maintient en vie. Dark Sidious lui annonce que Padmé est morte. Fou de rage de n'avoir pas réussi à la sauver, Vador hurle. C'est la première fois que Christensen se présente sur le plateau dans son costume.

3.113

3.114

3.113-114 *Modélisation 3D du véhicule de Grievous réalisée par T.J. Frame (20 décembre 2002). À l'origine, le droïde était autonome : la roue lui permettait de se déplacer à grande vitesse sur des surfaces lisses, et les pieds de ramper sur des terrains accidentés et de grimper sur des parois rocheuses. Lucas l'ayant choisi comme véhicule pour le général, le modèle est revu avec le général sur le côté de la roue géante.*

Hayden Christensen Il a fallu une vingtaine de minutes pour m'habiller. Dark Vador n'a pas de sous-vêtements, donc je portais les miens. On commence par le pantalon, puis j'enfile les bottes et l'espèce de carapace de muscles. Ensuite, il y a une veste en cuir, puis le plastron en fibre de verre. Viennent ensuite une sorte de coquille de cuir, plutôt bizarre, puis le casque et la cape. Les diodes ne se mettent à clignoter que lorsqu'ils font les branchements sur le plateau. Couche après

3.115

3.115 Derek Thompson dessine un paysage dangereux où Obi-Wan, Grievous et leurs montures se trouvent aux prises avec des créatures tentaculaires (27 mars 2003).

3.116 Erik Tiemens imagine une vaste caverne où Grievous et Obi-Wan s'affrontent, en haut à droite, tandis que plusieurs personnages et une bête observent la scène (27 mars 2003).

couche, je sentais Dark Vador s'infiltrer et faire progressivement corps avec moi.

Ils ont ajusté le costume à ma taille en ajoutant d'énormes talonnettes aux bottes, donc j'avais un peu de mal à marcher. J'ai dit à George que j'avais besoin de m'entraîner un peu, parce que mes mouvements étaient trop rigides et que je n'avais pas la sensation de me déplacer comme le faisait Dark Vador dans la trilogie originale. Il m'a dit : « C'est ce que je veux. Anakin n'est pas encore habitué à son costume. C'est normal que cela lui demande des efforts. » C'était un choix intéressant.

Porter le masque de Vador, c'est presque indescriptible. C'est tellement cool. Vous vous sentez puissant. Une certaine bestialité s'épanouit en vous – en même temps qu'une sensation d'enfermement. Je trouve que c'est cohérent avec ce que doit ressentir Anakin. Il ne faut pas être claustrophobe : le champ de vision est très limité, il fait chaud, et c'est gênant pour se déplacer. Je voyais ce qui était droit devant moi et à mes pieds parce que je ne regardais pas par les yeux du costume mais par sa bouche. Je n'ai pas à me battre dans cette tenue – juste à marcher, à m'arrêter au bon endroit et à dire mon texte. Ça se limite à ça. J'étais un peu nerveux parce que je ne voulais pas tomber et abîmer le costume. Voir George me regarder avec un sourire jusqu'aux oreilles a été l'un des moments les plus surréalistes du tournage, et dont je me souviendrai longtemps.

George Lucas Faire entrer Hayden dans ce costume parachève le cycle des films. C'est l'ultime pièce manquante, et elle est enfin posée.

3.116

3.117

« À l'origine, George nous a demandé de créer des droïdes capables de poursuivre Obi-Wan à cheval sur un gros lézard pouvant grimper aux murs. Cela devait donc être un droïde en soi. Plus tard, il a dit : "Oui, faites-en le véhicule du général droïde." »

T.J. Frame / Concept artist

3.117 Grievous et Obi-Wan se font face, armés d'un blaster et d'un sabre laser, sur cette planche de Church (9 janvier 2003). Grievous sera par la suite muni d'un bâton électrique.
3.118 Image de plan finalisé d'Obi-Wan sautant de son loyal Boga sur le droïde à roue alors que le véhicule dérale le terrain accidenté d'Utapau.

Rick McCallum C'est sans doute le moment le plus fort que j'aie vécu sur un plateau, ou nulle part ailleurs. Un moment clé. Beaucoup de films étaient en préparation au studio, donc il y avait pas mal de gens et tous avaient entendu que Dark Vador allait enfin apparaître. Il y avait à peu près 1 500 personnes à l'extérieur du plateau, alors nous avons ouvert les portes et laissé entrer un maximum de gens, qui se sont assis par terre.

Hayden a mis le masque dans un silence absolu. Puis tout d'un coup, plusieurs personnes ont craqué. Pour beaucoup, notamment dans l'équipe et parmi les acteurs, *La Guerre des étoiles* fait partie des premiers films qu'ils ont vus et qui leur ont donné envie de faire ce métier.

Ensuite, j'ai fait livrer 10 caisses de champagne et 40 caisses de bière sur le plateau. Tout le monde a pété un plomb. On a ouvert les portes du plateau et on s'est soûlé. Je pense que ce jour-là personne n'est rentré chez lui avant minuit. C'était une soirée vraiment riche en émotions.

Pathétique

Le matin du 1ᵉʳ septembre, Ewan McGregor et Hayden Christensen tournent la scène sur la coulée de lave où Obi-Wan vainc Dark Vador et le laisse pour mort. Le plan sera finalisé par des effets visuels.

Roger Guyett / Superviseur des effets visuels On voit Obi-Wan en plongée, en train de couper son ancien padawan en tranches. Cette manœuvre rapide, avec le sabre laser qui tournoie au-dessus de sa tête, a été faite avec un double en synthèse. Obi-Wan domine Anakin et lui tranche les deux jambes et le bras gauche, ne lui laissant que son bras droit métallique.

Pour la scène où Anakin rampe sur la berge du fleuve de lave, nous avons couvert les membres d'Hayden de bleu afin de les effacer ensuite en numérique; comme il est encore trop proche de la lave, il prend feu, et nous avons alors filmé un torse factice en train de s'enflammer, Hayden dans des vêtements calcinés, maquillé de différentes façons, puis nous avons réuni le tout avec des

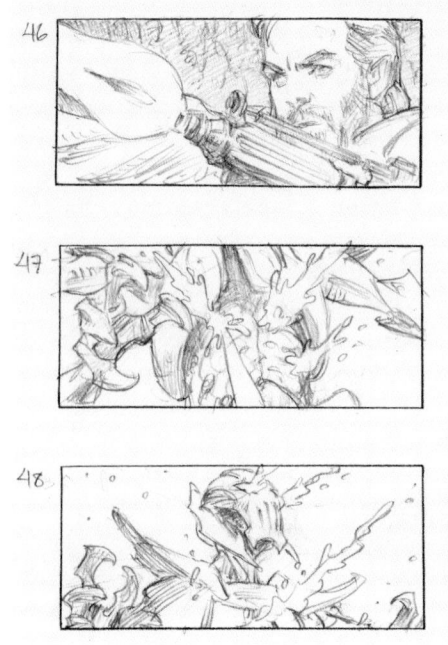
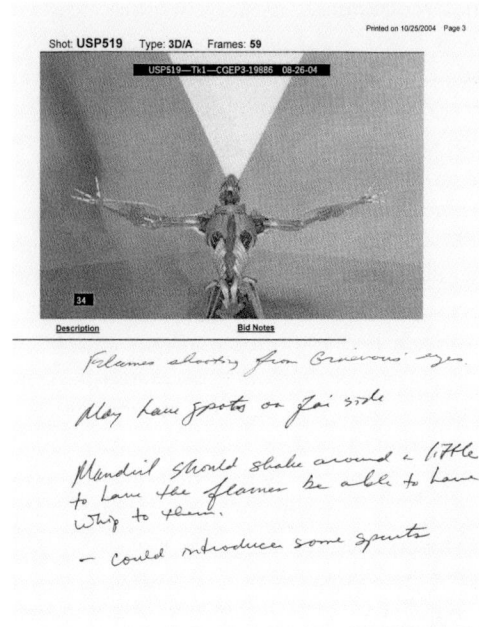

3.119 **3.**120

images de feu. Ainsi, quand Anakin est en feu sur la berge, on peut voir son visage rongé par le côté obscur – nous avons aussi utilisé un élément qui rappelle les cicatrices atroces de Sidious. C'est vraiment horrible.

George Lucas C'était important, à la fin, de montrer la transformation physique d'Anakin, ce corps supplicié et calciné, parce que c'est la souffrance qu'il va endurer pour le restant de sa vie.

Dave Elsey / Superviseur conception des créatures Lors d'une de nos premières rencontres, j'ai demandé à George : « Jusqu'où pouvons-nous le brûler ? » Il a répondu : « Ce sera une vilaine brûlure, mais adaptée aux mineurs. » Je suis reparti, et pendant une semaine, j'ai essayé de dessiner des brûlures compatibles avec un public sensible, mais j'ai fini par retourner le voir : « Je ne sais pas à quoi ressemble une brûlure pour mineurs. Je crois qu'on devrait essayer d'y aller à fond. » George a dit : « OK, alors disons interdit aux moins de 13 ans. » Je me suis dit « Ouah, ça n'a pas été si difficile ! ». Et nous nous sommes sentis libres de faire une scène très réaliste.

Le 2 septembre, sont tournées toutes les scènes qui nécessitent que Christensen ait des

3.119 *Dans ce story-board d'Iain McCaig, Obi-Wan crève le « sac à tripes » de Grievous d'un tir de blaster, et Grievous explose. Le 21 août 2003, lors du tournage de la scène, le texte d'Obi-Wan est modifié ; il s'approche de la carcasse de Grievous, considère le blaster et le jette au loin en disant : « Quel manque d'éducation ! »*
3.120 *Notes pour le plan USP 519, la mort du général Grievous, datées du 26 août 2004, concernant la représentation visuelle des éléments pyrotechniques, notamment des « flammes crachées par les yeux de Grievous » et « éventuellement quelques giclées ».*
3.121 *Tournage du duel entre Obi-Wan et Grievous (Kyle Rowling) devant un fond vert avec une maquette simplifiée du vaisseau en arrière-plan. Kyle Rowling est vêtu en bleu pour fournir une référence physique avec laquelle Ewan McGregor peut interagir pendant le combat.*

maquillages de brûlures : Dark Vador retrouvé sur la plage incandescente par Sidious, emporté jusqu'à la capsule médicale impériale et opéré.

Hayden Christensen Le tournage a été éprouvant, mais après-coup, quand ils ont dit « coupez ! » et qu'ils m'ont retiré les prothèses, j'ai eu une sensation d'accomplissement. C'est fou comme on s'investit émotionnellement dans ce film, à regarder tomber en miettes la relation si forte entre Anakin et Obi-Wan, à les voir se battre, et assister à cette issue terrible. C'est tragique. Les circonstances dans lesquelles Anakin achève sa transformation en Dark Vador éclairent la trilogie originale d'un nouveau jour et modifient la vision qu'on a du personnage. Il devient beaucoup plus pathétique.

Dave Elsey J'ai emmené ma responsable, Becky Hunt, superviseuse de l'atelier créatures, et ma femme Lou visionner les rushes. Nous le regardions subir cette torture, et soudain je me suis dit : « Oh mon Dieu, qu'est-ce qu'on a fait ? » Les lumières se sont rallumées, je me suis tourné vers Becky et je lui ai demandé : « Tu crois que ça va passer ? » Elle pleurait. Elle a répondu : « C'était horrible, vraiment horrible ! » Nous sommes retournés à l'atelier, et nous nous attendions à ce que quelqu'un nous appelle pour nous dire qu'il était impossible de montrer ça. J'ai attendu ce coup de fil pendant environ une semaine, puis un an, et puis le film est sorti, et il n'a été déconseillé qu'aux moins de 13 ans. Je pense savoir pourquoi. C'est vrai que c'est horrible, mais c'est ce que j'aurais voulu voir quand j'avais 10 ans.

Moments exaltants

Les 3, 4 et 5 septembre, la scène de combat avec le comte Dooku et son exécution par Anakin sont filmées dans le décor des appartements du général. Les scènes sont toutes tournées avec le cascadeur Kyle Rowling. Christopher Lee a déjà filmé ses plans le 31 juillet et le 1er août devant un fond bleu, et sa

EP3 – Matchmover Plate Information Sheet

SCENE# V94R LOCATION PALPATINES OFFICE DATE 7/14/03
Roll# A18 CAM.Report# _____ 4 Perf or 8 Perf
SHOT DESCRIPTION: MS ANIKEN + PALPATINE, TRACKING AROUND.

4 PM FILTER — **CAMERA & LENS** Information   T2.82

Camera A	Lens Rmm	Height start: 5'5" end:	Tilt start: 2.36 end:	Pan start: / end:	Dutch/Roll start: / end:	FPS 24
Filter Aspect Ratio: 1:77 ~~1.85 2.35~~	Film Stock					Focus 8'

Camera Mount: sticks / crane / (dolly) / steadicam / car
Camera Move: (lock-off) / pan&tilt / dutch (roll) / (dolly) / boom / crane

Take:	Lens:	Notes:
1	12mm	LONG ZOOM
2		
3		STARTED DIFFERENT POSITION
4	↓	

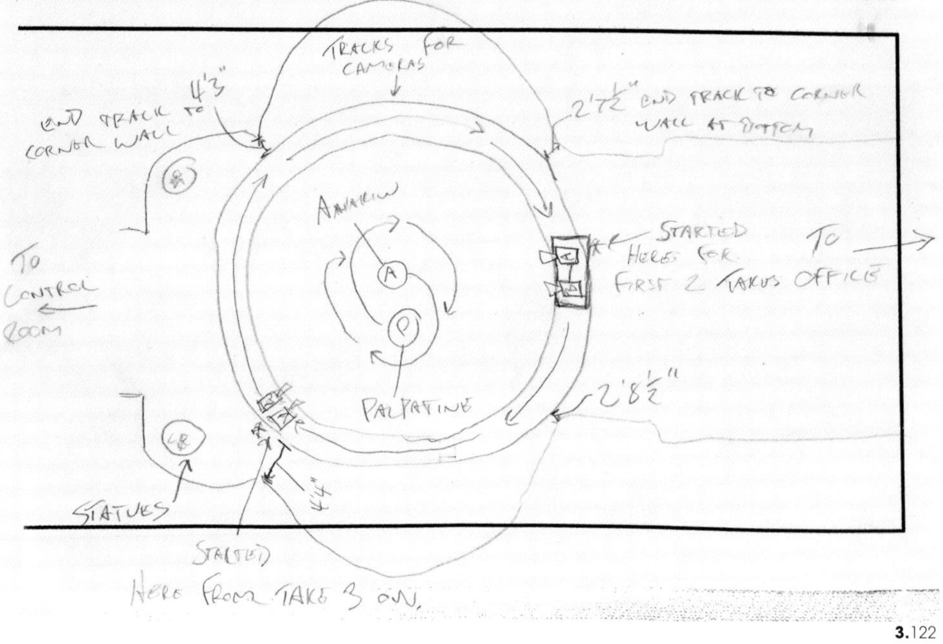

[Diagram: Overhead plan of Palpatine's office showing circular tracks for cameras around Anakin (A) and Palpatine (P). Annotations include: "TRACKS FOR CAMERAS", "END TRACK TO CORNER WALL 4'3"", "2'7½" END TRACK TO CORNER WALL AT DITTO", "STARTED HERE FOR FIRST 2 TAKES", "TO TAKE'S OFFICE", "TO CONTROL ROOM", "2'8½"", "STATUES", "STARTED HERE FROM TAKE 3 ON", "ANAKIN", "PALPATINE"]

3.122 *Fiche d'information* match move (suivi de mouvement dans image), datée du 14 juillet 2003, précisant les mouvements qu'opère la caméra quand Palpatine tente de corrompre Anakin. Anakin et Palpatine tournent l'un autour de l'autre quand le jeune Jedi comprend que son mentor est Dark Sidious.

3.123-124 *Anakin découvre que Palpatine est le Seigneur Sith que les Jedi recherchent. Palpatine se demande à voix haute si le jeune Jedi va le tuer et il sent qu'Anakin en a envie. Il sait toutefois qu'il saura convaincre son protégé. Il est même si sûr de lui qu'il lui tourne le dos, alors même que le jeune Jedi lève son sabre laser. Le décor du fond est une frise demandée par Lucas – elle figure une bataille historique entre les Jedi et les Sith, la lumière et l'ombre –, conçue et dessinée par Erik Tiemens, puis réalisée par le maquettiste Richard Miller.*

tête a été numérisée pour remplacer celle de sa doublure.

Rob Coleman Christopher Lee a trois ans de plus que sur le film précédent. Il peut encore faire beaucoup de choses avec ses bras, mais il n'est plus aussi mobile sur ses jambes. Donc pour Dooku, nous avons collé numériquement son visage à la place de celui de sa doublure. Il y avait des pirouettes et des mouvements qui étaient bien dangereux, même pour un cascadeur, alors, pour ces plans, nous avons recréé un Christopher Lee entièrement en 3D. Nous avons intercalé des gros plans entre l'acteur et son double numérique, et cela passe inaperçu.

Le 11 septembre, Ewan McGregor est filmé dans le duel au sabre laser qui oppose Obi-Wan et le général Grievous sur Utapau.

3.123

3.124

3.125

3.125 *Image de plan finalisé de Padmé dans son appartement, face à un avenir incertain. Elle se sent impuissante, mais elle est pourtant au nombre des raisons qui poussent Anakin du côté obscur.*
3.126 *Anakin lutte avec sa conscience, pris dans un douloureux conflit de loyauté. En acceptant de rester en retrait tandis que Mace s'occupe du chancelier, il a trahi Palpatine au profit des Jedi, mais le risque de perdre Padmé le torture.*
3.127 *Image du plan finalisé où Saesee Tiin (Kenji Oates), Agen Kolar (Tux Akindoyeni), Mace Windu (Samuel L. Jackson) et Kit Fisto (Ben Cooke) tirent leurs sabres laser dans l'intention d'arrêter Palpatine. Dans le scénario du film, Mace arrive chez le chancelier dans le but de l'obliger à renoncer aux pouvoirs d'exception que lui a conféré le Sénat juste après que Palpatine a révélé être un Seigneur Sith. Cela signifie qu'Anakin est présent quand les Jedi sont tués mais qu'il n'intervient pas. Lucas réorganise l'action : Anakin rapporte à Mace que Palpatine sait utiliser le côté obscur de la Force, Mace lui dit de rester au temple jedi, et il n'arrive qu'à la fin de la bataille, quand l'appartement inoffensif chancelier est à la merci de Mace.*

Nick Gillard Le général Grievous affronte Obi-Wan à plusieurs reprises. À l'origine, il se battait avec un bâton électrique mais, environ trois semaines avant le tournage de la première scène, George a décidé qu'il aurait quatre bras et un sabre laser au bout de chacun. Deux bras, c'était à notre portée, mais deux de plus, cela changeait vraiment la donne. Il est très grand, donc nous avons envisagé d'asseoir des gens sur ses épaules ou de suspendre quelqu'un au plafond.

Rob Coleman Ils ont essayé avec deux cascadeurs qui faisaient face à Obi-Wan, l'un derrière l'autre, de façon qu'Obi-Wan contre les quatre bras en même temps, mais ça n'a pas bien marché. Du coup, ils ont fait apprendre à un cascadeur la gestuelle des bras supérieurs de Grievous et celle des bras inférieurs, puis ils l'ont filmé en train d'effectuer les deux chorégraphies l'une après l'autre. Nous avons ensuite assemblé ces deux passes sur mon Mac, en plateau, pour que je puisse tout de suite vérifier le résultat avec les quatre bras.
Nick Gillard Finalement, nous avons décidé de lui couper deux bras assez rapidement.

Le 15 septembre, Lucas filme la dernière scène du film, la 180, où Obi-Wan confie Luke à sa tante Beru (Bonnie Piesse) sur Tatooine.
George Lucas Chaque film a un début, un milieu et une fin. Et chaque trilogie a un début, un milieu et une fin. L'idée, c'est que chaque fin donne à réfléchir. Ce sont des films d'aventures et des comédies, pas des drames profonds et

3.126

sombres, même s'il se passe des choses terribles. La fin du premier volet d'une trilogie est exaltante, celle du dernier aussi, mais pour le film du milieu, elle peut ne pas l'être. Les trilogies ne sont pas construites comme ça. Il y a de la tragédie.

Je n'ai pas envie de faire un film plombant. Dans *L'Empire contre-attaque*, j'étais préoccupé par le fait que le père coupe la main de son fils et la façon dont cela serait pris par des jeunes garçons. Mais tout s'est bien passé. Lando et Chewie s'éloignent dans ce qui ressemble à un crépuscule pour aller sauver Han, histoire que la fin ne soit pas totalement déprimante.

Paul Duncan Dans le scénario, l'épisode II se concluait sur le mariage et la main métallique d'Anakin tenant celle de Padmé, puis sur Palpatine passant en revue les soldats clones en ordre de bataille. Mais au montage vous avez interverti les scènes.

George Lucas C'était pour imiter les fins traditionnelles et le « Ils vécurent heureux et eurent beaucoup d'enfants ». Or ce n'est pas le cas. Cette main montre qu'il commence à se transformer en monstre.

Paul Duncan La fin de l'épisode III est à la moitié des six films.

George Lucas J'ai eu du mal à faire les deux derniers plans – Leia dans les bras de Bail Organa et son épouse sur Aldorande, et Luke confié à sa tante et son oncle sur Tatooine – qui sont des moments exaltants. Même si

3.127

3.128

3.129

3.130

les scènes au coucher du soleil rappellent les moments de mélancolie de Luke dans l'épisode IV, elles sont là pour donner de l'espoir.

Les épisodes I, II et III sont plus sombres parce qu'ils racontent la chute d'un héros. Ils sont un peu plus mythologiques que les épisodes IV à VI ; on pense à Siegfried, maudit dès la naissance, dont le destin s'accomplit sous nos yeux. Si les personnages comiques et l'humour y rencontrent moins de succès, c'est sans doute parce qu'ils fonctionnent mieux dans des films optimistes que dans une réalité plus sinistre.

Si vous regardez les films dans l'ordre, sans savoir ce qui va arriver, la fin est meilleure. Vous savez que Dark Vador a survécu – il ne sera plus le héros, mais vous ne savez pas qu'il s'est changé en monstre. Et puis ses enfants aussi ont survécu.

Le 17 septembre est le dernier jour de tournage. La dernière scène tournée est celle où Dark Vador, l'Empereur et le gouverneur Tarkin assistent à la construction de l'Étoile de la Mort depuis le destroyer stellaire impérial. Dave Elsey avait recommandé Wayne Pygram pour reprendre le rôle de Tarkin qu'incarnait Peter Cushing dans l'épisode IV, en raison de la ressemblance physique entre les deux acteurs.
Dave Elsey Nous avons fait un moulage sur le vif et j'ai commencé à le sculpter. Plus j'avançais, plus je me rendais compte que j'avais commis

3.128 *Après avoir fait un sort aux autres Jedi, Dark Sidious attaque Mace.*
3.129 *Quand Anakin tranche la main de Mace et se range du côté de Sidious, ce dernier retrouve une impressionnante vitalité et pousse le maître jedi par la fenêtre, le condamnant à une mort certaine.*
3.130 *Sidious utilise des éclairs de Force pour se défendre contre Mace Windu, mais lorsque ce dernier les lui renvoie, il en est défiguré.*

« Le Sénat décidera de votre sort. »
Mace Windu

« Je suis le Sénat. »
Chancellor Palpatine

une énorme erreur, et que Wayne ne ressemblait pas du tout à Peter Cushing !

Elsey recommence sa sculpture sept fois avant d'être satisfait du résultat. La scène 177 est tournée après le déjeuner.
Hayden Christensen Tous les membres de l'équipe et de la production sont venus assister à la réapparition de Vador. En passant parmi eux, j'ai observé la réaction des gens que je connaissais et avec lesquels j'étais ami. C'était phénoménal : j'ai lu de l'admiration et de l'excitation dans leurs yeux, mais aussi un certain respect et une pointe d'effroi. J'avançais et les bouches s'ouvraient, les gens baissaient un peu la tête et reculaient de deux pas comme ils l'auraient fait sur le passage du vrai Vador. J'ai aussi éprouvé de la tristesse à endosser ce costume. Mon boulot était de servir de tissu conjonctif entre l'enfant de l'épisode I et Dark Vador. Enfiler le casque noir avait un goût doux-amer : ma mission était terminée.

George Lucas crie « Coupez ! » et annonce la fin du tournage principal. Lucas murmure à David Tattersall qu'il a demandé un plan supplémentaire, ce qui fait monter le nombre de mises en place à 100 en une seule journée.

Le tournage a duré en tout 58 jours – cinq de moins que prévu.

Un autre monde

Ben Burtt / Monteur Dans un des premiers épisodes des *Aventures du jeune Indiana Jones* monté par Louise Rubacky, George voulait déplacer une scène, mais sous le nouvel angle choisi quelqu'un était appuyé contre un mur en arrière-plan alors qu'il n'aurait pas dû s'y trouver. George a dit quelque chose comme « Il n'y a pas un moyen d'effacer cette personne ? » Avec le logiciel Flame, ils ont copié-collé le mur sur le personnage, le supprimant de l'image comme l'avait demandé George. Là, il a eu une révélation. Je l'ai vu penser : « Ils ont retiré le personnage sans que j'aie besoin de refaire la scène ou de payer du matériel d'optique hors de prix. »

3.131 *Anakin prend la décision d'embrasser le côté obscur et devient Sith Lord Dark Vador.*
3.132 *Image du plan finalisé d'Anakin agenouillé devant Sidious, qui le rebaptise Dark Vador. Sidious lui donne ses premières instructions : « Dorénavant, tous les Jedi, y compris votre ami Obi-Wan Kenobi, sont des ennemis de la République. »*

Il n'en a pas parlé, mais d'après ce que j'ai pu observer, c'est le moment où nous avons rompu les amarres avec le cinéma analogique. S'il est possible d'effacer simplement un personnage pour améliorer l'histoire, tout en assurant la cohérence de l'ensemble, c'est un autre monde qui s'ouvre à nous. Et c'est ce qui s'est passé.

Nous avons planté cette graine en faisant nos armes sur *Les Aventures du jeune Indy* (sic). Ensuite, sur *La Menace fantôme*, nous avons commencé à découvrir que nous pouvions manipuler beaucoup de choses en salle de montage.

Jusqu'alors, la matière que le monteur recevait du réalisateur dictait ce qu'il pouvait faire. Si on montait un duel à l'épée, on avait Errol Flynn jouant la scène, Basil Rathbone jouant la scène, les deux protagonistes ensemble et des plans du cascadeur en action. On réfléchissait

3.132

à la meilleure manière d'assembler ces éléments, comme un puzzle qu'il faut reconstituer. On ne se demandait pas : « Est-ce que ce gars pourrait aller plus vite ? » ou « Est-ce que celui-là pourrait sauter plus haut ? » Ce genre de questions ne nous venait pas à l'esprit. Désormais, elles étaient envisageables. Donc en tant que monteurs, nous avons dû apprendre à penser autrement : Qu'est-ce que je peux faire ? Je peux accélérer leurs mouvements. Je peux les faire sauter plus haut. Je peux retirer un des personnages d'un plan. Je peux en faire valser un autre dans le décor. Est-ce que ce serait pertinent ? Notre travail prenait une tout autre dimension. George appelait cela « le montage tridimensionnel ».

Un monteur ne pouvait plus se contenter de coller ensemble les meilleures prises. Pour les scènes dialoguées, je pouvais prendre Padmé dans la deuxième prise, Anakin dans la neuvième, et les mettre en vis-à-vis grâce au split-screen. C'est ce que George attendait de moi. Il me demandait : « Tu as regardé tous les rushes ?

– Oui.

– Tu as essayé toutes les combinaisons possibles ?

– Presque, mais il y en a 500.

– Alors essayons de trouver une meilleure direction de regard pour ce plan. »

À cause de cette boucle rétroactive, et parce que nous avions commencé à travailler tellement d'éléments en salle de montage, même dans les scènes de dialogues, il a dit : « Ce serait peut-être beaucoup mieux de quasiment toujours filmer les acteurs sur fond bleu. Ensuite nous pourrions les découper et les coller où nous voulons. » C'est ainsi que pour *L'Attaque des clones,* George s'est mis à tourner de plus en plus sur fond bleu.

Ensuite, sur *La Revanche des Sith*, nous nous sommes dit : « Évitons carrément de construire des décors quand ce n'est pas nécessaire. Mettons simplement tout le monde sur un

3.133

plateau bleu ou vert. Et nous débrouillerons tout au montage. Nous concevrons le décor, nous prendrons les images des acteurs et nous les insérerons où nous voulons. » Chaque plan devient dès lors un effet visuel.

Nous étions allés si loin dans la réalisation non linéaire que plus grand-chose ne nous inquiétait ; nous pouvions tout contrôler. Pré-production, production et postproduction se mêlaient. Le montage devenait un moyen de modifier la mise en scène. Il permettait à George de glisser ses idées à mesure qu'elles lui venaient. « Accélérons l'action de 5 %, histoire de dynamiser un peu leur démarche. » Si l'acteur n'arrive pas à pleurer, on lui ajoute une larme dans l'œil. Si un acteur a un clignement d'yeux au mauvais moment, on peut l'enlever. Cligner ou ne pas cligner, cela fait la différence. Un clignement des paupières marque la fin d'une pensée, d'une phrase ou une transition, et nous pouvons décider quand le placer. Et une fois que vous commencez, vous entrez dans un autre monde.

Pixel par pixel

Lucas revient au ranch Skywalker en octobre pour le montage et la postproduction.

Rick McCallum George travaille avec Ben de 9 heures à 13 heures, principalement sur les

3.133 *Dans cette illustration d'Erik Tiemens, Padmé, impuissante face aux événements, regarde le temple jedi en feu (29 mai 2003). L'image évoque les attentats du 11-Septembre.*
3.134 *Les novices jedi qui se cachaient dans le temple sont soulagés de voir « maître Skywalker », mais il les massacre tous. George Lucas : « Il fallait que je le transforme en monstre. C'est une histoire dure. Un gars ne peut pas devenir démoniaque s'il n'accomplit pas des actes démoniaques. »*

séquences d'action. De 13 heures à 14h30, il déjeune à l'étage, au département animatique, tout en participant à l'élaboration des plans à effets visuels. À 15 heures, George part travailler trois ou quatre heures avec Roger, en priorité sur les séquences dramatiques. Puis George, Ben et Roger font ensemble le premier montage pour que nous puissions voir le film juste avant Noël.

Roger Barton Une fois que George et moi avons monté une scène, elle est envoyée sans décor aux gars de l'animatique. Je peux diviser le cadre en deux, ajouter ou supprimer des gens, et faire toutes sortes de choses avec les images filmées par George, mais ce sont les gars de l'étage qui vont en faire un plan à proprement parler. George leur explique pixel par pixel ce qu'il veut pour les décors et pour les personnages en synthèse. Quand ils nous renvoient la scène, il s'agit de vérifier si la composition fonctionne. Une fois que nous voyons les plans dans leur contexte, le cadre peut sembler trop plein. Alors nous procédons à des ajustements et, suivant l'ampleur, soit nous renvoyons la scène à l'étage pour une seconde révision, soit nous la livrons directement à ILM. C'est précieux d'avoir cette étape de vérification sur un film comme celui-là, il y a tellement d'images où manquent les éléments avec lesquels les acteurs interagissent.

Le 31 octobre, plusieurs scènes avec Yoda sont prêtes, et l'équipe de Rob Coleman peut commencer l'animation.

Rob Coleman Les gens pensent qu'avec les images de synthèse on ne fait que reprendre fidèlement un modèle, mais c'est faux. Vous seriez étonnés de voir à quelle rapidité un animateur 3D peut s'en éloigner. Pour le précédent film, nous avions enregistré les expressions basiques de Yoda, mais il fallait les intégrer manuellement à chaque fois. Une quinzaine d'animateurs ont travaillé sur Yoda, et chacun avait sa façon à lui de saisir les formes, si bien que l'expression rendue n'était jamais tout à fait la même.

Cette fois, nous avons téléchargé huit expressions clés dans le logiciel Caricature d'ILM.

Il suffisait d'appuyer sur une touche pour qu'il soit « inquiet », « méditatif » ou « en colère ». Nous partions sur des bases plus nettes.

L'équipe animatique doit livrer la bataille spatiale de la séquence d'ouverture à ILM avant fin 2003.
Rick McCallum J'ai un immense respect pour Dan Gregoire et toute l'équipe d'animatique. Ils subissent une pression folle parce que ce sont eux qui, chaque jour, donnent vie aux rêves de George. Cela implique la réalisation de 200 à 250 plans par semaine dont seulement 10 à 15 % seront utilisés, mais il faut en passer par là pour que George ait le choix. Ils ont travaillé 90 à 100 heures par semaine pendant trois ans, souvent des nuits entières. Ils venaient avec leur tente pour dormir sur place et mettaient leur réveil à 3 heures du matin pour reprendre leur travail de rendu sur un nouveau plan. Ce sont de vrais cinéastes.

Le moment où je devais organiser le travail chez ILM, c'était juste avant Noël. Si vous arrivez sur un plateau où il y a 150 personnes, vous devrez les rémunérer, même si vous n'avez rien à tourner. De la même manière, si vous n'arrivez pas à vous décider sur un plan à effets visuels, vous vous retrouvez avec

3.135 *Grievous est mort, mais la bataille continue de faire rage entre soldats clones et armée droïde, comme le montre ce dessin de Ryan Church (4 septembre 2003).*
3.136-137 *Le commandant Cody ayant reçu l'ordre 66, Obi-Wan est attaqué, et avec Boga il semble bien voué à une mort certaine.*

environ 350 personnes payées à ne rien faire. Avant, un film comportait, disons, entre 10 et 50 effets visuels, alors que nous en avons au moins 2 000. Là où autrefois vous dépensiez un million de dollars pour les trucages, il y en a pour 40 à 50 millions aujourd'hui. Sur *La Revanche*, l'équipe de production a travaillé neuf mois, l'équipe de tournage trois mois, mais l'équipe des effets visuels 18 mois ! Et aussi grands que soient nos décors, ils ne nous auront coûté au final que 4,5 millions. Nous allons consacrer une dizaine de millions aux décors numériques.

Daniel Gregoire Nous avons transmis le 8 janvier 2004 à ILM l'animatique de la séquence de la bataille spatiale. Ils ont récupéré les fichiers Maya qu'ils ont entrés dans leur pipeline et les ont utilisés pour que la magie opère.

John Knoll C'était la bataille spatiale la plus compliquée de tous les films *Star Wars*, en termes de quantité et de diversité des éléments présents à l'image. Elle était aussi un peu différente des autres. Les six épisodes ont leur grande bataille spatiale, mais pour la première fois nous l'avons imaginée dans la haute atmosphère – de Coruscant, en l'occurrence. Donc nous étions dans l'espace, mais sans l'être complètement. Nous en avons profité pour ajouter de la fumée, du feu, des traînées, des tirs antiaériens et beaucoup d'autres choses qu'on ne peut pas faire dans l'espace.

Il y a une progression dans cette scène d'ouverture. Nous partons d'un endroit, et nous nous faufilons parmi plusieurs vaisseaux jusqu'à atteindre celui de Grievous. On avait un grand tableau qui montrait la position de chaque vaisseau dans chaque plan. Ensuite le superviseur des séquences, Neil Herzinger, a écrit un algorithme qui, pour chaque vaisseau, donnait une animation par défaut et permettait ainsi de faire bouger tous les vaisseaux d'un plan donné selon leur axe central. À partir de cette base, nous avons retravaillé chaque plan – accentué le dérapage latéral d'un vaisseau, modifié l'axe de tangage d'un autre. Nous

3.138

avons aussi conçu un logiciel d'escadrille pour créer de l'action en arrière-plan : nous définissions des trajectoires, puis le nombre de vaisseaux de tel et tel type, et il contrôlait leur vol automatiquement. Une grande partie de ce travail se fait pendant le visionnage : « C'est un peu vide par là-bas, tu peux ajouter quelques vaisseaux dans le coin ? »

Nous avons vu beaucoup de poursuites entre chasseurs, mais pas encore ce qui se passe quand ces vaisseaux longs de plus d'un kilomètre – l'envergure d'un destroyer stellaire – s'affrontent. Il y en a des dizaines engagées dans cette bataille.

David Meny / Superviseur images de synthèse Il fallait que les feux laser soient aussi

« *Sur Mygeeto, l'éclairage est très gris et diffus parce qu'il y pleut de la cendre, comme après une éruption volcanique. Il y a une grande bataille dans la cendre, où les soldats de Ki-Adi-Mundi se retournent contre lui.* »
John Knoll

3.138 Dessin de Church pour l'attaque du tridroïde octuptarra (6 décembre 2002).
3.139 Image du plan finalisé de Ki-Adi-Mundi (Silas Carson), qui combattait sur Mygeeto et est exécuté par ses anciens camarades clones après le lancement de l'ordre 66.

3.140

3.141

automatisés que possible afin que ce ne soit pas aux animateurs de décider comment l'arme d'un droïde vise et quelle cible elle atteint. Les concepteurs d'outils ont chorégraphié tout ça ; ils ont aussi déterminé la fréquence et la vitesse de propagation des tirs de laser. Tous les vaisseaux avaient un schéma de référence indiquant l'emplacement des canons – à gauche, sur le dessus, en dessous –, donc le technicien pouvait se dire : « Je vais tirer de la gauche de ce vaisseau sur la moitié droite de celui-là. » Ils pouvaient sélectionner un canon et cibler un vaisseau ou une escadrille. De plus, ils disposaient de règles procédurales pour modifier l'angle de tir dans un plan et pour varier la taille du vaisseau. Autant de fonctionnalités dont nous ne disposions pas pour l'épisode II. Cette fois, nous pouvons générer des particules pour les explosions, et une fois qu'elles touchaient la version basse définition du vaisseau en haute résolution, nos outils déterminaient aléatoirement si l'explosion aller provoquer la destruction entière du vaisseau ou ne lui laisser qu'une éraflure. Cela nous a permis d'affiner la bataille et de donner une impression de chaos tous azimuts.

Jonathan Harb / Superviseur *matte painting* **numérique** Le vaisseau finit par percer la couverture nuageuse, et on découvre le paysage urbain de Coruscant en contrebas. Certains de ces plans larges étaient si complexes qu'un graphiste seul pouvait mettre parfois des mois à en terminer un.

Doublures numériques

Rob Coleman Nous utilisons des doublures numériques parce que certains de nos acteurs clés – Ian McDiarmid, par exemple – ne sont pas des experts du sabre. Nous faisons le plan avec un cascadeur maquillé pour ressembler le plus possible à Ian. Nous nous servons d'une technologie laser pour numériser toute la tête de Ian et enregistrer nombre d'images dans

3.142

3.140 *Animatique d'Aayla Secura, qui mène l'armée des clones sur Felucia. Des clones lui tirent dans le dos.*
3.141 *Proposition de Ryan Church pour un transport blindé tout-terrain sur Felucia (17 octobre 2002).*
3.142 *John Knoll montre à Nina Fallon, qui joue la maîtresse jedi Stass Allie, comment chevaucher un speeder rudimentaire peint en vert.*

l'ordinateur, à partir desquelles nos sculpteurs 3D vont créer une version numérique de Ian McDiarmid. Ensuite, c'est à nos peintres et *matchmovers* d'intervenir. La première chose qu'ils font, c'est de repérer le visage dans chaque image. Les lignes bleues nous indiquent si notre caméra virtuelle – la caméra d'ordinateur – est bloquée sur la caméra réelle utilisée par George le jour du tournage. Puis les peintres effacent la tête du pauvre cascadeur, image par image. Mon équipe

intervient au même moment en créant des expressions basées sur celles du cascadeur. Nous manipulons le visage de synthèse de sorte qu'il exprime la même chose au même moment, puis les responsables du *compositing* fusionnent les deux. Je crois que c'est le double numérique le plus réussi que nous ayons réalisé pour l'instant.

Ian McDiarmid C'est d'autant plus merveilleux pour moi quand je vois le film fini et que je me dis : « Oh, bon sang, j'ai vraiment fait ça ? » Et la réponse est non.

Sac à tripes

Rob Coleman À l'origine, le général Grievous était un vampire sans pitié, ensuite il est devenu cet horrible petit flagorneur pleurnichard, et désormais c'est un entre-deux. George a voulu qu'il mesure près de 2,20 mètres puis l'a voûté, ce qui le rend plutôt imposant. Pour sa gestuelle, nous avons étudié le premier *Nosferatu* (1922) et le remake de 1979 avec Klaus Kinski et Willem Dafoe dans *L'Ombre du vampire* (2000). Grievous a de longs doigts de cannibale – qui évoque davantage Nosferatu qu'Edward aux mains d'argent – qu'il agite de façon menaçante à des moments inattendus. Son tic le plus remarquable est une vilaine toux de tuberculeux.

Grievous porte un masque en forme de tête de mort dans les orbites duquel on distingue des yeux jaunes et bouffis, comme si une créature était enfermée dans cette carcasse osseuse. Pour nous, c'est un défi intéressant en termes d'interprétation du personnage. Nous avons ces globes oculaires à la membrane nictitante, entourés d'une peau enflée et verte, mais, sinon, il se réduit à un masque blanc avec des trous à la place des yeux. Il a donc fallu imaginer comment lui faire exprimer des émotions – pas de sourcils, pas de bouche –, d'autant qu'il a pas mal de texte. L'armure protège ce qui ressemble à des viscères assez répugnants qui palpitent et ondulent. George le surnommait « Sac à tripes ».

Dès que la superviseuse de modélisation 3D Pamela Choy s'est attaquée au modèle de Grievous, nous avons compris que notre création avait beaucoup de défauts. Une pose spécifique peut sembler géniale en version sculptée, mais quand vous commencez à faire bouger les pièces, vous vous rendez parfois compte qu'elles s'entrechoquent, ou que le personnage ne peut pas bouger

3.144

Episode III

cos020 - v02
06-228-04

Artist: **Dorian Bustamante**

3.145

3.143 **Plan général de Ryan Church pour Cato Neimoidia, où les villes tiennent suspendues à des formations rocheuses de la planète.**
3.144 **Dans cette vignette peinte de Church pour la scène 107, les chasseurs clones** ouvrent le feu sur le chasseur jedi de Plo Koon après avoir reçu l'ordre 66.
3.145 **Story-board numérique de Dorian Bustamante montrant l'attaque de Cato Neimoidia (22 juin 2004).**

3.146 *Yoda, qui a senti les perturbations dans la Force avec la mort d'autant de Jedi, anticipe de quelques secondes salvatrices l'attaque dont il va être victime.*

3.147 *Vignette peinte de Church pour la scène 110a montrant les Wookiees et les soldats clones qui combattent l'armée droïde sur Kashyyyk.*

3.146

comme il le devrait. Même si nos croquis avaient été validés par George, nous avons dû les reprendre en 3D. C'est une étape inévitable, mais Grievous nous a demandé plus de modifications que tous les autres personnages. Nous avons fait des tests pour trouver sa gestuelle d'insecte. Ensuite, nous avons ajouté l'idée du vampire et nous avons même utilisé une piste voix provisoire qui évoquait Dracula. George a trouvé que nous allions trop loin dans ce sens, alors nous avons un peu rétrogradé.

Aaron Ferguson / Superviseur créatures
Grievous n'a pas cessé d'évoluer. Les animateurs intervenaient sur une partie de son corps pour qu'il puisse faire certains mouvements, et puis il devait en effectuer un autre, et ses articulations et sa construction n'étaient plus adaptées.

Quand Grievous a été prêt pour la phase d'animation, l'équipe a commencé à réfléchir à sa manière de se déplacer, ce qui a encore nécessité des changements du modèle. Même ceux apportés à sa voix ont supposé de revoir la démarche et le personnage dans son ensemble – sa respiration, sa posture, la cadence de ses pas –, si bien que nous avons dû retravailler sa géométrie, sa position au repos et d'autres poses.

Rob Coleman Grievous a deux combats sympas contre Obi-Wan, et je suis plutôt content du résultat parce qu'il y a beaucoup d'interactions entre les deux personnages – ils se cognent, s'attrapent, se jettent… En réalité, si

3.148 *Dans ces story-boards d'Iain McCaig, Obi-Wan voit apparaître, dans une des grottes, son ancien maître Qui-Gon Jinn sous une forme fantomatique due à la Force. En les voyant, George Lucas explique : « Nous ne voyons jamais le fantôme de Qui-Gon, il n'en est pas capable. Il est parvenu à conserver sa personnalité mais ne peut pas apparaître sous la forme tangible d'un fantôme. »*

3.148

3.149 *Proposition de Tiemens pour l'ascension d'Obi-Wan jusqu'à la surface : Obi-Wan plonge pour atteindre la grande salle souterraine, escalade la face rocheuse, rampe dans un étroit tunnel et se hisse à l'aide de lianes jusqu'à la petite salle pour être en sécurité (5 février 2003).*

Obi-Wan devait combattre une créature maniant quatre sabres, il serait fichu, parce que dès qu'il en bloquerait deux, les deux autres le frapperaient.

Nous avons eu beaucoup de mal à concevoir un affrontement réaliste, mais les animateurs ont eu de très bonnes idées pour déstabiliser et déséquilibrer Grievous. Nous avions les images d'Obi-Wan en train de se battre, donc nous savions exactement dans lesquelles il attaquait et nous pouvions désarçonner Grievous aux bons moments. Même George a été agréablement surpris par notre travail.

En bonne voie

George Lucas / 9 mars 2004 Dans ma première version, j'avais écrit des histoires pour tous les personnages, et quand je l'ai raccourcie, nous tenions le scénario. Cependant, au montage, il y avait encore des problèmes à régler. Au bout du compte, j'ai dit : « OK, soyons plus intraitables et pragmatiques, et supprimons toutes les scènes qui n'ont rien à

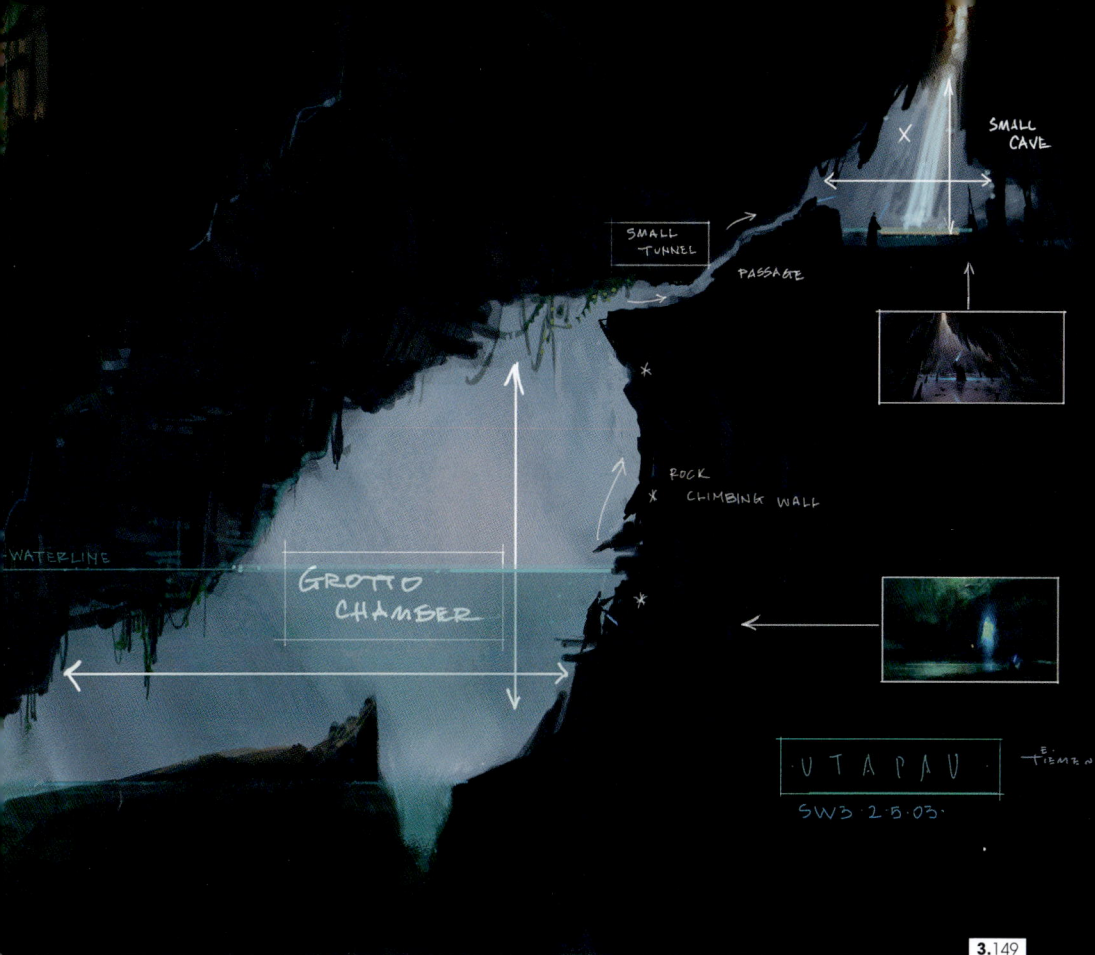

3.149

voir avec Anakin. » Mais cela nous obligeait à juxtaposer des scènes qui ne devaient pas l'être. En plus d'Anakin, nous suivions Padmé et Bail Organa, mais la plupart de leurs scènes ont été supprimées. Soudain, certains des thèmes majeurs entraient en résonance et se renforçaient les uns les autres avec une certaine poésie.

Ben Burtt / 2 avril 2004 La séquence d'action qui ouvre le film – les Jedi libèrent Palpatine retenu sur le croiseur des Séparatistes – durait une heure, soit la moitié d'un long-métrage, entre le moment où ils arrivaient à bord de leurs vaisseaux et leur retour sur Coruscant. Je savais depuis longtemps qu'elle ne pourrait pas rester ainsi, parce que c'était disproportionné par rapport au reste de l'histoire. Donc nous l'avons réduite des deux tiers pour ramener la séquence à une vingtaine de minutes. Shaak Ti, la Jedi prisonnière de Grievous, a disparu. La séquence avec l'énorme générateur de carburant a disparu. Une autre où les Jedi traversent un hangar sur des tuyaux avec Palpatine et sont sauvés par R2-D2 n'existe plus non plus. Les Jedi ne rencontrent plus le général Grievous dans la scène avec Shaak Ti, mais plus tard, quand ils sont capturés et conduits jusqu'à lui sur le pont du croiseur. Retirer des gros bouts pose des problèmes de continuité que nous avons résolus pas plus tard qu'hier en assemblant les scènes différemment.

3.150

L'histoire comporte aussi des failles importantes – la bascule d'Anakin du côté obscur ne nous a pas satisfaits lors du dernier visionnage. George réfléchit au moyen d'arranger cela.

Roger Barton / 4 avril 2004 Après que Palpatine lui a révélé son identité de Seigneur Sith, Anakin prévient Mace et le Conseil jedi. Ce n'était pas dans le scénario original et n'avait donc jamais été tourné. C'est une scène que nous avons imaginée ici ; nous avons ajouté du dialogue et entrelacé toute la séquence avec celle d'Obi-Wan sur Utapau. De cette façon, quand nous revenons à Anakin, Mace lui a déjà dit qu'il ne lui fait pas totalement confiance et qu'il veut qu'Anakin reste en retrait pendant qu'il va arrêter Palpatine en personne. Encore une fois, Anakin se sent trahi et méprisé. Nous venons de terminer le montage de la scène où il repense à ce que Palpatine lui a raconté, à l'opéra, à propos de Dark Plagueis, scène qui a été coupée, alors qu'il sait que Mace est parti l'arrêter. Palpatine est un mentor pour lui, qui l'a toujours bien traité et dont il est devenu l'ami. Surtout, il détient la clé des connaissances qui sauveront Padmé. C'est très important dans la construction du film, et je crois que cette séquence nous aide grandement à dessiner un parcours crédible pour le personnage, qui explique sa bascule du côté obscur. La prochaine projection nous aidera à y voir plus clair.

Sur le vif

Rick McCallum Rob veut tourner des films, et je pense qu'il ferait un bon réalisateur parce qu'il se concentre beaucoup sur le jeu d'acteur. Mais il n'avait jamais dirigé de prises de vues réelles ; son expérience se limitait à la réalisation sur ordinateur. George et moi lui avons donné l'occasion de filmer les Wookiees en Australie.

Rob Coleman Une semaine avant de tourner les scènes des Wookiees, j'ai rencontré George, et nous avons passé en revue les plans clés.

Les 17 et 18 mai, Rob Coleman dirige les scènes de batailles de Wookiees dans les studios de la Fox.

Rob Coleman Nous avons filmé les préparatifs de la bataille et la bataille elle-même. L'aspect le plus compliqué du travail, c'est qu'il faut tourner en plusieurs passes. Nous avons six acteurs en costumes, mais il faut donner l'impression qu'ils sont une cinquantaine. Donc, nous plaçons la caméra, puis nous rangeons les gars d'un côté du cadre et nous leur faisons franchir une barricade ; la caméra reste où elle est, nous refaisons traverser les acteurs, nous intervertissons les armes et nous les filmons à nouveau, ainsi de suite. Il faudra une semaine pour assembler les différentes passes.

Les costumes avaient beau être rafraîchis, au bout d'une vingtaine de minutes les acteurs crevaient de chaud là-dessous et de-

3.150 Plusieurs idées sont proposées pour ajouter de la tension dramatique à la situation périlleuse dans laquelle se trouve Obi-Wan ; Iain McCaig l'imagine, par exemple, affrontant un monstre des cavernes (28 janvier 2003).
3.151 Comme indiqué dans le scénario, Obi-Wan escalade l'entonnoir puis se cache dans une anfractuosité de la roche à l'approche des droïdes chercheurs. Un nos bondit soudain de la caverne et dévore l'un des droïdes, ce qui laisse le temps à Obi-Wan de pénétrer dans la caverne et de s'échapper. Ici, George Lucas (devant, à gauche) regarde sur des moniteurs comment Ewan McGregor s'extrait de la grotte. Dans le montage final, Obi-Wan échappe à la détection des droïdes chercheurs.
3.152 Proposition de Sang Jun Lee pour un monstre des cavernes qui attaquerait Obi-Wan (21 février 2003).

3.153 *Proposition de Ryan Church montrant Yoda poursuivi par des soldats clones sur Kashyyyk ; il est éclairé par la torche du bipode de reconnaissance de la République (13 juin 2003).*
3.154 *Comme indiqué dans le scénario, les bipodes de reconnaissance découvrent un Wookiee mort dans un catamaran ; une étrange petite créature couverte de boue prend les clones par surprise, fait diversion grâce à la persuasion de Force jedi, et Chewbacca les anéantit. Ici, le camouflage de Yoda a été proposé par Aaron McBride (11 février 2004). Dans le film, les bipodes trouvent le catamaran abandonné et poursuivent leurs recherches.*

vaient retirer la tête. Du coup, je les filmais à tour de rôle ; j'en laissais deux redescendre à une température normale pendant que je filmais les autres. Nous avions les animatiques de 40 plans de Wookiees et nous avons tout filmé. Ensuite, nous avons consacré les deux dernières heures de la journée à des plans improvisés sur le vif, où les Wookiees applaudissent, tirent, courent, etc.

Coleman filme 98 mises en place en deux jours, parmi lesquelles les plans de Temuera Morrison (plus exactement ses clones) dans des cockpits pour la bataille spatiale d'ouverture et l'exécution de l'ordre 66. Après le tournage, Coleman supervise leur animation chez ILM.

Rob Coleman Dans le plan où des Wookiees sautent sur place et poussent des hourras, on a aux premiers rangs de vrais acteurs, issus de mon petit groupe de six Wookiees que j'ai filmés. Nous avions une grue télescopique Technocrane, et l'opérateur a fait un boulot fantastique pour mesurer au jugé ce mouvement. De retour ici, Jason Snell et l'équipe de match-move (suivi de mouvement dans l'image) ainsi que Brian Cantwell et l'équipe de layout ont pris la totalité du métrage et

l'ont déformé de manière à donner l'impression que tout avait été filmé par une caméra en une seule fois, alors que ça avait probablement été filmé en huit passes par une caméra non contrôlée montée sur une grue non contrôlée.

George voulait voir beaucoup de Wookiees. Comme nous n'avions que deux rangs de vrais Wookiees, il a donc fallu en créer d'autres en 3D, et que tous se jettent ensemble dans la bataille. Nous y sommes parvenus par la capture de mouvement, et nos «vrais» Wookiees de 2,10 mètres ont été d'une aide précieuse. Leur grande taille influe sur leur façon de courir et de transférer le poids de leur corps d'une jambe à l'autre. Donc nous avons pris le plus costaud et l'avons glissé dans une combinaison XXXXL de capture de mouvement. Comme il avait participé aux prises de vues à Sydney, nous avons pu nous fier à sa gestuelle sur le plateau de *motion-capture*.

Ben Burtt / Monteur son Nous avons ressorti des enregistrements d'ours que j'avais faits dans des zoos pour *Au temps de la guerre des étoiles* (1978), où il y avait une famille wookiee. Nous avons mélangé ces sons avec des bruits de chiens, de coyotes et de quelques gros chats pour obtenir des voix basses et aiguës, des cris et des pleurs. Nous avons ainsi pu créer des centaines, des milliers de Wookiees qui chargeaient face à la caméra, comme dans *Braveheart*, en jappant et en glapissant.

3.155 *Croquis d'Erik Tiemens pour l'étreinte d'adieu entre Padmé et Dark Vador avant que celui-ci ne parte pour Mustafar (24 mai 2003). C-3PO et R2-D2 se tiennent en retrait, innocents témoins des jeux de pouvoir qui s'opèrent dans la galaxie.*

3.156 *Natalie Portman et Hayden Christensen dans la scène où Dark Vador, aux ordres de Dark Sidious, s'apprête à gagner Mustafar pour tuer les Séparatistes et mettre fin à la guerre. Il lui dit : « Tu dois prendre tes distances avec tes amis du Sénat. Le chancelier dit qu'il sera décidé de leur sort une fois cette guerre terminée. »*
3.157 *Image du plan finalisé de l'étreinte entre Padmé et Dark Vador. À l'instar d'un chœur antique, les droïdes expriment ce que le public pense et ressent ; ainsi, à la fin de la scène, C-3PO soupire : « Je me sens totalement inutile. »*

Les 28 et 29 juillet, Peter Mayhew (Chewbacca) et Michael Kingma (Tarfful) sont filmés chez ILM devant un écran vert pour leurs scènes avec Yoda.

Peter Mayhew Le simple fait que peu de personnages de la trilogie originale reviennent pour ce film, et que moi j'en fasse partie, était incroyable. Je n'avais pas mis ce costume depuis quatorze ans. Il m'a suffi de l'enfiler pour me sentir redevenir aussitôt Chewie.

Dave Elsey C'est vraiment difficile de trouver des défauts au travail qu'a fait Stuart Freeborn avec Chewbacca dans la trilogie originale. C'est une des créatures les plus convaincantes créées pour la saga – il occupe une place importante, et personne ne remet son personnage en question. Pourtant, quand la tête de Chewie et le visage de Peter Mayhew sont au repos, rien ne se produit, parce qu'il faut que Peter ouvre et ferme la bouche pour que le visage de Chewie bouge. Je me suis dit que nous pourrions peut-être trouver un système qui irait plus loin grâce à de discrets mouvements servomoteurs imprimés à ses lèvres pour qu'il ne soit jamais inerte à l'écran.

George Lucas Peter Mayhew *est* Chewbacca. La façon dont il a créé le personnage est tout à fait unique. À sa façon de marcher, de pencher la tête, à sa posture, à sa façon de regarder, vous savez que c'est Peter.

Déplaisant et dangereux

Roger Guyett est nommé superviseur des effets visuels le 3 août 2004, pour aider ILM à terminer dans les temps. Il est chargé des séquences sur Kashyyyk et Mustafar.

Roger Guyett Notre équipe a reçu quelque 650 plans. John Knoll m'a livré les informations qu'il avait sur les séquences quand j'ai rejoint le projet. C'est bien sûr un moment assez terrifiant, parce que vous vous dites : « Mon Dieu, dans quoi tu t'es fourré ? »

Greg Hyman / Monteur effets visuels Mustafar est un mélange de *matte paintings*, de maquettes, de lave en synthèse, de doubles numériques – il y a toutes sortes de choses mais une bonne partie de l'univers a été créée à partir de maquettes. Et nous avons assemblé tout cela ensemble numériquement.

Roger Guyett Les paysages montagneux de Mustafar sont en fait formés de trois maquettes de 7,60 mètres qui longent le principal fleuve volcanique (amont et cascade), plus une autre, à plus grande échelle, de la coulée de lave où s'achève le duel entre Obi-Wan et Anakin.

Il y a également beaucoup d'images de synthèse, mais les maquettes ont représenté pour nous le plus gros du travail dans ce projet.

Le tournage sur la maquette du fleuve de lave commence le 16 août.

Willi Geiger / Superviseur séquence numérique Brian Gernand et son équipe ont construit un magnifique modèle réduit à l'échelle 1:132 du fleuve de lave de Mustafar.

Roger Guyett Nous avons utilisé du méthocel, un additif alimentaire, pour le fleuve de lave, nous l'avons coloré et éclairé par en dessous, à travers la plaque de fond acrylique, parce que la lave émet de la lumière.

Willi Geiger Ils ont versé le méthocel visqueux à partir du haut de la maquette, en le répartissant sur l'ensemble du liège calciné, et si l'éclairage était bien réglé, on aurait

3.158

3.159

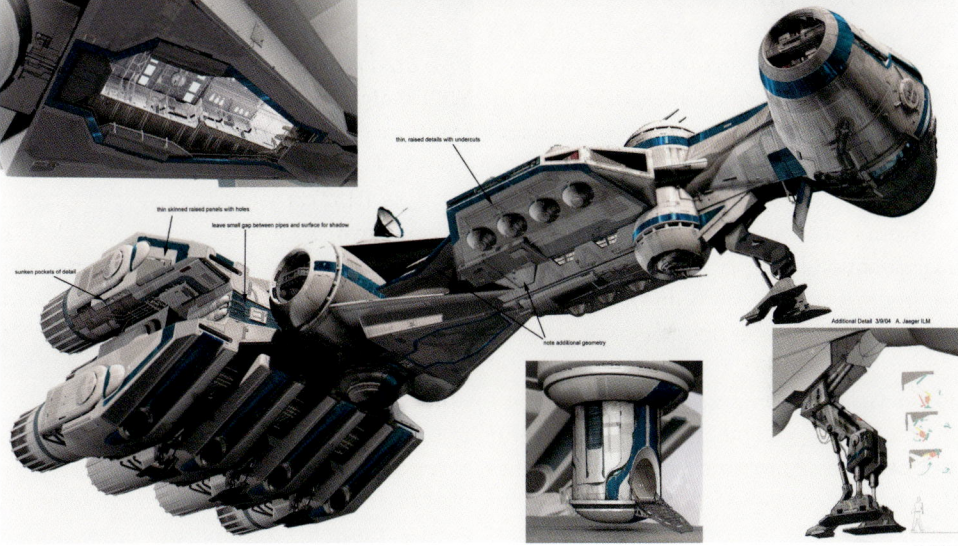

3.160

3.158 *Yoda, Obi-Wan et Bail Organa (Jimmy Smits) se retrouvent à bord du forceur de blocus dans cette image du plan finalisé. Ils décident de regagner le temple jedi pour désactiver le signal codé qui risque d'attirer les Jedi dans un piège mortel et pour en apprendre davantage sur les événements qui s'y sont joués. L'intérieur du vaisseau est une réplique du couloir conçu par McQuarrie en 1975 et visible dans la scène d'ouverture de l'épisode IV.*
3.159 *Illustration de Ryan Church pour la scène CSL 270, où Bail Organa monte à bord de son vaisseau, le croiseur d'Aldorande, aussi appelé le « forceur de blocus », sur la plate-forme d'atterrissage souterraine du Sénat et quitte Coruscant avec une balise de repérage jedi (28 juin 2004). La scène sera coupée au montage.*
3.160 *Détails ajoutés au croiseur d'Aldorande (9 mars 2004) par Alex Jaeger. En haut à gauche, les portes du hangar qui s'ouvrent ; en bas à gauche, la capsule utilisée par le personnel pour entrer et sortir et qui s'abaisse comme un pont-levis ; en bas à droite, la façon dont le train d'atterrissage avant se replie dans le fuselage quand l'appareil est en vol.*

3.161 *Dans cette proposition d'Erik Tiemens, un navire d'assaut de la République attaque Mustafar pendant la guerre des clones, avant que l'équipe ait une connaissance détaillée de ce qui se passe sur la planète volcanique (17 juin 2002).*

vraiment dit un fleuve de lave. C'est le point de départ de la quasi-totalité des plans.

Brian Gernand / Superviseur création maquettes Dans la vraie vie, une lave qui refroidit devient orange vif, alors que la lave très chaude est jaune. Nous avons conçu nos décors de façon que la lave s'écoule à différentes profondeurs. Quand le méthocel s'insinue dans les zones plus profondes, elle se transforme par magie en orange brûlé à cause du volume de matière. Sur les bords de la maquette, la couche de polymère étant moins épaisse, elle garde sa couleur jaune. Nous avons appris que la croûte était essentielle pour obtenir un aspect réaliste. Nous avons ajouté un liant pour que les morceaux de croûte s'agglomèrent en bas du cadre, autour des pinacles et dans les coins, comme le ferait la lave quand son flux ralentit.

Roger Guyett Je regarde cette séquence en me disant : « Comment rendre ce fond de décor désagréable et dangereux ? » Des boules de feu et de lave en fusion explosent à la surface des volcans – elles font partie de l'arsenal dont nous disposons pour rendre cet univers plus palpitant. Le complexe industriel, avec tous ses bras mécaniques qui plongent dans la lave, est entièrement réalisé en images de synthèse. Pour faire bouger les portiques sur lesquels ils se battent, nous avons employé des méthodes de simulation en appliquant des forces puissantes sur ces structures.

Willi Geiger Un plan comptait en général une vingtaine d'éléments 3D. Nous avons fait bouillonner et gicler la lave pour ajouter du détail et donner une idée de l'échelle, mais nous avons surtout pris des images numériques pour pallier les lacunes et les limites de la maquette.

Patrick Tubach / Superviseur *compositing* numérique Et nous avons intégré des tonnes de vues réelles de l'éruption volcanique prises par Ron Fricke sur l'Etna, en Italie.

Aucune limite à mon pouvoir

Lucas filme des reprises pendant 11 jours, entre le 23 août et le 3 septembre 2004, dans les studios Shepperton de Londres. La plus grande partie de la première journée est consacrée à la scène 94 dans le bureau du chancelier. La scène 89, où Anakin arrive pour annoncer à

3.161

Palpatine qu'Obi-Wan est en train d'affronter le général Grievous, a été supprimée. Le chancelier poursuit sa campagne de séduction d'Anakin, il attise sa défiance à l'égard des Jedi et en vient à lui révéler qu'il est un Seigneur Sith. Le 24 août, Natalie Portman et Hayden Christensen tournent une nouvelle scène, la 53A, dans les appartements de Padmé, avant qu'Anakin fasse ce rêve prémonitoire où son épouse meurt. Cette courte scène d'amour, très tendre, est la dernière où le couple rit ensemble. Le 26 août, Obi-Wan et Vador sont filmés en train de s'affronter sur la crête du volcan à Mustafar quand Obi-Wan dit : « C'est terminé. Il n'y a rien à faire, je te domine ! » Les 27 et 28 août, Lucas tourne la reprise de la scène 99 – la confrontation entre Mace Windu et Palpatine et la décision que prend Anakin d'empêcher Mace de tuer Palpatine.

George Lucas Le combat allait bien. En revanche, le face-à-face final entre Mace et Palpatine n'était pas assez précis par rapport à Anakin, donc nous avons insisté sur le conflit de loyauté qui le torture. Les spectateurs savent qu'Anakin va succomber au côté obscur, mais ce qui le taraude est si subtil qu'ils pourraient avoir du mal à comprendre pourquoi il est si obsédé par l'idée de sauver Padmé.

La scène commence avec Mace qui demande au chancelier de mettre fin à la guerre

3.162

et de renoncer aux pleins pouvoirs qu'il a obtenus. Anakin entre à la fin de leur combat. Quand Mace décide de tuer Sidious, en écho à la décision prise par Anakin de tuer Dooku au début du film, Anakin arrête Mace pour ne pas être privé de sa seule chance de sauver Padmé. Les dialogues et la mise en scène rendent ses motivations explicites. Ensuite Sidious tue Mace en s'écriant : « Aucune limite à mon pouvoir ! »

La nouvelle scène 85C, qui se déroule sur la plate-forme d'atterrissage jedi, est tournée le 30 août : Anakin raconte à Mace que Palpatine sait employer le côté obscur de la Force et qu'il est probablement le Seigneur Sith qu'ils recherchent.

Les 1er et 2 septembre, l'équipe fait une reprise de la fin de la scène 99, où Anakin Skywalker devient Dark Vador. Au total 469 plans ont été réalisés en 11 jours.

John Knoll Nous filmions beaucoup de petits bouts, presque aucune scène entière. C'était : « J'ai besoin que tu te diriges vers la sortie, que tu t'arrêtes, que tu regardes à gauche et à droite, et que tu recommences à avancer. » Quand je l'ai fait remarquer à George, il m'a expliqué : « Ça fait partie de mes moments préférés parce que j'obtiens toutes les pièces manquantes. J'étudie ces scènes depuis un an maintenant, et c'est comme conduire sur une piste avec de gros nids-de-poule et parvenir enfin à les combler pour avoir une route lisse et fluide. »

Une bonne intention

Natalie Portman On pense parfois que les gens mauvais ont toujours été mauvais. Qu'ils avaient dès le départ une tendance agressive, un besoin de contrôle et un désir de pouvoir. Je pense que l'aspect le plus intéressant de la morale de George, c'est que le mal provient d'une bonne intention et de quelqu'un de bon.

George Lucas Anakin veut une famille. Il veut se marier avec Padmé et avoir des enfants. Quand il voit en rêve que Padmé va mourir, il ne sait pas comment, mais il sait que c'est écrit. Il est amoureux d'elle. Il ne veut pas qu'elle meure. Il veut la garder, avoir un contrôle sur ça, et il s'enfonce de plus en plus dans ce pétrin. Il veut une famille, mais en même temps il sait qu'il ne peut pas en avoir une. Désormais, l'avidité et la peur de perdre femme et enfant prennent le dessus. L'idée, c'est qu'il est impossible de posséder quelqu'un, parce que c'est une personne à part entière. Vous ne pouvez pas dominer les gens et les faire agir selon vos désirs.

Paul Duncan Il a aussi vu sa mère en rêve, et il n'a pas réussi à la sauver.

George Lucas C'est ça. Il s'engage dans un piège mortel, sans issue.

Paul Duncan Palpatine l'a préparé en lui expliquant combien il est puissant.

George Lucas Et aussi en lui disant : « Mon mentor m'a confié qu'il existait un moyen de conjurer la mort. » C'est un mensonge. Personne ne le peut. Anakin a mordu à l'hameçon parce qu'il voulait trop y croire.

Paul Duncan Palpatine lui tend un miroir aux alouettes.

George Lucas C'est une escroquerie. Anakin a conclu un pacte avec le diable : « Je veux le pouvoir de conjurer la mort. Je veux les empêcher de franchir le Styx et pour y parvenir je dois pactiser avec un dieu, mais les dieux refusent de m'aider, alors je vais descendre dans l'Hadès et obtenir du Seigneur noir la permission d'utiliser ce pouvoir pour sauver la personne à laquelle je me raccroche. »

« *Mustafar était par là depuis longtemps. J'ai toujours eu cette idée de décor pour la fin entre Obi-Wan et Anakin. Je savais que ce film s'achèverait là-dessus. Toute cette lave qui fuse en l'air. Donc c'est un décor presque monochrome, réduit au rouge et au noir. Cette image m'accompagne depuis longtemps.* »

George Lucas

3.162 Church explore ici, comme dans nombre d'autres dessins, la nature industrielle de la planète en proposant une mine d'extraction de lave (1er juin 2002). Les bâtiments suspendus à la voûte donnent une idée d'échelle de la mine.
3.163 Proposition d'Aaron McBride pour la plate-forme d'atterrissage de Mustafar et l'installation minière (27 mai 2004).

3.163

3.164

3.164-165 *La maquette de l'amont du fleuve de lave de Mustafar fait 5,50 mètres de large sur 10 de long et 2 de haut ; sa construction a coûté près de 172 000 dollars. Fiche technique de l'atelier maquettes (4 juin 2004) : « Devis pour la construction d'un fleuve de lave très détaillé. La lave sera constituée de méthocel liquide, éclairée par en dessous pour des effets de couleur, avec des particules qui remontent à la surface pour parachever l'illusion du magma en ébullition. Il y aura aussi des conduites d'air pour générer le bouillonnement. Le décor sera construit pour pouvoir changer d'angle et contrôler le débit. Ce devis n'inclut ni le méthocel ni le système de livraison et de récupération. »*

Au bout du compte, c'est une histoire de pouvoir. Il a vendu son âme pour le pouvoir. C'est *Faust*. Plus il veut de pouvoir, plus il en a, et plus il échoue. Le diable lui dit : « Tu peux devenir plus puissant, mais tu dois passer une première épreuve : tuer ta mère. Deuxième épreuve : tu dois tuer ta femme. Et troisième épreuve : tu dois tuer ton meilleur ami. » À la fin, il détient un pouvoir immense, mais n'a plus personne avec qui le partager, à part un vieux rabougri qui est plus maléfique encore que lui.

Vendre son âme pour sauver quelqu'un que vous aimez, c'est « contraire à la nature »,

3.165

comme il est dit dans le film. Il faut accepter le cours naturel de la vie. La mort en est, bien sûr, la sanction obligatoire. Non seulement votre propre mort, mais aussi la mort de tout ce à quoi vous tenez.

Paul Duncan Une fois enchâssé dans son costume, Vador émerge et commence à tout détruire autour de lui. Pourquoi ne se rebelle-t-il pas contre Dark Sidious ?

George Lucas Il apprend que Padmé est morte. Il est passé sur la table d'opération avant d'avoir l'opportunité de la sauver et elle est morte. Il vitupère contre les dieux et le destin plutôt que de regretter de n'avoir pas eu le temps d'agir. Il pense qu'il était assez puissant avant qu'Obi-Wan n'intervienne sur la plate-forme d'atterrissage, donc il considère que c'est la malchance ou le destin qui l'ont empêché d'accomplir sa mission et de sauver sa femme.

Et maintenant c'est terminé. Elle est morte.

Vador devait devenir extrêmement puissant, mais il perd ses jambes et ses bras et devient partiellement un robot. Son aptitude à contrôler la Force et une grande part de ses pouvoirs sont bridées parce qu'il ne

3.166

reste plus grand-chose de sa force de vie. La perspective de devenir deux fois plus puissant que l'Empereur s'est évanouie et il se retrouve 20 % moins puissant que l'Empereur. Ce n'est pas ce que Sidious avait en tête. Il voulait un surhomme, mais Obi-Wan a déjoué ses plans. Avec Luke, il pourrait atteindre cette excellence, à condition que Luke aussi bascule du côté obscur. Luke est confronté aux mêmes problèmes et joue quasiment les mêmes scènes qu'Anakin. Anakin dit oui, et Luke dit non.

Paul Duncan Alors pourquoi Vador se soumet-il à Dark Sidious s'il ne peut plus sauver Padmé ?

George Lucas Quel autre choix a-t-il ? Ce n'est pas évident de trouver un boulot quand on est comme lui !

Paul Duncan Voilà que j'imagine Dark Vador en train de faire les petites annonces dans le journal pour trouver du travail.

George Lucas « On recherche un malfrat. »

Paul Duncan « Doit mesurer plus de 1,80 mètre. »

George Lucas C'est ça. Mais il n'est que vengeance, haine et frustration. Il exprime toute la colère du côté obscur. Elle le submerge et l'enferme. Il veut se venger de tous et s'en prendre à tout le monde. Voilà le travail qu'il a trouvé.

Sidious dit : « Tu seras mon bras droit particulier. » Personne d'autre dans l'Empire ne le tient en si haute estime. Ce n'est pas un méchant omniscient et omnipotent, juste un tas de ferraille supplicié. Mais seul l'Empereur peut comprendre son pouvoir, qui se limite à la Force. Ce que je veux dire, c'est que la Force était avec le Jedi et que ça ne les a pas beaucoup aidés – ils ont tous été tués. Donc c'est un type ordinaire dans une mauvaise situation, qui agit mal.

Lamentations

John Williams / Compositeur D'après moi, la plus belle opportunité qu'offre la musique de film, c'est de créer ou de souligner un élément émotionnel dans une scène. Si celle-ci en est dépourvue, la musique pourra suggérer une émotion. S'il s'agit d'une scène entre deux personnages passionnés qui s'affrontent alors qu'ils s'aiment, la bande originale peut semer des indices, un genre de sous-texte qui évoque leur état d'esprit. Elle peut aussi soutenir l'action. Si des chevaux accélèrent leur foulée à la fin d'une course, la musique suivra le mouvement, elle participera à dynamiser l'action. Si la cadence musicale est trop rapide, elle pourra donner l'impression que l'action est légèrement ralentie et *vice* *versa*. L'autre aspect important de la musique dans un film, c'est l'occasion qu'elle donne au compositeur d'identifier mélodiquement un personnage ou un lieu, si bien que quand vous voyez cette personne, qu'elle est mentionnée ou simplement suggérée en pensée, le thème musical se fait entendre et indique sa présence au spectateur. En termes d'atmosphère, la reconnaissance d'une mélodie, d'une action, d'éléments liés au déroulement des diverses chorégraphies, tout cela fait partie du corpus, de la chair du film.

Le 14 octobre 2004, John Williams se rend au ranch pour une séance de détection pour la musique.
John Williams Je dois avouer que c'est toujours assez intimidant. En général, ma première impression, c'est : « Bon Dieu, tout ça ? Je n'arriverai jamais à composer tout ça ! » Je questionne George : « Tu dis que nous avons combien de semaines pour finir ça ? » Il me répond, et nous rigolons. Ce film m'a beaucoup impressionné, en particulier le dernier tiers. Au-delà du choc initial, il a déclenché des réactions très positives et fortes chez moi.

J'aime travailler à rebours. Je réfléchis à ce que sera la musique à la fin du film, puis je décompose ; je commence par suggérer ce qu'on entendra plus loin dans le film. Donc

3.166 *Dark Vador tue les Séparatistes, comme le lui a ordonné son nouveau maître, pour mettre fin à la guerre des clones. Ses yeux sont jaunes, ce qui indique qu'il puise dans le côté obscur de la Force.*
3.167 *Décor de l'intérieur du centre de crise sur Mustafar, où les acteurs qui jouent les Séparatistes sont en tenue, prêts à tourner.*

3.167

3.168

3.169

3.168 *Dans cette vignette peinte de Ryan Church et d'autres pour la scène 133, Yoda et Obi-Wan découvrent le massacre des novices au temple jedi. Au fond, la majeure partie du temple est détruite.*
3.169 *Obi-Wan apprend l'horrible vérité : son ancien padawan et ami a prêté allégeance à Palpatine, il est devenu Dark Vador.*
3.170 *Dans cette illustration d'Erik Tiemens, qui s'est inspiré de la représentation d'une pile de DVD, Obi-Wan désactive le signal falsifié ordonnant aux Jedi de regagner le temple.*

j'ai besoin d'étudier le film et de travailler en priorité sur les séquences en rapport avec le dénouement de l'histoire.

En général, je regarde le film et je me dis : « Où est-ce que je sais que je peux commencer ? De quoi suis-je à peu près sûr ? Qu'est-ce que je peux utiliser à ce moment particulier sans connaître la suite de la partition ? » Ma démarche est sans doute assez similaire à celle du sculpteur qui regarde la pierre et se demande à quel endroit il peut prendre le risque de l'entamer. J'aime commencer par un passage évident pour me sécuriser. Je compose quelques mesures, parfois plus, et assez vite la suite s'impose à moi. Je continue à tailler la roche et après quelques semaines un visage se dégage.

> « Par le côté obscur de la Force le jeune Skywalker a été perverti. Le garçon que tu as formé s'en est allé, consumé par Dark Vador. »
> Yoda

Ce travail est très intuitif. Les gens me demandent : « Comment savez-vous que vous êtes sur la bonne voie ? » Ma réponse est qu'on ne le sait sans doute jamais. Ce qui compte, dans mon travail, c'est de trouver un rythme. Dans toute entreprise humaine, ce n'est pas tant ce qu'on fait que la façon dont on le fait qui nous permet d'atteindre notre objectif. Je pense que nous sommes toujours un peu en deçà de ce que nous aurions voulu réaliser.

Il y a trois ou quatre morceaux nouveaux. Deux d'entre eux s'apparentent à ce que j'appelle des « lamentations » – ils accompagnent le passage d'Anakin de la lumière aux ténèbres. J'ai aussi composé un morceau plus enjoué, avec beaucoup de percussions, pour Grievous. Surtout, il y a dans ce film, plus que dans les cinq autres, des références à des scènes antérieures, qui s'inscrivent dans la narration musicale que George et moi souhaitons élaborer. Le « Force Theme » – « Le thème de la Force », c'est-à-dire le côté lumineux de la Force – par exemple, retentit beaucoup plus souvent dans ce film. J'ai même glissé des clins d'œil à l'arrivée prochaine de la Princesse Leia. Je cite aussi « The Imperial March » (« La marche impériale », thème de Dark Vador). À mesure qu'Anakin accomplit sa transition et devient Dark Vador, les rappels mélodiques s'imposent. Il s'agit donc d'un mélange d'ancien et de nouveau, comme une tapisserie musicale.

Le film comporte une nouvelle pièce chorale, « Battle of the Heroes » (« La bataille des héros ») qui s'inspire du « Duel of the Fates » (« Duel des destins »), mais l'essentiel est entièrement nouveau. Une fois encore, j'ai utilisé le sanskrit, et la phrase, très simple, pourrait se traduire par « Grievous incarne les crimes de l'Empire ». Inutile de comprendre le sanskrit, le son suffit pour saisir l'intention émotionnelle.

La saga *Star Wars* est tragique à bien des égards, mais cet épisode raconte aussi une renaissance, double en l'occurrence. Elle suit les grandes lignes de l'aventure humaine, où les gens sont capables du pire, mais accomplissent aussi des choses lumineuses, remarquables et merveilleuses. La musique

3.170

3.171

3.171 *Image du plan finalisé de Padmé écoutant le discours de Palpatine au Sénat. Espérant d'abord que la démocratie pourra être restaurée, elle est horrifiée par l'issue de la séance. À noter : sa coiffure évoque l'emblème de l'Alliance rebelle.*
3.172 *Jimmy Smits (au centre) et Natalie Portman (à droite) dans le décor de leur loge au Sénat.*
3.173 *Obi-Wan implore : « Padmé, il faut à tout prix que je le retrouve. »*

doit aussi transmettre cet aspect tragique, tout en restant très positive.

Vraiment cool

Le 2 novembre, Lucas et sa fille Katie apparaissent dans la scène qui se déroule dans le grand hall de l'opéra. Lucas joue le baron Papanoida et Katie, la sénatrice Chi Eekway. Ils sont tous les deux maquillés en bleu.

3.172

3.173

George Lucas Mes filles ont insisté pour que je sois dans le film, alors je l'ai fait.

« Ainsi s'éteint la liberté. Sous une pluie d'applaudissements. »
Sénatrice Amidala

ILM poursuit le travail de construction de Dark Vador dans la capsule médicale impériale avec des plans réels et numériques.

Roger Guyett La table d'opération était une vraie maquette autour de laquelle a été construite une partie du sol, mais ensuite nous avons truqué l'ensemble pour ajouter de l'action autour de Hayden. En gros, tout l'environnement de la capsule est en *matte painting* numérique. On a cette lumière vive qui tombe sur la table ; elle évoque les urgences d'un hôpital, mais semble plus sinistre et glaçante – en tout cas, je l'espère.

Nous avons filmé différents éléments, notamment Hayden sur la table d'opération avec son maquillage de brûlé et une combinaison bleue, afin d'adapter différents éléments en images de synthèse à ses mouvements à mesure que les droïdes lui greffent deux jambes et un bras. Nous avons assemblé diverses parties du costume de Vador, le corps à l'intérieur du costume, mais on ne voit pas les droïdes vêtir Vador. On voit celui-ci au début, avec ce regard terrible, et puis, une fois que sa reconstruction est faite, la table bascule en position verticale ; c'est le plan qui apparaît dans la bande-annonce et qui a ensuite été modifié.

Bien sûr, le moment que beaucoup de gens attendent est celui où on lui met son masque. D'abord, le masque facial est appliqué, puis le casque vient s'ajuster par-dessus. Nous avons utilisé des prises de vues réelles pour le casque, sauf dans les plans larges parce que c'était plus facile avec le modèle 3D.

George a fait une animatique du plan où le masque est posé, mais alors que nous étions en train de le filmer, j'ai dit : « Nous devrions vraiment faire cela du dessous. » Je trouvais plus intéressant que le public se mette à la place de Vador quelques secondes. Quand George a vu notre essai, il a fait : « Ah oui ! Il ne me reste plus qu'à trouver comment intégrer cela au montage. » Pour l'intérieur du casque, il nous a semblé plus logique de prendre un vrai casque puisque nous en avions un.

Don Bies / Superviseur unité droïdes L'idée que nous avait transmis Ryan Church était que le masque devait avoir l'air douloureux ; il se fixe facilement au visage mais il ne s'enlève pas. J'ai utilisé des lecteurs de disques durs pour la face interne, qui donnent l'impression que le masque s'accroche à la chair des joues.

Roger Guyett Nous avons ensuite ajouté la « vision de Vador ». Nous nous en sommes tenus à ce qu'avaient construit les maquettistes, et nous avons ajouté à cette base divers éléments électroniques comme des écrans mobiles. Nous sommes partis sur une sorte de vision de nuit, mais en rouge, avec des surimpressions graphiques. Un des gars qui travaillait dessus m'a dit : « J'attends ce moment depuis vingt-cinq ans ! » C'est vrai que c'est un grand moment et que c'est vraiment cool.

Vingt-huit ans

Le 31 janvier 2005, un ultime jour de tournage est prévu aux studios d'Elstree avec Hayden Christensen et Natalie Portman pour terminer les scènes dans le vaisseau de Padmé, le

3.176

bureau de Palpatine, les quartiers du général sur le croiseur de la Fédération et sur le fleuve de lave de Mustafar, avec Anakin qui remonte en courant le bras de soutien du panneau collecteur qui finit par s'effondrer dans la cascade de lave. Les neuf mises en place sont terminées à la mi-journée.

George Lucas Coupez! Dernier plan. Terminé. Rick, c'est fini. Vingt-huit ans.

Le 2 février 2005, John Williams et le LSO (Orchestre symphonique de Londres), qui ont collaboré aux six films, commencent à enregistrer la bande originale aux studios d'Abbey Road, à Londres. L'enregistrement est prévu sur neuf jours.

John Williams Les *Star Wars* de George Lucas exigent sans doute davantage de musique que n'importe quel autre film, en termes de quantité, parce que l'orchestre accompagne presque toute l'action durant deux heures et quelques. Cela représente une somme considérable de notes, donc je ne peux pas me permettre de m'angoisser si je ne parviens pas à composer tant de mesures par jour.

J'écris la partition courte, puis les voix, dans les sept ou huit que j'ai écrites – une pour chaque flûte, hautbois, trompette, trombone, premier, deuxième, troisième violon, etc. –, doivent être développées en une partition de 32 voix où chaque instrument a une part. Un copiste extrait la partie de flûte, et le flûtiste ne voit que cela. Et il en va de même pour les autres parties. C'est à partir de ces parties que les musiciens jouent. Le travail du chef d'orchestre consiste à rassembler tout cela,

3.174 *Yoda ne se laisse pas vaincre si facilement. Le maître jedi sort son sabre laser et l'Empereur dégaine aussitôt le sien. Le combat entre Jedi et Sith commence.*
3.175 *Lucas dirige Ian McDiarmid. L'Empereur pense qu'il a terrassé Yoda avec ses éclairs de Force et se délecte de sa victoire. À l'évidence, Lucas aussi apprécie ce moment.*
3.176 *Vignette peinte de Church et d'autres pour la scène 144b montrant Yoda et l'Empereur qui s'affrontent dans les quartiers du chancelier, sous le Sénat.*

3.177

3.178

à le coordonner et à l'équilibrer. Les questions d'équilibre sont traitées à près de 80 % au cours de l'écriture, les 20 % restants en studio avec l'orchestre.

Quand l'orchestre arrive, personne n'a encore vu la partition. La lecture à vue au cours des sessions d'enregistrement de l'orchestre sur *Star Wars* est énorme. Cela rend mon travail de répétition, de préparation et d'enregistrement beaucoup plus facile qu'auparavant. Et bien que cela commence par de la lecture à vue, cela va bien au-delà. C'est un champ entier de compréhension qui se déploie avec l'orchestre.

Le chef d'orchestre est responsable de la synchronisation entre musique et images ; c'est une part importante de son travail. À bien des égards, c'est la phase à la fois la plus impossible et la plus agréable du travail, parce que c'est le moment où la musique sort du papier ; c'était une chose abstraite, et elle devient vivante.

Il arrive que nous reprenions le morceau d'une scène quatre ou cinq fois avant de l'interpréter à la perfection. Dans mon esprit et dans celui de George Lucas, qui a passé des années assis à mes côtés à regarder et écouter, la deuxième prise est souvent plus impressionnante que la première ou la troisième, ou même la cinquième. Chaque interprétation constitue une expérience différente, en fonction de la façon dont le chef dirige, du jeu des musiciens, de la température, de l'ambiance, de l'heure de la journée... de ce que les gens ressentent.

3.177 *Vignette peinte pour la scène 145, où Padmé prend Dark Vador dans ses bras et tente de comprendre ce qui lui est arrivé.*
3.178 *Obi-Wan se montre. Il fait face à Vador tandis que Padmé gît, inconsciente, sur la plate-forme d'atterrissage.*
3.179 *Portman et Christensen jouent l'ultime et tragique scène entre Padmé et Dark Vador. Dark Vador : « Ensemble, toi et moi, nous régnerons sur la galaxie. On pourra construire un monde à notre image. » Padmé : « Je ne te reconnais plus. Anakin, je n'ai jamais été aussi malheureuse. Tu t'engages sur une voie dans laquelle je ne peux pas te suivre. »*
3.180 *Dark Vador, furieux, est convaincu qu'Obi-Wan a retourné Padmé contre lui. Son ancien mentor ne parvient pas à le raisonner. Le duel est inévitable. Vador : « Vous ne me l'enlèverez pas ! » Obi-Wan : « Ta colère et ta soif de pouvoir s'en sont déjà chargées. Tu as laissé ce Seigneur noir des Sith corrompre ton cœur, à tel point que tu es devenu très exactement tout ce que tu avais juré de combattre. »*

3.179

Les jours où l'orchestre n'enregistre pas, des sessions de doublage sont organisées avec les acteurs, sous la direction de Matthew Wood. Frank Oz enregistre les répliques de Yoda le 5 février.

Rob Coleman Frank s'est glissé sans problème dans la peau de Yoda. Ils l'enregistraient dix fois, avec des intonations différentes, puis George tranchait. Une minute plus tard, Matt nous montrait le passage avec les répliques. Ainsi George pouvait s'assurer que le texte s'adaptait bien à la longueur du plan, mais aussi aux mouvements du corps et des mains. Je craignais que Frank ne parvienne pas à

3.180

3.181

garder sa voix pendant plusieurs heures. Il a dû boire 10 litres d'eau, mais il a tenu cinq heures.

Anthony Daniels, qui prononce la dernière réplique de l'épisode III et la première de l'épisode IV, enregistre également son texte le même jour.

Ben Burtt Pour la voix de Grievous, j'ai tenté des choses similaires à la respiration de Vador, avec des tonalités électroniques et des sons qui lui étaient associés, mais George ne voulait pas qu'on confonde Grievous et Vador, donc nous avons abandonné l'idée. En fin de compte, la voix a été réalisée par le superviseur du montage sonore, Matthew Wood. Il a fait des essais pour le rôle, anonymement, et il a été pris !

Une histoire différente

George Lucas La plupart des gens n'engageraient jamais un monteur son dès le début. À chaque changement apporté au film, il faut modifier toutes les pistes, et ces reprises constantes coûtent très cher.

J'ai toujours été convaincu que le son constitue 50 % de l'expérience psychologique du visionnage d'un film. J'embauche systématiquement monteur son et monteur image le même jour. Ils travaillent toujours main dans la main pour que les coupes s'appuient sur l'image et le son, sans les isoler. Il est possible d'intégrer le montage son au travail de montage sur les images, puis de visionner les scènes complètes pour vérifier que cela s'accorde. De cette façon, en fin de processus, quand vous parvenez au montage final, en général, la bande sonore est également prête. Il reste encore des séances de postsynchronisation, de doublage et bruitage,

quelques réglages, mais globalement elle est aboutie.

Ben Burtt est à la fois monteur, monteur son et superviseur du montage sonore sur le film ; il travaille avec les logiciels Avid Film Composer et Pro Tools LE, ainsi qu'avec une bibliothèque sur disque Firewire contenant les 7 000 effets sonores de Star Wars.

Ben Burtt Avec George, nous avons toujours voulu avoir un système intégré pour tout le montage et le mixage, incluant l'image. Ce que nous adorerions faire, c'est monter le film sur une plate-forme, pouvoir y ajouter la bande-son et que la plate-forme agisse comme Pro Tools, sur les voix, leur traitement, avec des fonctionnalités de mixage 5.1. En cas de changement du montage image, cette modification se répercuterait automatiquement sur toutes les pistes sonores. L'idée de mixer dans Pro Tools est partie d'un constat : « Écoute, nous ne pouvons pas associer d'une manière satisfaisante montage image, Pro Tools (montage son) et mixage,

3.181 *Vignette peinte de Derek Thompson pour la scène 147, où l'Empereur affronte Yoda dans la chambre du Sénat.*
3.182 *Image du plan finalisé de Yoda affrontant l'Empereur sur le podium central du Sénat.*

mais nous pouvons maintenant mêler montage son, prémixage et mixage final en une seule machine. » C'est donc l'objectif que nous nous sommes fixé pour l'épisode III.

La longue bande-annonce pour La Revanche des Sith *sort le 10 mars. Elle est d'abord diffusée avec la série dramatique pour ados* Newport Beach, *puis sur Internet et dans les cinémas le lendemain. L'épisode III est le premier film* Star Wars *interdit aux moins de 13 ans par la Motion Picture Association of America.*

George Lucas Ça m'est égal que le film soit interdit aux moins de 13 ans. Cet épisode est plus dur, et je pense que les enfants, en particulier les plus jeunes, doivent être prévenus que ce n'est pas un film de la saga comme les

autres. Il comporte beaucoup plus de scènes effrayantes, parfois brutales, et il faut qu'ils en aient conscience. Les gens pensent que *Star Wars* est tout à fait innocent, alors que pas mal de gens sont coupés en deux et beaucoup de bras sont tranchés.

Les premières projections de l'épisode III : La Revanche des Sith ont lieu le 12 mai 2005 dans plusieurs villes américaines pour lever des fonds destinés à des associations caritatives dédiées aux enfants. Le film sort dans le monde entier le 19 mai 2005 et rapporte au total 848 754 768 dollars.

George Lucas Je suis content du résultat et je suis content d'avoir bouclé une saga de 12 heures. C'est important pour moi que vous puissiez voir toute l'histoire, du début à la fin. J'ai réussi à faire tout ce que je voulais, ou presque. Je dirais qu'à 96 % c'est ce que je voulais. J'ai même pu reprendre les premiers films pour modifier ce qui ne me plaisait pas – c'était tout l'intérêt des Éditions spéciales –, donc cette première trilogie me satisfait aussi. Je ne ressens plus du tout de frustration.

Paul Duncan Vous avez évoqué des cercles concentriques et une structure globale. Les films fonctionnent souvent en miroir : l'épisode I répond à l'épisode VI, l'épisode II à l'épisode V et l'épisode III à l'épisode IV. Le combat des Gungans contre les droïdes rappelle, par exemple, celui des Ewoks contre les storm-troopers, sauf que les Ewoks gagnent ; Qui-Gon mourant dans les bras d'Obi-Wan fait écho à Luke soutenant Dark Vador ; l'histoire d'amour entre Anakin et Padmé renvoie à celle de Leia et Han ; la guerre des clones sur Géonosis évoque la bataille sur Hoth ; et le sauvetage de Palpatine dans l'épisode III rappelle celui de Leia dans le IV.

Il y a aussi des événements récurrents – Dooku tranche la main d'Anakin, et Anakin

coupe celle de Luke ; des transferts de figure paternelle – Obi-Wan puis Palpatine pour Anakin dans l'épisode III, Lars puis Obi-Wan pour Luke dans le IV. Je pourrais continuer, la liste est longue.
George Lucas Vous avez raison. C'est comme un mandala. Quand vous écrivez, vous vous

3.183-184 *Le duel entre Ewan McGregor et Hayden Christensen est filmé dans le centre de crise de Mustafar. Le décor est utilisé comme un élément de leur chorégraphie.*
3.185 *Le duel se poursuit dans la salle de conférences. Dark Vador prend le dessus en étranglant son ancien mentor.*

laissez aller à des digressions, mais certains thèmes ne cessent de revenir, sous diverses formes. Quand j'ai fait le premier film, je prévoyais d'en réaliser trois, donc certains éléments devaient s'éclairer ultérieurement. C'est pourquoi j'ai replacé la scène de Jabba le Hutt dans l'Édition spéciale *Un nouvel espoir*, parce qu'il serait le méchant de l'épisode VI.

Paul Duncan Aviez-vous conscience de ces détails quand vous écriviez ou est-ce intuitif ?

George Lucas En partie, mais après l'épisode IV ces rappels sont devenus intentionnels : « OK, nous vous avons présenté une idée, mais maintenant, je vais vous la remonter de l'intérieur, et ensuite, je vous la présenterai encore sous une forme différente. »

Dans la prélogie, il s'agissait de comparer l'attitude et les actions d'Anakin et de Luke. J'ai trouvé fascinant de manipuler ces idées et de les réinterpréter, de les entrelacer. Il y a cette scène où Anakin décide de sauver Palpatine et de se ranger de son côté pour sauver Padmé. L'équivalent dans le VI est

« C'était épuisant parce qu'il fallait jouer chaque prise à fond. Dans le II, je ne me battais pas très bien. Pour être honnête, je ne donnais pas tout ce que j'avais. Dans celui-ci, en revanche, je me suis investi complètement. »
Ewan McGregor

celle où l'Empereur essaie de pousser Luke à tuer son père pour sauver sa sœur.

Si vous regardez les films dans l'ordre, de I à VI, vous voyez une histoire différente que celle dont vous vous souveniez si vous avez commencé par les épisodes IV à VI. Une grande scène comme celle du « Je suis ton père » prend un sens complètement différent et provoque des émotions différentes si vous savez déjà que Vador est le père de Luke et que vous attendiez que Luke le découvre. En termes de dramaturgie, je ne pense pas que cela nuise aux films d'avoir certaines réponses

3.186 *L'affrontement continue hors du bâtiment, sur les conduites qui acheminent la lave vers les panneaux de collecte, comme le montre l'illustration d'Aaron McBride pour le plan MCB 270 avec les deux anciens amis en équilibre précaire.*
3.187 *Image du plan finalisé du combat sur les conduites, dans la chaleur suffocante de la planète volcanique.*

avant d'entendre la question. Les films se concentrent davantage sur la progression des personnages.

Vous pensez que Dark Vador est un monstre, mais vous découvrez ensuite un individu pathétique qui a conclu un pacte avec le diable et s'en est trouvé détruit. C'est un personnage triste, qui inspire la pitié, pas un monstre sans cœur ni âme.

Ce que je veux dire, c'est qu'il est un monstre dans le sens où il a basculé du côté obscur et sert un maître malfaisant, qu'il est assoiffé de pouvoir et a perdu une grande part de son humanité. De ce point de vue, oui, c'est un monstre. Mais au fond, comme Luke le dit à Leia dans *Le Retour du Jedi*, « Il y a du bon en lui. Je l'ai senti. »

Sa rédemption ne peut naître que de l'amour et de la compassion de ses enfants, qui croient en lui, même s'il est devenu un monstre.

Le véritable obstacle

George Lucas Le 30 avril 2005, nous avons fait une autre rencontre sur le numérique ; la seule nouvelle personne qui nous a rejoints, c'était Bob Zemeckis. Donc en trois ans, nous sommes juste passés de cinq à six. Sur les 6 000 personnes qui faisaient des films, seulement six travaillaient en numérique.

Quand j'ai réalisé *La Menace fantôme*, le film n'a été projeté que dans quatre salles équipées en numérique. Nous avons été les pionniers. Ensuite, *L'Attaque des clones* est sorti dans environ 120 salles adaptées, mais pour l'épisode III nous sommes redescendus aux alentours de 80.

Paul Duncan Et il y avait alors plus de 36 000 salles aux États-Unis.

George Lucas Le problème était plus financier que technique. Techniquement, tout était bordé, parfait à tous points de vue. Notre problème, c'était de savoir qui paierait pour tout ça.

Paul Duncan Quels étaient les aspects économiques de la distribution des copies sur pellicule à cette époque ?

Rick McCallum Une copie était faite dans un labo. Un employé la récupérait et l'emportait à l'aéroport, puis un autre employé allait la chercher à l'aéroport de Kansas City ou d'ailleurs et l'apportait au cinéma. Ensuite, selon la loi, nous devions la détruire, cette copie étant considérée comme déchet chimique.

Un employé allait la reprendre, la ramenait à l'aéroport, un autre la réceptionnait à l'atterrissage, et ainsi de suite. Donc une copie qui coûte au départ dans les 1 500 dollars revient en réalité à 3 000-3 500 dollars. Si vous en avez tiré 20 000, vous en avez pour 60 millions.

George Lucas Nous avons dit aux studios : « Si vous sortez 15 gros films par an, vous pourrez économiser un milliard de dollars en les distribuant numériquement. » Ils nous ont répondu : « Nous ne voulons pas faire ça. »

Rick McCallum C'était dingue. Ils avaient peur des syndicats, des propriétaires de salles… Il ne faut pas perdre de vue que si un studio produit un film qui ne rapporte pas d'argent et qu'ils veulent en sortir un autre trois semaines plus tard, ils ont besoin du soutien du propriétaire de la salle.

George Lucas Et puis, pour chaque film, les propriétaires de salles et les distributeurs se disputaient sur qui aurait la plus grosse part des recettes, combien de temps le film resterait à l'affiche, et les cinémas se livraient à une guerre des enchères. Ils ne se faisaient pas confiance. Les propriétaires de salles disaient : « D'accord, mais si vous économisez 1 500 dollars par copie, qui va toucher l'argent ? »

3.188 *Tournage de la séquence du panneau collecteur de lave avec les cascadeurs. Un décor minimaliste a été construit pour la potence et fixé à un vérin qui permet de la hisser en position verticale. Une autre partie du décor est visible au premier plan, à droite. L'équipe et les acteurs pouvaient ainsi préparer et tourner rapidement d'autres plans sur le même plateau.*
3.189 *Image du plan finalisé d'Obi-Wan et Dark Vador qui continuent à se battre tout en escaladant périlleusement le bras de soutien du panneau collecteur qui vient de sombrer dans le fleuve de lave.*

3.188

L'autre question fréquente, c'était : « Qui va payer ces projecteurs numériques ? »

Rick McCallum Ils coûtaient 150 000 dollars pièce. Il ne faut pas oublier que les cinémas devaient garder le projecteur analogique à côté du projecteur numérique, puisque la plupart des studios travaillaient encore en pellicule.

Paul Duncan Les plus gros studios d'Hollywood ont créé le Digital Cinema Initiatives en 2002, il leur a fallu trois ans pour publier les normes de la projection numérique à destination de la profession – en juillet 2005, soit après la sortie de l'épisode III – et ils n'ont mis en place le principe des VPF (*Virtual Print Fee*, frais de copies virtuelles) qu'en novembre.

George Lucas Le principe, c'est que les studios placent sur un compte dédié l'argent qu'ils auraient dépensé pour les copies sur pellicule, soit 1 500 dollars par copie, c'est-à-dire environ un milliard de dollars par an. Les propriétaires de salles empruntent essentiellement sur ce fonds pour acheter les projecteurs et remboursent sous forme de redevance chaque fois qu'ils projettent un film. Les distributeurs ont accepté ce système parce qu'ils économisaient tous les frais de transport et qu'ils n'avaient plus envie de jongler entre copies sur pellicule et numériques.

Si vous regardez les chiffres, aux États-Unis, le nombre d'écrans numériques est passé de 300 en 2005 à 16 000 en 2010, puis à 36 000 en 2014. Pixar et Jim Cameron ont joué un rôle majeur dans cette progression fulgurante grâce à des films comme *Là-haut* (2009) et *Avatar* (2009) ; les gens étaient prêts à payer plus cher pour voir des films en relief. Le véritable obstacle était financier, pas technique.

3.190

La vie

Paul Duncan Ce que j'ai particulièrement apprécié en préparant ces livres depuis plusieurs années, c'est de voir l'affection et la loyauté dont font preuve les gens qui collaborent ou ont collaboré avec vous, envers vous et envers votre travail. Ils ont vécu des moments durs mais passionnants.

George Lucas Nous avons traversé une guerre ensemble, je ne vois pas comment le dire autrement. C'était intense. Nous l'avons traversée et vécu des bons et des mauvais moments, la pression et tout ce qui va avec. C'était un bon groupe.

3.190 *Lucas montre à Hayden Christensen comment s'agripper à la rive du fleuve de lave. Christensen a été maquillé et ses deux bras enveloppés de bleu : le bras gauche de Vador vient d'être coupé, et son bras droit mécanique sera ajouté en postproduction.*
3.191 *Obi-Wan Kenobi : « Tu étais l'Élu, c'était toi ! La prophétie voulait que tu détruises les Sith, pas que tu deviennes comme eux ! »*
3.192 *Dans le film, Dark Vador bondit du fleuve de lave et tente de passer au-dessus d'Obi-Wan, mais ce dernier lui sectionne les jambes au niveau des genoux avant de trancher son bras gauche. Le maître a anticipé la manœuvre de Vador, qu'il avait réussie contre Dark Maul, dans l'épisode I.*

Paul Duncan Doug Chiang, Ryan Church et d'autres m'ont raconté combien vous les laissiez libres et comment vous leur avez permis de réaliser le meilleur travail de leur carrière. Tout cet environnement que vous avez créé – Lucasfilm, le ranch, ILM, Skywalker Sound – les a beaucoup inspirés, alors je me demande pourquoi vous avez laissé les rênes de Lucasfilm à Disney en 2012.

George Lucas À l'époque, j'avais commencé à travailler sur la trilogie suivante ; je discutais avec les acteurs et je commençais à me préparer. Nous étions aussi avec ma femme sur le point d'avoir une petite fille. Il faut dix ans pour réaliser une trilogie – les épisodes I à III m'ont accaparé de 1995 à 2005.

Paul Duncan Donc, si vous aviez commencé en 2012, elle aurait été terminée en 2022.

George Lucas À cette heure, je serais encore en train de travailler sur l'épisode IX ! En 2012, j'avais 69 ans. Donc la question, c'était : « Est-ce que je vais faire ça toute ma vie ? Est-ce que je veux revivre ça ? » Finalement, j'ai décidé d'élever ma fille et de profiter un peu de la vie. J'aurais pu ne pas vendre Lucasfilm et engager quelqu'un pour chapeauter les productions, mais la retraite ce n'est pas ça.

Sur *L'Empire contre-attaque* et *Le Retour du Jedi*, j'avais essayé de garder mes distances, mais je n'ai pas réussi. J'étais là tous les jours. Même si les gens sont mes amis et qu'ils font un super boulot, cela n'aurait pas été comme si je l'avais fait moi-même. Ça aurait été comme d'avoir été écarté. Je savais que ça n'aurait pas été, que j'aurais été frustré.

Je suis du genre micro-entrepreneur et je ne peux rien y changer. Donc, je me suis dit qu'il valait mieux renoncer, profiter de ce que j'avais, et la perspective de m'occuper de ma fille me réjouissait. Je voulais aussi construire un musée, c'est un désir que j'avais depuis longtemps, et j'ai compris que si je ne le faisais pas tout de suite, je ne le ferai jamais.

3.191

3.192

J'ai passé ma vie à créer *Star Wars* – quarante ans – et l'abandonner a été très, très douloureux. Mais c'était la meilleure chose à faire. Je pensais que j'aurais un peu plus mon mot à dire sur les trois suivants, auxquels j'avais bien sûr déjà réfléchi, mais ils ont décidé de faire autre chose.

Tout ne se passe pas toujours comme on le voudrait. C'est la vie.

L'Élue

George Lucas Quand j'écrivais les films, j'essayais de veiller à ce que des extraterrestres et des droïdes soient tués, mais pas des humains.

Paul Duncan Beaucoup de stormtroopers sont morts.

George Lucas C'est vrai, mais on ne savait pas qu'ils étaient humains. Nous avons tué trois humains, et c'est malheureux. Cela m'a toujours dérangé.

Paul Duncan À quel moment ?

George Lucas Sur l'Étoile de la Mort, quand Han et Luke entrent dans la prison pour sauver Leia, ils abattent trois gardes. Les gardes dégainent leurs armes en premier et ouvrent le feu, mais c'est tout de même honteux.

Paul Duncan Vraiment ?
George Lucas Oui. Nous avons vraiment fait attention à ne pas tuer trop d'humains dans ces films.
Paul Duncan Et les stormtroopers, alors ? Ils ressemblent à des robots, mais ils sont humains.
George Lucas Comment savez-vous *ce* qu'ils sont ?
Paul Duncan Vous vous en faisiez une idée différente ?
George Lucas Oui. Au départ, c'étaient des clones. Une fois les clones détruits, l'Empire a enrôlé de nouvelles recrues, comme une milice. Ils se battaient, mais ils n'étaient pas très doués.
Paul Duncan Raison pour laquelle ils se faisaient si souvent tuer.
George Lucas Tout à fait. Après la victoire de la Rébellion, dans ma version de la troisième trilogie, il ne s'agissait plus de stormtroopers.

J'avais prévu que la première trilogie tourne autour du père, la deuxième autour du fils, et la troisième autour de la fille et des petits-enfants.

Les épisodes VII, VIII et IX devaient s'inspirer de ce qui s'est passé après la guerre en Irak. OK, vous avez mené une guerre, vous avez tué tout le monde, et maintenant, on fait quoi ? Il est plus difficile de reconstruire que de se rebeller ou de faire la guerre. Quand vous gagnez la guerre et que vous démantelez l'armée adverse, que deviennent ses soldats ? Les stormtroopers devaient évoquer les combattants baathistes de Saddam Hussein, qui ont rejoint Daesh et continué la guerre. Les stormtroopers refusent de déposer les armes à la victoire de la République.

Ils veulent être des stormtroopers à vie, donc ils se rassemblent dans un coin perdu de la galaxie, ils y instaurent leur propre État et leur propre rébellion. Toutes sortes de gangsters,

3.193 *Proposition d'Erik Tiemens pour l'astéroïde Polis Massa (7 novembre 2002). Tiemens :* « *C'est un hommage aux premiers films de science-fiction et aux illustrations de Chesley Bonestell pour le magazine Life, qui montraient des astronautes sur la Lune. Un bouclier protège la base des astéroïdes environnants.* »
3.194 *Illustration de Tiemens pour la salle de conférences de Polis Massa (17 janvier 2003).*

comme les Hutts, profitent de la vacance du pouvoir, et le chaos s'installe. Le personnage clé est Dark Maul, ressuscité dans les dessins animés *La Guerre des clones*, qui rassemble tous ces gangs.

Paul Duncan Est-ce que Dark Maul est le grand méchant ?

George Lucas Oui, mais il est très vieux, et nous avons deux versions de lui. Dans la première, il a des jambes cybernétiques qui évoquent une araignée, dans la seconde, des jambes métalliques, et il est un peu plus grand, davantage dans la veine des superhéros. Nous avons montré tout cela dans le dessin animé ; il y figure dans quelques épisodes.

Dark Maul a formé une fille, Dark Talon, qui figure dans les BD de la saga et devient son apprentie. Elle est le nouveau Dark Vador et joue un rôle central dans l'action. C'étaient donc les deux méchants de la nouvelle trilogie. Maul finit par devenir un parrain du crime organisé dans l'univers en prenant le contrôle après la chute de l'Empire.

3.195

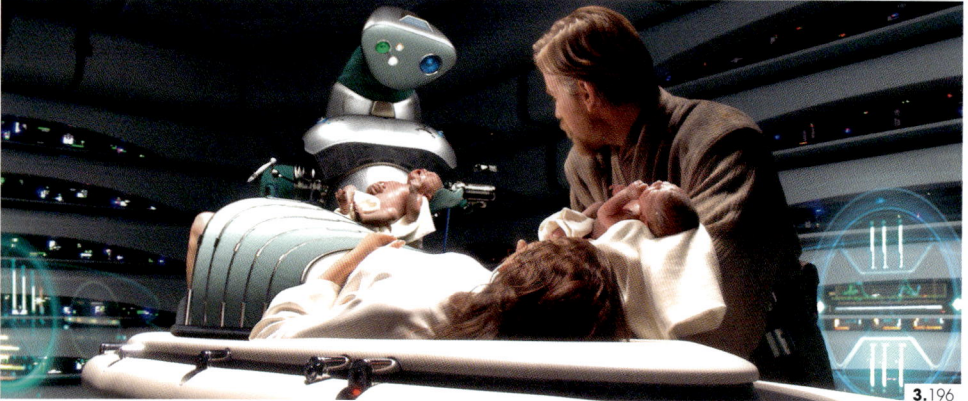

3.196

3.195 *Proposition de Ryan Church pour la salle médicalisée de Polis Massa où Padmé est placée en observation (13 février 2003).*
3.196 *Une sage-femme droïde aide Padmé à accoucher de ses jumeaux qu'elle baptise Luke et Leia. Sa dernière pensée avant de mourir est pour Vador : « Obi-Wan, il y a du bon en lui. Je le sais… »*

Les films se concentrent sur Leia – qui d'autre qu'elle pouvait endosser le rôle de dirigeant ? – qui tente de rebâtir la République. Le même appareil étatique est en place, mais les partisans de la République doivent en reprendre le contrôle. C'était l'intrigue principale.

La troisième trilogie commence quelques années après *Le Retour du Jedi*. Elle établit assez vite l'existence d'une pègre galactique et de ces rejetons de stormtroopers qui ont colonisé leurs propres planètes, tandis que Luke tente de reformer l'Ordre jedi. Des quelque 100 000 Jedi, il n'en reste plus que 50 à 100. Les Jedi doivent se reconstruire, et pour cela Luke doit trouver des enfants de 2 ou 3 ans, qu'il formera. Il faudra vingt ans avant qu'une nouvelle génération de Jedi émerge.

À la fin de la trilogie, Luke aura en grande partie réussi à ressusciter les Jedi, permettant l'essor d'une Nouvelle République, dont la

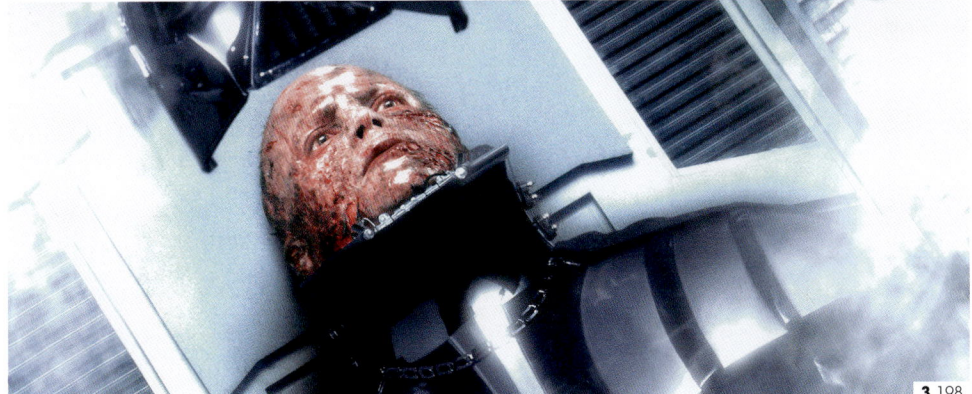

Sénatrice Organa, Leia, prendrait la tête en tant que Chancelière suprême. Au bout du compte, l'Élue, ce serait elle.

Espoir et foi

George Lucas Les midi-chloriens ont initié le processus de vie dans le ventre de la mère d'Anakin. Les Whills ont transmis l'ordre aux midi-chloriens d'activer cet ADN afin qu'il conçoive et féconde un ovule. C'est pourquoi Anakin n'a pas de père. D'une façon étrange et métaphorique, il a été touché par la grâce de Dieu, sous la forme d'organismes unicellulaires.

3.197 *Proposition de Yannick Dusseault pour la scène 170, où Dark Vador, très grièvement blessé, est enchâssé dans un carcan, indispensable à sa survie (7 novembre 2003). L'opposition est évidente entre les deux lieux où Padmé et Vador sont pris en charge – la lumière chaude de la salle où se trouve Padmé contraste avec la pénombre inquiétante dans laquelle se déroule la reconstruction clinique et mécanique de Vador.*
3.198 *Sur cette image du plan finalisé, Dark Vador se retrouve emprisonné dans un carcan lorsque le masque est appliqué sur son visage défiguré. Nous ne le verrons plus avant la fin de l'épisode VI, lorsque Luke lui retire son masque pour découvrir ses traits.*

Paul Duncan Cela me rappelle Persée, Hercule et d'autres héros de la mythologie, qui reçoivent leur pouvoir des dieux, généralement parce que Zeus les a enfantés. Zeus est un père absent. Le thème de la paternité, ou de sa défaillance, traverse toute la saga. Je ne pense pas que Qui-Gon devienne un père de substitution pour Anakin, mais il incarne assurément une figure d'autorité dont il est ensuite privé. Ensuite, Obi-Wan endosse le rôle du père, puis c'est Palpatine. Le thème se décline avec Luke et même avec Jango Fett – les Kaminoens fabriquent tous ces clones à partir de son ADN, et il demande à en élever un dont le patrimoine génétique n'a pas été altéré.

George Lucas Jango a des milliers de descendants, mais il veut un fils qui n'aura pas été modifié pour obéir aveuglément. Il veut qu'il ait sa personnalité et son indépendance d'esprit.

Paul Duncan Les autres personnages – Qui-Gon, Obi-Wan, Palpatine – ressentent-ils aussi cet instinct paternel ?

George Lucas Je crois, oui. Ils éprouvent le désir d'être des mentors, de transmettre leurs connaissances, de former et d'éduquer… cela fait partie de la paternité. Je ne sais pas s'il s'agit vraiment de parentalité, mais on s'en approche beaucoup.

Mentor et père, c'est un peu la même chose.

Paul Duncan Palpatine se comporte en père.

George Lucas Il se comporte en père, mais son ambition réelle est de recruter Anakin pour en faire son apprenti. Il le fait parce qu'il sait que son taux de midi-chloriens est très élevé et qu'il pourra devenir un Seigneur Sith puissant, plus puissant que lui.

C'est comme s'il essayait de fabriquer un meilleur vaisseau ou une meilleure arme, plutôt que d'être un père. Il le voit comme une arme pour le côté obscur.

Paul Duncan C'est donc un faux père, qui cherche à le contrôler. Obi-Wan, quant à lui, est plutôt un grand frère.

George Lucas Un grand frère réticent qui dit : « Ah non, tu ne me le laisses pas sur les bras ! J'en ai marre de jouer les baby-sitters. Je veux être libre d'agir pour le bien. »

Paul Duncan Un peu comme Han Solo.

George Lucas Sauf qu'Obi-Wan a du caractère et qu'il prend ses responsabilités. Han Solo l'aurait abandonné sur une planète désertique quelconque.

Paul Duncan La première fois que j'ai vu les films, j'ai sous-estimé Obi-Wan parce que je suivais l'histoire d'Anakin, mais plus je les revoyais, plus il prenait de l'importance à mes yeux.

George Lucas Il a changé le cours de l'histoire parce que si Obi-Wan n'avait pas affronté Anakin, celui-ci serait devenu beaucoup

3.199

plus puissant et serait probablement devenu l'Empereur de l'univers.

Paul Duncan À l'issue de leur duel, Obi-Wan est si attaché à Anakin qu'il ne parvient pas à le tuer. Il ne supporte pas non plus de le voir mourir.

George Lucas Il est humain. Les Jedi ne sont pas des superhéros, mais des gens ordinaires, comme vous et moi. Nous avons tous des midichloriens. Nous avons tous la Force en nous. Nous pouvons tous faire ce que fait un Jedi, mais nous n'avons pas eu d'enseignement. Le secret est dans l'enseignement. Il est nécessaire d'avoir un maître, parce que cela ne vient pas tout seul. Vous ne pouvez pas dire : « Oh dis donc, je crois que je peux voir l'avenir, maintenant ! » Et vous n'obtiendrez rien sans rien. Si vous avez le talent et que vous

3.199 *La transformation de Dark Vador est achevée. George Lucas : « Quand on regarde les films dans le bon ordre, on ressent ce frisson en découvrant qu'Anakin devient Dark Vador, c'est une vraie surprise. »*

3.200 *L'équipe, sous la supervision de Lucas (en bas, à gauche), se prépare à tourner un gros plan de Christensen affublé de son casque. À noter : le motif du sol reprend l'emblème de l'Empire galactique.*

« Je voulais indiquer que le masque était douloureux à porter, bardé d'éléments pointus qui blessent Vador lorsqu'il est appliqué sur son visage. »

Ryan Church / Directeur création et concept

3.201

travaillez dur, vous arriverez à quelque chose. Pas si vous vous contentez du talent.

Paul Duncan La scène sur la plate-forme d'atterrissage où Obi-Wan dit à Anakin combien il est fier de lui fait écho à la scène du *Retour du Jedi*, également sur une plate-forme, où Luke dit : « Je sais qu'il y a du bon en toi. » Il a foi en son père.

George Lucas La foi est un autre fil rouge de la saga. Quand vous êtes en position de mentor, que vous soyez réellement père ou pas, vous êtes responsable de votre apprenti, mais vous ne maîtrisez pas la façon dont il exploitera votre enseignement.

Paul Duncan Il y a de la foi, de l'espoir et de l'indulgence dans ces échanges.

George Lucas Rien n'est gravé dans le marbre, surtout pour la nouvelle génération. Vous espérez qu'ils tourneront bien, qu'ils agiront pour le bien, vous espérez les avoir bien élevés, tous ces trucs-là. Mais rien n'est garanti. On ne sait jamais ce qui va arriver. C'est

3.202

3.201 *Proposition d'Erik Tiemens pour le cortège funèbre ramenant le corps de Padmé sur Naboo (6 février 2003). Tiemens : « J'ai discuté avec Iain McCaig, qui m'a parlé d'un tableau du XIXᵉ siècle où un navire se dirige vers une île. George m'a demandé d'atténuer les couleurs pour qu'elles concordent plus à l'aurore. »*
3.202 *Proposition d'Iain McCaig pour Padmé gisante, qui décroche un « Fabulouso » de Lucas (5 mai 2003).*
3.203 *Image du plan finalisé des deux Seigneurs Sith.*
3.204 *Illustration de Ryan Church pour la construction de l'Étoile noire avec des vaisseaux bâtisseurs sphériques (13 juin 2003). Church : « George n'a pas validé les vaisseaux bâtisseurs pour des raisons d'échelle, donc ils ont été révisés. »*

3.203

tout le défi. C'est aussi le drame fondamental de l'histoire : que vont-ils devenir ?
Paul Duncan Même si vous ignorez ce que l'avenir réserve, vous continuez à transmettre parce qu'on ne vit pas sans espoir.
George Lucas Il faut l'espoir et la foi. J'ai foi en l'avenir. J'espère que tout se passera bien. Même si d'une manière ou d'une autre, cela ne change rien.

> « Personne ne se considère comme foncièrement mauvais, même les pires individus ; ils justifient leur comportement en affirmant qu'ils ont agi pour le bien en massacrant tous ces gens. »
> George Lucas

3.204

3.205